lonely planet

Dublin

Fionn Davenport

Sommaire

Préparer son séjour 4

Découvrir Dublin 50

Comprendre Dublin 211

Dublin pratique 249

Plans 281

ANNEMARIE MCCARTHY/LONELY PLANET ©

FAITHIE/SHUTTERSTOCK ©

THEATRE ARCHITECT: DANIEL LIBESKIND. GRAND CANAL SQUARE DESIGNER: MARTHA SCHWARTZ.

(gauche) **Jam Art Factory p. 121** L'endroit où dénicher un souvenir.

(ci-dessus) **Bord Gáis Energy Theatre p. 171** Un magnifique auditorium.

(droite) **Trinity College p. 203** La prestigieuse université d'Irlande.

AITORMMFOTO/SHUTTERSTOCK ©

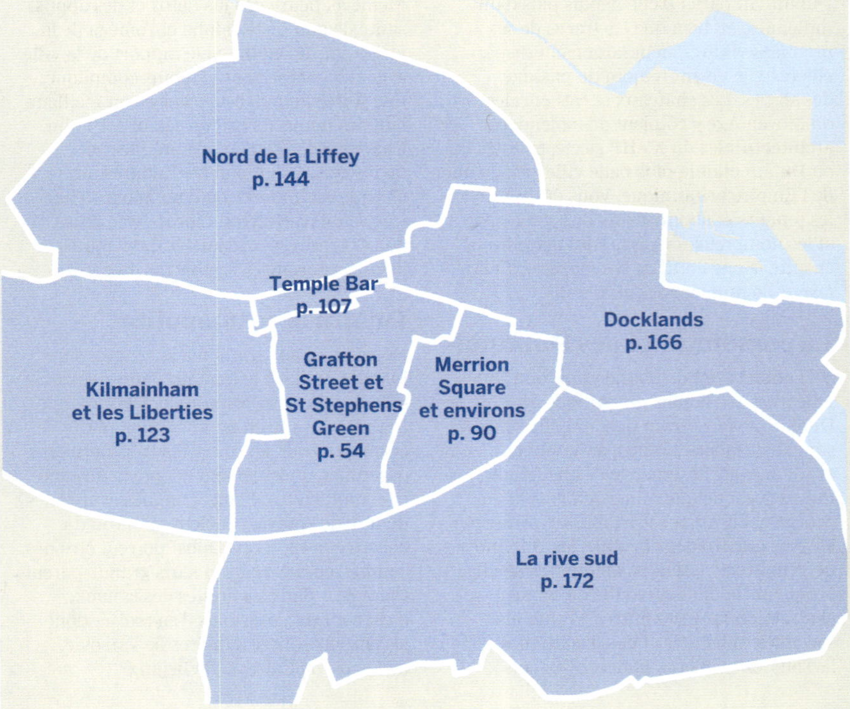

Bienvenue à Dublin

Mêlant hédonisme et patrimoine, la petite capitale irlandaise draine de nombreux visiteurs, rarement déçus par leur séjour.

Un millefeuille historique

Dublin fait parler d'elle depuis plus d'un millénaire et, bien que les traces de ses prémices vikings aient largement disparu, elle reste le vivant témoin du passage des siècles. Les châteaux et cathédrales du Moyen Âge y côtoient des splendeurs architecturales du XVIIIe siècle, époque où Dublin était la plus belle ville georgienne de l'Empire britannique. Vous découvrirez les tenants et aboutissants de cet âge d'or et les nombreuses vicissitudes que connut ensuite la cité au fil de ses musées et à la faveur de promenades guidées.

La personnalité des Dublinois

S'ils admettront de bonne grâce que leur ville n'est pas la plus magnifique qui soit, les Dublinois vous diront que les belles choses sont aussi faciles à aimer qu'à oublier... avant de vous désigner, avec une feinte innocence, quelque remarquable édifice georgien. Si l'amour véritable s'exprime par ici avec une froideur brutale, les Dublinois ne s'en attendrissent pas moins, lorsqu'ils évoquent "la meilleure ville du monde, abstraction faite des autres". Volubiles, sociables, spirituels et charismatiques, ils sont les meilleurs hôtes qui soient.

Le pub, une institution

Même à l'heure des jus détox et des applis santé, le pub reste l'alpha et l'oméga de la vie sociale à Dublin. Si le rapport de la ville avec l'alcool est pour le moins compliqué, une soirée au pub est, vécue à son meilleur, l'un des temps forts d'un séjour à Dublin. Chacun, ici, a son lieu de prédilection, qu'il s'agisse d'un pub traditionnel au charme intemporel, ou d'un nouveau bar fréquenté par le gratin local. Avec plus de 1 000 adresses réparties dans toutes la ville, vous aurez l'embarras du choix.

Dublin la cosmopolite

Depuis toujours, Dublin a su trouver son inspiration dans le lointain. Jadis deuxième ville de l'Empire (britannique), la capitale irlandaise a entretenu une vision plutôt cosmopolite et, au cours des trois dernières décennies, a pleinement adopté la diversité et le multiculturalisme. Langues et cuisines du monde entier s'y mêlent et, si l'on dit encore que les "vrais Dubs" doivent être nés, comme leurs parents et leurs grands-parents avant eux, dans les limites des canaux, il est courant désormais d'en croiser dont les parents sont originaires de Varsovie, de Lagos, du Caire ou de Beijing.

Pourquoi j'aime Dublin

Fionn Davenport, auteur

Arrivé à l'aéroport de Dublin, je monte dans un taxi. En moins de 10 minutes, le chauffeur et moi savons tout l'un de l'autre. Où nous sommes nés, où nous avons grandi, nos équipes de football préférées. Il m'explique ce qui le hérisse dans la politique irlandaise, et je lui raconte ce que j'ai aimé de la destination d'où je reviens. C'est ça, Dublin : une ville où l'on s'affranchit des formalités et aborde sans détour les moindres détails de la vie quotidienne. Nous ne nous reverrons probablement jamais, mais à cet instant, nous sommes amis.

Plus de détails sur nos auteurs p. 304.

Ci-dessus : Maison georgienne sur Mountjoy Square (p. 153)

Le Top 10 de Dublin

1

Les pubs *(p. 170)*

1 "Un bon casse-tête serait de traverser Dublin sans passer devant un pub", s'amuse Leopold Bloom dans *Ulysse* de James Joyce, à une époque où chaque coin de rue en comptait un. Plus de cent ans après, la vie sociale de Dublin gravite toujours autour des débits de boissons. La ville en compte quelque 700, entre pubs traditionnels, comme le John Mulligan's (*photo* ; p. 170), et établissements branchés. C'est ici que bat le cœur de la capitale, et que les *Dubliners* aiment se retrouver.

☆ ***Docklands***

Trinity College *(p. 56)*

2 Fondée en 1592, Trinity College est l'une des plus célèbres universités au monde. Y étudièrent, entre autres grandes figures, Jonathan Swift, Oscar Wilde et Samuel Beckett. Sa bibliothèque, la plus belle du pays, renferme le *Book of Kells*, un évangéliaire enluminé exceptionnel. Très harmonieux, le campus s'étend sur 16 ha, entre cours pavées et élégants édifices néoclassiques, et dégage une parfaite sérénité académique sitôt le porche franchi.

Grafton Street et St Stephen's Green

DERICK HUDSON/SHUTTERSTOCK ©

SERGEY-73/SHUTTERSTOCK ©

3

4

National Museum of Ireland *(p. 92)*

3 Véritable institution, le musée national d'Irlande a ouvert ses portes en 1890 à partir d'une collection de pièces, de médailles et d'antiquités irlandaises. Depuis, ce fonds s'est enrichi. On y dénombre plus de quatre millions d'objets répartis entre quatre départements et autant de sites, notamment des trouvailles préhistoriques et protohistoriques, des trésors celtiques et médiévaux, ainsi que, dans la section dévolue à l'histoire naturelle, des animaux empaillés et des squelettes.

Merrion Square et environs

Hugh Lane Gallery, Dublin *(p. 146)*

4 Ce somptueux édifice georgien abrite la collection d'art moderne et contemporain la plus intéressante de la ville. Y figurent aussi bien des maîtres impressionnistes (Degas, Monet, Manet...) que des artistes irlandais (Dorothy Cross et Sean Scully). Le point d'orgue du musée est la reconstitution du studio londonien de Francis Bacon *(photo)*, peintre britannique né à Dublin. Tout le contenu a été déplacé depuis Londres et fidèlement redisposé, restituant l'aspect chaotique du lieu de travail et de vie de l'artiste.

Nord de la Liffey

Scène culinaire *(p. 74)*

5 Il y a quelque vingt ans, il aurait été impensable que le paysage gastronomique de Dublin devînt une des attractions principales de la ville. Or, la ville abonde aujourd'hui en restaurants pour tous les goûts et budgets. Parmi les plus intéressants, figurent les pionniers de la cuisine irlandaise moderne – tels que Richmond, 101 Talbot et Chapter One – qui se plaisent à associer, à des ingrédients et recettes traditionnels irlandais, des influences culinaires du monde entier. CI-DESSUS : UN PLAT SORTI DES CUISINES DE PATRICK GUILBAUD (P. 104).

Grafton Street et St Stephen's Green

Kilmainham Gaol *(p. 131)*

6 La lutte pour l'indépendance a été longue, mouvementée et sanglante. Cette sinistre prison, dans l'ouest de la ville, aura été, durant près de 150 ans, le séjour forcé de nombre de rebelles et de révolutionnaires. Abandonnée en 1924, c'est désormais un musée consacré à l'histoire du nationalisme irlandais. La visite guidée des cellules et des couloirs est poignante. Elle se termine par le jardin où furent exécutés les leaders de l'insurrection de Pâques 1916.

Kilmainham et les Liberties

Guinness Storehouse *(p. 125)*

7 Si son renom est mondial, la Guinness reste indissociable de Dublin. L'ancienne usine de fermentation de la brasserie St James's Gate a été transformée en un musée sur 7 étages, consacré à la bière, à l'histoire de l'entreprise, au brassage et à l'accession du produit phare de la marque à son rang actuel. Au dernier étage, un bar panoramique permet de savourer une pinte en contemplant la ville par de grandes baies vitrées. Juste au-dessous, vous trouverez une excellente adresse où manger le midi.

Kilmainham et les Liberties

6

Chester Beatty Library *(p. 64)*

8 Ce remarquable musée renferme la collection privée d'Alfred Chester Beatty, magnat de l'industrie minière au goût artistique très sûr. Il avait une prédilection pour les livres, les manuscrits et les parchemins. Vous y trouverez une collection de corans, de livres chinois en jade et de parchemins bibliques parmi les plus anciens jamais découverts, mais aussi des tablettes, des peintures, des meubles et d'autres objets d'art.

Grafton Street et St Stephen's Green

St Stephen's Green *(p. 66)*

9 Les nombreux espaces verts sont un des atouts de Dublin. Le plus fréquenté et le plus apprécié est sans doute St Stephen's Green, dont l'entrée principale donne au sud de Grafton St. Dès que le soleil fait son apparition, les pelouses sont envahies d'étudiants, d'amoureux ou d'employés en pause. On aime en arpenter les allées fleuries, bordé d'aires de jeux pour les enfants et de kiosques victoriens.

Grafton Street et St Stephen's Green

9

10

National Gallery *(p. 96)*

10 La collection d'art de la National Gallery est impressionnante. Ses 54 salles, qui viennent d'être rouvertes à l'issue de grands travaux de rénovation, abritent une collection couvrant six siècles d'art pictural, dont de grands noms tels que Goya, le Caravage et Van Gogh, mais aussi Orpen, Reynolds et Van Dongen. Ne manquez pas les toiles de Jack B. Yeats, l'exposition annuelle des aquarelles de William Turner, ou les tableaux de Rembrandt, Velázquez et Vermeer.

Merrion Square et environs

Quoi de neuf ?

5 000 lits de plus
Après plus d'une décennie de stagnation, Dublin construit à nouveau des hôtels. D'ici 2020, plus de 5 000 nouveaux lits seront disponibles. L'Aloft Dublin City (p. 207) et l'Iveagh Garden Hotel (p. 204) ont déjà ouvert, et d'autres suivront bientôt.

14 Henrietta Street
C'est dans la plus georgienne des rues de Dublin que se dresse cette élégante maison de ville rénovée, abritant désormais un musée retraçant l'histoire de la demeure, de sa construction dans les années 1740 à son abandon progressif entre la fin du XIXe et le début du XXe siècle (p. 151).

Museum of Literature Ireland
Installé dans la Newman House, ce musée propose une exploration interactive du riche patrimoine littéraire irlandais ; il renferme notamment des notes de Joyce pour *Ulysse* (p. 69).

Vaults Live
Dans les Liberties, cette expérience théâtrale immersive retrace les épisodes les plus horrifiques de l'histoire de Dublin (p. 142).

Brunch et alcool à volonté
La mode des brunchs avec alcool à volonté (souvent des mimosas ou des bellinis) à prix fixe a débarqué à Dublin, notamment chez Bow Lane (p. 74), Cleaver East (p. 115) et Thundercut Alley (p. 161).

Seamus Heaney: Listen Now Again
Cette exposition consacrée au poète est installée jusqu'en 2021 dans le tout nouveau Bank of Ireland Cultural & Heritage Centre (p. 69).

Statues de Luke Kelly
En janvier 2019, à l'occasion du 35e anniversaire de la mort du chanteur folk préféré des Dublinois, deux statues de l'artiste ont été installées dans la capitale, sur South King St (p. 70), et dans la rue de naissance de Kelly, Sheriff St (p. 168) au nord de la Liffey.

Quartier des distilleries
À Dublin, le whiskey est ce que le gin est au reste de l'Irlande, et de nouvelles distilleries ouvrent dans le quartier des Liberties, véritable capitale irlandaise du whiskey. La Teeling Distillery (p. 135) a été la première, rapidement suivie de la Pearse Lyons Distillery (p. 135), de la Dublin Liberties Distillery (p. 135) et de Roe & Co (p. 135).

La pizza parfaite
Dublin redécouvre le plaisir d'une pizza parfaite, et plusieurs établissements se disputent le titre de meilleure pizzeria de la capitale, dont les nouveaux venus Pi Pizza (p. 74), Boco (p. 159) et Manifesto (p. 174), qui concurrencent Paulie's Pizza (p. 169).

The Ivy
Cette célèbre table de Soho a ouvert en fanfare un restaurant à Dublin en 2018. Depuis, des rumeurs de mécontentement des employés ont quelque peu fait retomber l'enthousiasme, mais pas au point de réduire l'attente pour une réservation (p. 75).

L'essentiel

Pour plus d'informations, voir le chapitre *Dublin pratique* (p. 249)

Monnaie
Euro (€)

Langues
Anglais, gaélique

Visas
Non requis pour les ressortissants canadiens, suisses ou pour les citoyens des pays européens de l'Espace économique européen.

Argent
On trouve des DAB partout. Les cartes bancaires sont généralement acceptées dans les restaurants, hôtels et magasins.

Téléphones portables
Pour les voyageurs européens, leur forfait fonctionne à Dublin comme dans leur pays d'origine, sans surcoût. Les autres voyageurs doivent se renseigner sur les frais d'itinérance. Les cartes SIM prépayées coûtent environ 20 €.

Heure
UTC/GMT de novembre à mars ; plus une heure d'avril à octobre.

Office du tourisme
Visit Dublin Centre (www.visitdublin.com ; 25 Suffolk St ; 9h-17h30 lun-sam, 10h30-15h dim ; ts ceux du centre-ville). Renseignements sur Dublin et sur l'Irlande et service de réservation d'hôtel ou autre.

Budget quotidien

Moins de 150 €
- Dortoir : 16-28 €
- Repas dans un café ou un pub : 15-25 €
- Ticket de bus : jusqu'à 2,85 €
- Certains musées : gratuits
- Pinte : 5,50-7 €

150-250 €
- Chambre double en hôtel de première catégorie : 100-150 €
- Chambre double en hôtel de catégorie moyenne ou en maison de ville : 130-250 €
- Déjeuner ou dîner dans un restaurant de catégorie moyenne : 30-40 €
- Visites guidées et entrées payantes : 20 €

Plus de 250 €
- Chambre double en hôtel haut de gamme : à partir de 250 €
- Dîner dans un restaurant haut de gamme : 60-120 €

À prévoir

Deux mois avant Réserver le logement, surtout en été. Acheter les places pour des spectacles importants, en particulier les concerts d'artistes célèbres.

Deux à trois semaines avant Trouver un logement en basse saison. Réserver les spectacles des théâtres majeurs et les tables dans les restaurants haut de gamme pour le vendredi et le samedi soir.

Une semaine avant Réserver une table dans un restaurant branché ou populaire.

Sites Web

- **All The Food** (www.allthefood.ie). Avis à jour sur les restaurants de Dublin.
- **Dublin Tourism** (www.visitdublin.com). Site officiel.
- **Dublintown** (www.dublintown.ie). Liste complète des événements de la ville.
- **Failte Ireland** (www.discoverireland.ie). Le site de l'office national du tourisme.
- **Lonely Planet** (www.lonelyplanet.fr). Informations, réservations hôtelières, préparation du voyage.
- **Old Dublin Town** (www.olddublintown.com). Alors que Dublin évolue sans cesse, ce site est une mine d'informations.

QUAND PARTIR

Le temps est clément de juin à août. Septembre est un mois ensoleillé et chaud. De novembre à février, il fait froid et sec. En mai, pluie et soleil sont au rendez-vous.

Dublin

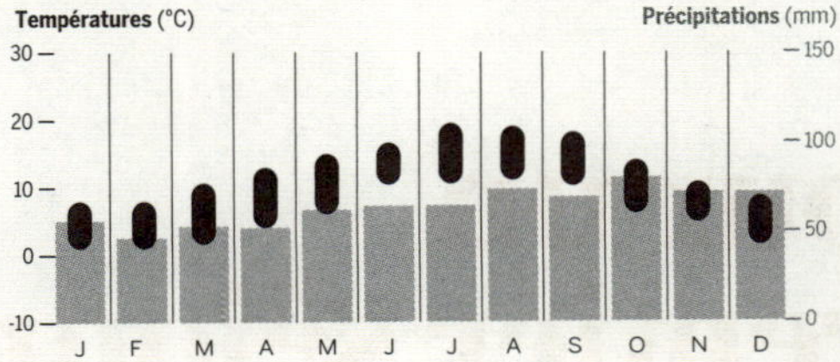

Arriver à Dublin

Dublin Airport Bus pour le centre-ville toutes les 10-15 min entre 6h et 0h30 ; en taxi (25 €), il faut compter 45 min.

Dublin Port Terminal Les horaires de l'Express Bus Transfer (adulte/enfant 3,50/2 €, 20 min) coïncident avec les arrivées et les départs des ferrys.

Busáras Tous les bus du groupe Éireann font halte à Busáras, la gare routière centrale de Dublin ; des compagnies privées ont leur terminus dans différents endroits de la ville.

Heuston et Connolly Stations Les trains nationaux arrivent en gare de Heuston ou de Connolly. La ligne DART relie celle de Connolly au centre-ville, et la Luas Red Line dessert les deux gares.

Pour plus d'informations sur l'**arrivée à Dublin**, voir p. 250

Comment circuler

À pied Le centre de Dublin est concentré et plat, aisé à parcourir à pied – le centre-ville fait moins de 2 km de diamètre.

Vélo Grâce aux vélos en libre-service *Dublinbikes*, vous pourrez rapidement explorer la ville.

Bus Pratique pour atteindre l'ouest de la ville et la banlieue.

Luas Tramway composé de deux lignes (Red Line et Green Line) qui relient le centre-ville aux quartiers sud environnants.

Taxi Identifiables grâce au logo à bande verte et bleue sur les portières des véhicules, les taxis de Dublin se hèlent ou se prennent à une station de taxis du centre.

DART Réseau de trains reliant la banlieue, qui traverse l'est de la ville, le long du littoral.

Pour plus d'informations, voir le chapitre **Comment circuler**, p. 254

Où se loger

L'explosion du nombre de touristes et la relative pénurie de chambres font grimper les tarifs des hôtels, en particulier le week-end et en saison haute (mai à septembre). Au nord de la Liffey, on trouve encore de bons hébergements de catégorie moyenne, mais la plupart des établissements se trouvent au sud du fleuve, avec des *townhouses* (maisons de ville) de style georgien et les hôtels haut de gamme de la ville. Les voyageurs à petit budget pourront s'en remettre à notre sélection d'auberges de jeunesse de qualité, dont la plupart disposent de chambres privées et de dortoirs.

Pour plus d'informations, voir le chapitre **Où se loger**, p. 200

Pour un premier séjour

Pour plus d'informations, voir le chapitre *Carnet pratique* (p. 249)

Pense-bête

- Assurez-vous que votre passeport (ou votre carte d'identité pour les citoyens de l'UE) est valide jusqu'à au moins 6 mois après votre arrivée.
- Renseignez-vous sur les restrictions de bagages de votre compagnie aérienne (en particulier pour les liquides et les produits frais).
- Souscrivez une assurance voyage et, pour les ressortissants de l'UE, demandez une carte européenne d'assurance maladie.
- Prévenez votre banque de votre départ à l'étranger.
- Vérifiez la compatibilité de votre téléphone portable à l'étranger.

À emporter

- Une veste imperméable – il pleuvra forcément à un moment ou un autre
- De bonnes chaussures – Dublin s'explore à pied
- Un adaptateur électrique
- Des vêtements chauds – il peut faire frais même en été
- Un petit sac à dos

Bon à savoir

- Le centre-ville, compact, s'explore aisément à pied ; prévoyez tout de même des chaussures confortables.
- Pour utiliser les transports en commun, procurez-vous une carte Leap (disponible dans la plupart des supérettes), moins chère et plus pratique que de payer en espèces.
- Avec plus de 100 stations à travers toute la ville, les vélos en partage Dublinbikes sont un moyen commode pour explorer la ville ; les 30 premières minutes sont gratuites.
- Réservez plusieurs jours à l'avance au moins pour dîner dans les restaurants les plus prisés si vous ne voulez pas vous casser le nez ou être obligé de dîner à 17h30.
- Les menus déjeuner et pré-théâtre sont le meilleur moyen de se restaurer aux tables gastronomiques, même les meilleures de la ville.
- Pour une session de musique traditionnelle authentique, cherchez un pub à l'écart des rues pavées envahies de touristes de Temple Bar.

Tenue vestimentaire

Vous pouvez porter à peu près tout ce que vous voulez : une tenue élégante et décontractée sera suffisante pour un restaurant gastronomique, un théâtre ou un concert classique.

En Irlande, les étés sont doux mais rarement chauds : prévoyez une couche supplémentaire en cas de chute du mercure, notamment le soir.

La météo est changeante ; ayez toujours à portée de main une veste et des chaussures imperméables, car la pluie n'est jamais bien loin.

Désagréments et dangers

Dublin est une ville sûre à tous points de vue (pour trouver plus sûr, il faut aller en Suisse). Comportez-vous comme vous le feriez à la maison. Plus d'infos p. 262.

Pas d'impairs !

➡ **Salutations** Lors d'une première rencontre, serrez la main aux hommes comme aux femmes. Pour une amie, faites une seule bise sur la joue.

➡ **Files d'attente** Les Dublinois sont assez détendus quant aux bonnes manières dans les files d'attente, mais n'hésiteront pas à s'opposer à ceux qui tentent de les doubler.

➡ **Demandes polies** Les Dublinois disent souvent *"Sorry"* ("désolé/e") plutôt que *"Excuse me"* pour demander quelque chose ; cela ne veut pas dire qu'ils s'excusent.

Langues

L'irlandais (Gaeilge ou gaélique irlandais) est la langue officielle d'Irlande. L'Official Languages Act, voté en 2003, stipule que tous les documents officiels, panneaux de signalisation et dénominations officielles doivent être indiqués en irlandais, ou à la fois en irlandais et en anglais. Malgré cela, l'irlandais n'est véritablement parlé que dans les petites enclaves rurales composant le Gaeltacht, dont les principales sont Cork (Corcaigh), le Donegal (Dún na nGall), Galway (Gaillimh), Kerry (Ciarraí) et Mayo (Maigh Eo).

Pour en savoir plus sur l'irlandais et apprendre quelques phrases clés, voir p. 264.

Sites Internet

➡ **All The Food** (www.allthefood.ie). Avis fiables sur les restaurants et autres établissements, notamment les meilleurs cafés pour travailler.

Station de vélos en partage

KEITH DONEGAN/ GETTY IMAGES ©

➡ **Come Here To Me!** (www.comeheretome.com). Bon guide sur l'histoire de Dublin, avec de nombreuses anecdotes intéressantes sur les sites et les personnages célèbres de la ville.

➡ **Totally Dublin** (www.totallydublin.ie). Guide très complet sur la ville.

Taxes

Une TVA standard de 23% s'applique à tous les articles vendus à Dublin exceptés les livres, les vêtements pour enfants et les articles éducatifs. Les résidents de pays n'appartenant pas à l'UE peuvent prétendre au remboursement de la TVA pour les articles achetés dans des commerces utilisant les programmes de remboursement Cashback ou Taxback. On vous remettra alors un bon de remboursement à faire tamponner lors de votre sortie de l'UE.

Pourboires

Vous n'êtes pas obligé de donner un pourboire si vous n'êtes pas satisfait du service ou de la nourriture.

➡ **Hôtels** Seulement pour les porteurs de bagages (1 € par bagage).

➡ **Pubs** Seulement si l'on vous sert à votre table (1 € par tournée).

➡ **Restaurants** 10% de l'addition pour un service correct, et jusqu'à 15% dans les restaurants les plus onéreux.

➡ **Taxis** 10% de la course, ou arrondir à l'euro supérieur.

➡ **Préposés aux toilettes** 0,50 €.

Dublin en 4 jours

Journée 1

Grafton Street et St Stephen's Green (p. 54)

Commencez par une promenade dans l'enceinte de **Trinity College**, rendez-vous à la **Long Room** et au **Book of Kells** avant de vous promener dans **Grafton St** jusqu'à **St Stephen's Green**. Pour découvrir encore plus de beaux livres et d'objets anciens, arrêtez-vous à la **Chester Beatty Library**. En chemin, vous pourrez faire des emplettes au **Powerscourt Townhouse Shopping Centre** ou dans les nombreuses boutiques à l'ouest de Grafton St.

Midi Le "bento déjeuner" de Sisu Izakaya (p. 74) est délicieux en plus d'être d'un très bon rapport qualité/prix.

Merrion Square et environs (p. 90)

Choisissez votre musée de prédilection ou visitez les trois : le **National Museum of Ireland – Archaeology** (pour le calice d'Ardagh et la broche de Tara), la **National Gallery** (n'oubliez pas la salle Jack B. Yeats) et le **Museum of Natural History**, qui plaît également aux enfants.

Soir Etto (p. 103), un des meilleurs italiens de la ville.

Temple Bar (p. 107)

De longue date un haut lieu festif, ce quartier est encore très vivant, en particulier le soir. Vous pourrez aussi bien vous y accorder une **session de musique traditionnelle**, que sortir en discothèque à **Mother** (uniquement le samedi) ou vous encanailler dans l'un de ses nombreux **pubs**.

Journée 2

Kilmainham et les Liberties (p. 123)

Commencez par l'une des cathédrales médiévales de Dublin (voire les deux), **St Patrick's** et **Christ Church**, avant de poursuivre la matinée avec un incontournable dublinois, la **Guinness Storehouse**. En chemin, les distilleries à visiter ne manquent pas ; **Teeling** vend enfin du whiskey fabriqué sur place.

Midi Fumbally (p. 139) propose de très bonnes soupes et sandwichs, ainsi que du café.

Kilmainham et les Liberties (p. 123)

Poussez plus à l'ouest, vers Kilmainham, visitez l'**Irish Museum of Modern Art** (sans oublier les jardins) puis sortez par l'arrière du musée et pénétrez dans la **prison Kilmainham Gaol** pour en apprendre davantage sur la lutte pour l'indépendance. Si le temps est clément, promenez-vous dans les **War Memorial Gardens**.

Soir Du poisson à Fish Shop (p. 161) dans le quartier de Stoneybatter.

Nord de la Liffey (p. 144)

Walshs, dans Stoneybatter, est un superbe bar traditionnel, fréquenté aussi bien par des habitués que par des hipsters en quête d'authenticité. Vous pourrez également aller voir une pièce au **Gate Theatre** ou au théâtre national d'Irlande, **Abbey**, en prenant le Luas depuis l'arrêt Museum jusqu'à Abbey St.

REMIZOV/SHUTTERSTOCK ©

Whiskeys à la Teeling Distillery (p. 135)

BOULENGER XAVIER/SHUTTERSTOCK ©

Museum of Natural History (p. 99)

Journée 3

Nord de la Liffey (p. 144)

Après avoir arpenté **O'Connell St**, en vous arrêtant à la **General Post Office** pour inspecter les impacts de balles encore visibles sur sa façade, explorez la collection de la **Hugh Lane Gallery, Dublin**, laquelle comprend une reconstitution du studio de Francis Bacon. Au **14 Henrietta St**, plongez dans l'histoire d'une maison georgienne ; **Jameson Distillery Bow Street** vous livrera les secrets du whiskey irlandais.

Midi Commandez un sandwich ou une salade au fantastique Fegan's 1924 (p. 158).

Nord de la Liffey (p. 144)

La collection du **National Museum of Ireland – Decorative Arts & History** est abritée dans une superbe caserne du XVIIIe siècle. Non loin de là, dans l'**Arbour Hill Cemetery**, reposent les meneurs exécutés au sortir de l'insurrection de Pâques 1916. Un peu plus à l'ouest s'étend l'immense **Phoenix Park**, le plus grand parc citadin d'Europe.

Soir Chapter One (p. 161) convient particulièrement aux occasions spéciales. Il faut réserver.

Grafton Street et St Stephen's Green (p. 54)

Pour faire la fête, rendez-vous aux abords de **Grafton St** ; vous y aurez l'embarras du choix entre pubs traditionnels, bars branchés et salles de concert, pour boire un verre, discuter et danser toute la nuit. Sinon, vous pourrez opter pour un spectacle au **Gaiety Theatre**.

Journée 4

Nord de la Liffey (p. 144)

Le **Glasnevin Cemetery**, où reposent de nombreuses personnalités irlandaises, se prête à découvrir l'histoire du pays sous un jour différent – la visite guidée est excellente. Il est également recommandé de faire un tour aux **National Botanic Gardens** voisins. Les amateurs de sport apprécieront la visite de **Croke Park**, l'un des plus grands stades irlandais, quartier général de l'Association athlétique gaélique.

Midi Oxmantown (p. 159) propose de bons plats pour le déjeuner.

Howth (p. 191)

Prenez le DART en direction du nord pour aller visiter **Howth**, joli bourg de pêcheurs en périphérie de Dublin, au pied d'un promontoire qui domine la baie de la ville. De superbes chemins de randonnée permettent de sillonner la presqu'île. Ce village compte de sympathiques pubs et d'excellents restaurants de poisson et de fruits de mer, le long de la jetée du port, mais aussi des **marchés fermiers**, le week-end.

Soir Mr Fox (p. 161) concocte l'une des meilleures cuisines irlandaises de la ville.

Merrion Square et environs (p. 90)

Une soirée dans le pub **O'Donoghue's**, sur Merrion Row, est forcément mémorable. Ce magnifique bar à l'ancienne, invariablement plein, organise souvent des concerts de musique traditionnelle.

Envie de…

Pubs traditionnels

Kehoe's Joli pub traditionnel pourvu d'un bar victorien, prisé par une faune très mêlée (p. 79).

John Mulligan's Ce lieu historique, archétype du pub dublinois, a servi de décor à plusieurs films (p. 170).

Fallon's Sympathique bar de quartier aux abords des Liberties, fréquenté par des gens du coin et des hipsters (p. 140).

John Kavanagh's Un classique qui mérite de faire un détour par le quartier de Glasnevin, au nord de la ville (p. 162).

Stag's Head Le pub le plus pittoresque de Dublin n'a pas changé d'un iota depuis 1895 (p. 81).

Toner's Dalles au sol et bar d'une autre époque font de ce pub un incontournable pour les employés de bureau (p. 105).

Old Royal Oak Pub traditionnel très apprécié dans le quartier de Kilmainham (p. 140).

Walshs Superbe pub local peuplé de vieux Irlandais portant des casquettes plates, et de jeunes hipsters… coiffés de ces mêmes casquettes (p. 162).

Bars modernes

Bow Lane Un bar à cocktails ouvert tard. Intérieur Art déco industriel, mais ambiance tamisée d'un bar de Las Vegas des années 1950 (p. 74).

Farrier & Draper Adresse décontractée de style prohibition, dans une demeure georgienne du XVIIIe siècle à la décoration chargée (p. 81).

MARTIN THOMAS PHOTOGRAPHY/ALAMY STOCK PHOTO ©

Little Museum of Dublin (p. 66)

Vintage Cocktail Club Havre de paix au milieu de Temple Bar où déguster des cocktails dans une atmosphère cosy inspirée des années 1920 (p. 116).

House Joli bar dans une magnifique demeure georgienne avec patio (p. 106).

Square Ball Bières artisanales, jeux d'arcade vintage ou de société, sports – il y en a pour tous les goûts dans ce bar sympathique (p. 105).

Liquor Rooms Bar en sous-sol à la longue carte des cocktails, aux nombreux recoins et à la bonne musique (p. 116).

The Oak Avec ses box en cuir et ses fauteuils à haut dossier en velours bleu, ce bar années 1920 respire l'élégance (p. 116).

Musique traditionnelle

Cobblestone Le meilleur pub de Dublin pour écouter de la musique traditionnelle ancienne et contemporaine (p. 162).

O'Donoghue's Le QG officieux de la musique folklorique dans les années 1960 propose encore régulièrement des sessions de musique traditionnelle (p. 105).

Ha'Penny Bridge Inn Sessions régulières de ballades, de folk et de musique traditionnelle le dimanche soir (p. 120).

Devitt's Pub organisant des scènes ouvertes à tous... à condition d'être un virtuose de la musique traditionnelle (p. 83).

Oliver St John Gogarty Sessions pour les touristes, avec d'excellents musiciens néanmoins (p. 117).

Histoire irlandaise

Kilmainham Gaol Visiter cette prison historique permet de mieux comprendre la lutte pour l'indépendance du pays (p. 131).

Glasnevin Cemetery Presque toutes les personnalités irlandaises des deux derniers siècles sont enterrées dans ce cimetière (p. 152).

1916 Rebellion Walking Tour Visite guidée instructive qui aborde les sites et les histoires associés à l'insurrection de Pâques 1916 (p. 88).

EPIC The Irish Emigration Museum Musée interactif qui explore l'histoire de l'émigration et de la diaspora irlandaise (p. 168).

Irish Family History Centre L'endroit idéal pour découvrir l'histoire de votre propre famille si elle est d'ascendance irlandaise (p. 168).

14 Henrietta Street L'histoire de Dublin racontée à travers l'une de ses maisons georgiennes (p. 151).

Jeanie Johnston Réplique d'un bateau du XIXe siècle qui traversa l'Atlantique pendant la Grande Famine (p. 168).

Arts

Irish Museum of Modern Art Œuvres des XXe et XXIe siècles, dans un cadre somptueux ceint d'un beau jardin (p. 133).

The Hugh Lane Des chefs-d'œuvre impressionnistes et la reconstitution du studio de Francis Bacon (p. 146).

National Gallery Collection nationale d'art abritant une toile du Caravage et une salle dédiée à Jack B. Yeats (p. 96).

Royal Hibernian Academy (RHA) Galerie Gallagher Galerie privée proposant installations, pièces sonores et autres surprises, en plus de toiles contemporaines (p. 99).

City Assembly House Des expositions temporaires sont organisées dans la belle salle principale de la toute première galerie d'art de Dublin (p. 68).

Pour d'autres envies, voir les sections :
- Où se restaurer (p. 33)
- Où prendre un verre et faire la fête (p. 37)
- Où sortir (p. 41)
- Shopping (p. 45)
- Sports et activités (p. 47)

Musées

National Museum of Ireland – Archaeology Institution culturelle la plus importante du pays, qui renferme des trésors archéologiques (p. 92).

Chester Beatty Library Collection époustouflante de livres sacrés et d'objets d'art du Moyen-Orient et d'Asie (p. 64).

Little Museum of Dublin Ce musée raconte l'histoire de Dublin au XXe siècle, à travers des photos et des objets (p. 66).

Museum of Natural History La collection d'animaux empaillés n'a presque pas changé depuis 1857 (p. 99).

National Print Museum Petit musée passionnant consacré à l'imprimerie (p. 174).

Concerts

Workman's Club Excellent repaire de concerts originaux, de l'électro au rock alternatif en passant par la folk (p. 120).

Whelan's Maison spirituelle des auteurs-compositeurs-interprètes, cette salle de concert permet d'être au plus près des artistes (p. 83).

Vicar Street Salle de taille moyenne qui programme des

groupes de soul, de folk, et des groupes étrangers (p. 142).

3 Arena La salle des grandes stars internationales peut accueillir jusqu'à 23 000 spectateurs (p. 171).

Wigwam De grands DJ se produisent au sous-sol (p. 163).

Button Factory Salle de Temple Bar offrant un savant mélange de concerts et de DJ (p. 120).

Marchés et shopping

Powerscourt Townhouse Centre commercial le plus élégant de la ville, où l'on trouve de tout : sacs en cuir, chapeaux de designers irlandais… (p. 85).

George's Street Arcade Sous cette arcade victorienne, on vend aussi bien des vinyles d'occasion que de l'huile essentielle de patchouli… (p. 85).

Temple Bar Food Market Le meilleur marché de la ville pour goûter à de nombreuses douceurs (p. 114).

Ulysses Rare Books Superbe librairie spécialisée dans la littérature irlandaise (p. 85).

Irish Design Shop Artisanat irlandais : bijoux, ustensiles de cuisine… Idéal pour rapporter un souvenir ou un cadeau (p. 84).

Article Sélection inventive et élégante d'ustensiles de cuisine et de cadeaux : coquetiers, posters… (p. 85).

Restaurants

Chapter One Avec une étoile au guide Michelin, ce restaurant vénéré par ses habitués est l'un des meilleurs de la ville (p. 161).

Banyi Japanese Dining Pour de la cuisine japonaise authentique, rendez-vous dans ce restaurant sensationnel de Temple Bar (p. 114).

Greenhouse Superbe cuisine d'inspiration scandinave et irlandaise dans un restaurant étoilé au Michelin (p. 78).

Clanbrassil House Ce restaurant de quartier douillet est devenu l'une des meilleures tables de la ville (p. 139).

Etto Excellente cuisine italienne aux accents modernes (p. 103).

Fish Shop Le meilleur restaurant de produits de la mer de la ville (p. 161).

Restaurant Patrick Guilbaud Il faut casser sa tirelire ; c'est de toute évidence le meilleur restaurant du pays (p. 104).

Lieux littéraires

Marsh's Library Fondée en 1701, la bibliothèque la plus ancienne d'Irlande conserve plus de 25 000 livres et manuscrits remontant au XVe siècle (p. 135).

Old Library Trinity College abrite l'évangéliaire le plus célèbre au monde et la somptueuse bibliothèque Long Room (p. 66).

Dublin Writers Museum L'héritage littéraire de Dublin à travers les effets personnels des écrivains, des brouillons et des souvenirs (p. 156).

Bloomsday Tous les ans, le 16 juin, Dublin rend hommage à James Joyce ; les costumes édouardiens sont de rigueur (p. 25).

James Joyce Cultural Centre Fascinant aperçu de l'époque édouardienne de James Joyce avec de très bons films sur la vie et l'œuvre de l'auteur (p. 154).

Espaces verts

St Stephen's Green Au moindre rayon de soleil, les pelouses de ce superbe parc, le plus populaire de la ville, sont prises d'assaut par les Dublinois (p. 66).

Merrion Square Sentiers parfaitement ratissés, splendides pelouses et gais parterres de fleurs (p. 98).

Phoenix Park Le plus grand parc de Dublin est également l'un des plus grands parcs clos d'Europe (p. 148).

Iveagh Gardens Joli jardin légèrement anarchique, situé juste derrière St Stephen's Green (p. 68).

War Memorial Gardens Magnifique jardin en bordure de la Liffey. Le secret de polichinelle le mieux gardé de la ville ! (p. 136).

Herbert Park Ce vaste parc est l'un des plus fréquentés au sud de la Liffey (p. 174).

Édifices georgiens

Leinster House Richard Cassels avait construit cette demeure pour le duc de Leinster. C'est désormais là que se réunit le Parlement irlandais (p. 99).

The Hugh Lane L'ancienne résidence de lord Charlemont est l'une des plus jolies maisons georgiennes de la ville (p. 146).

Powerscourt Townhouse Autrefois la demeure du troisième vicomte de Powerscourt, ce somptueux édifice imaginé par l'architecte Robert Mack est aujourd'hui un centre commercial très fréquenté (p. 85).

Four Courts Abritant les plus hautes cours de justice du pays, ce bâtiment a été conçu par Thomas Cooley et James Gandon (p. 154).

Custom House James Gandon s'est fait connaître à Dublin grâce à cette merveille architecturale (p. 168).

Bank of Ireland Avant de devenir une banque, cet édifice avait été conçu par Edward Lovett Pearce pour le Parlement irlandais (p. 70).

OLIVIER CIRENDINI/LONELY PLANET ©

(Ci-dessus) Marsh's Library (p. 135)
(Ci-dessous) War Memorial Gardens (p. 136)

ALAN MALONE/SHUTTERSTOCK ©

Activités gratuites

Bank of Ireland Le premier édifice au monde à avoir été bâti spécifiquement pour un Parlement ; entrée gratuite pour la House of Lords (p. 70).

Irish Museum of Modern Art Musée d'Art contemporain irlandais et international qui se trouve dans le spacieux Royal Hospital Kilmainham (p. 133).

National Museum of Ireland – Archaeology Musée qui renferme les plus importantes archives culturelles du pays (p. 92).

National Gallery La meilleure galerie d'art d'Irlande expose quelque 15 000 toiles et sculptures (p. 96).

National Museum of Ireland – Decorative Arts & History Ancienne caserne militaire aussi impressionnante que la collection qu'elle héberge aujourd'hui (p. 151).

Trinity College Une visite de Dublin ne saurait être complète sans une promenade à travers Trinity (p. 56).

Forty Foot Pool Un bassin en plein air pour une baignade dans la mer (p. 198).

Glasnevin Cemetery Un cimetière où reposent de grands noms de l'histoire irlandaise (p. 152).

Phoenix Park Dans cet immense parc se trouvent la résidence du président irlandais, l'ambassade des États-Unis, le zoo de Dublin et une horde de daims (p. 148).

Chester Beatty Library Le plus en vue des petits musées de la ville renferme un véritable trésor de livres anciens et d'objets d'art (p. 64).

Mois par mois

LE TOP 5

- **Saint-Patrick**, Mars
- **Forbidden Fruit**, Juin
- **Taste of Dublin**, Juin
- **Nuit de la culture**, Septembre
- **Dublin Fringe Festival**, Septembre

Janvier

Il fait froid et il pleut souvent. La ville reprend son rythme après les vacances de Noël.

Célébrations du Nouvel An

Des milliers de personnes se rassemblent dans Christ Church Cathedral pour le passage à la nouvelle année.

Février

Le mauvais temps en fait un mois parfait pour les activités d'intérieur. Certains musées lancent de nouvelles expositions.

Dublin International Film Festival

La plupart des salles de cinéma de Dublin participent à ce festival (www.diff.ie) qui diffuse pendant deux semaines en février-mars de nouveaux films irlandais et internationaux. Au programme : films tournés en Irlande, films d'art et d'essai et avant-premières de films grand public.

☆ Tournoi des Six-Nations

L'équipe irlandaise de rugby dispute trois matchs à domicile dans l'Aviva Stadium, dans le quartier de Ballsbridge, au sud de la Liffey, entre février et mars (www.irishrugby.ie).

Mars

En ce mois, toutes les attentions sont focalisées sur une seule fête. Le temps est incertain, les températures remontent un peu avec des pointes exceptionnelles de froid.

Saint-Patrick

Le 17 mars (www.stpatricksfestival.ie), une fièvre verte s'abat sur l'Irlande. À Dublin, ce sont 5 jours de concerts et de folie. Point d'orgue des festivités : l'immense parade qui réunit quelque 600 000 personnes.

Avril

Le temps devient plus clément, les fleurs commencent à s'épanouir et la saison des festivals se met en marche.

☆ Irish Grand National

À Dublin, les courses de chevaux sont très appréciées, notamment la Grand National (www.fairyhouse.ie), qui est la plus importante de la saison et se tient chaque lundi de Pâques à Fairyhouse, dans le comté de Meath, à 25 km au nord-ouest du centre.

Mai

Le May Bank Holiday (le premier lundi du mois) est le premier week-end animé de la saison estivale. Les habitants de Dublin quittent la ville pour profiter de l'arrivée des beaux jours.

Bloom in the Park

La plus grande exposition irlandaise sur le jardinage (bloominthepark.com) accueille plus de 90 000 visiteurs dans

(En haut) Bloomsday

(En bas) Le jour de la Saint-Patrick

CARLOS SANCHEZ PEREYRA/GETTY IMAGES ©

CEZARY ZAREBSKI PHOTOGRAPHY/GETTY IMAGES ©

Phoenix Park, le temps d'un week-end en mai-juin, pour se remplir la panse, écouter de la musique et vérifier si on a bien la main verte.

International Dublin Gay Theatre Festival

Ce festival de 15 jours début mai (www.gaytheatre.ie) est dédié au théâtre gay et lesbien avec des pièces actuelles ou plus anciennes, écrites par des auteurs homosexuels sur ce thème.

International Literature Festival Dublin

Dix jours consacrés à la littérature (p. 228), qui attirent, à la mi-mai, des écrivains irlandais et internationaux pour des lectures, des performances et des conférences.

Juin

Il fait beau, et les festivals fleurissent !

Forbidden Fruit

Festival de musique alternative (www.forbiddenfruit.ie) dans l'enceinte de l'Irish Museum of Modern Art, le premier week-end de juin.

Mini-marathon réservé aux femmes

Course de 10 km pour une œuvre de bienfaisance (www.vhiwomensminimarathon.ie), le deuxième dimanche du mois, qui attire 50 000 participantes – et quelques hommes mal déguisés.

Bloomsday

Le 16 juin se tient dans Dublin (www.jamesjoyce.ie)

un hommage à *Ulysse*. Il s'agit de la date exacte où se déroule l'intrigue du roman de Joyce. Vous pourrez marcher dans les pas de Leopold Bloom en revêtant un costume édouardien.

Taste of Dublin

Les meilleurs restaurateurs de la ville partagent leurs secrets et leurs plats à l'occasion de ce merveilleux festival (dublin.tastefestivals.com) dans les Iveagh Gardens pendant un long week-end de juin. Au programme : conférences, démonstrations, cours et de bonnes choses à déguster.

Juillet

Des événements tous les week-ends, notamment le plus grand festival de musique de l'année.

Dublin Horse Show

Les amateurs d'équitation se réunissent à la Royal Dublin Society (RDS) pour le plus grand concours de sauts d'obstacles de l'année (www.dublinhorseshow.com). La RDS organise l'Aga Khan Cup, compétition renommée à laquelle participent huit pays. En juillet ou en août.

Longitude

Un festival de Glastonbury miniature au Marlay Park, très couru (www.longitude.ie). Concerts d'électro, de nu-folk, de rock et de pop sur trois jours à la mi-juillet.

City Spectacular

Les meilleurs artistes de rue (jongleurs, avaleurs de sabre…) du monde exhibent leurs talents pendant deux week-ends de juillet

(En haut) Un cracheur de feu pour City Spectacular

(En bas) En août, la Liffey Swim

AITORMMFOTO/SHUTTERSTOCK ©

DERICK HUDSON/SHUTTERSTOCK ©

à Merrion Square (www.cityspectacular.com).

Août

Les écoles sont fermées, le soleil brille (ou pas !) et Dublin passe en mode vacances. C'est la période la plus fréquentée par les touristes.

The Liffey Swim

Cinq cents toqués (www.leinsteropensea.ie/liffey-swim) parcourent environ 2,2 km à la nage depuis le pont Rory O'Moore jusqu'à la Custom House.

Septembre

L'été est terminé mais le temps reste agréable. La fréquentation en baisse permet de profiter pleinement de l'été indien.

Finales All-Ireland

Le moment le plus important de l'année pour les amateurs de sports gaéliques : les finales des championnats irlandais de hurling et de football où s'affrontent les meilleures équipes des comtés irlandais (1er et 3e dimanches de septembre).

Nuit de la culture

Pendant toute une nuit (www.culturenight.ie), l'entrée est gratuite dans les musées, les églises, les galeries et les monuments historiques de la ville, avec des performances, des ateliers et des conférences.

Dublin Fringe Festival

Excellent festival de théâtre (p. 43) qui précède le Dublin Theatre Festival, avec plus de 700 artistes et 100 spectacles sur deux semaines dans le chapiteau Famous Spiegeltent.

Irish Craft Beer Festival

La plus grande fête de la bière du pays (www.irishcraftbeerfestival.ie), avec des concerts, de quoi se sustenter et plus de 200 bières artisanales.

Great Dublin Bike Ride

Plus de 5 000 cyclistes se rassemblent pour la Great Dublin Bike Ride (www.greatdublinbikeride.ie), une course de 60 ou 100 km à travers la ville pour une œuvre de charité.

Octobre

Il commence à faire froid ; il est temps de reprendre des activités d'intérieur. Le mois est tout de même bien chargé, surtout le dernier week-end.

Dublin Theatre Festival

Ce festival de théâtre, entre fin septembre et début octobre, est le plus ancien d'Europe. Les meilleures productions irlandaises et internationales sont présentées dans plusieurs lieux de la ville.

Marathon de Dublin

Pour participer à cette course de 42 km à travers la ville, fin octobre (http://kbcdublinmarathon.ie), il faut s'inscrire au moins trois mois à l'avance.

Ireland Music Week

Un festival de musiciens émergents (www.hwch.net), avec une centaine de concerts dans des salles de Camden St et autour pendant trois jours, fin septembre ou début octobre.

Samhain (Halloween)

Le 31 octobre, des milliers de personnes descendent dans les rues de Dublin pour un défilé nocturne, des feux d'artifice, des danses, des concerts à l'occasion de cette fête païenne qui célèbre les défunts, la fin des récoltes et la nouvelle année celtique.

Novembre

Le mois de novembre est plus calme ; il fait trop froid pour des activités en extérieur et tout le monde se prépare pour Noël.

Décembre

Noël est une fête très importante dans la capitale irlandaise ; les Dublinois attendent avec impatience leur semaine de vacances.

Baignade de Noël

À 11h, le jour de Noël, des nageurs très courageux sautent dans les eaux glacées de Forty Foot, non loin de la tour Martello de Sandycove, village de la banlieue sud de Dublin, pour un aller-retour de 20 minutes à la nage.

Courses hippiques de Leopardstown

Courses de chevaux historiques et très populaires dans un des plus beaux hippodromes d'Europe (www.leopardstown.com), entre le 26 et le 30 décembre.

Voyager avec des enfants

Les Irlandais adorent les enfants. On s'émerveillera souvent devant votre progéniture par des "oh !" et des "ah !". Toutefois, les infrastructures adaptées aux plus petits manquent dans la capitale ; notamment les espaces de change pour les bébés.

LARRYDJ/SHUTTERSTOCK ©

Orang-outan au zoo de Dublin (p. 148)

Musées

Ark Children's Cultural Centre

Avec des enfants entre 3 et 14 ans, vous pouvez passer un après-midi dans ce "centre culturel" (p. 120), qui propose des activités autour de la science, de l'environnement et de l'art (en anglais) – il faut réserver bien à l'avance.

Imaginosity

À seulement cinq minutes à pied de l'arrêt de la ligne verte Luas "Stillorgan" se trouve **Imaginosity** (www.imaginosity.ie ; The Plaza, Beacon South Quarter, Sandyford ; tarif plein/réduit 8/7 € ; 9h30-17h30 mar-ven, 10h-18h sam-dim, 13h30-17h30 lun ; ; Stillorgan, Sandyford), le seul musée interactif du pays pour les enfants. Pendant 2 heures, ils peuvent apprendre, s'amuser et se distraire grâce aux expositions et aux activités du musée.

Dublinia

Il existe de nombreuses façons de découvrir le passé viking de Dublin, mais Dublinia (p. 112), le musée consacré aux Vikings et au Moyen Âge, présente des expositions interactives spécialement conçues pour les petits.

Zoo

Zoo de Dublin

Il est recommandé de se déplacer avec le bus à ciel ouvert hop-on, hop-off (p. 165), qui permet de descendre et de monter à volonté, de prendre vos repères, et de ravir les enfants, qui pourront découvrir la ville depuis l'étage supérieur. Vous pouvez utiliser le bus pour aller jusqu'au zoo de Dublin (p. 148), qui compte environ 400 animaux de 100 espèces différentes répartis entre huit habitats (jungle asiatique, etc.). La ferme familiale permet aux enfants de s'en approcher au plus près.

Plouf !

Viking Splash Tours

Les enfants de tout âge adoreront cette **excursion** (www.vikingsplash.com ; Stephen's Green N ; 01-707 6000 ; adulte/enfant 25/13 € ;

Imaginosity

⌚10h-15h, visites toutes les 30-90 min ; 🚌ts ceux du centre-ville), à bord d'un véhicule amphibie. Pour cette visite, toute la famille doit enfiler des cornes de Viking et rugir sur les passants avant de voguer sur le bassin du Grand Canal.

National Aquatic Centre

L'AquaZone du National Aquatic Centre (p. 49) de Blanchardstown dispose de grands toboggans, de machines permettant de faire du surf, d'une piscine et d'autres dispositifs pour amuser les enfants.

Le lutin du coin

National Leprechaun Museum

Malgré ce que laisse présager son nom, le musée national du Leprechaun (p. 156) est en fait un ensemble de salles de jeux pour les enfants avec quelques informations sur le folklore irlandais (en anglais). Les enfants apprécieront particulièrement le tunnel à illusion d'optique qui les rétrécit, la salle remplie de meubles surdimensionnés, les puits et, bien sûr, le chaudron rempli d'or du Leprechaun.

Espaces verts

Parcs de Dublin

N'oubliez pas les parcs de Dublin, où les enfants peuvent allègrement se défouler : St Stephen's Green (p. 66), Merrion Square (p. 98), Herbert Park (p. 174) et Phoenix Park (p. 148).

L'ESSENTIEL

Transports Les enfants de moins de 5 ans accompagnés voyagent gratuitement dans tous les transports publics.

Pubs Les mineurs non accompagnés ne sont pas autorisés dans les pubs ; les enfants accompagnés peuvent y rester jusqu'à 21h (22h de mai à septembre).

Site Web Les parents accompagnés de jeunes enfants sont invités à consulter le site everymum.ie.

Pour des informations d'ordre général, consultez le guide *Voyager avec ses enfants* publié par Lonely Planet.

Comme un Dublinois

Malgré son rang de capitale, Dublin a la taille d'une ville moyenne, ce qui la rend tout à la fois aisée à parcourir, mais difficile à comprendre. Pourvu que vous y passiez suffisamment de temps, vous saisirez ce que nous entendons par là.

ANDREW MONTGOMERY/LONELY PLANET ©

Pintes de Guinness

L'art du "slagging"

Les Dublinois sont, pour la plupart, des gens simples et faciles à vivre. Ils aiment voir les choses sous l'angle informel, ce qui ne les empêche pas de respecter certaines règles ou manières de faire. Ils n'en pardonnent pas moins volontiers les impairs imputables à la seule ignorance : dans cette ville où le *slagging* ("taquinerie") a été élevé au rang d'art, un faux pas fait toujours un bon sujet de conversation. On peut d'ailleurs mesurer le niveau de proximité entre deux Dublinois à la manière dont ils s'asticotent. Un trait d'esprit plein d'autodérision et la capacité à accepter une plaisanterie avec humour vous permettront de vous faire de nouveaux amis. Attention malgré tout : le *slagging* n'est toléré qu'entre amis, et l'on ne saurait, par exemple, se moquer des chaussures d'une personne que l'on vient de rencontrer.

Les accents de Dublin

Même dans une petite ville comme Dublin, l'anglais connaît beaucoup de variations, depuis les dialectes de banlieue qui évoquent vaguement l'accent américain, au dublinois des classes populaires, presque incompréhensible pour les étrangers.

Le "dartspeak"

Aussi appelé "accent de Dublin 4" (ou D4, district huppé de la rive sud), le *dartspeak* rappelle l'anglais britannique des Home Counties (comtés limitrophes de Londres) et l'anglais américain, se caractérisant par ses voyelles déformées ("*DORT*" au lieu de "*DART*", le réseau ferré local), son abondance de *like* et de *right* (respectivement prononcés "*loyke*" et "*roysh*") et l'intonation montante à la fin de chaque phrase, comme pour une question.

L'accent intra-muros

Le dialecte le plus difficile à comprendre de Dublin, indissociable des classes populaires, se distingue par ses voyelles et mots imbriqués, enrichis de consonnes ("*world*" est par exemple prononcé "*worldled*"). Tenu pour celui des quartiers pauvres et des classes peu éduquées, l'accent "*inner city*" se rapproche pourtant de l'anglais moderne des premiers temps. Il est curieusement ponctué d'expressions cultivées et vieillottes telles que "*I was mortified*" (J'étais mortifié) au lieu de "*I was embarrassed*" (J'étais embarrassé) et "*Pardon me*" (Pardonnez-moi) au lieu de "*Excuse me*" (Excusez-moi).

L'accent suburbain

Cet accent, courant dans la classe moyenne de Dublin, est le plus facile à comprendre. Son articulation claire trouve sa source dans la volonté des éducateurs d'après l'indépendance de favoriser un parler à la fois élégant et "non britannique".

Les Dublinois et le sport

Les Dublinois peuvent en apprendre beaucoup les uns sur les autres à partir de leur sport préféré et leurs équipes favorites.

Football gaélique

Généralement l'apanage des banlieues nord et sud-ouest de la classe moyenne, où sont installés tous les clubs de Dublin, le football gaélique est aussi apprécié dans les quartiers populaires du nord de la ville, dont les habitants sont fiers de manifester leur soutien à l'équipe dublinoise. Les authentiques aficionados supportent ainsi non seulement les "Dubs" mais aussi leur club local, qu'ils soutiennent avec passion lors du championnat du comté.

Football

Sport le plus prisé de Dublin, le football est très suivi dans les quartiers populaires et de la classe moyenne, où il est couramment abrégé en "ball". Si les équipes de Dublin de la League of Ireland jouissent d'un soutien indéfectible, le Dublinois moyen est aussi un fervent supporteur d'une équipe de l'English Premier League, généralement Manchester United, Liverpool ou Arsenal, mais aussi Aston Villa (en particulier parmi les supporteurs nés fin des années 1970-début des années 1980 et qui ont grandi avec la légende dublinoise Paul McGrath) ou, Manchester City et Chelsea (surtout parmi les supporteurs nés au nouveau millénaire). En général, lorsque les Dublinois appellent le football "*soccer*", ils le font par dérision.

Rugby

L'amour et la connaissance du rugby, sport traditionnel de l'élite de Dublin, étaient autrefois un indicateur de statut social élevé. De fait, les écoles les plus élitistes de la ville privilégient le rugby, et un "gars de Blackrock" (école de garçons élitiste de la banlieue sud) désigne un jeune privilégié dont la plus grande ambition est de jouer pour l'Irlande tout en suivant des études de droit ou de médecine. La professionnalisation, les succès répétés de l'Irlande au niveau international et l'essor du Tigre celtique ont cependant changé la donne, transformant le rugby en une expression plus générale de la fierté nationale. Le hockey sur gazon est, pour les filles, ce que le rugby est aux garçons. Il est joué dans les écoles de filles les plus élitistes, mais peu médiatisé, comme le sport féminin, de manière générale.

Le "rounds system"

Le "système des tournées" – usage consistant à payer un verre à celui qui vous en a offert un – est à la base de la culture du pub (comme le dit l'adage irlandais, "il est impossible pour deux hommes d'aller au pub pour un seul verre"). Manquez à cette règle tacite et vous pouvez être sûr de vous retrouver seul. Volontiers généreux, les Irlandais ne tolèrent guère la pingrerie.

L'autre règle d'or du *rounds system* veut que la prochaine tournée commence lorsque la première personne a terminé (ou, mieux, est sur le point de terminer) son verre. Que vous ayez fini votre verre ou non, si c'est votre tour, commandez la prochaine tournée.

Votre plus grand défi sera de suivre le rythme des autres, qui continueront à vous offrir des verres, même lorsque les pintes s'accumuleront devant vous et que vous commencerez à piquer du nez.

BON À SAVOIR

Repas du soir Les Dublinois dînent tôt, entre 18h et 19h, lorsqu'ils sont à la maison, et généralement après 19h lorsqu'ils sortent.

Tournées Si quelqu'un vous offre un verre, vous devrez toujours lui rendre la pareille, ou au moins le lui proposer.

Eau potable L'eau du robinet à Dublin est sûre, généralement excellente et gratuite ; vous pourrez donc économiser sur les bouteilles d'eau au restaurant.

Dublin gratuit

Dublin est une ville où l'on dépense son argent sans grand effort (notamment pour se loger !). Heureusement, vous pourrez découvrir de nombreux sites sans débourser un centime.

Musées

Le patrimoine culturel et historique du pays est à découvrir gratuitement.

National Museum of Ireland

Explorez à loisir les trois musées du National Museum : Archaeology (p. 92), Decorative Arts & History (p. 151) et Natural History (p. 99).

National Gallery

L'impressionnante collection de l'État couvre une période allant du Moyen Âge à l'époque moderne (p. 96).

Hugh Lane Gallery, Dublin (p. 146)

Un remarquable fonds d'art moderne, auquel s'ajoute une reconstitution de l'atelier de Francis Bacon.

Irish Museum of Modern Art

La plus importante collection d'art contemporain (p. 133) du pays.

Chester Beatty Library

Plus prestigieux des petits musées de Dublin, ce lieu (p. 64) abrite un trésor de livres anciens, de précieux manuscrits, ainsi que de magnifiques objets d'art.

Science Gallery

Un fascinant musée des sciences, totalement gratuit (p. 68).

Espaces verts

Dublin est ponctué de sublimes espaces verts, tous ouverts au public.

St Stephen's Green

Le parc (p. 66) le plus apprécié de la ville, invariablement pris d'assaut par beau temps.

Merrion Square

Le plus élégant des parcs (p. 98) de Dublin, avec ses belles pelouses, ses charmants parterres et ses statues de grands personnages, dont Oscar Wilde.

Iveagh Gardens

Un brin plus sauvage et moins connu, ce parc a quelque chose d'un morceau de campagne en plein cœur de ville (p. 68).

Phoenix Park

Le plus grand parc non forestier (p. 148) clos d'Europe est assez grand pour héberger la présidence irlandaise, l'ambassade des États-Unis, le zoo de Dublin, une horde de daims et de vastes espaces verts.

Herbert Park

Parc idéal (p. 174) pour un footing, une promenade ou une partie de tennis.

Grand Canal

Du vert, du vert et encore du vert... Baladez-vous le long des rives de ce parc du centre-ville pour une expérience des plus bucoliques.

Circuits

Áras an Uachtaráin

Les visites guidées de la résidence présidentielle, Áras an Uachtaráin (p. 148), sont gratuites.

Irish Museum of Modern Art

Visites gratuites des œuvres d'art (p. 133) accompagnées par un spécialiste.

Sandeman's New Dublin Tour

La visite guidée de la ville est gratuite (p. 89) ; vous ne paierez que le pourboire.

Carpaccio de bœuf chez Chapter One (p. 161)

Où se restaurer

À Dublin, chacun mangera à sa guise. La diversité de choix est telle – du donut au chou kale –, que tous les goûts, toutes les cuisines et toutes les tendances y sont représentés.

BON À SAVOIR

Heures d'ouverture

Cafés 8h-17h du lundi au samedi

Restaurants 12h-22h (ou minuit) ; les cuisines ferment généralement vers 21h. Les établissements haut de gamme ferment souvent entre 15h et 18h. Les restaurants qui proposent le brunch ouvrent vers 11h.

Prix

Les catégories de prix suivantes s'entendent pour un plat principal :

€ moins de 15 €

€€ 15-30 €

€€€ plus de 30 €

Réservations

Les réservations sont nécessaires du jeudi au samedi dans la plupart des restaurants du centre-ville, et toute la semaine pour les adresses en vogue. La majorité des établissements font plusieurs services : si vous avez réservé une table pour 19h, attendez-vous à devoir la libérer pour 21h. Le système des réservations tend aujourd'hui à disparaître en faveur de la liste d'attente.

Pourboire

Il est d'usage de laisser un pourboire de 10 à 12%, mais rien ne vous empêche de donner plus si vous avez trouvé le service exceptionnel. Si, au contraire, vous êtes vraiment mécontent, ce qui ne devrait pas arriver très souvent, n'hésitez pas à ne rien laisser.

Spécialités locales

La pomme de terre est vraiment un aliment de base en Irlande. Le *colcannon* et le *champ* (purée de pommes de terre avec du chou pour l'un et de la ciboule pour l'autre) figurent parmi les meilleures façons d'accommoder l'omniprésent tubercule.

La plupart des plats sont à base de viande, le plus souvent de bœuf, d'agneau ou de porc. Le *coddle*, composé de tranches de bacon, saucisses, oignons, pommes de terre et beaucoup de poivre noir, est le plat populaire typique. Plus répandu encore, l'*Irish stew*, une savoureuse potée d'agneau,

Petit-déjeuner irlandais traditionnel

de pommes de terre, d'oignons, de persil et de thym (pas de carottes), est la spécialité nationale.

Le *soda bread* est un pain typiquement irlandais à la saveur caractéristique. La farine irlandaise très fine ne permettant pas à la pâte de lever, les boulangers du XIXe siècle y ajoutèrent du bicarbonate de sodium *(soda)* pour faire gonfler la pâte. Ajoutez du babeurre et vous obtenez un délicieux pain à la texture légère, souvent servi au petit-déjeuner dans les chambres d'hôtes. Scones, tartes et biscuits sont aussi des spécialités.

Maquereaux, homards et huîtres abondent dans les eaux bordant l'Irlande. Les crevettes de la baie de Dublin sont dodues à souhait et les huîtres locales se dégustent avec une pinte de Guinness – les notes de chocolat du stout accompagnent à la perfection leur saveur iodée.

Pour les végétariens

Pour les Dublinois d'aujourd'hui, davantage soucieux de leur santé, la viande n'est plus l'aliment fondamental de tout repas. On trouve des options végétariennes (et végétaliennes) de plus en plus facilement dans la capitale irlandaise.

Plusieurs restaurants, notamment le M&L (p. 159), le Yamamori (p. 77) et le Chameleon (p. 115) proposent un choix de plats végétariens intéressant, qui ne se résume pas à l'habituelle assiette de légumes verts et de légumineuses. Les Wednesday Dinners du Fumbally (p. 139) comprennent toujours une excellente option végétarienne, et l'Assassination

FAIRE SES COURSES

Dublin offre un choix toujours plus étoffé de produits artisanaux sur ses marchés en plein air et couverts. On en trouve de particulièrement excellents au sud du fleuve, notamment Fallon & Byrne (p. 73), Dollard & Co (p. 114), à Newmarket, et Temple Bar Food Market (p. 114), ainsi qu'un bon choix de marchands de fromages et de boulangeries. Au nord du fleuve, le traditionnel Moore Street Market (p. 165) est le plus célèbre de la ville : la gouaille des producteurs est aussi colorée que leur marchandise.

Custard (p. 138) sert autant de plats végétariens que de viande.

Parmi les adresses spécialisées, on peut citer le Blazing Salads (p. 74), qui propose pain bio, pizzas et salades californiennes, le Cornucopia (p. 73), le restaurant végétarien le plus connu de Dublin, servant salades, sandwichs et plats chauds, et le Govinda's (p. 74), établissement végétarien authentique tenu par des "Hare Krishna".

Une scène culinaire dynamique

Difficile de rester à jour à Dublin en ce qui concerne la scène culinaire : chaque semaine, de nouveaux restaurants ouvrent leurs portes, tandis que d'autres ferment. La décision du gouvernement d'augmenter la TVA sur les services d'accueil (elle avait baissé de 13,5% à 9% en 2011) se ressent durement chez les restaurateurs.

Tout change donc très vite, et même les adresses les plus prisées peuvent fermer du jour au lendemain. Le point positif est qu'il y a toujours un nouveau venu à essayer, que ce soit pour une copieuse salade végane ou une assiette de raviolis fumants.

Les différents repas

- **Petit-déjeuner** Généralement pris avant 9h. Dans les hôtels et les B&B, il est servi jusqu'à 11h du lundi au vendredi et jusqu'à midi le week-end. Nombre de cafés servent le petit-déjeuner toute la journée.
- **Déjeuner** Le plus souvent, un sandwich ou un repas léger entre 12h30 et 14h. Le week-end, les Dublinois font un gros repas (appelé *dinner*) entre 14h et 16h.
- **Tea** Il s'agit ici non pas de la boisson, mais du dîner (aussi appelé *dinner*, ce qui peut porter à confusion), le repas principal de la journée, pris vers 18h30.

Où se restaurer par quartier

- **Grafton Street et St Stephen's Green** (p. 71). Le meilleur choix de restaurants et de cafés dans toutes les fourchettes de prix.
- **Merrion Square et ses environs** (p. 103). Bars à sandwichs et restaurants étoilés au Michelin, mais choix limité entre les deux.
- **Temple Bar** (p. 113). Excellent choix de plats nourrissants et de spécialités internationales, dont les meilleures adresses japonaises de la ville.
- **Kilmainham et les Liberties** (p. 138). Quartier relativement nouveau sur la scène culinaire, avec toujours davantage d'excellentes options.
- **Nord de la Liffey** (p. 158). Des cafés, des restaurants corrects et une cuisine internationale, il se passe toujours quelque chose par ici.
- **Docklands** (p. 169). Une poignée de restaurants vaguement branchés.
- **La rive sud** (p. 174). Les amateurs de bonne chère s'y retrouvent le week-end.

La sélection de Lonely Planet

Chapter One (p. 161). Cuisine sublime, service fabuleux et atmosphère décontractée.

Clanbrassil House (p. 140). Sans doute la cuisine la plus originale de Dublin.

Greenhouse (p. 78). Novateur, poétique et étoilé au Michelin.

Pi Pizza (p. 74). La perfection absolue, largement plébiscitée.

Assassination Custard (p. 138). Aussi inattendu que délicieux.

Par prix

€

Fumbally (p. 139). Un entrepôt où déguster sandwichs roboratifs et bon café.

Han Sung (p. 160). Cuisine coréenne authentique servie dans une salle de style cantine.

Coke Lane Pizza (p. 138). La formule pizza et pinte est d'un formidable rapport qualité/prix.

Assassination Custard (p. 138). Minuscule café servant de petites assiettes inventives.

Oxmantown (p. 159). Très bons sandwichs et petits-déjeuners.

€€

Pi Pizza (p. 74). La meilleure pizza de Dublin, voire du pays.

Clanbrassil House (p. 140). Cuisine familiale servie dans un restaurant de quartier élégant.

Banyi Japanese Dining (p. 114). Le meilleur japonais de la ville.

Fish Shop (p. 161). Petite adresse servant des produits de la mer fraîchement pêchés.

€€€

Chapter One (p. 161). Cuisine exquise et ambiance délicieusement détendue.

Restaurant Patrick Guilbaud (p. 104). Sans doute le meilleur restaurant d'Irlande, où tout est simplement parfait.

Greenhouse (p. 78). Quand l'Irlande rencontre la Scandinavie. Une étoile au Michelin.

Mr Fox (p. 161). Des classiques irlandais revisités dans un intérieur georgien sublime.

L'Ecrivain (p. 104). Cuisine française impeccable.

Par catégorie

Cuisine asiatique

Yamamori (p. 77). Savoureux classiques japonais, sur les deux rives de la Liffey.

Musashi Noodles & Sushi Bar (p. 159). Ambiance charmante et cuisine goûteuse.

Banyi Japanese Dining (p. 114). Délicieux sushis et rouleaux réalisés à la perfection.

Saba (p. 75). Classiques thaïlandais et vietnamiens.

Sisu Izakaya (p. 74). Authentique restaurant japonais.

Cuisine italienne

Da Mimmo's (p. 159). Sa cuisine authentique vaut le détour jusqu'à North Strand.

Pi Pizza (p. 74). Des pizzas frisant la perfection.

Terra Madre (p. 160). Une petite carte de bons classiques italiens.

Etto (p. 103). Un choix sans cesse renouvelé de plats italiens modernes.

Manifesto (p. 174). Petit bistrot douillet préparant de savoureuses pizzas.

Cuisine irlandaise

Chapter One (p. 161). Qui se serait douté que la cuisine irlandaise était aussi délicieuse ?

Clanbrassil House (p. 140). Un bistrot intime apprécié des gourmets.

Legal Eagle (p. 160). Le meilleur rôti du dimanche en ville.

Winding Stair (p. 161). Classiques irlandais revisités avec raffinement.

Mr Fox (p. 161). Cuisine irlandaise moderne et savoureuse.

Restauration rapide

Honest to Goodness (p. 74). Délicieux sandwichs et plats chauds à emporter.

Dublin Pizza Company (p. 72). D'excellentes pizzas vite prêtes.

Soup Dragon (p. 160). Sert les meilleures soupes de la ville.

Lemon (p. 73). Crêpes à la française sucrées ou salées.

Oxmantown (p. 159). Petits-déjeuners et sandwichs à emporter.

Afternoon tea

Merrion (p. 206). Petites portions à se pâmer, présentées avec art.

Shelbourne (p. 206). Incontournable.

Westbury (p. 205). *Afternoon tea* avec vue sur Grafton St.

Où s'attarder

Fumbally (p. 139). Sirotez un kombucha sur l'un des canapés fatigués.

Third Space (p. 159). Café à volonté, bonne musique... on en perd la notion du temps !

L Mulligan Grocer (p. 160). Le repas terminé, savourez une bière tranquillement.

Michael's (p. 176). Excellents poissons et fruits de mer dans une ambiance sympathique.

Session de musique traditionnelle chez O'Donoghue's (p. 105)

Où prendre un verre et faire la fête

Une chose est sûre : les pubs ne manqueront jamais de clients à Dublin. Les Dublinois ne refusent jamais un verre et, qu'il vente ou qu'il neige, les tabourets ne sont jamais vides. Expérimenter les pubs et les bars légendaires de la capitale irlandaise est incontournable pour tout visiteur.

BON À SAVOIR

Heures d'ouverture

Les dernières commandes sont en principe prises à 23h30 du lundi au jeudi, à 0h30 les vendredis et samedis, et à 23h le dimanche, soit 30 minutes avant la fermeture. De nombreux pubs du centre servent jusqu'à 1h30, voire 2h30 (généralement ceux qui font aussi boîtes de nuit).

Avec mesure

- La pinte *(pint)*, l'unité de mesure de base pour la bière, correspond à 568 ml.
- Pour une demi-pinte, demandez un verre *(glass)*.
- S'agissant des alcools forts, à Dublin, l'unité de base est de 35 ml.

Pourboire

On ne donne généralement pas de pourboire dans les bars, mais si on vous sert à table, il est de bon ton de laisser la monnaie (jusqu'à 1 €) au serveur.

Long Hall (p. 79)

Pubs

Le pub – ou tout lieu où se réunir pour boire un verre et bavarder – est au cœur de la vie sociale de Dublin et le meilleur endroit où s'imprégner de la culture dublinoise sous toutes ses formes. Il en existe pour tous les goûts et toutes les sensibilités, mais les pubs traditionnels peuplés de retraités à casquette irlandaise, jamais à court d'anecdotes intéressantes, ont pratiquement disparu, la plupart des Dublinois préférant se retrouver dans les nombreux bars plus modernes et branchés de la capitale. Mais ne soyez pas déçu, ce qui fait un bon pub en fin de compte, ce sont les clients eux-mêmes et les tenanciers ; de ce côté-là, la "capitale mondiale des pubs" se porte bien.

Bars et clubs

Si les boîtes de nuit faisaient fureur à Dublin il y a encore une décennie, peu de Dublinois consentent aujourd'hui à payer un droit d'entrée pour simplement danser. En effet, la plupart se déhanchent plutôt dans leur bar habituel, ouvert jusque tard dans la nuit et équipé comme il faut. Les DJ se font rares et les plus créatifs et connus d'entre eux (dont des artistes internationaux) se produisent dans un nombre de salles toujours plus limité.

La fréquentation est plus importante du jeudi au samedi. Avant 23h, la plupart des clubs sont gratuits, ensuite un droit d'entrée de 5 à 10 € est demandé.

Cafés

Les Dublinois sont amateurs de café et les endroits ne manquent pas pour en déguster. Aux chaînes habituelles comme Starbucks, qui possède plusieurs succursales à travers le centre-ville –, préférez des adresses comme Clement & Pekoe (p. 83), Brother Hubbard (p. 159) ou Wall and Keogh (p. 83), où le café est bien meilleur.

Où prendre un verre et faire la fête

Où prendre un verre et faire la fête par quartier

- **Grafton Street et St Stephen's Green** (p. 79). Le plus grand choix de bars, allant des pubs traditionnels aux vastes bars contemporains.
- **Merrion Square et environs** (p. 105). De beaux pubs très fréquentés pour un verre après le travail.
- **Temple Bar** (p. 116). Bars populaires, contemporains et "traditionnels" (où les touristes espagnols sont bien plus nombreux que les Dublinois).
- **Kilmainham et les Liberties** (p. 140). Mélange de pubs à l'ancienne et de nouveaux bars branchés.
- **Nord de la Liffey** (p. 162). Un bon choix de vieux bars remplis de Dublinois et un nombre croissant de bars branchés.
- **Docklands** (p. 170). Excellent mélange de vieux pubs et de bars plus modernes appréciés des amateurs de sport.
- **La rive sud** (p. 176). Bars contemporains qui attirent les habitants aisés.

La sélection de Lonely Planet

Grogan's Castle Lounge (p. 79). Adresse de prédilection des écrivains et peintres de Dublin.

Toner's (p. 105). Ce qui ressemble le plus à un pub rural dans le cœur de la ville.

Kehoe's (p. 79). Pub plein de cachet dans le centre-ville.

Long Hall (p. 79). L'un des pubs les plus beaux et les plus appréciés de Dublin.

No Name Bar (p. 79). Excellent bar installé dans une maison victorienne restaurée.

John Mulligan's (p. 170). Établi depuis 1782, ce bar est toujours florissant.

Les meilleures adresses par catégorie

Pinte de Guinness

Kehoe's (p. 79). Institution locale, fréquentée par les touristes et les habitants.

John Mulligan's (p. 170). Cadre parfait pour une pinte parfaite.

Grogan's Castle Lounge (p. 79). Excellent, parole de Dublinois !

Fallon's (p. 140). Des siècles d'expérience.

Choix de bières

L Mulligan Grocer (p. 160). Un vaste choix de *cask ales* (ales en fût).

Porterhouse (p. 117). Délicieuses bières maison.

Against the Grain (p. 79). Grand choix de bières artisanales à la pression.

P.Mac's (p. 80). Bières classiques et 30 IPA différentes.

Musique live

O'Donoghue's (p. 105). Épicentre officieux de la musique folk.

Devitt's (p. 83). Musique traditionnelle presque tous les soirs.

Cobblestone (p. 162). Meilleurs musiciens de la ville.

Auld Dubliner (p. 116). Musique traditionnelle pour les touristes.

Nouvelles adresses

9 Below (p. 79). Bar ultra-luxueux et cocktails sophistiqués.

Fourth Corner (p. 140). Établissement branché en lisière des Liberties.

Lucky Duck (p. 80). Ambiance contemporaine dans un magnifique immeuble ancien.

Drop Dead Twice (p. 140). Très animé, avec un bar à cocktails où l'on apporte son propre alcool.

Clubs

Grand Social (p. 163). Jam-sessions de jazz gratuites et ouvertes à tous le lundi.

Workman's Club (p. 120). Musique indé, house et disco dans différentes salles le vendredi.

Mother (p. 120). Disco, électro et pop le samedi… pour les clubbeurs purs et durs.

Whelan's (p. 83). Soirée électro le jeudi.

Pubs traditionnels

John Mulligan's (p. 170). La référence absolue des pubs traditionnels.

Long Hall (p. 79). Élégamment désuet.

Hartigan's (p. 106). La simplicité même.

Stag's Head (p. 81). Prisé des journalistes et des étudiants.

Old Royal Oak (p. 140). Un vrai pub de quartier.

Bars d'initiés

Fallon's (p. 140). Bar emblématique des Liberties.

Old Royal Oak (p. 140). Chut… ça reste entre nous.

John Kavanagh's (p. 162). Un secret mal gardé.

Terrasses

Bruxelles (p. 82). Prenez un verre à côté du musicien Phil Lynott (du moins, de sa statue).

Café en Seine (p. 82). Beau et parfaitement équipé, avec les chauffages en extérieur.

Pygmalion (p. 82). Ambiance toujours animée.

Grogan's Castle Lounge (p. 79). La terrasse empiète sur la rue.

Lucky's (p. 141). Du soleil et de la bonne humeur.

DJ

Whelan's (p. 83). Rock classique et contemporain.

Dice Bar (p. 163). Bar défraîchi à la musique éclectique, du rock au lounge en passant par la dance.

Bernard Shaw (p. 81). Excellents DJ aux répertoires variés.

Workman's Club (p. 120). Programmation régulière de très bons DJ.

Wigwam (p. 163). Bar en sous-sol avec des DJ doués.

Gate Theatre (p. 164)

Où sortir

Il existe bel et bien une vie en dehors du pub. On trouve notamment des comedy clubs, des concerts de musique classique, des récitals, des lectures, des spectacles de marionnettes et de la musique – beaucoup de musique. Sans oublier le théâtre, avec ses comédies musicales, ses classiques de Beckett, Yeats et O'Casey, et les pièces contemporaines de maints nouveaux talents.

BON À SAVOIR

Heures d'ouverture

- Pour la plupart des spectacles, les portes ouvrent à 19h.
- La loi impose une fermeture à 23h pour les plus grandes salles de spectacle et les stades.

Réservations

Les billets pour le théâtre, les spectacles d'humoristes et les concerts de musique classique sont généralement en vente dans la salle concernée. Vous pouvez aussi vous les procurer auprès des agences de réservation comme Ticketmaster (p. 83), mais avec une commission de 12,5%...

Programme dans les journaux

- *The Herald* (www.herald.ie). Agenda bien renseigné dans l'édition du jeudi.
- *Hot Press* (www.hotpress.com). Magazine de musique bimensuel ; la version irlandaise de *Rolling Stone*.
- *Irish Times* (www.irishtimes.com). Sélection du vendredi : "The Ticket".
- *Irish Independent* (www.independent.ie). Sélection "Night/Day" le vendredi.

Programme en ligne

- **Entertainment.ie** (www.entertainment.ie). Pour tous les événements.
- **MCD** (www.mcd.ie). Le premier organisateur de spectacles d'Irlande.
- **Nialler9** (www.nialler9.com). Un excellent blog alternatif.
- **Totally Dublin** (totallydublin.ie). Programmes exhaustifs et critiques.
- **What's On In** (www.whatsonin.ie). Les marchés, les concerts, les clubs...

Offres spéciales

Certains restaurants proposent un menu spécial avant le lever du rideau, et du café et des boissons après le dernier acte.

Musique live

POPULAIRE

Les Dublinois aiment à voir jouer des musiciens et encouragent les artistes locaux avec autant d'enthousiasme qu'ils le feraient pour des stars internationales – même si ces dernières attirent davantage de monde, et que les billets coûtent plus cher. Les places sont parfois en vente sur place, mais il est plus simple de passer par un revendeur. Les prix sont très variables, à partir de 5 € pour un artiste local et jusqu'à 90 € pour les stars de premier plan. Retrouvez toutes les dates en ligne ou dans les éditions papier.

TRADITIONNELLE ET FOLK

Les pubs sont les meilleurs endroits pour écouter de la musique traditionnelle. Les sessions – improvisées ou programmées – ont beaucoup de succès auprès des étrangers qui, encore plus enthousiastes que les Dublinois, sont ravis à chaque occasion de boire un verre et de taper du pied en rythme.

Si vous en avez l'occasion, ne manquez pas le **Temple Bar Trad Festival** (www.templebartrad.com ; ⏲jan ; 🚌ts ceux du centre-ville), qui investit les pubs de Temple Bar le dernier week-end de janvier. Pour plus d'infos, consultez www.dublinsessions.ie.

CLASSIQUE

La musique classique livre toujours une âpre bataille à Dublin ; son succès confidentiel s'explique par des financements insuffisants, un mauvais management et un répertoire discutable. Les ressources sont déplorables et il n'y a ni le talent ni les fonds nécessaires pour se hisser au niveau des autres pays européens. Mais il faut garder à l'esprit que l'Irlande n'a guère de tradition de musique classique ni d'opéra – les talents de ce pays se tournent naturellement vers le répertoire national, aussi riche que vivant. Un des plus grands ténors du XXe siècle, le comte John McCormack (1884-1945), n'en était pas moins irlandais.

Or l'espoir reste permis. La musique classique survit grâce aux efforts d'orchestres subventionnés et de l'Opera Theatre Company, qui œuvre à la sauvegarde de l'opéra. Pour réserver vos places, rendez-vous sur place ou sur Ticketmaster (p. 83).

Théâtre

Malgré le riche patrimoine théâtral de la capitale, les temps sont rudes pour les comédiens dublinois. Jadis, tout le monde allait voir les dernières pièces de Synge, Yeats ou O'Casey. Aujourd'hui, une soirée au théâtre est un privilège réservé à quelques passionnés, ce qui a conduit les plus importantes salles de la ville à proposer un programme peu audacieux, laissant de nombreuses compagnies sans espace approprié où se produire.

Le champ reste ouvert à la polémique. En 2019, plus de 300 membres de la communauté théâtrale ont signé une lettre adressée à la ministre de la Culture, dénonçant la gestion de l'Abbey Theatre par les directeurs nommés en 2016 et s'inquiétant de la diminution du nombre d'acteurs irlandais employés par cet établissement national, dont la mission première est censée être de soutenir les talents locaux. Il y a donc fort à parier que les saisons à venir feront la part belle aux productions irlandaises, dont beaucoup tirent leur épingle du jeu par rapport à la scène internationale.

Les billets peuvent généralement être réservés par téléphone avec un numéro de carte bancaire, puis récupérés sur place juste avant la représentation. La plupart des spectacles coûtent entre 12 € et 25 € la place, voire parfois 30 €. Les représentations commencent d'ordinaire entre 20h et 20h30. Consultez la programmation sur www.irishtheatre.ie/.

FESTIVALS DE THÉÂTRE

La plupart des théâtres dublinois participent au **Dublin Theatre Festival** (www.dublintheatrefestival.com ; ⌚sept-oct), lequel se tient depuis 1957 pendant environ trois semaines, entre septembre et octobre, et propose un florilège de productions de qualité et de spectacles élaborés.

Le **Dublin Fringe Festival** (www.fringefest.com ; ⌚sept), à l'origine une sorte de festival annexe pour les spectacles trop extravagants ou insignifiants pour celui officiel, s'est peu à peu mué en une manifestation majeure comprenant plus de 100 événements et plus de 700 spectacles. La critique se concentre sur le festival principal, mais il serait dommage de passer à côté de l'audace et de la diversité du Fringe.

Humour

Les Irlandais sont réputés pour leur humour – spontané et décapant – et les plus drôles d'entre eux connaissent généralement un succès qui dépasse les frontières du pays pour les projeter sur des scènes internationales. Citons notamment Dara O'Briain, Dylan Moran et Chris O'Dowd, devenu une véritable star grâce à des films comme *Mes meilleures amies* (2011), *40 ans : mode d'emploi* (2012) et *La Passion Van Gogh* (2017), ou la série *The IT Crowd* (2006-2013).

Parmi les grands noms à surveiller, mentionnons Sharon Horgan, née en Irlande et vivant à Londres, créatrice et star des séries télévisées *Pulling, Catastrophe* et *Divorce,* avec dans cette dernière Sarah Jessica Parker en vedette. Autre grand talent, David O'Doherty remporte des prix depuis le début des années 2000 et fait désormais de nombreuses apparitions à la télévision britannique. Dernières arrivées sur la scène humoristique, on mentionnera Aisling Bea, née à Kildare et vivant à Londres, qui, outre les spectacles d'humour, s'est illustrée à la télévision dans le thriller *The Fall,* et Alison Spittle, qui anime aussi un excellent podcast éponyme.

Cinéma

Des cinq cinémas du centre-ville, deux (l'Irish Film Institute et le Lighthouse) offrent une programmation plus alternative avec des films étrangers ou d'art et d'essai. Évitez les files d'attente en achetant vos billets en ligne, surtout pour le dimanche soir. Après avoir bu quelques verres le vendredi et le samedi soir, la plupart des Dublinois n'ont ni l'énergie ni les moyens de remettre ça et se rabattent donc sur une soirée au cinéma pour conclure le week-end. Comptez environ 9 €, 6 € avec une carte d'étudiant.

Sorties par quartier

➡ **Grafton Street et St Stephen's Green** (p. 83). Vibrant et animé, chacun y trouvera son bonheur.

➡ **Merrion Square et environs** (p. 106). Calme le soir, sauf dans les pubs, avec de la musique live dans certains.

➡ **Temple Bar** (p. 117). Des discothèques ou des concerts de musique traditionnelle.

➡ **Kilmainham et les Liberties** (p. 142). La salle de Vicar Street fait florès avec ses spectacles d'artistes locaux et du monde entier.

➡ **Nord de la Liffey** (p. 163). Des concerts gratuits, de la musique traditionnelle et les deux théâtres historiques de la ville.

➡ **Docklands** (p. 171). Mettez le cap à l'est, le long de la Liffey vers le plus grand théâtre de Dublin.

➡ **Rive sud** (p. 177). Seuls les spectacles à guichets fermés se jouent à l'Aviva Stadium, d'une capacité de 50 000 personnes.

Le groupe de rock alternatif irlandais Delorentos sur la scène du Whelan's (p. 83)

La sélection de Lonely Planet

Cobblestone (p. 162). Les meilleures sessions de musique traditionnelle en ville.

Dublin Fringe Festival (p. 43). Tout le théâtre émergent.

Gate Theatre (p. 164). Les classiques sont joués à la perfection.

Bord Gáis Energy Theatre (p. 171). Salle branchée.

Whelan's (p. 83). Pour un concert intime.

Workman's Club (p. 120). Les meilleurs groupes du moment.

Salles de concert

Cobblestone (p. 162). Musique traditionnelle.

3 Arena (p. 171). Têtes d'affiche.

Whelan's (p. 83). Rendez-vous d'auteurs-interprètes.

Workman's Club (p. 120). Artistes branchés du moment.

Salles de théâtre

Gate Theatre (p. 164). Une merveille classique.

Project Arts Centre (p. 120). Pour les pièces d'avant-garde.

Bord Gáis Energy Theatre (p. 171). Une jolie salle moderne.

Abbey Theatre (p. 163). Une pépinière de talents.

Sorties culturelles

Abbey Theatre (p. 163). Célébrités du théâtre irlandais.

Bloomsday (p. 25). Pour comprendre *Ulysse* de Joyce.

Nuit de la culture (p. 27). Art, architecture et patrimoine.

Humour

Ha'Penny Bridge Inn (p. 120). Le meilleur et le pire de la scène humoristique locale.

International Bar (p. 82). Talents irlandais émergents et soirées impro le lundi.

Laughter Lounge (p. 164). Artistes connus et stars de passage.

Festivals

Dublin Fringe Festival (p. 43). Le meilleur du théâtre contemporain.

Saint-Patrick (p. 24). Un vent de folie souffle sur la ville.

Temple Bar Trad Festival (p. 42). L'une des meilleures fêtes de l'année.

Taste of Dublin (p. 26). Tout un week-end de plaisir gourmand.

Forbidden Fruit (p. 25). Festival de musiques alternatives.

Musique de rue

Grafton St Du hard-rock au nô.

Temple Bar Humour, poésie et guitaristes aguerris.

Henry St Jeunes talents dublinois du hip-hop.

Shopping

Si quelque chose est fabriqué en Irlande – et où que ce soit ailleurs, à vrai dire – vous le trouverez à coup sûr à Dublin. De nombreuses enseignes, principalement britanniques, ont pignon sur rue à Grafton St, et les rues pavées alentour recèlent d'intéressantes boutiques de créateurs irlandais. Sur la rive nord, la rue piétonne de Henry St accueille une grande diversité de magasins, ainsi que le célèbre Arnott's.

Produits typiques d'Irlande

Les produits irlandais traditionnels comme le cristal et les lainages rencontrent toujours un franc succès, et il est de plus en plus facile de dénicher des versions modernes de ces grands classiques. Mais fuyez les articles de mauvaise qualité qui ne valent pas la peine qu'on les rapporte chez soi : croyez-nous, aucun endroit en ville ne vend d'authentique *shillelagh* (bâton de lutte irlandaise).

Mode

La confection sur mesure pour homme n'est pas très répandue. Des créateurs ont bien tenté d'insuffler un certain goût du classicisme aux Dublinois, mais ces messieurs ne s'en soucient guère - n'importe quelle chemise repassée ou paire de chaussures en cuir fait l'affaire.

Des friperies commencent à apparaître à Dublin, notamment à Temple Bar, et l'on trouve des vêtements vintage sur certains étals des marchés de la ville.

À l'autre extrême de la mode, vos envies de lainage et de tweed seront comblées chez Avoca Handweavers (p. 84).

Marchés

Depuis quelques années, les Dublinois sont devenus fans des marchés, mais ceux-ci ne cessent de changer d'emplacements à mesure que la crise du logement évolue, et il est parfois difficile de savoir où les trouver. Les meilleurs sont installés dans des établissements fixes tels que Lucky's (p. 141) ou le George (p. 82).

Centres commerciaux

On trouve quelques centres commerciaux à Dublin. Au nord de la Liffey, le Jervis Centre (p. 165) compte quelques boutiques de grandes marques, de même que le St Stephen's Green Shopping Centre (p. 87), sur l'autre rive. Le splendide édifice de la Powerscourt Townhouse (p. 85) renferme des boutiques indépendantes, mais le plus grand centre commercial de Dublin est de très loin le **Dundrum Town Centre** (☎01-299 1700 ; www.dundrum.ie ; Sandyford Rd ; ⏲9h-21h lun-ven, 9h-19h sam, 10h-19h dim ; 🚌17, 44C, 48A, 75 depuis le centre, 🚊Dundrum, Balally), dans la banlieue sud de Dundrum, avec plus de 100 magasins.

Heures d'ouverture

Les magasins ouvrent généralement de 9h30 à 18h du lundi au mercredi, le vendredi et le samedi, de 9h30 à 20h le jeudi et de 12h à 18h le dimanche.

Duty-Ffree

Les résidents de pays n'appartenant pas à l'UE peuvent réclamer le remboursement de la TVA (taxe sur la valeur ajoutée) sur les articles (excepté les livres, les vêtements pour enfants et les articles éducatifs) achetés dans des magasins dotés des programmes Cashback ou Taxback. Remplissez un bon de remboursement lors de votre sortie de l'UE pour récupérer la TVA.

Achats par quartier

- **Grafton Street et St Stephen's Green** (p. 84). Marques internationales et grands magasins sur la rue principale ainsi que d'autres boutiques dans le dédale des rues alentour (le Creative Quarter).
- **Temple Bar** (p. 121). Souvenirs pour les touristes, petites boutiques étranges (souvent fabuleuses) et marchés le week-end.
- **Nord de la Liffey** (p. 164). Boutiques de grandes marques et centres commerciaux faciles d'accès.

Des fromages de Sheridan's Cheesemongers (p. 84)

La sélection de Lonely Planet

Avoca Handweavers (p. 84). Des lainages traditionnels et des pièces d'artisanat.

Irish Design Shop (p. 84). Superbes bijoux artisanaux et ustensiles de cuisine.

Ulysses Rare Books (p. 85). Pour dénicher l'édition originale dont vous rêvez.

Article (p. 85). Des articles ménagers et des idées cadeaux.

Sheridan's Cheesemongers (p. 84). Une fabuleuse fromagerie.

Par catégorie

Marchés

Temple Bar Book Market (p. 122). Pour farfouiller parmi les livres d'occasion.

Cow's Lane Designer Mart (p. 121). Un marché très tendance : plus de 60 étals avec le meilleur de la mode, des accessoires et de l'artisanat.

Temple Bar Food Market (p. 114). Le meilleur marché en plein air de la ville.

Moore Street Market (p. 165). En plein air, un marché "à l'ancienne", avec des fruits, du poisson et des fleurs.

Mode

Louis Copeland (p. 86). De fabuleux costumes sur mesure de créateurs internationaux, et d'autres en prêt-à-porter.

Costume (p. 86). Des pièces uniques par les créateurs les plus novateurs d'Europe.

Nowhere (p. 85). La dernière mode pour les jeunes hommes.

Scout (p. 121). Vêtements du quotidien élégants et modernes.

100% irlandais

Avoca Handweavers (p. 84). Notre grand magasin préféré en ville, avec d'innombrables idées de cadeaux artisanaux.

Irish Design Shop (p. 84). Des pièces artisanales de toute beauté, soigneusement sélectionnées.

Barry Doyle Design Jewellers (p. 85). Pour les superbes bijoux artisanaux aux motifs contemporains uniques.

Ulysses Rare Books (p. 85). Pour se procurer une édition originale ou un superbe exemplaire relié en cuir de *Gens de Dublin* de James Joyce.

Louis Copeland (p. 86). Un tailleur dublinois d'exception, avec des costumes sur mesure.

Pour la maison

April and the Bear (p. 177). Articles de déco excentriques, à Rathmines.

Industry (p. 86). Des articles ménagers de style scandinave à la mode irlandaise.

Article (p. 85). Pour l'art de la table et d'autres objets de décoration réalisés par des créateurs irlandais.

Avoca Handweavers (p. 84). Une marque d'art de vivre à l'irlandaise, élégante et chaleureuse.

RAMSEY CARDY/SPORTSFILE VIA GETTY IMAGES ©

Joueurs de Leinster lors d'un match de rugby contre les Glasgow Warriors, à la RDS Arena

Sports et activités

Pour beaucoup de Dublinois, le sport est une véritable religion. Ils sont sans cesse plus nombreux à pratiquer le footing, le football amateur, le vélo ou le yoga. Les autres se contentent de regarder les retransmissions depuis leur canapé dans le salon ou le comptoir du pub.

Sport spectacle

Le sport occupe une place très spéciale dans le cœur des Irlandais, sans doute car c'est l'une des rares occasions où l'on peut laisser libre cours à ses émotions sans gêner son entourage immédiat. Installez-vous dans un pub pendant un match et observez les parieurs s'exciter en criant des amabilités aux joueurs sur l'écran, comme "On devrait me payer pour vous regarder jouer !".

FOOTBALL GAÉLIQUE ET HURLING

Les sports gaéliques sont au cœur de l'identité irlandaise ; ils sont indissociables du quotidien des habitants et occupent une place unique dans leur culture. Le football gaélique est de loin le plus suivi, tandis que le hurling est une variante de hockey sur gazon. Dublin (www.dublingaa.ie) est actuellement l'équipe la plus performante d'Irlande, avec quatre titres consécutifs au tournoi All-Ireland Senior Championship entre 2015 et 2018.

BON À SAVOIR

Saisons sportives

Football D'avril à novembre

Sports gaéliques D'avril à septembre

Rencontres internationales de rugby De février à avril

S'organiser à l'avance

2 mois avant Billets pour les matchs internationaux de rugby ou pour les rencontres du championnat gaélique

1 mois avant Matchs de rugby de l'équipe de Leinster en Champions Cup

1 semaine avant Matchs de football de niveau local et de la Ligue gaélique

Sites Internet

Gaelic Athletic Association (www.gaa.ie)

Football Association of Ireland (www.fai.ie)

Irish Rugby Football Union (www.irishrugby.ie)

Horse Racing Ireland (www.goracing.ie)

Golf Union of Ireland (www.gui.ie)

Ladies Gaelic Football Association (www.ladiesgaelic.ie)

Pour ces deux sports, l'événement majeur est le tournoi All-Ireland, une compétition qui commence en avril et s'achève le 1er (pour le hurling) et le 3e (pour le football) dimanche de septembre avec l'All-Ireland Final, au **Croke Park** (☎01-819 2300 ; www.crokepark.ie ; Clonliffe Rd ; 🚌3, 11, 11A, 16, 16A, 123 depuis O'Connell St). C'est aussi ici que se jouent tous les matchs de championnat de football gaélique des Dubs. Moins suivi qu'All-Ireland, le championnat de la National Football League (il existe aussi une National Hurling League), dure de février à mi-avril. Dublin dispute ses matchs de ligue à **Parnell Park** (www.dublingaa.ie ; Clantarkey Rd, Donnycarney ; adulte/enfant 15/5 € ; 🚌20A, 20B, 27, 27A, 42, 42B, 43, 103 depuis Lower Abbey St ou Beresford Pl), plus petit que Croke Park mais idéal pour voir un match de près. Les billets pour les matchs de ligue s'achètent sur place sans problème ; les billets pour les matchs d'All-Ireland sont plus difficiles à dénicher, mais s'il y en a, vous pourrez les acheter en ligne (gaa.tickets.ie) ou dans les magasins Centra et SuperValu du centre-ville.

FOOTBALL

Même si les Dublinois sont fous de football, les cinq équipes de Dublin qui jouent en **League of Ireland** (www.leagueofireland.com) ne sont que semi-professionnelles, les meilleurs joueurs étant attirés par le glamour de l'English Premier League. La saison court d'avril à novembre ; on peut se procurer des places aux guichets des terrains.

L'équipe nationale dispute ses matchs à domicile à l'Aviva Stadium (p. 177). En raison de l'infrastructure assez coûteuse et des prouesses plutôt médiocres de l'équipe, ces matchs ne remplissent pas toujours le stade. Les billets (30-60 €) sont vendus par la **Football Association of Ireland** (FAI ; ☎01-676 6864 ; www.fai.ie).

RUGBY

Le rugby est un sport d'importance à Dublin – surtout dans les quartiers plus aisés du sud de la ville – et les victoires de l'équipe provinciale de Leinster ainsi que de l'équipe nationale ont projeté le rugby sur le devant de la scène sportive.

Leinster, triple champion européen, dispute des matchs à domicile aux Royal Dublin Society Showground (p. 177). Les places sont en vente au Spar en face du Donnybrook Rugby Ground ou en ligne sur www.leinsterrugby.ie.

La compétition la plus en vue est le tournoi annuel des Six-Nations, disputé par l'Irlande, l'Angleterre, le pays de Galles, l'Écosse, la France et l'Italie (fév-avr). Les matchs à domicile ont lieu à l'Aviva Stadium (p. 177) et les billets sont en vente auprès de l'IRFU (www.irishrugby.ie).

COURSES DE CHEVAUX ET DE LÉVRIERS

Les courses hippiques sont une affaire sérieuse à Dublin ; d'ailleurs, les entraîneurs irlandais sont parmi les meilleurs au monde et les jockeys irlandais font la course en tête sur les hippodromes britanniques. Plusieurs champs de courses se trouvent à une courte distance de voiture du centre-ville. Mentionnons notamment le **Curragh Racecourse** (☎045-441 205 ; www.curragh.ie ; R413, Newbridge ; billet 20 € ; ⏲mi-avr à sept), avec 5 courses de galop classique entre mai et septembre, **Fairyhouse** (☎01-825 6167 ; www.fairyhouse.ie ; Fairyhouse Rd, Ratoath ; 15-25 €), qui accueille le Grand National, le lundi de Pâques, et **Leopardstown Racecourse** (☎01-289 0500 ; www.leopardstown.com ; Foxrock, Dublin 18 ; billets à partir de 12,75 € ; 🚌spécial depuis Eden Quay,

Sandyford), dont l'événement majeur est la Hennessy Gold Cup en février. La saison des courses de galop va de mars à novembre, tandis que la saison de la National Hunt – course d'obstacles – s'étend d'octobre à avril. Certains événements ont lieu en été.

Les courses de lévriers ont leurs adeptes, notamment parmi les Irlandais les plus désargentés, mais des révélations en 2019 sur l'abattage des chiens considérés trop lents ont porté un sérieux coup à leur popularité. Le Shelbourne Park Greyhound Stadium (p. 171), dans les Docklands, est le cynodrome de Dublin.

Golf

Le golf est incontournable en Irlande. Les parcours dans la banlieue de Dublin appartiennent presque tous à des clubs privés, mais beaucoup acceptent les visiteurs moyennant paiement. La récession a entraîné une baisse des prix, d'autant plus si vous réservez en ligne. Il vous faudra généralement être véhiculé si vous souhaitez vous rendre sur l'un des principaux sites.

Le Portmarnock Golf Club (p. 199), en bord de mer dans le nord du comté de Dublin, est l'un des plus beaux parcours d'Irlande. Citons également **Killeen Castle** (www.killeencastle.com ; entrée à partir de 55 €) à Dunsany, dans le comté de Meath ; **Carton House** (01-651 7727 ; www.cartonhouse.com ; entrée à partir de 60 €), en lisière de Maynooth dans le comté de Kildare ; et le **Druid's Glen Resort** (01-287 0812 ; www.druidsglenresort.com ; Newtownmountkennedy ; entrée à partir de 60 €), 45 km au sud de Dublin, dans le comté de Wicklow.

Natation et sports aquatiques

Si Dublin possède des kilomètres de littoral bordé de plages, la natation et les sports aquatiques attirent très peu d'adeptes. Des passionnés de bateau (et leurs clubs affiliés) officient dans les banlieues côtières de Dun Laoghaire, Howth et Malahide, mais s'agissant de natation à proprement parler, le choix est plutôt restreint malgré la présence du **National Aquatic Centre** (01-646 4300 ; www.nationalaquaticcentre.ie ; Snugborough Rd ; tarif plein/étudiant et enfant 7,50/5,50 €, avec AquaZone 16/14 € ; 6h-22h lun-ven, 9h-20h sam-dim ; 38 & 38A depuis O'Connell St). Wakedock (p. 171) propose dans les Docklands des sessions de *cable wakeboard*, une variante récente du wakeboard consistant à s'agripper à un câble fixe plutôt qu'à un bateau à moteur.

Sports et activités par quartier

➡ **Kilmainham et les Liberties** (p. 143). Marcher ou courir dans les War Memorial Gardens.

➡ **Nord de la Liffey** (p. 165). Courir, faire du vélo, jouer au football, au cricket ou au polo dans Phoenix Park.

➡ **Docklands** (p. 171). Faire du wakeboard sur le Grand Canal Dock, et du footing le long du canal.

Notre sélection

➡ **Fab Food Trails** (p. 87). Visites gastronomiques à pied à la découverte des meilleurs producteurs de Dublin.

➡ **Green Mile** (p. 87). Excellentes visites guidées de St Stephen's Green.

➡ **Dublin Musical Pub Crawl** (p. 122). Des pubs, des bières, de la musique... tiercé gagnant !

➡ **Howth Summit** (p. 193). Superbe balade et panoramas spectaculaires.

➡ **Portmarnock Golf Club** (p. 199). Le plus beau parcours de golf du comté de Dublin.

FOOTBALL GAÉLIQUE FÉMININ À DUBLIN

Si l'équipe masculine de football gaélique accapare l'attention des Dublinois, l'équipe féminine de la ville a remporté le tournoi All-Ireland en 2017 et 2018. La finale 2018, qui l'a opposée à une excellente équipe de Cork, a rassemblé 50 141 spectateurs, dépassant pour la première fois la barre symbolique des 50 000 spectateurs et établissant un record mondial pour une rencontre sportive féminine cette année-là.

Le football gaélique féminin (Ladies Gaelic Football) connaît un essor fulgurant. Le pays compte plus de 1 000 clubs, ce qui est d'autant plus remarquable que ce sport n'a été officiellement établi qu'en 1974 (le football féminin est organisé par la Ladies Gaelic Football Association, et non la GAA (Gaelic Athletic Association), bien que les règles et les terrains soient les mêmes). Cette popularité croissante est en partie due à l'apport financier et promotionnel du sponsor principal de la ligue, la chaîne allemande de supermarchés Lidl.

Découvrir Dublin

DUBLIN
LES INCONTOURNABLES

Les quartiers en un clin d'œil

❶ Grafton Street et St Stephen's Green p. 54

La plus célèbre rue de Dublin, la piétonne Grafton St, est le cœur animé du centre-ville. On trouve le plus grand choix de pubs, de boutiques et de restaurants dans les petites rues qui l'entourent. La plupart des sites touristiques et musées sont proches, de même que le parc St Stephen's Green (p. 66).

❷ Merrion Square et environs p. 90

L'exquise architecture et les beaux espaces de Merrion Sq et de Fitzwilliam Sq représentent l'apothéose du Dublin georgien, incarné dans un sublime mélange de bâtiments publics, de musées, de bureaux privés et de résidences. La plupart des Dublinois aisés travaillent et se détendent ici, parmi les joyaux néoclassiques

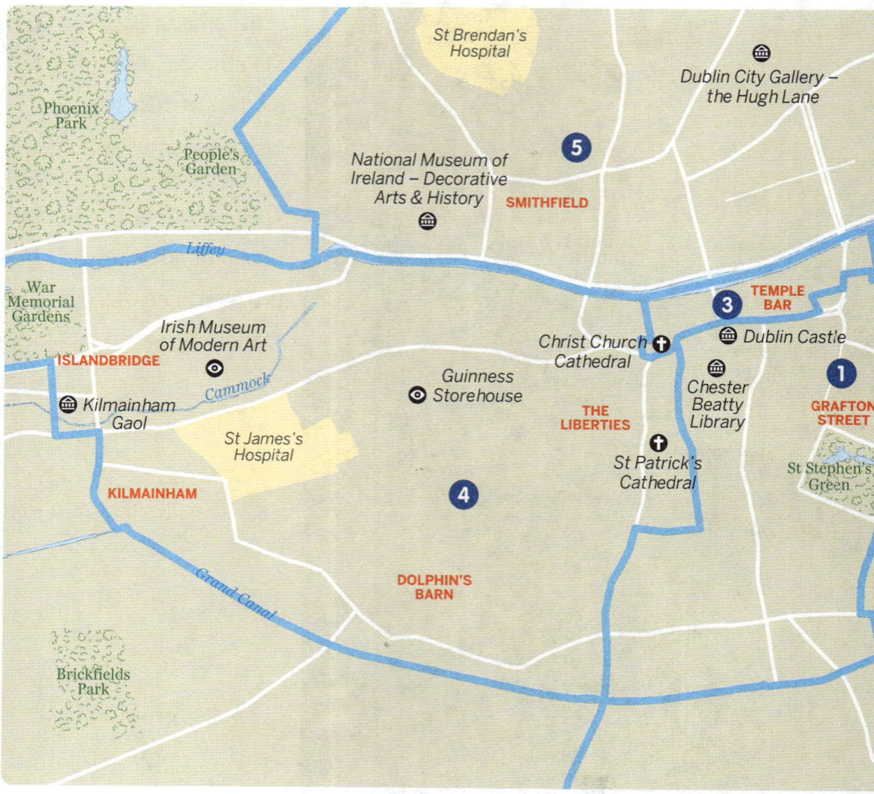

du XVIIIe siècle, à l'exemple de la Leinster House, où siège le Parlement irlandais. On trouve, non loin, la National Gallery, le musée principal du National Museum of Ireland et le Museum of Natural History.

❸ Temple Bar p. 107

Le quartier le plus connu de Dublin résonne toujours de discussions animées et d'éclats de rire, en particulier lors des week-ends d'été, lorsque la clientèle des pubs déborde dans les rues. Le jour, on peut y découvrir des boutiques et des musées d'art, qui justifient tant soit peu le titre de "quartier culturel" de Temple Bar, souvent employé par dérision.

❹ Kilmainham et les Liberties p. 123

Le secteur le plus ancien de la capitale, juste à l'ouest du centre-ville sud, compte quelques sites touristiques majeurs, notamment la Guinness Storehouse. La St Patrick's Cathedral, plus importante des cathédrales de Dublin, veille toujours sur le quartier ancien des Liberties. Plus à l'ouest, on peut visiter le musée d'Art moderne et une prison victorienne ayant joué un rôle central dans l'histoire de l'Irlande.

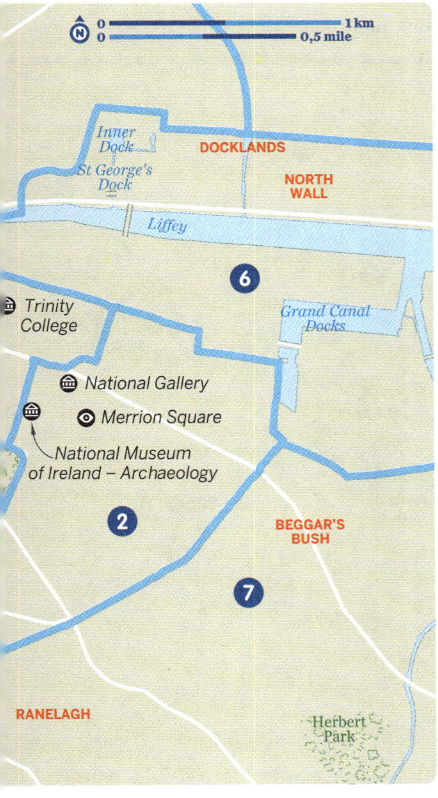

❺ Nord de la Liffey p. 144

Moins raffiné que la rive sud, le quartier qui s'étend juste au nord du fleuve tient d'un fascinant mélange de splendeur du XVIIIe siècle, de vie urbaine traditionnelle et de multiculturalisme. Au-delà de son vaste boulevard élégant, on découvre des musées consacrés à l'art ou au whiskey, des marchés animés et parmi les meilleurs restaurants exotiques de la ville, sans oublier le plus grand parc clos d'Europe (p. 148), qui héberge le président irlandais, l'ambassadeur des États-Unis et le zoo de Dublin.

❻ Docklands et Grand Canal p. 166

Les immeubles modernes étincelants des Docklands sont sortis de terre à l'ère du "Tigre celtique" (période de forte croissance économique) de la fin des années 1990. La crise financière a mis un coup d'arrêt à la revitalisation du quartier, mais celle-ci a depuis repris de plus belle. La zone qui s'étend sur les deux rives de la Liffey entre l'Irish Financial Services Centre (IFSC) et Grand Canal Dock Home, où se sont installés Google, Facebook, Twitter, LinkedIn et d'autres géants du numérique, est surnommée "Silicon Docks". Quelques merveilles architecturales – notamment un théâtre dessiné par Daniel Libeskind – se distinguent des immeubles modernes.

❼ La rive sud p. 172

La rive sud du Grand Canal regroupe les codes postaux les plus prestigieux : Dublin 4, qui comprend les quartiers chics de Ballsbridge et de Donnybrook, où sont installés les ambassades et les élites politiques locales, et Dublin 6, qui rassemble les élégants quartiers résidentiels de Ranelagh, Rathgar et Rathmines, où résident les membres des professions libérales encore désireux d'avoir un pied dans la vie urbaine.

Grafton Street et St Stephen's Green

Notre sélection

❶ La magnifique collection de la **Chester Beatty Library** (p. 64), paisible bibliothèque qui compte parmi les meilleurs musées d'Irlande.

❷ Les merveilleuses pages colorées du **Book of Kells** (p. 66), Évangile enluminé le plus célèbre du monde visible à l'**Old Library**, dotée d'une majestueuse Long Room.

❸ Un après-midi d'été ensoleillé sur l'herbe à **St Stephen's Green** (p. 66), là où les Dublinois viennent se reposer, flirter et renouer avec l'essentiel.

❹ La collection extraordinaire d'objets historiques recueillis auprès de la population au **Little Museum of Dublin** (p. 66).

❺ Un dîner dans l'un des fabuleux restaurants du quartier suivi d'une pinte dans un pub comme le Kehoe', pour une belle **soirée en ville** (p. 79).

Pour un plan détaillé, reportez-vous p. 286 et p. 290

Découvrir Grafton Street et St Stephen's Green

Le quartier de Grafton St ne manque pas de sites d'intérêt et d'activités. Comptez deux jours pour ne serait-ce que commencer à lui rendre justice et bien plus pour vous en imprégner véritablement. Trinity College (p. 56) en est la principale attraction. Deux heures tout au plus vous suffiront pour découvrir ses trésors. À ses portes s'étire Grafton St, où il fait toujours bon se balader, que ce soit pour visiter les petites boutiques ou simplement écouter les musiciens de rue.

Juste au sud de Grafton St, St Stephen's Green (p. 66), superbe parc émaillé de statues de grandes figures de l'histoire irlandaise, est le cœur georgien de Dublin. Mais pour profiter pleinement du quartier, il vous faudra abandonner Grafton St en faveur du dédale de rues et de ruelles étroites qui s'étendent à l'est, où vous découvrirez divers magasins sympathiques, certains de nos restaurants favoris et quelques-uns des meilleurs bars de la ville. Plus à l'ouest vous attendent le Dublin Castle (p. 61) et la Chester Beatty Library (p. 64), qui peuvent se visiter en une demi-journée.

Vivre comme un Dublinois

➜ **Bars et cafés** Le Grogan's Castle Lounge (p. 79) est le pub par excellence des artistes à Dublin, le Stag's Head (p. 81) un classique victorien, et le Clement & Pekoe (p. 83) un café branché.

➜ **Boutiques** Costume (p. 86) est la boutique de mode haut de gamme pour femmes et Nowhere (p. 85) son équivalent pour hommes. Pour des vêtements locaux et uniques, rendez-vous dans les boutiques de Powerscourt Townhouse (p. 85), par exemple chez Chupi (p. 84).

➜ **Restaurants** Excellents hamburgers au Bunsen (p. 72), probablement les meilleures pizzas de Dublin chez Pi Pizza (p. 74) et repas somptueux au Greenhouse (p. 78).

➜ **Musique** Des musiciens de rue se produisent tous les jours sur Grafton St, en espérant monter un jour sur la scène du Whelan's (p. 83).

Depuis/vers Grafton Street et ses environs

➜ **À pied** Grafton St, en plein cœur de la ville, se situe à 500 m tout au plus des autres quartiers (y compris de l'extrémité ouest des Docklands).

➜ **Bus** Tous les bus qui traversent la ville circulent dans ce quartier.

➜ **Tram** La Luas Green Line traverse le quartier de Grafton St du nord au sud.

Bon plan Lonely Planet

Pour les boutiques les plus intéressantes de la ville et un déjeuner à l'excellent rapport qualité/prix, gagnez les rues entre Grafton St et South Great George's St.

Le top des restaurants

➜ Pi Pizza (p. 74)
➜ Featherblade (p. 74)
➜ The Greenhouse (p. 78)
➜ Richmond (p. 74)
➜ Pichet (p. 76)

Voir détails p. 71 ➜

Le top des pubs et bars

➜ Grogan's Castle Lounge (p. 79)
➜ No Name Bar (p. 79)
➜ Long Hall (p. 79)
➜ Lucky Duck (p. 80)
➜ Kehoe's (p. 79)
➜ Farrier & Draper (p. 81)

Voir détails p. 79 ➜

Le top des boutiques

➜ Article (p. 85)
➜ Costume (p. 86)
➜ Chupi (p. 84)
➜ Irish Design Shop (p. 84)
➜ Ulysses Rare Books (p. 85)

Voir détails p. 84 ➜

LES INCONTOURNABLES
TRINITY COLLEGE

Loin de l'agitation du Dublin moderne, cette enclave accueillante comprend la plus prestigieuse université d'Irlande, de splendides édifices georgiens et victoriens, des places pavées et de beaux parcs qui invitent à la promenade.

Histoire

Construite sur des terres confisquées à un prieuré augustinien, cette université fut fondée en 1592 par Élisabeth Ire pour endiguer l'exode des jeunes Dublinois protestants, lesquels partaient étudier sur le continent où ils étaient "contaminés par le papisme". Trinity College devint par la suite l'une des premières universités d'Europe et forma quelques grands noms comme Jonathan Swift, Oscar Wilde et Samuel Beckett.

Front Square et Parliament Square

L'élégante **entrée de la Regent House**, sur College Green, est gardée par les statues de l'écrivain **Oliver Goldsmith** (1728-1774) et de l'orateur **Edmund Burke** (1729-1797). Les grilles extérieures constituent un point de rendez-vous populaire.

L'entrée donne, après Students' Union, sur Front Sq et Parliament Sq, laquelle est dominée par un **campanile** de 30 m de haut, dessiné par Charles Lanyon et érigé entre 1852 et 1853, à l'endroit supposé du centre du monastère qui a précédé Trinity College. Selon la superstition, tout étudiant qui passe en dessous lorsque les cloches sonnent échoue aux examens. Au nord du campanile trône la statue de **George Salmon**, recteur de 1886 à 1904. Farouchement opposé à l'admission des femmes à Trinity College, il déclara que cela n'arriverait pas de son vivant, ce qui s'avéra le cas, puisqu'il rendit l'âme avant que

À NE PAS MANQUER

- La Long Room
- Le *Book of Kells*
- La Science Gallery
- Une visite guidée

INFOS PRATIQUES

- Plan p. 286, F2
- ☎ 01-896 1000
- www.tcd.ie
- College Green
- Entrée libre
- ⏲ 8h-22h
- 🚌 ts ceux du centre-ville, 🚊 Westmoreland ou Trinity

les premières étudiantes soient admises. Au sud du campanile, une statue représente l'historien **W.E.H. Lecky** (1838-1903).

Chapelle et réfectoire

Au nord de Parliament Sq, la **chapelle** (01-896 1260 ; 8h30-17h, accès sur autorisation spéciale uniquement), bâtie en 1798 sur les plans de William Chambers, présente colonnes ioniques, vitraux peints et beaux plâtres signés Michael Stapleton. Ouverte à toutes les confessions depuis 1972, elle ne se visite que dans le cadre d'une visite guidée. À côté se trouve le **réfectoire** (Parliament Sq, fermé au public). L'édifice d'origine, réalisé par Richard Cassels au milieu du XVIIIe siècle, fut démantelé après l'effondrement de la voûte à deux reprises en 15 ans (le grand architecte ne devait pas être au sommet de son art). Le nouveau bâtiment, achevé en 1761, fut en grande partie restauré à la suite d'un incendie en 1984.

Library Square

À l'extrémité est de Library Sq, le **Rubrics Building** (fermé au public), édifice de brique rouge remontant à 1690 environ, est la construction la plus ancienne de l'université. Considérablement transformé lors de sa restauration en 1894, il fit ensuite l'objet d'importantes modifications structurelles dans les années 1970.

En suivant la foule des visiteurs au sud de Library Sq, vous arriverez à l'Old Library (p. 66), où est conservé le joyau de Trinity College : le superbe *Book of Kells*.

À l'étage, la Long Room, magnifique salle à voûte en berceau de 65 m de long, est la pièce maîtresse du bâtiment de Thomas Burgh. Elle contient 200 000 des manuscrits les plus anciens de la bibliothèque, des bustes d'érudits, une harpe du XIVe siècle ainsi qu'un exemplaire original de la Proclamation de la République irlandaise.

Fellows' Square

À l'ouest de la remarquable **Berkeley Library** (Fellows' Sq ; fermée au public), se trouve l'édifice de style brutaliste conçu par Paul Koralek en 1967, l'**Arts & Social Science Building** (bâtiment des Arts et Sciences sociales ; fermé au public). Il abrite la Douglas Hyde Gallery of Modern Art (p. 68), l'un des musées majeurs d'art contemporain d'Irlande. Ses expositions régulièrement renouvelées présentent les œuvres d'artistes irlandais et internationaux de premier plan.

MENACE PAPALE

En 1793, Trinity College, jusque-là exclusivement protestant, consentit à accueillir des étudiants catholiques, mais l'Église catholique continua d'exercer la menace de l'excommunication pour tout catholique inscrit ici et ce jusqu'en 1970.

Les visites guidées (p. 88), au départ de l'entrée de College Green, sont le moyen idéal de découvrir Trinity College.

QUAND L'ÉTUDIANT ÉTAIT ARMÉ

Pendant près de deux siècles, les étudiants ne portant pas d'épée n'étaient pas admis sur le campus, et les duels au pistolet n'étaient pas rares aux XVIIe et XVIIIe siècles.

Pour économiser du temps et de l'argent, prenez un billet coupe-file pour le *Book of Kells* et la Long Room.

Trinity College, Dublin

VOYAGE DANS LE PASSÉ

L'université la plus prestigieuse d'Irlande, fondée par la reine Élisabeth Ire en 1592, est un chef-d'œuvre architectural datant essentiellement des XVIIIe et XIXe siècles, offrant une oasis de calme et de convivialité au cœur de l'agitation du centre-ville. Franchissez-en l'entrée principale et vous entamerez un voyage dans le temps au fil de ses allées pavées.

Quand vous serez sur Front Sq, le **1 Campanile** de 30 m de hauteur sera directement devant vous, avec le **2 réfectoire** sur votre gauche. Tout au bout de la place se dresse le bâtiment de l'Old Library, organisé autour de la sublime **3 Long Room**, qui inspira le design de la salle des archives de l'Ordre Jedi dans *Star Wars Épisode II : L'Attaque des clones*. C'est là qu'est conservé le plus fabuleux trésor de l'université, le **4 Book of Kells**. Vous devrez certainement faire la queue pour voir fugacement ce chef-d'œuvre, mais vous ne le regretterez pas.

Juste derrière l'Old Library se trouve la **5 Berkeley Library**, laquelle, toute moderne qu'elle soit, s'intègre parfaitement dans l'esthétique générale du campus. Juste en face de cette bibliothèque, la sculpture **6 Sphere Within a Sphere** se distingue par son style unique.

À NE PAS MANQUER

- La Douglas Hyde Gallery, le musée d'art moderne du campus.
- Un match de cricket, sport emblématique s'il en est, sur le terrain de l'université.
- Une pinte au Pavilion Bar (à siroter de préférence en regardant du cricket).
- Une édifiante visite de la Science Gallery.

RPEDROSA/GETTY IMAGES ©

Campanile
L'élément le plus emblématique de Trinity College fut imaginé au milieu du XIXe siècle par sir Charles Lanyon ; on doit les sculptures attenantes à Thomas Kirk.

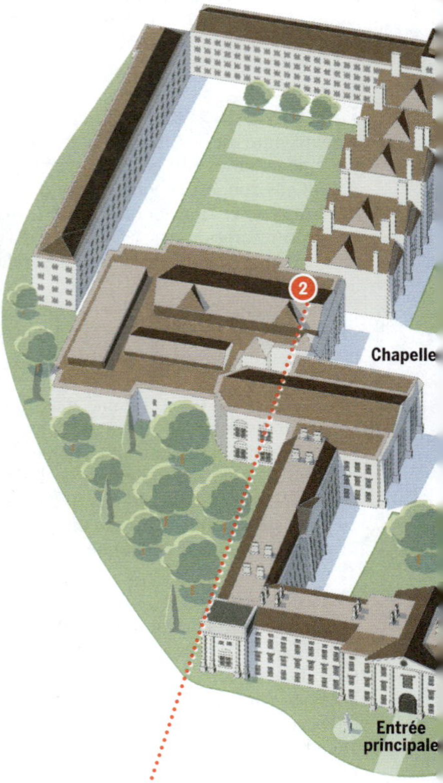

Réfectoire
Le bâtiment original de Richard Cassels fut imaginé pour créer un effet de miroir avec l'Examination Hall, directement en face sur Front Square. Il s'effondra à deux reprises et fut entièrement reconstruit en 1761.

AITORMMFOTO/SHUTTERSTOCK © SFERA CON SFERA, 1982-83, © ARNALDO POMODORO.

Sphere Within a Sphere

La sculpture d'Arnaldo Pomodoro se compose d'une boule intérieure représentant la Terre et d'une sphère extérieure symbolisant le christianisme. Il en existe plusieurs versions dans le monde.

CLAUDIO DIVIZIA/SHUTTERSTOCK ©

Berkeley Library

Conçue par Paul Koralek, cette bibliothèque au style brutaliste semble en rupture avec l'esthétique générale de l'université, mais plus on regarde le bâtiment, plus on l'apprécie.

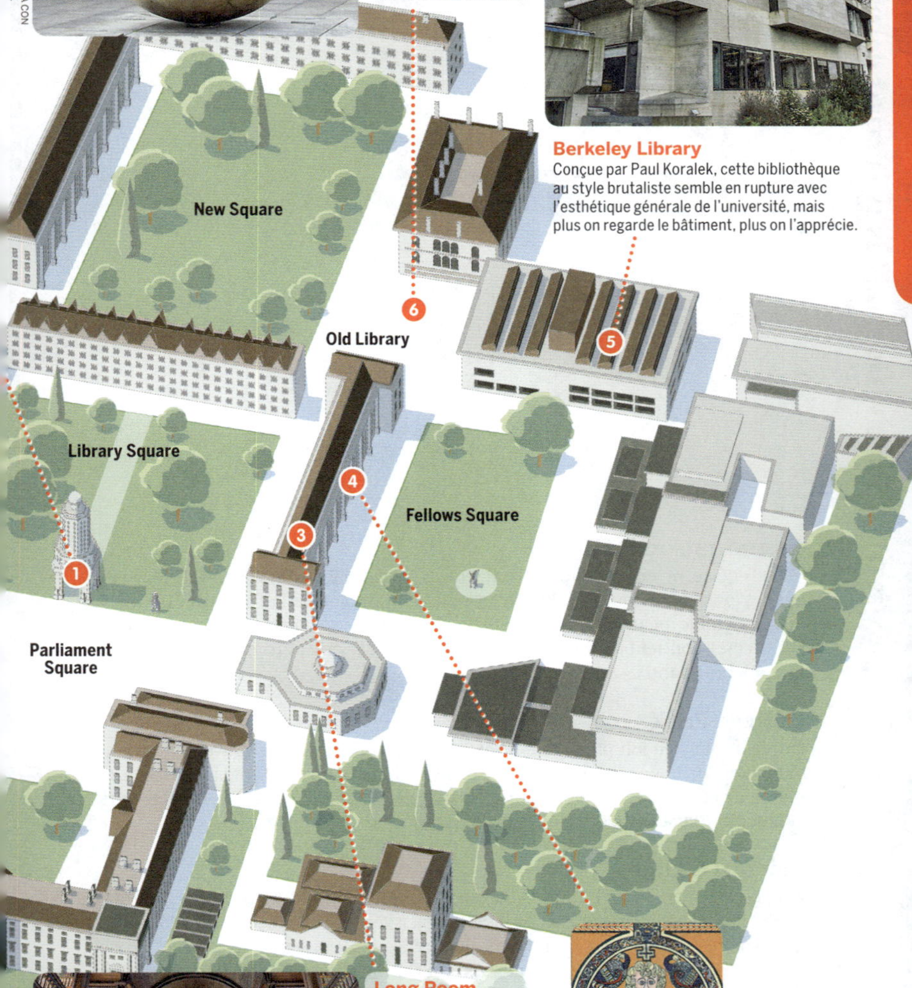

VANDERWOLF IMAGES/SHUTTERSTOCK ©

Long Room

Long de 65 m et surmonté d'un plafond à voûte en berceau, le chef-d'œuvre de Thomas Burgh abrite des étagères chargées de quelque 200 000 livres et manuscrits, parmi les plus anciens de la bibliothèque.

PHOTOS.COM/GETTY IMAGES ©

Book of Kells

Ce manuscrit enluminé, le plus célèbre au monde, fut réalisé par les moines de l'île d'Iona vers l'an 800, avant d'être amené à Kells, dans le comté de Meath.

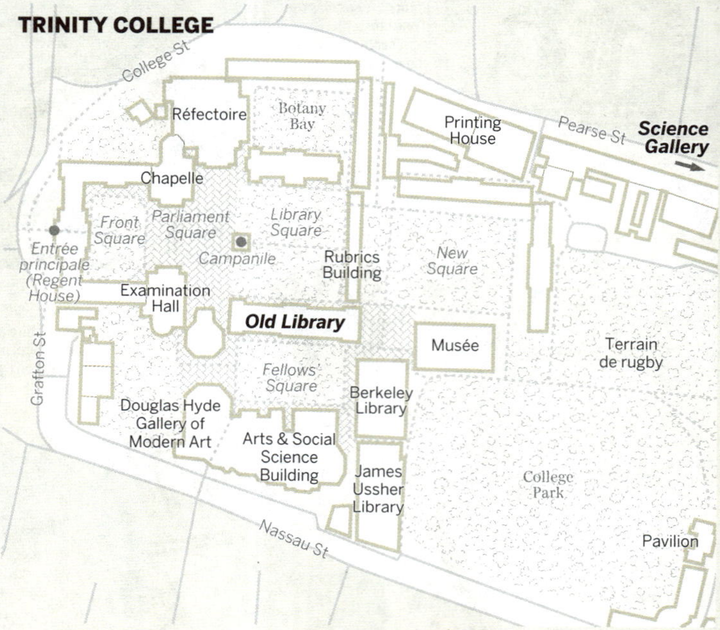

Examination Hall

Vers l'entrée principale, après la Reading Room, l'**Examination Hall** (🕘9h-18h lors des examens uniquement), bâtiment palladien datant de la fin du XVIIIe siècle qui ressemble beaucoup à la chapelle située juste en face (ils sont du même architecte), contient un lustre en chêne sauvé du Parlement irlandais (aujourd'hui la Bank of Ireland).

College Park

On vient dans ce joli parc situé à l'extrémité est du complexe universitaire pour s'allonger sur la pelouse les jours ensoleillés et, de temps en temps, assister à un match de cricket, une occasion rare en Irlande. À l'angle sud-est de College Park, la **Lincoln Place Gate** offre un raccourci pratique vers Merrion Sq.

Science Gallery

Plus récent attrait du Trinity College et inaugurée en 2008, la Science Gallery (p. 68) fait partie du campus mais il faut longer Pearse St pour y accéder. L'endroit, qui explore de manière vivante et didactique la relation entre la science, l'art et le monde dans lequel nous vivons, connaît un immense succès auprès du grand public. Les installations abordent divers sujets fascinants, comme la science du désir et le rapport entre la musique et le corps humain. Le café du rez-de-chaussée (p. 68), que la baie vitrée inonde de lumière, est un lieu agréable où faire une pause.

LES INCONTOURNABLES
DUBLIN CASTLE

SERGEY-73/SHUTTERSTOCK ©

Construit en majeure partie au XVIIIe siècle, le bastion du pouvoir britannique en Irlande pendant 700 ans tient davantage du palais hétéroclite que de la forteresse médiévale à tourelles classique.

À NE PAS MANQUER

- La chapelle royale
- Les appartements officiels
- L'Upper Yard

INFOS PRATIQUES

- Plan p. 290, A2
- 01-645 8813
- www.dublincastle.ie
- Dame St
- Visite guidée adulte/enfant 12/6 €, visite autoguidée 8/4 €
- 9h45-17h45, dernière entrée 17h15
- ts ceux du centre-ville

Histoire

Le château de Dublin servit de siège à l'administration coloniale anglaise jusqu'en 1922. De la forteresse anglo-normande d'origine, construite au début du XIIIe siècle, seule subsiste la Record Tower ("tour des archives").

Lorsque l'autoritaire Henry Sidney prit ses fonctions de Lord Deputy (représentant du roi en Irlande) d'Henri VIII en 1565, il déclara le château "ruineux, sale, nauséabond et délabré", et il n'avait pas tort. La plupart de ses prédécesseurs, des lords anglo-irlandais, préférèrent demeurer dans leur propre château que de s'installer au Dublin Castle, laissé ainsi à l'abandon. Henry Sidney supervisa un programme de construction sur treize ans d'une "demeure de Lord Deputy ou de Chief Governor digne de ce nom", ainsi que d'une nouvelle chapelle et d'une tour de l'horloge.

Le nouveau château devint la résidence permanente du représentant en chef du monarque en Irlande – appelé selon les époques Justiciar, Chief Lieutenant, Lord Lieutenant ou vice-roi – jusqu'à la construction du Vice-Regal Lodge dans Phoenix Park en 1781 (aujourd'hui Áras an Uachtaráin, la résidence du président).

Le nouvel édifice reflétait le changement de statut du pouvoir anglais en Irlande : après la conquête du reste de l'île (au-delà du "Pale" ; p. 216) et le renversement de l'hégémonie anglo-irlandaise par Henry Sidney, le château n'était plus un simple avant-poste colonial mais le siège du pouvoir anglais et le centre administratif de toute l'Irlande, servi par une légion de fonctionnaires.

CATHOLIQUES "DU CHÂTEAU"

Jusqu'à l'indépendance, les Dublinois catholiques jugés trop conciliants avec la couronne britannique étaient surnommés "Castle Catholics".

Seule la visite guidée permet de découvrir les parties les plus intéressantes du château. Lorsque des réunions officielles du gouvernement s'y tiennent, il est partiellement fermé au public.

PRIVILÈGES DE CASTE

Sous les Britanniques, dîners, réceptions et bals somptueux étaient organisés au château pour les aristocrates dublinois durant les six semaines précédant la Saint-Patrick, et cela même pendant la Grande Famine.

Le Great Hall ("grande salle"), où se réunissait le Parlement irlandais, fut entièrement détruit – de même qu'une majeure partie du reste du château – lors du Grand Incendie de 1684 (le Parlement s'installa en 1731 dans ce qui est aujourd'hui la Bank of Ireland, sur College Green).

Au sous-sol, les donjons du château rassemblaient les prisonniers les plus célèbres de l'État, notamment Thomas Fitzgerald (dit "le Soyeux"), dont la révolte contre Henri VIII en 1534 déclencha l'invasion de l'Irlande. Il va sans dire que le château devint pour les Irlandais de souche le symbole le plus menaçant de leur État opprimé.

Le Dublin Castle fut officiellement remis à Michael Collins, représentant l'État libre d'Irlande, en 1922. Au vice-roi britannique qui lui reprochait d'avoir sept minutes de retard, Collins aurait répondu : "Nous avons attendu 700 ans, vous pouvez bien attendre sept minutes." Le château accueille désormais les réunions et cérémonies officielles du gouvernement irlandais. Il se visite uniquement dans le cadre d'un circuit guidé.

Chapelle royale

Sur la gauche après l'entrée principale (Dame St), la chapelle royale – parfois incluse dans la visite guidée – est un bel exemple de l'architecture irlandaise fastueuse du XIXe siècle. De style Renaissance gothique à l'extérieur, elle est décorée de plus de 90 têtes de personnages et de saints irlandais en pierre calcaire de Tullamore. L'intérieur exubérant présente des voûtes en éventail et quadripartites, des galeries en bois, des vitraux et quantité d'anges sculptés.

Cour supérieure

L'enceinte de la cour supérieure (Upper Yard) correspond à peu près aux dimensions du château médiéval d'origine. Sur la droite, une allégorie de la Justice tourne le dos à la ville ; une parfaite illustration de la justice britannique selon les Dublinois... Juste à côté s'élève la **Bedford Tower**, érigée en 1761 sur le site de la porte normande d'origine. C'est ici que furent dérobés en 1907 les joyaux de la couronne britannique, toujours introuvables à ce jour.

Visite guidée

Une visite guidée (1 heure 10, départ toutes les 20 à 30 min selon le nombre de participants) est incluse dans le prix du billet. Plutôt sommaire, elle plaira davantage aux passionnés de beau mobilier d'époque qu'aux amateurs d'anecdotes historiques. Elle comprend les **appartements officiels**, d'un

DUBLIN CASTLE

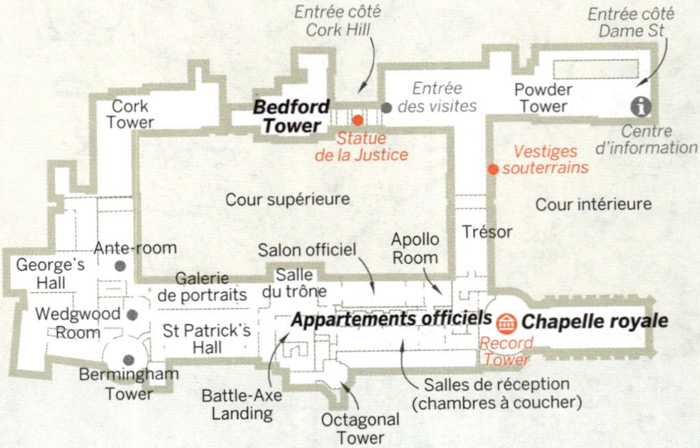

goût douteux pour beaucoup (magnifiques lustres, somptueux tapis irlandais, splendides plafonds rococo, portrait de Van Dyck, trône de George V), le **St Patrick's Hall**, où les présidents irlandais sont investis et les dignitaires étrangers reçus, et la pièce dans laquelle James Connolly, blessé après l'insurrection de Pâques 1916, fut soigné. Condamné le 9 mai 1916 à la peine capitale, il fut conduit le 12 mai 1916 à Kilmainham Gaol pour y être exécuté le jour même. Ne pouvant tenir debout en raison de sa cheville gangrenée, il fut fusillé sur une chaise.

Le clou de la visite est la **crypte médiévale** du château, découverte par hasard en 1986. Cette partie comporte les fondations construites par les Vikings (dont le mortier, d'une grande longévité, était un mélange de sang de bœuf, de coquilles d'œufs et de crin de cheval), l'extérieur des remparts (lissés à la main pour empêcher les assaillants d'y grimper), l'escalier conduisant aux douves et l'endroit où la rivière Poddle s'y engouffrait et les remplissait avant de se jeter dans la Liffey.

Autres parties du château

À côté de la chapelle royale se dresse la **Record Tower**, la dernière tour médiévale intacte de Dublin. Vous pourrez aussi voir sur votre droite le **Treasury Building**, le plus vieil immeuble de bureaux de Dublin, de style georgien, et derrière vous, le **Revenue Commissioners Building**, un immeuble plutôt disgracieux des années 1960.

LES INCONTOURNABLES
CHESTER BEATTY LIBRARY

Petite certes, mais le meilleur musée du pays, voire d'Europe, dans sa catégorie, la Chester Beatty Library est célèbre dans le monde entier. Aménagée dans la Clock Tower à l'arrière du château de Dublin, elle conserve une collection absolument extraordinaire, constituée avec soin et expertise par Alfred Chester Beatty, magnat new-yorkais de l'industrie minière.

Alfred Chester Beatty

Voyageur et collectionneur passionné, Alfred Chester Beatty (1875-1968) s'intéressa à différentes cultures et amassa plus de 20 000 manuscrits, livres rares, miniatures, tablettes d'argile, costumes et tout objet d'art qui piquait sa fantaisie et pouvait lui raconter quelque chose sur le monde. Il s'enticha de Dublin et en fit sa ville d'adoption, ce qui fut une chance pour celle-ci. En retour, le gouvernement le nomma citoyen d'honneur d'Irlande en 1957.

Arts du livre

Les collections sont réparties sur 2 niveaux. Au rez-de-chaussée, "Arts of the Book" est une collection aussi dense que fascinante d'œuvres issues des cultures occidentales, islamiques et orientales. Parmi les pièces maîtresses figurent des livres chinois en jade et des textes européens enluminés dont la calligraphie n'a rien à envier au *Book of Kells*. Des présentations audiovisuelles expliquent la fabrication du papier, l'imprimerie et la reliure.

À NE PAS MANQUER

- Les rouleaux Nara e-hon (collection d'Asie orientale, salle Traditions sacrées)
- Le Coran d'Ibn al-Bawwab (collection islamique, salle Traditions sacrées)
- Le Nouveau Testament sur papyrus (collection occidentale, salle Traditions sacrées)

INFOS PRATIQUES

- Plan p. 290, A2
- ☎ 01-407 0750
- www.cbl.ie
- Dublin Castle
- Entrée libre
- ⏲ 10h-17h lun-ven, 11h-17h sam-dim mars-oct, 10h-17h mar-ven, 11h-17h sam-dim nov-fév
- 🚌 ts ceux du centre-ville

Traditions sacrées

À l'étage, l'exposition "Sacred Traditions" propose une merveilleuse plongée dans les grandes religions du monde à travers des œuvres enluminées et religieuses. À l'entrée de la salle, plusieurs vidéos explicatives vous serviront de support. La collection de corans du IXe au XIXe siècle (la bibliothèque en compte plus de 270) rassemble certaines de plus belles enluminures musulmanes connues. Il y a aussi de remarquables exemplaires de papyrus anciens, dont de célèbres poèmes érotiques égyptiens du XIIe siècle av. J.-C., et des Évangiles enluminés parmi les plus vieux au monde (vers l'an 200). La collection se complète d'inestimables rouleaux et objets d'art asiatique (Chine, Japon, Tibet et Asie du Sud-Est), dont les deux volumes des rouleaux japonais Chogonka, peints au XVIIe siècle par Kano Sansetsu.

Le bâtiment

Outre ses superbes collections, la Chester Beatty Library possède de nombreux autres atouts, comme son cadre, son architecture, ses remarquables expositions temporaires, son merveilleux **Silk Road Café** (www.silkroadkitchen.ie ; plats 12 € ; ⌚10h-16h45 lun-ven, 11h-16h45 sam, 13h-16h45 dim mai-oct, fermé lun nov-avr), sa **boutique de souvenirs** (☎01-407 0753 ; www.chesterbeatty.ie ; ⌚10h-17h lun-ven, 11h-17h sam, 13h dim, fermé lun nov-fév) et son toit-terrasse zen doté d'un beau jardin paysager à l'avant, qui justifient à eux seuls une visite.

UN JEUNE PHILATÉLISTE

C'est à Denver, entre 1898 et 1905, qu'Alfred Chester Beatty débuta sa première collection, de timbres en l'occurrence, qui fut récompensée d'un prix. Elle retraçait les débuts de l'histoire postale des États-Unis.

Des visites gratuites du musée ont lieu le mercredi à 13h, le samedi à 14h et le dimanche à 15h. Le musée propose également des rencontres gratuites, à l'heure du déjeuner (consultez le site Internet pour plus de détails).

L'OCCASION FAIT LE LARRON

Entre 1983 et 1989, le conservateur de la collection islamique de la bibliothèque, le Dr David James (1941-2012), déroba des manuscrits, d'une valeur de près de 500 000 £. La plupart d'entre eux furent retrouvés avec le concours du voleur lui-même, qui finit tout de même en prison.

Le jardin sur le toit du bâtiment est une oasis de sérénité au cœur de la ville.

À VOIR

Il y a tant à voir à Grafton St et ses alentours que cela suffit pour se faire une bonne idée de la ville. Du cadre arboré de Trinity College à l'incontournable *Book of Kells* en passant par St Stephen's Green et l'excellent Little Museum of Dublin, une bonne partie de votre séjour à Dublin se déroulera par ici.

TRINITY COLLEGE — ÉDIFICE HISTORIQUE

Voir p. 56.

DUBLIN CASTLE — ÉDIFICE HISTORIQUE

Voir p. 61.

CHESTER BEATTY LIBRARY — MUSÉE

Voir p. 64.

♥ OLD LIBRARY ET BOOK OF KELLS — BIBLIOTHÈQUE

Plan p. 286 (www.tcd.ie ; Library Sq ; tarif plein/étudiant/famille 11/11/28 €, coupe-file 14/11/28 € ; 8h30-17h lun-sam, 9h30-17h dim mai-sept, 9h30-17h lun-sam, 12h-16h30 dim oct-avr ; ts ceux du centre-ville, Westmoreland ou Trinity). Les trésors les plus précieux de Trinity College sont conservés dans l'Old Library, construite par Thomas Burgh entre 1712 et 1732. Le *Book of Kells* (p. 69), sublime manuscrit enluminé des quatre Évangiles du Nouveau Testament, réalisé vers l'an 800 par des moines sur l'île écossaise d'Iona, en est le fleuron. Cependant, la **Long Room**, la salle principale de 65 m de long, qui contient environ 200 000 des volumes les plus anciens, est encore plus impressionnante.

On peut aussi admirer un exemplaire rare de la **Proclamation de la République irlandaise**, lue par Patrick Pearse lors du soulèvement de Pâques 1916, et la **harpe de BrianBorú**, qui, malgré son nom, n'a pu être utilisée par le héros irlandais lors de la bataille de Clontarf en 1014, puisque l'instrument date de 1 400 ans environ. Elle n'en reste pas moins l'une des plus anciennes harpes d'Irlande.

Le billet d'entrée donne accès aux expositions temporaires de l'East Pavilion. En été, l'affluence à l'Old Library étant très importante, il est recommandé d'acheter en ligne un **billet coupe-file**, qui permet d'y accéder à une heure donnée sans faire la queue. Vous ne disposerez toutefois que d'un bref instant avec le *Book of Kells*, compte tenu du flot constant de visiteurs venus l'admirer.

♥ ST STEPHEN'S GREEN — PARC

Plan p. 290 (aube-crépuscule ; ts ceux du centre-ville, St Stephen's Green). En voyant les groupes d'amis, les amoureux, les familles et les promeneurs solitaires se détendre sur les 9 ha paysagés du poumon vert de Dublin, difficile d'imaginer qu'il s'agissait jadis du lieu d'exécution des sentences par le fouet, le bûcher ou la pendaison.

Le square fut aménagé au milieu du XVIIIe siècle, devenant le centre georgien de Dublin autour duquel furent construits la plupart des édifices qui l'encadrent aujourd'hui. Côté nord, l'ancienne "Beaux Walk" (promenade des dandys), où est installé le Shelbourne (p. 206), hôtel mondain historique, est toujours l'une des rues les plus réputées de la ville. Non loin se trouve le tout petit Huguenot Cemetery (p. 100), établi en 1693 par des réfugiés français protestants.

Grilles et portails à verrous furent érigés en 1814 pour privatiser l'espace vert (le droit d'entrée annuel s'élevait à une guinée), mais en 1877, sir Arthur Edward Guinness fit passer une loi au Parlement pour le rouvrir au public. Le philanthrope finança en outre l'aménagement des jardins et bassins du parc central en 1880.

Le **Fusiliers' Arch**, au bout de Grafton St, est aujourd'hui l'entrée principale du square.

De remarquables œuvres d'art agrémentent les pelouses et les sentiers ; à l'angle nord-est se trouve la plus impressionnante : le **monument à Wolfe Tone**, le chef de la rébellion avortée de 1798. La palissade de pierres verticales qui entoure la statue a été surnommée "Tonehenge" (allusion à Stonehenge). À cette entrée se tient aussi un **mémorial** aux victimes de la Grande Famine (1845-1851).

L'espace vert comprend aussi une **aire de jeux pour enfants** (p. 88) côté est, et un beau **kiosque à musique**, édifié pour célébrer le jubilé de la reine Victoria en 1887, côté sud. Des musiciens s'y produisent souvent en été. À proximité trône un **buste de James Joyce**.

LITTLE MUSEUM OF DUBLIN — MUSÉE

Plan p. 286 (01-661 1000 ; www.littlemuseum.ie ; 15 St Stephen's Green N ; tarif plein/étudiant 10/8 € ; 9h30-17h ven-mer, 9h30-20h jeu, dernière entrée 19h ; ts ceux du centre-ville,

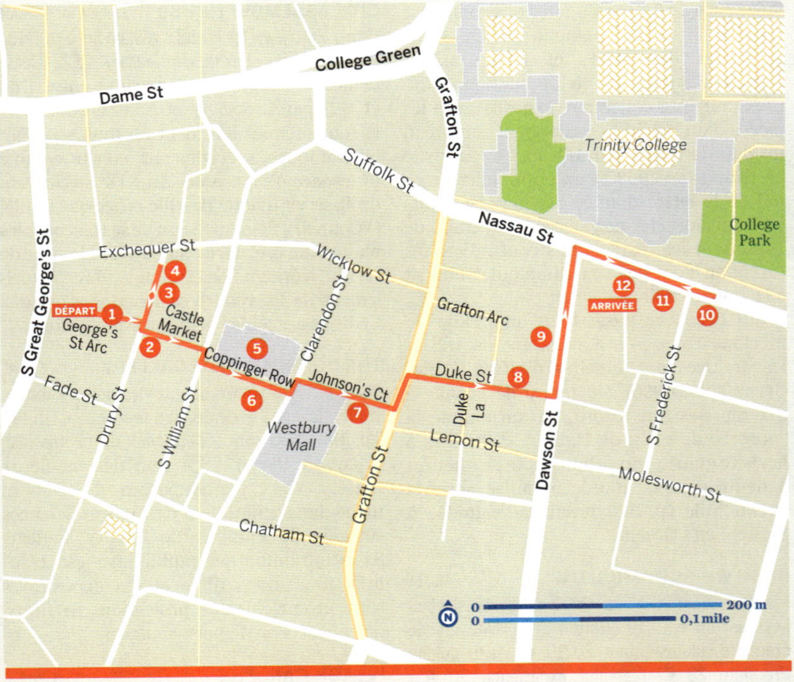

Promenade à pied
Virée shopping

DÉPART GEORGE'S ST ARCADE
ARRIVÉE KNOBS & KNOCKERS
DISTANCE 1,1 KM ; 2 HEURES

Commencez par faire du lèche-vitrines dans la 1 **George's Street Arcade** (p. 85), qui offre un large éventail de produits vintage ou ethniques. À la sortie côté Drury St, prenez en face Castle Market St pour atteindre la boutique haut de gamme de mode féminine 2 **Costume** (p. 86) ou longez Drury St vers le nord pour découvrir les superbes objets d'artisanat et d'articles pour la maison d' 3 **Industry & Co** (p. 86) et, juste à côté, l'excellent 4 **Irish Design Shop** (p. 84).

À Castle Market St, traversez S William St et gagnez le 5 **Powerscourt Townhouse Shopping Centre** (p. 85), le centre commercial le plus chic de la ville, composé de nombreux magasins. Ressortez par S William St et, en direction du sud, prenez la première à gauche dans Coppinger Row. Après un déjeuner léger dans le 6 **restaurant** (p. 76) éponyme, continuez vers l'est et traversez Clarendon St. Du côté sud de Johnson's Ct, c'est une ribambelle de bijouteries, notamment 7 **Appleby** (plan p. 286 ; ☎01-679 9572 ; www.appleby.ie ; ⏰9h45-18h lun-mer et ven-sam, 9h45-18h30 jeu) et sa vitrine étincelante.

Au bout de la rue, prenez à gauche dans Grafton St, puis à droite dans Duke St : sur votre gauche, vous verrez 8 **Ulysses Rare Books** (p. 85). La plus grande librairie de la ville, 9 **Hodges Figgis** (p. 87), se situe un peu plus loin, dans Dawson St. Au bout de la rue, prenez à droite Nassau St pour arpenter les allées du 10 **Kilkenny Shop** (p. 86), où sont proposés toutes sortes d'objets d'artisanat local (verrerie, argenterie, tricots).

S'il vous reste des souvenirs irlandais à acheter, rebroussez chemin sur Nassau St et faites une halte chez 11 **House of Names** (p. 86), où vous trouverez des dessous de verre arborant les armes de votre famille, puis chez 12 **Knobs & Knockers** (p. 86) pour rapporter une réplique de poignée de porte georgienne qui ira à merveille dans votre appartement !

St Stephen's Green). Ce musée récompensé raconte l'histoire de Dublin au XXe siècle à travers des objets et photographies recueillis auprès de la population. L'impressionnante collection, exposée dans les pièces d'un bel édifice georgien, comprend un pupitre utilisé par JFK lors de sa visite en Irlande en 1963 et un exemplaire original de la lettre donnée aux représentants irlandais lors des négociations du traité de 1921, dont les instructions contradictoires furent au cœur de la partition qui conduisit à la guerre civile.

On découvre aussi toute une salle du 2e étage consacrée à l'histoire de U2, et les archives personnelles d'Alfred "Alfie" Byrne (1882-1956), élu maire de la ville à dix reprises (un record), et surnommé la "poignée de main de Dublin". Participez à la visite guidée, qui débute toutes les heures à heure pile. Le musée organise aussi le Green Mile (p. 87), promenade guidée à St Stephen's Green.

IRISH WHISKEY MUSEUM — MUSÉE

Plan p. 286 (01-525 0970 ; www.irishwhiskeymuseum.ie ; 119 Grafton St ; visite guidée standard adulte/enfant 20/10 €, visite guidée Premium 23 €, blending experience 30 € ; 10h-18h ; ts ceux du centre-ville, Trinity). Si vous souhaitez apprendre d'où vient le nom de la célèbre *uisce beatha* ("eau-de-vie irlandaise"), comment le marché du whiskey s'est effondré à Dublin et pourquoi il est de nouveau florissant, consacrez une heure à ce musée. La visite guidée (toutes les 30 minutes de 10h30 à 17h30) permet également de goûter au moins trois whiskeys différents.

BANK OF IRELAND CULTURAL & HERITAGE CENTRE — MUSÉE

Plan p. 286 (01-670 6153 ; College Green ; 10h-16h lun-sam, dernière entrée 15h30 ; ts ceux du centre-ville, Westmoreland). GRATUIT Installé sur un terrain de la Bank of Ireland dans le complexe de College Green, ce centre culturel inauguré en 2018 renfermera jusqu'en 2021 l'exposition *"Seamus Heaney: Listen Now Again"*. On y découvre des manuscrits, lettres, œuvres non publiées et effets personnels du poète, notamment le bureau sur lequel il écrivait dans sa maison familiale de Sandymount ainsi qu'une lampe ayant appartenu à W. B. Yeats et un portrait de l'artiste signé Louis le Brocquy. L'exposition est organisée en partenariat avec la National Library.

CITY ASSEMBLY HOUSE — ÉDIFICE HISTORIQUE

Plan p. 286 (www.igs.ie ; 58 S William St ; 10h-18h lun-sam ; ts ceux du centre-ville). GRATUIT Cette demeure georgienne, construite entre 1766 et 1771 par la Society of Artists, était alors le tout premier bâtiment de toutes les îles britanniques spécialement conçu comme un espace d'exposition. Au XIXe siècle, l'endroit servit d'hôtel de ville officieux (Daniel O'Connell y fit en 1843 l'un de ses discours les plus connus), et abrite aujourd'hui le siège de l'Irish Georgian Society, qui s'efforce actuellement de lui rendre sa fonction d'origine. L'édifice accueille parfois des expositions.

THE DOUGLAS HYDE GALLERY — MUSÉE D'ART

Plan p. 286 (www.douglashydegallery.com ; Trinity College ; 11h-18h lun-mer et ven, 11h-19h jeu, 11h-17h30 sam ; ts ceux du centre-ville, Dawson, Trinity). GRATUIT L'un des meilleurs musées d'art contemporain de Dublin, niché dans le bâtiment des Arts et Sciences sociales du campus de Trinity College. Sa programmation ambitieuse est résolument avant-gardiste et ses expositions souvent enrichies de projections de films, de concerts ou de performances.

IVEAGH GARDENS — JARDIN PUBLIC

Plan p. 290 (aube-crépuscule ; ts ceux du centre-ville, St Stephen's Green). GRATUIT Si ce joli jardin public n'a pas l'élégance d'autres parcs de Dublin, la foule n'y est jamais excessive et les gardiens ne vous sermonnent pas si vous marchez sur la pelouse. À l'origine domaine privé de l'**Iveagh House** (www.dfa.ie ; 80 St Stephen's Green S ; fermée au public), conçu par Ninian Niven en 1865, il comporte une grotte, une cascade, une fontaine, un labyrinthe et une roseraie. On y accède par Clonmel St, près de Harcourt St.

SCIENCE GALLERY — MUSÉE

Plan p. 292 (www.sciencegallery.ie ; Naughton Gallery, Pearse St ; exposition généralement 11h-19h mar-ven, 12h-18h sam-dim ; ts ceux du centre-ville). GRATUIT Montrer que la science est amusante, intéressante et omniprésente dans notre vie quotidienne est la vocation de ce musée extrêmement apprécié, qui aborde divers thèmes passionnants (régulièrement renouvelés) comme par exemple, "design et violence" et "le monde des secrets". On trouve au rez-de-chaussée un joli **café** (dublin.sciencegallery.com/cafe ; Pearse St ; sandwichs 8-9 € ; 8h-16h lun-ven ; ts ceux du centre-ville).

LE LIVRE DE KELLS

L'histoire du *Book of Kells* est presque aussi fascinante que ses enluminures. On pense qu'il a été produit autour de l'an 800 par les moines du monastère St Colomba (Colmcille) d'Iona, une île lointaine au large des côtes écossaises. Les pillages successifs de Vikings en maraude obligèrent les moines à fuir à Kells, dans le comté de Meath, avec leur chef-d'œuvre. Volé en 1007, le manuscrit fut retrouvé enterré trois mois plus tard. Le *Book of Kells* fut mis en sécurité au Trinity College en 1654, et est aujourd'hui conservé dans l'Old Library (p. 66), où plus d'un demi-million de visiteurs se pressent pour le voir chaque année. Le manuscrit de 680 pages (340 folios) a été relié à nouveau en 1953 en 4 volumes à couvertures de vélin.

Mais il y a deux choses à savoir avant de faire la visite. La première, c'est que seules deux des 680 pages sont exposées (une enluminure et une page de texte), ce qui vaut à l'expérience le surnom de "page de Kells". Il est effectivement difficile d'envisager de laisser les visiteurs feuilleter à loisir un trésor si précieux. Mais le véritable souci est la popularité du livre, qui fait de la visite une expérience décevante. Tels des moutons, les visiteurs sont conduits dans une salle d'exposition spécialement conçue pour le livre, et priés de jeter un œil au chef-d'œuvre quelques secondes avant de céder la place aux suivants.

Pour véritablement apprécier le fabuleux évangéliaire, vous pourrez toujours acheter une reproduction exacte pour la modique somme de 22 000 €. Autrement, la boutique de l'Old Library vend toute une gamme de souvenirs et cadeaux liés au livre, dont l'ouvrage *The Book of Kells* de Bernard Meehan (17 €), qui contient de nombreuses reproductions et d'excellentes explications.

MUSEUM OF LITERATURE IRELAND
MUSÉE

Plan p. 290 (MoLI ; ☎01-477 9810 ; www.moli.ie ; 85-86 St Stephen's Green S ; adulte/- de 3 ans/réduit/famille 8 €/gratuit/6/17 €, visite guidée 12 € ; ⏲10h-18h ; 🚌ts ceux du centre-ville, 🚊St Stephen's Green). La visite de ce musée rouvert en 2019 est une exploration numérique interactive du riche patrimoine littéraire irlandais, du Moyen Âge à nos jours. On y découvre notamment des carnets de brouillon de Joyce pour *Ulysse*, ainsi que la première édition du roman. Le musée occupe deux splendides demeures georgiennes composant ce qu'on appelle la Newman House. C'est là que fut fondée en 1865 l'université catholique d'Irlande, que fréquentèrent Joyce, Pádraig Pearse et Eamon de Valera.

CITY HALL
MUSÉE

Plan p. 290 (www.dublincity.ie/dublincityhall ; Dame St ; tarif plein/étudiant/enfant 4/2/1,50 € ; ⏲10h-17h15 lun-sam ; 🚌ts ceux du centre-ville). L'hôtel de ville, bel édifice georgien d'origine, construit par Thomas Cooley pour le Royal Exchange (Bourse du commerce) entre 1769 et 1779, fut défiguré au milieu du XIXe siècle lorsqu'il accueillit les bureaux de la municipalité (d'où son nom). Heureusement, une rénovation lui rendit sa splendeur georgienne en l'an 2000. Un musée sur l'histoire de la ville occupe le sous-sol.

La rotonde et son déambulatoire composent un intérieur saisissant, que les immenses fenêtres orientées est baignent de lumière naturelle. Une imposante statue de marbre de Daniel O'Connell, ancien maire et émancipateur des catholiques, rappelle les liens de l'édifice avec le nationalisme irlandais (on y célébra les funérailles de Charles Stewart Parnell et de Michael Collins). Le Dublin City Council se réunit toujours ici le premier lundi du mois pour discuter des affaires de la ville, dans la Chambre du Conseil, qui était à l'origine une salle de pause.

Sur le site de l'hôtel de ville, se tenaient jadis la Lucas Coffee House et l'Eagle Tavern, où Richard Parsons, comte de Rosse, fonda le tristement célèbre Hellfire Club ("club du feu de l'enfer") en 1735. Parmi les nombreux *gentlemen's clubs* que comptait Dublin à l'époque, celui-ci était réputé pour s'adonner à la débauche et au satanisme, alimentant les rumeurs au sein de la population.

Aménagé dans l'impressionnant sous-sol voûté, le musée multimédia **The Story of the Capital** décrit l'histoire de la ville de ses débuts à nos jours et ses aspirations pour l'avenir. Les données présentées et les textes explicatifs sont certes un peu trop exhaustifs, mais cela reste un beau musée, aux installations audiovisuelles intéressantes.

BANK OF IRELAND ÉDIFICE REMARQUABLE

Plan p. 286 (☎01-671 1488 ; College Green ; ⏰10h-16h lun-mer et ven, 10h-17h jeu ; 🚌ts ceux du centre-ville, 🚊Westmoreland). Le Parlement d'Irlande siégea jusqu'en 1801 dans ce magnifique édifice palladien occupant tout un côté de College Green, premier bâtiment au monde spécialement conçu pour abriter un parlement. La construction d'origine – la partie centrale à colonnade qui se distingue du reste de l'édifice actuel – fut dessinée par sir Edward Lovett Pearce en 1729 et achevée par James Gandon en 1739.

Lorsque le Parlement vota l'Acte d'Union de 1801 et, par là même, sa dissolution, le bâtiment fut vendu à une condition : que l'intérieur soit modifié pour qu'il n'accueille plus jamais de débats parlementaires, un coup dur pour les aspirations parlementaires irlandaises. Si la grande Chambre des communes, transformée, en dit peu sur son ancienne fonction, la petite **Chambre des lords** (accès gratuit), restée intacte, est bien plus intéressante. Elle présente des boiseries en chêne irlandais, une horloge de parquet en acajou et un lustre en cristal de Dublin de la fin du XVIIIe siècle. Son architecture inspira la Chambre des représentants de Washington, aujourd'hui le National Statuary Hall. La Chambre des lords est accessible aux visiteurs pendant les heures d'ouverture de la banque.

LES DEUX LUKE

En 2018, deux sculptures immortalisant le plus célèbre des chanteurs folkloriques de Dublin, Luke Kelly (1940-1984), furent inaugurées le même jour. La première (p. 70) est une sculpture classique en bronze signée John Coll et installée sur South King St, représentant Kelly en train de chanter et de jouer du banjo. La seconde (p. 168), en marbre et haute de 2 m, représente le visage du chanteur, yeux clos et arborant une tignasse rousse composée de 3 000 fils de cuivre. Installée sur Sheriff St, la rue de naissance de Kelly, l'œuvre audacieuse génère bien des commentaires, les esprits mal tournés affirmant même que l'artiste est parvenu à capturer l'expression du chanteur en plein orgasme.

IRISH-JEWISH MUSEUM MUSÉE

Plan p. 290 (☎01-453 1797 ; www.jewishmuseum.ie ; 3 Walworth Rd ; 5 € ; ⏰11h-15h lun-jeu et dim juin-sept, 10h30-14h30 dim oct-avr ; 🚊Harcourt). Aménagé dans une ancienne synagogue, ce musée relate l'histoire de la communauté juive d'Irlande au cours des 150 dernières années, à travers d'innombrables photos et objets, notamment de la Seconde Guerre mondiale, dont une "étoile jaune" et le certificat de mariage d'Ester Steinberg, seule victime irlandaise connue de la Shoah.

Il a été inauguré en 1985 par Chaim Herzog, ancien président israélien né à Belfast, dans le quartier aujourd'hui branché de Portobello, où vivait autrefois une communauté de 5 000 juifs (ce qui lui avait valu le surnom de "Little Jerusalem").

MANSION HOUSE ÉDIFICE REMARQUABLE

Plan p. 286 (Dawson St ; ⏰fermé au public ; 🚌ts ceux du centre-ville, 🚊Dawson). Construite en 1710 par Joshua Dawson (d'où le nom de la rue), c'est la résidence officielle du maire de Dublin depuis 1715. C'est ici que s'est réuni le premier Parlement pour adopter la Déclaration d'indépendance de 1919. Le style Queen Anne de l'édifice en brique d'origine a pratiquement disparu derrière la façade de stuc ajoutée à l'époque victorienne.

NEWMAN UNIVERSITY CHURCH ÉGLISE

Plan p. 290 (☎01-475 9674 ; newman.nd.edu ; 87A St Stephen's Green S ; ⏰8h-18h ; 🚌ts ceux du centre-ville, 🚊St Stephen's Green). Le cardinal Newman, plutôt indifférent au style gothique de son temps, fit bâtir en 1856 l'église de la Catholic University of Ireland dans un charmant style néobyzantin. Tournée en dérision à l'époque pour son intérieur richement décoré, elle est depuis devenue le lieu de prédilection des mariages branchés.

STATUE DE LUKE KELLY STATUE

Plan p. 286 (S King St ; 🚌ts ceux du centre-ville, 🚊St Stephen's Green). Cette statue de bronze de Luke Kelly (1940-1984), légendaire chanteur folk de Dublin, est un don du dessinateur irlandais Gerry Hunt (1936-2018), qui l'avait commandée pour sa collection privée au sculpteur John Coll.

STATUE DE PHIL LYNOTT

STATUE

Plan p. 286 (Harry St ; ts ceux du centre-ville). Phil Lynott (1949-1986), chanteur de Thin Lizzy et archétype du rockeur brûlant la chandelle par les deux bouts, était l'une des personnalités dublinoises les plus aimées des habitants. Ce buste du chanteur (2005), signé Paul Daly, trône devant l'entrée du pub Bruxelles, sur Harry St, le quartier général officieux du rock de Dublin. L'amour de ses fans connaît parfois quelques débordements (qui n'auraient pas déplu à l'artiste) : la statue a déjà été endommagée à deux reprises, et restaurée à chaque fois.

ST WERBURGH'S CHURCH

ÉGLISE

Plan p. 290 (01-478 3710 ; Werburgh St ; fermée au public ; 50, 50A, 56A depuis Aston Quay, 54, 54A depuis Burgh Quay). À l'ouest du château de Dublin, St Werburgh's Church se dresse sur d'antiques fondations (datant probablement du XIIe siècle), et fut reconstruite plusieurs fois au cours des XVIIe et XVIIIe siècles. L'imposante flèche fut démontée lors de la révolte menée par Robert Emmet en 1803, de peur que des tireurs d'élite rebelles ne s'en emparent. L'église est actuellement fermée pour des travaux de rénovation de grande ampleur.

La crypte renferme la dépouille de lord Edward Fitzgerald, qui se retourna jadis contre la couronne d'Angleterre pour rejoindre les Irlandais unis et mener la rébellion irlandaise de 1798. Comme souvent lors des révoltes irlandaises, il fut trahi par des compatriotes et mourut des blessures infligées lors de sa capture. Incidemment, l'homme responsable de son arrestation, Henry Sirr, est enterré dans le cimetière de l'église. Sur le parvis, on remarque deux pompes à incendie datant de l'époque où les pompiers de Dublin étaient tous des bénévoles de l'église. L'intérieur est moins austère que l'extérieur, pourtant l'église n'est que très peu utilisée. Pour y pénétrer, téléphonez ou adressez-vous au gardien, qui réside au 8 Castle St. Dons bienvenus.

WHITEFRIAR STREET CARMELITE CHURCH

ÉGLISE

Plan p. 286 (01-475 8821 ; 56 Aungier St ; 8h-18h30 lun et mer-ven, 8h-21h30 mar, 8h-19h sam, 8h-19h30 dim ; 16, 19, 19A, 83, 122 depuis le Trinity College). Cette église d'apparence quelconque, "Notre-Dame du mont Carmel", son nom officiel, conserve de fascinantes reliques, notamment celles de saint Valentin, dont le pape Grégoire XVI fit don aux carmélites en 1836. Ceux ayant été touchés (ou manqués) par la flèche de Cupidon peuvent exprimer leur gratitude (ou leurs attentes) dans le cahier placé au-dessus du reliquaire.

Les carmélites s'installèrent ici en 1827, après la saisie de leur ancienne église par Henri VIII au XVIe siècle. La statue de la Vierge à l'Enfant en chêne flamand du XVIe siècle, dans le coin nord-est, serait la seule statue en bois d'Irlande à avoir réchappé intacte à la Réforme.

OÙ SE RESTAURER

S'il est difficile de trouver de quoi manger sur Grafton St même, les rues environnantes sont riches en restaurants variés. Les gastronomes de Dublin se retrouvent dans les cafés branchés et les restaurants chics de Camden St et Wexford St.

PANG

VIETNAMIEN €

Plan p. 290 (01-563 8702 ; www.lovepang.ie ; 6-11 Lower Kevin St ; nems 4 €, phô 9 € ; 12h-20h lun-sam ; ts ceux du centre-ville). Rouleaux de printemps frais et acidulés, sandwichs *banh mi* et soupes phô : tout est délicieux et bon marché. C'est un endroit pour manger sur le pouce : il n'y a que 6 tabourets au comptoir bordant la vitre.

LOOSE CANON

FROMAGE €

Plan p. 286 (www.loosecanon.ie ; 29 Drury St ; sandwichs grillés 7,50-8 € ; 10h30-22h lun et mer-sam, 10h30-17h30 mar, 12h-22h dim ; ts ceux du centre-ville). Installez-vous sur l'un des tabourets au comptoir de cette fromagerie pour un plateau de fromages ou de charcuterie irlandais accompagné d'un verre de vin naturel. Les *toasties* fondants et copieux dégoulinent de fromages irlandais tels que de la mozzarella fumée ou du chèvre de Corleggy.

CAKE CAFÉ

CAFÉ €

Plan p. 290 (01-478 9394 ; www.thecakecafe.ie ; 8 Pleasants Pl ; plats 6-11 € ; 9h-17h lun-sam ; ts ceux du centre-ville). Certes, les gâteaux font saliver (génoises expresso-noix, cupcakes...), mais ce n'est pas une raison pour passer à côté des fabuleux brunchs salés. Les *baked beans* (haricots blancs à la sauce tomate) maison, qui couronnent une tartine avec chorizo frit, fromage de

Gubbeen fumé et un œuf poché parfait, sont particulièrement prisés. Terrasse lorsqu'il fait beau.

MASA MEXICAIN €

Plan p. 286 (☎01-430 2841 ; www.masadublin.com ; 2 Drury St ; tacos 5-7 € ; ⏲12h-21h30 lun-mer, 12h-22h jeu, 12h-22h30 ven, 13h-22h30 sam, 14h-21h dim ; 🚌ts ceux du centre-ville). L'endroit parfait pour des tacos sur le pouce – d'authentiques tortillas de maïs garnies de porc effiloché, de poisson croustillant ou de poulet frit. Les *elotes* (épis de maïs nappés de fromage et de piment) sont fantastiques.

CAMDEN ROTISSERIE POULET €

Plan p. 290 (☎01-538 1022 ; www.camdenrotisserie.ie ; 37 Lower Camden St ; plats 7-10 € ; ⏲12h-22h lun-jeu, 12h-23h ven, 12h30-23h sam, 13h-22h dim ; 🚌ts ceux du centre-ville). On fait les choses simplement dans ce petit établissement proposant de succulents poulets rôtis, ailerons de poulet et burgers, servis avec des frites rustiques ou de la purée (3,25 €) aux longues tables communes. Pas cher, convivial et délicieux !

DUBLIN PIZZA COMPANY PIZZAS €

Plan p. 286 (☎01-561 1714 ; www.dublinpizzacompany.ie ; 32 Aungier St ; pizzas 9-13 € ; ⏲12h-minuit lun-jeu, 12h-3h ven, 16h-3h sam, 16h30-minuit dim ; 🚌ts ceux du centre-ville). Idéales pour manger sur le pouce, ces pizzas au feu de bois servies à travers une trappe en bois et préparées avec des produits bio sont parmi les meilleures de Dublin. Si vous souhaitez les savourer assis, cap sur le Swan (p. 81), pub situé un peu plus haut dans la même rue. Autrement, faites livrer votre pizza directement au Fourth Corner (p. 140).

MEET ME IN THE MORNING CAFÉ €

Plan p. 290 (www.mmim.ie ; 50 Pleasants St ; plats 9-14 € ; ⏲8h-16h lun-ven, 9h-16h sam-dim ; 🚌14, 15, 65 ou 83). Les succulents petits-déjeuners (chou kale, œufs pochés à la perfection et yaourt à l'ail acidulé, par exemple) servis toute la journée et les appétissantes douceurs comme les donuts glacés à l'argousier font de ce café baigné de lumière, baptisé d'après une chanson de Bob Dylan, un véritable paradis pour instagrammeurs.

WOW BURGER HAMBURGERS €

Plan p. 286 (www.wowburger.ie ; 8 Wicklow St ; hamburgers 6-7 € ; ⏲12h-22h dim-jeu, 12h-23h ven-sam ; 🚌ts ceux du centre-ville). Le sous-sol du Mary's Bar (p. 80) abrite le fast-food de Dublin le plus couru du moment, où hamburgers, cheeseburgers et bacon cheeseburgers (un régal !) sont proposés en deux tailles – simple ou double – avec un accompagnement au choix (les frites au beurre et à l'ail sont divines). Commandez au bar, récupérez votre commande au comptoir, et installez-vous dans la salle de style *diner* des années 1950.

MURPHY'S ICE CREAM GLACES €

Plan p. 286 (www.murphysicecream.ie ; 27 Wicklow St ; boule 2,50 € ; ⏲12h-22h ; 🚌ts ceux du centre-ville). Envie d'une douceur ? Rendez-vous chez ce délicieux glacier, le meilleur d'Irlande. Tout est fait maison avec des ingrédients frais de Dingle, là où a ouvert la **première boutique** (Strand St ; 1/2/3 boules 4,50/6,50/8,50 € ; ⏲11h30-22h mai-oct, 11h30-20h nov-avr ; 📶) de cette mini-chaîne. Les parfums changent régulièrement, mais le Dingle Gin est un classique apprécié et les sorbets sont faits à partir de l'eau de pluie distillée de Dingle.

EATYARD MARCHÉ €

Plan p. 290 (www.the-eatyard.com ; 9-10 S Richmond St ; entrée gratuite ; ⏲12h-22h jeu-sam, 12h-20h dim mars-déc ; 🚌14, 15, 44, 65, 140 ou 142 depuis le centre-ville, 🚊Harcourt). Passez une heure ou deux dans ce marché qui regroupe une dizaine des meilleurs stands alimentaires de la ville (fruits et légumes de saison, nombreuses options végétariennes et végétaliennes, et bières artisanales). Le marché peut fermer durant une courte période pour la rotation des marchands ; vérifiez les heures d'ouverture en ligne.

BUNSEN HAMBURGERS €

Plan p. 286 (☎01-652 1022 ; www.bunsen.ie ; 3 S Anne St ; hamburgers 7-10 € ; ⏲12h-21h30 lun-mer, 12h-22h30 jeu-sam, 13h-21h30 dim ; 🚌ts ceux du centre-ville, 🚊St Stephen's Green, Dawson). De généreux hamburgers artisanaux absolument succulents. Ils sont si populaires que la queue déborde dans la rue. Une autre enseigne se trouve non loin au 36 Westford St (hamburger 7-10 €).

NEON ASIATIQUE €

Plan p. 290 (☎01-405 2222 ; www.neon17.ie ; 17 Lower Camden St ; plats 12-13 € ; ⏲12h-22h ; 🚌14, 15, 65 ou 83). Une excellente adresse spécialisée en authentique cuisine de rue thaïlandaise et vietnamienne servie dans des boîtes en carton, à déguster sur place, dans la salle de style cantine, ou à emporter (jusqu'à 23h). Les palais habitués se jetteront sur les nouilles très épicées *pad ki mow*, les autres se délecteront d'un curry *massaman*. Livraison également, à partir de 17h.

PEPPER POT
CAFÉ €

Plan p. 286 (www.thepepperpot.ie ; Powerscourt Townhouse, S William St ; plats 6-10 € ; 10h-18h lun-ven, 9h-18h sam, 12h-18h dim ; ts ceux du centre-ville). Tout est préparé et cuit sur place quotidiennement, dans ce joli café installé sur la galerie du 1er étage du Powerscourt Townhouse (p. 85). Les salades agrémentées de pain complet maison sont excellentes, mais la soupe du jour (6 €) est le véritable atout du lieu, idéale pour le déjeuner.

LEMON
CRÊPES €

Plan p. 286 (www.lemonco.com ; 66 S William St ; crêpes à partir de 4,70 € ; 7h30-19h30 lun-mer et ven, 7h30-20h30 jeu, 8h30-19h30 sam, 9h40-18h30 dim ; ; ts ceux du centre-ville). La meilleure enseigne de crêpes de Dublin sert diverses crêpes sucrées et salées – pâte très fine, garnitures copieuses et goûtues – et un savoureux café, dans une atmosphère animée.

LISTONS
SANDWICHS €

Plan p. 290 (www.listonsfoodstore.ie ; 25 Lower Camden St ; déj 5-12 € ; 9h-18h30 lun-ven, 10h-18h sam ; ts ceux du centre-ville, Harcourt). On prépare ici des sandwichs gourmets depuis si longtemps qu'on voit mal comment ils pourraient être meilleurs. Outre les délices entre deux tranches de pain, vous hésiterez entre des quiches aux légumes grillés, des croquettes de pommes de terre au romarin et des sublimes salades. La carte change quotidiennement. Par beau temps, pique-niquez dans le parc Iveagh Gardens (p. 68) voisin.

FALLON & BYRNE
TRAITEUR €

Plan p. 286 (www.fallonandbyrne.com ; Exchequer St ; plats 5-10 € ; 8h-21h lun-ven, 9h-21h sam, 11h-19h dim ; ts ceux du centre-ville). Les Dublinois avertis viennent dans cette halle haut de gamme acheter vin, fromages et produits d'épicerie fine importés, et prendre de quoi bien déjeuner chez le traiteur.

À l'étage, une élégante **brasserie** (01-472 1000 ; plats 19-34 € ; 12h-15h et 17h30-21h dim-mar, 12h-15h et 17h30-22h mer-jeu, 12h-15h et 17h30-23h ven-sam) sert des plats de cuisine méditerranéenne sous influence irlandaise.

LES STATUES DE COLLEGE GREEN

Les imposantes sculptures grises ornant College Green commémorent deux des plus célèbres patriotes irlandais. Devant la banque se dresse la statue de Henry Grattan (1746-1820), parlementaire et grand orateur, et non loin est installé le mémorial moderne au patriote Thomas Davis (1814-1845). À l'intersection de College St et Pearse St, un îlot est surmonté d'une sculpture de 1986, reproduction de la *Steyne* ("pierre", en langue viking) érigée au IXe siècle au bord du fleuve pour empêcher les navires d'accoster, avant d'être enlevée en 1720.

CORNUCOPIA
VÉGÉTARIEN €

Plan p. 286 (www.cornucopia.ie ; 19-20 Wicklow St ; salades 6-10 €, plats 13-15 € ; 8h30-21h lun, 8h30-22h mar-sam, 12h-21h dim ; ; ts ceux du centre-ville). Ce formidable restaurant végétarien réputé propose des salades, ainsi que des sandwichs et des plats chauds différents chaque jour. Musique live le soir le jeudi et le vendredi. Installez-vous au 2e niveau près de la fenêtre pour jouir d'une vue imprenable sur l'animation de la rue.

AZTECA
MEXICAIN €

Plan p. 290 (01-670 9476 ; www.azteca.ie ; 19 Lord Edward St ; burritos 8-9 € ; 12h-20h lun-mer, 12h-21h jeu-sam, 12h-18h dim ; ts ceux du centre-ville). Proche du château de Dublin, ce restaurant ouvert depuis quelques années n'est guère renommé, et c'est bien dommage, car ses burritos sont excellents.

SIMON'S PLACE
CAFÉ €

Plan p. 286 (www.facebook.com/SimonsPlace-Coffeeshop ; George's St Arcade, S Great George's St ; sandwichs 5-6 € ; 8h30-17h lun-sam ; ; ts ceux du centre-ville). Pilier inébranlable dans un marché instable, le Simon's Place doit en grande partie sa longévité à ses délicieux sandwichs aux tranches de pain épaisses et à ses soupes végétariennes saines à prix abordables. Une véritable affaire, par comparaison aux autres bons cafés de Dublin.

BLAZING SALADS VÉGÉTARIEN €

Plan p. 286 (☎01-671 9552 ; www.blazingsalads.com ; 42 Drury St ; salades 5-10 € ; ⏰9h-18h lun-sam ; 🌶 ; 🚌ts ceux du centre-ville). Un excellent traiteur végétarien qui propose des sandwichs avec pains bio (sans gluten, végans, sans levure, etc.), des salades à composer soi-même, des smoothies et parts de pizza à emporter. Les cours de cuisine de l'établissement ont un succès fou, au point qu'il faut les réserver bien à l'avance.

HONEST TO GOODNESS PIZZAS €

Plan p. 286 (www.honesttogoodness.ie ; 12 Dame Ct ; sandwichs 7 €, pizzas 10-16 € ; ⏰8h-21h lun, 8h-22h mar-jeu, 8h-23 ven, 9h-23h sam, 10h-16h dim ; 🚌ts ceux du centre-ville). Le jour, le café du bas sert des sandwichs sains, de délicieuses soupes et un *Sloppy Joe* (sorte de hamburger) quasi légendaire. Le soir, le restaurant à l'étage, très animé, sert de très bonnes pizzas. Excellent personnel et merveilleuse atmosphère.

LITTLE BIRD CAFÉ €

Plan p. 294 (☎085-161 0222 ; www.little-bird.ie ; 82 S Circular Rd ; plats 5-8 € ; ⏰8h-19h lun-ven, 10h-16h sam-dim ; 🚌9, 16, 68, 68A ou 122). Ce café, qui a vu le jour comme simple annexe de la salle de yoga à l'étage, est aujourd'hui l'un des plus charmants de Portobello. Le café artisanal provient de Badger & Dodo. De délicieux plats essentiellement végétariens et bio (grand choix sans gluten) sont servis dans une ambiance chaleureuse, pour le grand plaisir des nombreux adeptes du bien-être et du manger sain du quartier.

GOVINDA'S VÉGÉTARIEN €

Plan p. 286 (www.govindas.ie ; 4 Aungier St ; plats 10,45 € ; ⏰12h-21h lun-sam ; 🌶 ; 🚌ts ceux du centre-ville). Cet authentique restaurant végétarien tenu par les "Hare Krishna" (mouvance hindouiste qui promeut le végétarisme strict) sert salades et plats du jour chauds d'influence indienne, sains, savoureux, nourrissants et bon marché. Deux annexes dans le centre-ville.

♥PI PIZZA PIZZAS €€

Plan p. 286 (www.pipizzas.ie ; 73-83 S Great George's St ; pizzas 9-16 € ; ⏰12h-22h dim-mer, 12h-22h30 jeu-sam ; 🚌ts ceux du centre-ville). Reg White a fait ses classes chez Flour + Water, à San Francisco, avant d'ouvrir en 2018 ce fabuleux restaurant déjà en lice pour le titre de la meilleure pizzeria de Dublin. Chacune des 8 pizzas du menu est inspirée d'une recette napolitaine classique. Goûtez la *funghi* (champignons) ou la *broccolini* – des pizzas blanches, c'est-à-dire sans sauce tomate.

RICHMOND IRLANDAIS MODERNE €€

Plan p. 290 (☎01-478 8783 ; www.richmondrestaurant.ie ; 43 S Richmond St ; plats 18-27 € ; ⏰17h30-21h30 mer-sam, 17h30-21h dim, 11h-14h30 sam-dim ; 🚌14, 15, 65 ou 83). À première vue, la carte ne comprend rien de très original, seulement un bon choix de classiques comme des hamburgers et du magret de canard rôti. Mais c'est la manière dont les assiettes sont préparées et dressées qui fait de ce restaurant l'un des meilleurs de la ville, démontrant que le savoir-faire en cuisine prime sur le reste. Le brunch est particulièrement apprécié.

FEATHERBLADE STEAKS €€

Plan p. 286 (☎01-679 8814 ; www.featherblade.ie ; 51B Dawson St ; steaks 14-15 € ; ⏰12h-15h et 17h-22h30 lun-ven, 12h-tard sam, 13h-22h dim ; 🚌ts ceux du centre-ville). Ce *steakhouse* sert des pièces de viande aux découpes inhabituelles d'un rapport qualité/prix imbattable. Si le West Cork Wagyu figure au menu, n'hésitez pas : vous aurez du mal à trouver steak de bœuf plus savoureux. La carte des vins affiche des prix tout aussi raisonnables, avec quelques vins disponibles au verre.

SISU IZAKAYA JAPONAIS €€

Plan p. 286 (☎01-475 7777 ; sisuizakaya.ie ; 23-27 Lower Stephen St ; plats 15-17,50 € ; ⏰12h-22h dim-mer, 12h-23h jeu-sam ; 🚌ts ceux du centre-ville). Un merveilleux nouveau restaurant japonais à l'atmosphère décontractée, au décor lambrissé et à l'éclairage tamisé. La "taverne de Sisu" propose un vaste choix de délices allant des sushis aux ramens, ainsi que le meilleur bento déjeuner (10 €) en ville.

BOW LANE INTERNATIONAL €€

Plan p. 286 (☎01-478 9489 ; www.bowlane.ie ; 17 Aungier St ; cuisine de pub 7-16 €, plats 19-25 € ; ⏰15h-minuit lun-jeu, 15h-2h ven, 10h30-2h sam, 10h30-minuit dim ; 🚌ts ceux du centre-ville). Ce bar à cocktails style années 1950 propose un menu d'exception : copieux burgers au bœuf wagyu de West Cork, souris d'agneau tendres à souhait, en-cas de bar succulents et frites à la truffe parsemées de parmesan et de bacon. Particulièrement animé le week-end grâce aux brunchs à 25 € avec alcool à volonté.

SABA ASIATIQUE €€

Plan p. 286 (01-679 2000 ; www.sabadublin.com ; 26-28 Clarendon St ; plats 18-28 € ; 12h-21h30 dim-mer, 12h-22h jeu, 12h-22h30 ven-sam ; ts ceux du centre-ville). Le nom de ce restaurant fusion thaïlandais-vietnamien, qui signifie "lieu de rencontres joyeuses", lui convient parfaitement. Son cadre chic et animé, et ses mets savoureux (quoique peu épicés pour de la cuisine d'Asie du Sud-Est) sont la promesse d'une agréable soirée.

LUCKY TORTOISE DIM SUM €€

Plan p. 286 (www.luckytortoise.co ; 8 Aungier St ; dim sum 6-7 € ; 12h-22h ; ts ceux du centre-ville). Dans ce petit boui-boui toujours animé, la musique est forte et les dim sum défilent sans interruption. Faites votre choix dans le menu sans cesse renouvelé ou simplifiez-vous la vie en commandant l'option "tout compris" (20 €/personne) pour tout goûter. Service à la bonne franquette, avec un bon choix de vins au verre ou en pichet.

BALFES IRLANDAIS €€

Plan p. 286 (01-646 3353 ; www.balfes.ie ; 2 Balfe St ; plats 19-25 € ; 8h-22h lun-jeu, 8h-22h30 ven, 9h-22h30 sam, 9h-22h dim ; ts ceux du centre-ville). Cette brasserie en service continu possède un décor chic à la new-yorkaise, avec banquettes en cuir et une petite terrasse chauffée attirant une clientèle élégante. Si le menu fait la part belle aux plats copieux, comme le pâté de foie de canard et les steaks cuits sur un gril Josper, les clients soucieux de leur ligne trouvent également leur bonheur avec les pancakes protéinés et les salades aux superaliments.

UNO MAS ESPAGNOL €€

Plan p. 286 (01-475 8538 ; www.unomas.ie ; 6 Aungier St ; tapas 4-15 €, plats 20-34 € ; 17h30-21h30 lun, 12h-14h30 et 17h30-21h30 mar-sam ; ts ceux du centre-ville). Établissement lié au très populaire Etto (p. 103), Uno Mas s'est rapidement constitué une belle réputation depuis son ouverture fin 2018. On pourra y déguster du poulpe avec chou kale, pommes de terre et ail violet, ainsi que des tapas comme les *jamon croquetas* (croquettes au jambon) et les *pimientos de Padrón* (petits piments espagnols). Réservation indispensable ; davantage de place au déjeuner (menu 2/3 plats 24/28 €).

BONSAI BAR JAPONAIS €€

Plan p. 286 (01-526 7701 ; www.thebonsaibar.com ; 17 S Great George's St ; bento 18 € ; 17h-22h30 dim-jeu, 17h-23h ven-sam ; ts ceux du centre-ville). Dans un décor sensuel, le célèbre chef irlandais Dylan McGrath sert des cocktails d'inspiration japonaise comme le Sakura Blossom (gin, pamplemousse rose et saké rosé pétillant) ainsi que des en-cas subtils comme l'artichaut croustillant avec miso et poudre de sésame. Le bento (servi du mercredi au samedi) avec viande, poisson, ou végétarien, est plus copieux.

THE IVY IRLANDAIS €€

Plan p. 286 (01-695 0744 ; www.theivydublin.com ; 13-17 Dawson St ; plats 16-34 € ; 7h-0h30 lun-jeu, 7h-1h30 ven, 9h-1h30 sam, 9h-0h30 dim ; ts ceux du centre-ville). Première brasserie de la chaîne Ivy à s'installer en Irlande, un restaurant élégant, dont certains disent que le souci du détail ne se retrouve malheureusement pas dans l'assiette. Le menu de classiques demeure tout de même solide ; la *shepherd's pie* (sorte de hachis Parmentier) est très appréciée, à juste titre.

JERUSALEM RESTAURANT MOYEN-ORIENTAL €€

Plan p. 290 (01-424 4001 ; www.jerusalemrestaurant.ie ; 77 Lower Camden St ; plats 15-20 € ; 12h-22h lun-mer, 12h-22h30 jeu, 12h-minuit ven, 13h-minuit sam, 13h-22h dim ; ; 14, 15, 65 ou 83). Avec ses mets libanais et palestiniens familiers (houmous, falafels, *chawarma* d'agneau) et moins familiers, comme le *dajaj musahab* (poulet désossé aux épices palestiniennes), ce lieu accueillant peut prétendre au titre de meilleur restaurant ethnique de la ville. Prévoyez plusieurs visites pour faire le tour de la vaste carte. On ne sert pas d'alcool (droit de bouchon 5 €).

HANG DAI CHINOIS €€

Plan p. 290 (01-545 8888 ; www.hangdaichinese.com ; 20 Lower Camden St ; plats 17-29 € ; 17h-minuit mar-sam, 17h-21h30 dim ; 14, 15, 65 ou 83). Il faudra réserver pour vous asseoir au bar ou sur l'une des banquettes de cette adresse très tendance imitant l'intérieur d'un wagon-restaurant (même si l'éclairage rouge tamisé et la musique évoquent plutôt un film érotique des années 1970...). Excellentes versions contemporaines de classiques chinois.

CAMDEN KITCHEN BISTROT €€

Plan p. 290 (☎01-476 0125 ; www.camdenkitchen.ie ; 3 Camden Market, Grantham St ; plats 17-24 € ; ⏲12h-14h30 et 17h30-22h mer-ven, 17h30-22h mar et sam ; 🚌14, 15, 65 ou 83, 🚋Harcourt). En retrait de la très fréquentée Camden St, cet agréable petit bistrot est fier de ses plats frais et de saison magnifiquement présentés. Au menu : gnocchis maison aux épinards et autres légumes verts (bio), champignons sauvages surmontés d'un œuf de poule élevée en plein air, cuisse de canard avec maïs frais et saucisse de Morteau. Le prix raisonnable des plats contrebalance celui quelque peu élevé des vins.

SOPHIE'S @ THE DEAN ITALIEN €€

Plan p. 290 (☎01-607 8100 ; www.sophies.ie ; 33 Harcourt St ; plats 14-34 € ; ⏲7h-22h30 lun-mer, 7h-13h30 jeu-ven, 8h-13h30 sam, 8h-22h30 dim ; 🚌10, 11, 13, 14 ou 15A, 🚋Harcourt). Avec ses baies vitrées donnant sur la ville, ce restaurant perché au dernier étage du Dean offre probablement le plus beau cadre de tout Dublin. Plats italiens revisités, comme de délicieuses pizzas aux garnitures non traditionnelles (dont poitrine fumée à la moutarde et à la sauce barbecue), et des filets de bœuf de 200 g préparés à la perfection. Également excellent pour le petit-déjeuner.

PITT BROS BBQ GRILLADES €€

Plan p. 286 (www.pittbrosbbq.com ; Unit 1, Wicklow House, S Great George's St ; plats 15-17 € ; ⏲12h-tard lun-ven, 12h30-tard sam-dim ; 🚌ts ceux du centre-ville). Si les délicieuses grillades – effiloché de porc, poitrine et côtes de bœuf, saucisses, demi-poulet – sont préparées dans le style du sud-est des États-Unis, l'atmosphère branchée (avec musique assourdissante) fait davantage penser à Brooklyn qu'à l'Alabama. Pour le dessert, servez-vous de la glace au distributeur.

FADE STREET SOCIAL IRLANDAIS MODERNE €€

Plan p. 286 (☎01-604 0066 ; www.fadestreetsocial.com ; 4-6 Fade St ; plats 20-36 €, tapas 6-17 € ; ⏲17h-22h30 lun-mer, 12h30-15h et 17h-22h30 jeu, 12h30-15h et 17h-23h ven-sam, 12h30-15h et 17h-22h30 dim ; 📶 ; 🚌ts ceux du centre-ville). 🍃 Ici, le chef de renom Dylan McGrath propose deux restaurants en un : à l'avant, un bar à tapas animé avec une superbe cuisine ouverte où sont mitonnées de véritables délices, et à l'arrière un restaurant à l'ambiance plus feutrée servant des spécialités de viande irlandaises allant du veau au lapin, accompagnées de légumes bio cultivés dans la région. Il y a également un bar à l'étage. Réservation conseillée.

777 MEXICAIN €€

Plan p. 286 (☎01-425 4052 ; www.777.ie ; 7 Castle House, S Great George's St ; plats 16-21 €, tapas 11-16 € ; ⏲17h30-22h lun-mer, 17h30-23h jeu, 17h30-minuit ven-sam, 14h-22h dim ; 🚌ts ceux du centre-ville). Vous ne trouverez pas ailleurs cuisine mexicaine plus authentique. *Tostadas* (tortillas croustillantes avec diverses garnitures) et *taquitos* (tortillas souples garnies) accompagneront à merveille votre dégustation de tequila. Le dimanche, tous les plats sont à 7,77 €, l'une des meilleures offres de la ville.

PIG'S EAR IRLANDAIS MODERNE €€

Plan p. 286 (☎01-670 3865 ; www.thepigsear.com ; 4 Nassau St ; plats 19-30 € ; ⏲12h-14h45 et 17h30-22h lun-sam ; 🚌ts ceux du centre-ville, 🚋Dawson). Un restaurant chic sur 2 niveaux donnant sur les terrains de sport de Trinity College (p. 56), réputé pour son exquise cuisine irlandaise innovante, avec notamment à la carte poitrine de porc grillée, plat de côtes de bœuf irlandais et un superbe *shepherd's pie* d'agneau cuit lentement.

PICHET FRANÇAIS €€

Plan p. 286 (☎01-677 1060 ; pichet.ie ; 15 Trinity St ; plats 20-28 € ; ⏲12h-15h et 17h-21h30 lun-mer, 12h-15h et 17h-22h jeu-sam, 14h-20h dim ; 🚌ts ceux du centre-ville). Une fabuleuse cuisine française moderne par le chef Stephen Gibson, une élégante salle récemment rénovée, des cocktails préparés de manière experte, un service remarquable... Bref, la meilleure expérience culinaire que l'on puisse faire dans le centre-ville dans cette catégorie de prix.

L'GUEULETON FRANÇAIS €€

Plan p. 286 (☎01-675 3708 ; www.lgueuleton.com ; 1 Fade St ; plats 20-31 € ; ⏲12h30-16h et 17h30-22h lun-mer, jusqu'à 22h30 jeu-sam, 12h-16h et 17h30-21h dim ; 🚌ts ceux du centre-ville). Un restaurant très apprécié des Dublinois (même s'ils ont du mal à prononcer son nom) pour ses plats nourrissants à base de viande, inspirés de la cuisine française de terroir. La soupe à l'oignon est extraordinaire et le steak-frites fait l'unanimité.

COPPINGER ROW MÉDITERRANÉEN €€

Plan p. 286 (☎01-672 9884 ; www.coppingerrow.com ; Coppinger Row ; plats 21-29 € ; ⏲12h-23h ; 🚌ts ceux du centre-ville). Pratiquement tout le bassin méditerranéen est représenté sur la carte inventive et constamment renouvelée du Coppinger Row, qui comprend, par exemple, du merlu poêlé accompagné de moules, de petites pommes de terre et de bouillon au curry, ou une poitrine de porc croustillante avec purée à la moutarde, pomme caramélisée et boudin noir. Initiative louable : la moitié des bénéfices sur les eaux plates et gazeuses filtrées (1 €) est reversée à l'association caritative Movember.

DUNNE & CRESCENZI ITALIEN €€

Plan p. 286 (www.dunneandcrescenzi.com ; 14-16 S Frederick St ; plats 14-26 € ; 8h-23h lun-sam, 9h30-23h dim ; ts ceux du centre-ville, Dawson). Ce restaurant exceptionnel régale ses habitués avec des délices italiennes simples tels que de la bresaola, des plats de pâtes classiques et une superbe assiette d'antipasti. Le lieu est toujours plein et les tables un peu trop proches les unes des autres, mais le café est parfait et les desserts divins.

AVOCA CAFÉ €€

Plan p. 286 (01-677 4215 ; www.avoca.ie ; 11-13 Suffolk St ; plats 7-18 € ; 9h30-16h30 lun-ven, 9h30-17h30 sam, 10h-17h dim ; ts ceux du centre-ville, Dawson). Entre deux achats, les clients avisés de la boutique Avoca gagnent le café du dernier étage pour déjeuner d'une salade de *halloumi* (fromage) Toons Bridge avec kale, patate douce, *baba ganousch* et *dukkah*, ou de falafels accompagnés de boulgour, houmous aux oignons caramélisés, tzatziki de betteraves et pita. Pour un repas à emporter, rejoignez le bar à salades et le comptoir de plats chauds au sous-sol.

GOOD WORLD CHINOIS €€

Plan p. 286 (01-677 5373 ; 18 S Great George's St ; dim sum 4-6 €, plats 12-20 € ; 12h-minuit ; ts ceux du centre-ville). Pour apprécier pleinement la qualité du meilleur restaurant chinois au sud de la Liffey, ignorez le menu avec la couverture verte, version occidentalisée de la cuisine chinoise, pour vous concentrer sur celui avec la couverture noire, qui propose des mets raffinés dont la communauté chinoise de Dublin raffole depuis 20 ans. Par ailleurs, une excellente alternative aux fast-foods si vous avez un petit creux tard le soir.

YAMAMORI JAPONAIS €€

Plan p. 286 (01-475 5001 ; www.yamamori.ie; 71 S Great George's St ; plats 19-24 €, bentos déj 10 € ; 12h-22h30 dim-jeu, 12h-23h30 ven-sam ; ; ts ceux du centre-ville). Fort d'un service plein d'entrain et d'une brillante cuisine très variée, qui va des sushis et sashimis aux immenses bols de nouilles, le Yamamori déçoit rarement. Le bento du déjeuner est très populaire. Annexe (p. 161) au nord du fleuve.

PORT HOUSE TAPAS €€

Plan p. 286 (01-677 0298 ; www.porthouse.ie ; 64A South William St ; tapas 5-9 € ; 11h-minuit ; ts ceux du centre-ville). Dans cette caverne sombre illuminée de bougies vacillantes, les délicieuses tapas espagnoles de la généreuse carte se marient avec de remarquables vins ibériques (le sympathique personnel peut vous aider à choisir). Pas de réservations ; le week-end, il faut souvent attendre qu'une table se libère.

DRURY BUILDINGS ITALIEN €€

Plan p. 286 (01-960 2095 ; www.drurybuildings.com ; 52-55 Drury St ; plats 21-34 € ; 12h-23h30 dim-jeu, 12h-1h30 ven-sam ; ts ceux du centre-ville). En entrant dans la salle du 1er étage de cet ancien entrepôt de confection, on se croirait dans un atelier new-yorkais. La cuisine – des plats italiens à base de produits locaux avec une touche internationale – est excellente. Le bar à cocktails (p. 81) propose à midi une carte de sandwichs, salades et autres en-cas que vous pourrez aussi déguster dans un jardin.

TROCADERO INTERNATIONAL €€

Plan p. 286 (01-677 5545 ; www.trocadero.ie ; 3 St Andrew's St ; plats 19-32 € ; 17h-23h45 lun-ven, 16h-23h45 sam ; ts ceux du centre-ville). Véritable institution, ce restaurant Art déco fut pendant 50 ans le lieu de rendez-vous des gens de théâtre. Ce temps-là est aujourd'hui révolu, mais la nourriture est toujours à la hauteur (quelques classiques bien réalisés) et l'atmosphère fantastique.

OPIUM ASIATIQUE €€

Plan p. 290 (01-475 8555 ; www.opium.ie ; 26 Wexford St ; plats 18-25 € ; 12h-22h lun-mer, 12h-2h30 jeu-ven, 13h-2h30 sam, 13h-22h dim ; 14, 15, 65, 83). Inspiré du Hakkasan de Londres, un restaurant ouvert tard la nuit servant une savoureuse cuisine panasiatique, le tout en musique. Une fois le repas terminé, cap sur le bar à cocktails ou sur le **club** (12h-23h lun-jeu, 12h-2h30 ven-sam, 12h-23h30 dim) pour danser. Il y a aussi un superbe jardin botanique.

LA PREMIÈRE ÉTUDIANTE DE TRINITY COLLEGE

Le Trinity College, fondé par une reine en 1592, demeura pourtant inaccessible aux femmes jusqu'en 1904, celles-ci étant même dissuadées de pénétrer dans l'enceinte de l'université. En janvier 1904, une lettre du roi Édouard VII ordonna au conseil de l'université d'accepter les femmes, ce qu'il fit malgré les déclarations du prévôt de l'époque, George Salmon, qui avait juré qu'il faudrait pour cela lui "passer sur le corps". Ironiquement, il décéda quelques jours après la réception de la lettre du roi, et quelques jours seulement avant l'admission officielle d'Isabel Marion Weir Johnston à l'université. Cette dernière n'avait pas le droit d'assister aux conférences et d'accéder au réfectoire, et devait quitter le campus avant 18h. Elle se vit également refuser l'accès aux associations universitaires, et créa donc la sienne, qu'elle appela Elizabethan Society. Malgré tous ses efforts, la plupart des règles limitant les activités des femmes au sein du Trinity College demeurèrent en vigueur jusque dans les années 1960. Aujourd'hui, les étudiantes sont majoritaires dans les rangs de l'université.

CHEZ MAX — FRANÇAIS €€

(☎01-633 7215 ; www.chezmax.ie ; 1 Palace St ; plats 16-25 € ; ⏲12h-15h30 et 17h30-22h lun-jeu, 12h-15h30 et 17h30-23h ven, 12h-16h et 17h30-23h sam, 12h-16h et 17h30-22h dim ; 🚌ts ceux du centre-ville). Montant la garde à l'entrée du château de Dublin, un café typiquement français : éléments de déco importés du gai Paris, serveurs élégants et hautains qui ne viennent vous voir que lorsque cela leur chante, mais qui finissent toujours par lâcher un grand sourire. Excellente cuisine.

WAGAMAMA — JAPONAIS €€

Plan p. 286 (www.wagamama.ie ; S King St ; plats 12-19 € ; ⏲12h-22h ; 🚌ts ceux du centre-ville, 🚊St Stephen's Green). Cette chaîne de restauration appréciée sert d'excellents plats japonais, mais pas de sushis. Certes, les plats de nouilles sont cuisinés et servis à la chaîne dans un décor de cantine, mais tout est délicieux et le sous-sol où l'on s'installe est étonnamment lumineux et aéré pour une pièce privée de lumière naturelle.

♥ THE GREENHOUSE — SCANDINAVE €€€

Plan p. 286 (☎01-676 7015 ; www.thegreenhouserestaurant.ie ; Dawson St ; menu déj 2/3 plats 45/55 €, menu dîner 4/6 plats 110/129 € ; ⏲12h-14h et 18h-21h30 mar-sam ; 🚌ts ceux du centre-ville, 🚊St Stephen's Green, Dawson). Le chef Mickael Viljanen est sans doute l'un des plus enthousiasmants actuellement en Irlande, et ses menus dégustation d'influence scandinave font probablement du Greenhouse le meilleur restaurant de Dublin. Le menu déjeuner est l'un des plus attractifs en ville – une cuisine étoilée au Michelin à moins de 50 € le repas. Réservation nécessaire.

GLOVERS ALLEY — IRLANDAIS €€€

Plan p. 286 (☎01-244 0733 ; www.gloversalley.ie ; 128 St Stephen's Green ; dîner 3 plats 80 €, déj 2 plats 35 € ; ⏲18h-21h30 mar-sam et 12h30-14h15 jeu-sam ; 🚌ts ceux du centre-ville). Le chef superstar Andy McFadden est de retour à Dublin pour prendre les rênes de ce restaurant gastronomique servant des plats exceptionnels avec style et panache. Le menu est régulièrement renouvelé ; vous dégusterez peut-être des crevettes de la baie de Dublin avec carottes, estragon et lard, ou encore du cerf Sika avec betteraves, endives et cresson. Un fabuleux petit nouveau sur la scène gastronomique dublinoise.

WILDE — IRLANDAIS €€€

Plan p. 286 (☎01-646 3352 ; www.wilde.ie ; Westbury Hotel, Grafton St ; plats 19-38 € ; ⏲12h30-21h30 ; 🚌ts ceux du centre-ville). Le restaurant du Westbury (p. 205) est l'un des plus agréables en ville, avec une terrasse couverte débordant de plantes et baignée de lumière. Le cadre Art déco est aussi chic que la cuisine est savoureuse – goûtez la sole meunière de Dover ou les steaks juteux surmontés de queues de homard.

CLIFF TOWNHOUSE — IRLANDAIS €€€

Plan p. 286 (☎01-638 3939 ; www.theclifftownhouse.com ; 22 St Stephen's Green N ; plats 20-34 € ; ⏲12h-14h30 et 17h-tard lun-sam, 12h-16h et 18h-21h30 dim ; 🚌ts ceux du centre-ville, 🚊St Stephen's Green). Occupant une superbe maison de ville sur St Stephen's Green, Cliff Townhouse vous fera découvrir avec fierté le meilleur de la cuisine irlandaise, mettant l'accent sur les produits de la mer de la région, comme la lotte de Kilkeel et le homard d'Irlande. Au fond vous attend un élégant bar à huîtres et champagne. La salle est terriblement chic : nappes blanches, superbes œuvres d'art et alcôves douillettes tout en cuir bleu.

SHANAHAN'S ON THE GREEN
STEAKS €€€

Plan p. 290 (☎01-407 0939 ; www.shanahans.ie ; 119 St Stephen's Green W ; plats 42-54 € ; ⏲17h30-22h lun-jeu, 12h-14h30 et 17h30-22h ven, 18h-22h sam ; 🚌ts ceux du centre-ville, 🚊St Stephen's Green). Les spécialités de ce sublime restaurant ? Des pièces de bœuf Irish Angus tendres et juteuses, les meilleures qu'il vous sera donné de goûter. On s'attable dans une ambiance chic et feutrée ; le bar du rez-de-chaussée se nomme l'Oval Office et on peut admirer un rocking-chair ayant appartenu à JFK.

MARCO PIERRE WHITE STEAKHOUSE & GRILL
STEAKS €€€

Plan p. 286 (www.marcopierrewhite.ie ; 51 Dawson St ; plats 25-36 € ; ⏲12h-22h30 lun-jeu, 12h-23h ven-sam, 13h-22h dim ; 🚌ts ceux du centre-ville). Le chef Marco Pierre White, le "*bad boy* de la cuisine", est à l'origine de ce restaurant animé proposant steaks, grillades et poissons savoureux et servis sans chichis.

OÙ PRENDRE UN VERRE ET FAIRE LA FÊTE

Coincés entre les boutiques de créateurs et les restaurants branchés du quartier de Grafton St, une poignée de pubs victoriens haut de gamme conjuguent élégance et tradition pour attirer le chaland assoiffé. Dawson St est appréciée des professionnels en costume-cravate ; le secteur en lisière ouest de Grafton St a un peu de tout ; et les artistes branchés et autres artistes alternatifs se retrouvent sur Wexford St et Camden St.

♥ NO NAME BAR
BAR

Plan p. 286 (www.nonamebardublin.com ; 3 Fade St ; ⏲13h30-23h30 lun-mer, 13h30-1h jeu, 12h30-2h30 ven-sam, 12h-23h dim ; 🚌ts ceux du centre-ville). Une entrée discrète, juste à côté du L'Gueuleton (p. 76) dans une maison victorienne restaurée, mène à l'étage dans l'un des plus beaux bars de la ville : trois grandes pièces et un patio chauffé pour les fumeurs. Ni enseigne ni nom : on l'appelle le "bar sans nom".

♥ KEHOE'S
PUB

Plan p. 286 (9 S Anne St ; ⏲11h-23h30 lun-jeu, 10h30-0h30 ven-sam, 12h30-23h dim ; 🚌ts ceux du centre-ville). Le pub dublinois traditionnel par excellence, fréquenté par les habitants et les visiteurs depuis des générations. Il dispose d'un beau bar victorien, d'une superbe arrière-salle, d'une salle annexe et, depuis plus récemment, pour répondre à l'affluence, d'un nouveau bar à l'étage, dans ce qui était auparavant le logement du patron.

♥ GROGAN'S CASTLE LOUNGE
PUB

Plan p. 286 (www.facebook.com/groganscastlelounge ; 15 S William St ; ⏲10h30-23h30 lun-jeu, 10h30-0h30 ven-sam, 12h30-23h dim ; 🚌ts ceux du centre-ville). Cette institution du centre-ville, qu'on appelle simplement "Grogan's" (du nom du propriétaire d'origine), est depuis longtemps un lieu de prédilection des écrivains et peintres de Dublin, ainsi que des artistes bohèmes, qui dégustent tranquillement une bonne Guinness en attendant la gloire.

♥ LONG HALL
PUB

Plan p. 286 (51 S Great George's St ; ⏲12h-23h30 lun-jeu, 10h30-0h30 ven-sam, 12h30-23h dim ; 🚌ts ceux du centre-ville). D'une splendeur toute victorienne, c'est l'un des plus beaux et des plus appréciés pubs de la ville. Admirez les bois sculptés derrière le bar et les lustres élégants. Les barmans sont experts dans leur art, ce qui devient rare à Dublin ces derniers temps.

AGAINST THE GRAIN
BIÈRES ARTISANALES

Plan p. 290 (www.galwaybaybrewery.com/againstthegrain ; 11 Wexford St ; ⏲12h-minuit lun-jeu, 12h-2h ven-sam, 12h30-minuit dim ; 🚌ts ceux du centre-ville). Propriété de la Galway Bay Brewery, cet excellent pub attire tout naturellement les amateurs de bières artisanales. La sélection d'ales et de bières de la région à la pression est impressionnante, et les employés vous feront volontiers goûter différents breuvages pour vous aider à choisir. Commandez des ailerons de poulet pour tenir la distance.

9 BELOW
BAR

Plan p. 286 (☎01-905 9990 ; www.9below.ie ; 9 St Stephen's Green ; ⏲17h-23h30 mar-jeu,

17h-0h30 ven-sam ; ts ceux du centre-ville). Niché dans un sous-sol de St Stephen's Green, ce bar somptueux vous accueille dans des alcôves confortables et des recoins douillets pour savourer des cocktails en toute intimité. La carte des whiskeys est longue comme le bras, mais vérifiez les prix avant de commander : le verre le plus cher, un Midleton Pearl 30th Anniversary, vous coûtera la bagatelle de 1 200 €. Réservation conseillée.

PERUKE & PERIWIG BAR À COCKTAILS

Plan p. 286 (01-672 7190 ; www.peruke.ie ; 31 Dawson St ; 12h-minuit dim-jeu, 12h-2h30 ven-sam ; ts ceux du centre-ville). Faites un voyage dans le passé en buvant un verre dans ce minuscule bar aux airs de boutique d'apothicaire, où des mixologues à nœuds papillon préparent une immense gamme de cocktails. Pas le courage de feuilleter la carte (épaisse comme un roman) ? Faites part de vos envies à l'équipe, leurs créations ne déçoivent jamais.

SIDECAR BAR À COCKTAILS

Plan p. 286 (www.doylecollection.com ; Balfe St ; 16h-minuit lun-ven, 12h-minuit sam-dim ; ts ceux du centre-ville). Avec son ambiance élégante et quelque peu coquine, ce bar à cocktails est idéal pour impressionner lors d'un premier rendez-vous. Découvrez la carte en dégustant un petit verre de prosecco ou faites-vous apporter un martini (au shaker ou à la cuillère) par un serveur à nœud papillon.

LUCKY DUCK PUB

Plan p. 290 (01-405 4824 ; www.theluckyduck.ie ; 43 Aungier St ; 11h-0h30 lun-jeu, 11h-1h ven-sam, 11h30-0h30 dim ; ts ceux du centre-ville). Inoccupé pendant des années, cet édifice élégant a récemment été rénové pour accueillir un bar chic et chaleureux, dont les 3 niveaux regorgent de coins et recoins douillets où se réchauffer avec un petit verre. Cocktails exceptionnels.

J. O'CONNELL PUB

Plan p. 290 (01-475 3704 ; 29 S Richmond St ; 16h-23h30 lun-jeu, 16h-0h30 ven-sam, 16h-23h dim ; 14, 15, 44, 65, 140, 142 depuis le centre-ville). Vous aurez du mal à trouver une ambiance plus proche du pub de campagne à Dublin que chez O'Connell, où se retrouvent en nombre Dublinois et habitués des lieux. Bon choix de bières à la pression.

CAMDEN EXCHANGE BAR

Plan p. 290 (01-559 9028 ; www.camdenexchangedublin.com ; 72-73 Lower Camden St ; 15h30-minuit lun-jeu, 12h-1h30 ven-sam, 12h-minuit dim ; ts ceux du centre-ville). Ce bar s'anime dès le soir venu grâce à ses cocktails simples (goûtez le Gin Garden Mojito) et ses vins en bouteilles.

BESTSELLER BAR À VINS

Plan p. 286 (01-671 5125 ; www.bestsellerdublin.com ; 41 Dawson St ; 9h-18h lun-mer, 9h-23h jeu-sam, 10h-16h dim ; ts ceux du centre-ville, St Stephen's Green). Café la journée et bar à vins le soir, cet établissement bohème et décontracté arbore un décor éclectique de livres et d'œuvres d'art. Il est installé dans l'ancien siège de la National Bible Society, dont le nom est toujours présent au-dessus de la porte (les cocktails portent d'ailleurs des noms bibliques). Plats chauds à prix doux en journée et assiettes à partager le soir.

CHELSEA DRUGSTORE BAR

Plan p. 286 (01-613 9093 ; www.thechelseadrugstore.ie ; 25 S Great George's St ; 16h-minuit lun-mer, 16h-2h30 jeu-dim ; ts ceux du centre-ville). Même si le nom est un peu déroutant et la décoration soigneusement choisie pour coller aux dernières tendances (Art déco, rétro moderne), c'est un bar magnifique qui sert d'excellents cocktails. L'endroit n'est pas grand, et souvent bondé le soir.

P.MAC'S BAR

Plan p. 286 (www.facebook.com/pmacspub ; 30 Lower Stephen St ; 12h-minuit dim-jeu, 12h-1h ven-sam ; ts ceux du centre-ville). Un repaire d'artistes inspiré de Brooklyn, au mobilier vintage dépareillé, aux verres à bière de style américain et à la musique de fond alternative centrée sur les années 1990. Une trentaine de bières artisanales différentes sont proposées à la pression.

MARY'S BAR PUB

Plan p. 286 (www.marysbar.ie ; 8 Wicklow St ; 11h-23h30 lun-mer, 11h-0h30 jeu-sam, 12h-23h dim ; ts ceux du centre-ville). L'ironie du sort a voulu que, là où se trouvait un pub authentique, a débarqué un "McPub" avec sa quincaillerie pseudo-ancienne à l'avant et des tables en tonneaux de chêne à l'arrière. Un lieu complètement artificiel mais populaire, moins cependant que le Wow Burger (p. 72) au-dessous.

DRURY BUILDINGS COCKTAIL BAR BAR À COCKTAILS

Plan p. 286 (☎01-690 2095 ; www.drurybuildings.com ; 52-55 Drury St ; ⏰12h-23h30 dim-jeu, 12h-0h30 ven-sam ; 🚌ts ceux du centre-ville). Au rez-de-chaussée de Drury Buildings (p. 77), ce lieu très prisé en fin de journée pour l'apéritif propose à midi une carte italienne de sandwichs, salades et autres en-cas (plats 10-12 €), à consommer au bar ou aux tables hautes. Agréable *beer garden* à l'arrière.

FARRIER & DRAPER CLUB

Plan p. 286 (☎01-677 1220 ; www.farrieranddraper.ie ; Powerscourt Townhouse, S William St ; ⏰16h-minuit lun-mer, 16h-1h jeu, 12h-3h ven-sam, 12h-minuit dim ; 🚌ts ceux du centre-ville). Cet établissement installé dans le Powerscourt (p. 85), édifice du XVIIIe siècle, associe le chic du temps de la prohibition (le personnel porte casquette et brassards à la *Peaky Blinders*) à l'extravagance georgienne (hauts plafonds voûtés, murs couverts de tableaux). Le bar-club se situe à l'étage, dans ce qui était autrefois les appartements privés de lady Powerscourt. Le splendide Epic Bar est au rez-de-chaussée et le restaurant italien La Cucina au sous-sol.

THE BERNARD SHAW BAR

Plan p. 290 (www.thebernardshaw.com ; 11-12 S Richmond St ; ⏰12h-minuit lun-jeu, 12h30-1h ven-sam ; 🚌14, 15, 65 ou 83). Probablement le bar le plus cool de la ville, fait de bric et de broc, offrant une merveilleuse programmation musicale (l'équipe de production Bodytonic en est propriétaire !) et accueillant des événements variés : après-midi vide-greniers, soirées thématiques (lecture de contes et activités festives). Le Bernard Shaw gère aussi l'excellent Eatyard (p. 72).

ANSEO BAR

Plan p. 290 (18 Lower Camden St ; ⏰16h-23h30 lun-jeu, 16h-0h30 ven-sam, 16h-23h dim ; 🚌14, 15, 65, 83). Voici un bar alternatif, chaleureux et sans prétention qui compte de très nombreux fidèles partageant le même credo : *anseo* ("ici" en gaélique, prononcé *en-cho*), on ne se prend pas la tête. Côté playlist, l'éclectisme prime.

MCDAID'S PUB

Plan p. 286 (☎01-679 4395 ; www.mcdaids-pub.com ; 3 Harry St ; ⏰10h30-23h30 lun-jeu, 10h30-0h30 ven-sam, 12h30-23h dim ; 🚌ts ceux du centre-ville). Ce pub littéraire classique, l'un des plus connus de Dublin, autrefois fréquenté par les écrivains Patrick Kavanagh et Brendan Behan (jusqu'à ce qu'ils en soient bannis), a toujours du caractère à revendre. Les pintes sont parfaites – d'autant plus appréciables en journée, lorsque l'affluence est moindre – et aucune musique ne vient couvrir les rires et conversations.

THE SWAN BAR PUB

Plan p. 286 (☎01-647 5272 ; www.theswanbar.com ; 70 Aungier St ; ⏰11h-23h30 lun-jeu, 11h-0h30 ven-sam, 12h-23h dim ; 🚌ts ceux du centre-ville). Le pub de John Lynch, ancien rugbyman international, attire deux types de clients : les piliers de bar venus pour discuter et boire une pinte autour du bar victorien à l'avant, et les plus jeunes, qui trouvent animation et musique au second bar. Chacun son ambiance, et ça marche !

STAG'S HEAD PUB

Plan p. 286 (www.stagshead.ie ; 1 Dame Ct ; ⏰10h-23h dim-jeu, 10h-1h ven-sam ; 🚌ts ceux du centre-ville). Ouvert en 1770, rénové en 1895 et inchangé depuis, ce superbe pub est si pittoresque qu'il apparaît dans nombre de films et sur le timbre d'une collection consacrée aux bars irlandais. Un pub comme on n'en fait plus !

HOGAN'S BAR

Plan p. 286 (35 S Great George's St ; ⏰13h30-11h30 lun-mer, 13h30-1h jeu, 13h30-2h30 ven-sam, 14h-23h dim ; 🚌ts ceux du centre-ville). En milieu de semaine, jeunes cadres et employés de la restauration viennent se détendre dans ce grand bar contemporain. Le week-end, les DJ, souvent excellents, attirent la foule dans la salle du sous-sol.

IDLEWILD BAR

Plan p. 286 (☎01-253 0593 ; www.idlewilddublin.com ; 14 Fade St ; ⏰16h-23h30 lun-mer, 16h-2h30 jeu, 15h-1h30 ven-sam, 15h-23h30 dim ; 🚌ts ceux du centre-ville). L'entrée, minuscule, est trompeuse : à l'intérieur, c'est un bar spacieux à l'élégant style années 1940 qui vous attend, une oasis de tradition dans ce quartier branché. L'endroit est apprécié pour ses *"boilermakers"* – pinte de bière avec un shot –, la plupart étant fièrement irlandais.

SAM'S BAR BAR

Plan p. 286 (www.samsbar.ie ; 36 Dawson St ; ⏰16h-0h30 dim-mer, 16h-2h30 ven-sam ; 🚌ts ceux du centre-ville, 🚋St Stephen's Green, Dawson). Ce bar chic de Dawson St à la décoration orientale (vestige de son passé de bar asiatique), recouvert de graffitis d'étudiants des Beaux-Arts, attire les jeunes trentenaires avides de cocktails sophistiqués.

DICEY'S GARDEN

BAR

Plan p. 290 (☎01-478 4066 ; Russell Court Hotel, 21-25 Harcourt St ; ⌚16h-2h30 ; 🚌ts ceux du centre-ville, 🚊Harcourt). L'un des bars les plus fréquentés de Dublin, appelé plus couramment "Dicey Reilly's" (ou simplement "Dicey's"). Trois espaces différents sont aménagés sur plusieurs niveaux : pub à l'ancienne, immense bar moderne et *beer garden* à l'européenne. Les grands tubes retiennent les fêtards jusqu'au bout de la nuit.

PYGMALION

BAR

Plan p. 286 (☎01-674 6712 ; www.facebook.com/PygmalionDublin ; Powerscourt Townhouse, 59 S William St ; ⌚12h-0h30 lun-jeu, 12h-3h30 ven-sam, 12h-2h dim ; 🚌ts ceux du centre-ville). Les bières artisanales, les cocktails aromatisés, l'excellente musique rythmée et les multiples coins et recoins du "Pyg" drainent une foule de jeunes fêtards, que l'on retrouve le lendemain autour d'un café aux tables extérieures couvertes pour se remettre de leur soirée.

INTERNATIONAL BAR

PUB

Plan p. 286 (www.international-bar.com ; 23 Wicklow St ; ⌚10h30-23h30 lun-jeu, 10h30-0h30 ven-sam, 12h30-23h dim ; 🚌ts ceux du centre-ville). Long bar, vitraux, banquettes de velours rouge et ambiance conviviale font de ce pub plutôt petit mais plein de cachet un lieu de choix pour une pinte dans l'après-midi. Certains des plus célèbres humoristes d'Irlande ont fait leurs débuts au **Comedy Cellar**, à l'étage.

COPPER FACE JACKS

CLUB

Plan p. 290 (www.copperfacejacks.ie ; Jackson Court Hotel, 29-30 Harcourt St ; gratuit-10 € ; ⌚23h-3h dim-jeu, 22h-3h ven-sam ; 🚌10, 11, 13, 14, 15A, 🚊St Stephen's Green, Harcourt). Le Copper (Twitter : @CopperFaceJacks) est comme un morceau d'Irlande rurale, où l'on va en boîte pour un verre, une danse et – si on a de la chance – un "*shift*" (une touche), au beau milieu de la capitale. C'est ce qui le rend si populaire.

GEORGE

GAY

Plan p. 286 (www.thegeorge.ie ; 89 S Great George's St ; gratuit sauf week-end après 22h 5-10 € ; ⌚14h-2h30 lun-ven, 12h30-2h30 sam, 12h30-1h dim ; 🚌ts ceux du centre-ville). Pionnière des bars gays de Dublin, cette institution habillée de pourpre a longtemps été le seul établissement où les homosexuels pouvaient s'afficher librement. Bondé le dimanche pour la légendaire soirée bingo de Shirley et le mercredi lors de la soirée Space N'Veda, avec cabaret et drag-queen.

37 DAWSON STREET

BAR

Plan p. 286 (☎01-902 2908 ; www.37dawsonstreet.ie ; 37 Dawson St ; ⌚12h-2h30 jeu-dim, 12h-23h30 lun ; 🚌ts ceux du centre-ville, 🚊Dawson). Antiquités, œuvres d'art et bric-à-brac décorent ce bar qui a vite gagné la faveur de la jeunesse locale et branchée. À l'arrière, le Whiskey Bar vous plonge dans les années 1950 ; les personnages de la série américaine *Mad Men* ne dépareraient pas dans le décor. À l'étage, un restaurant distingué propose un brunch formidable.

CAFÉ EN SEINE

BAR

Plan p. 286 (☎01-677 4369 ; www.cafeenseine.ie ; 40 Dawson St ; ⌚12h-23h30 dim-jeu, 12h-3h ven-sam ; 🚌ts ceux du centre-ville, 🚊Dawson). Avec son style Art nouveau foisonnant, ce vaste bar a connu un immense succès dès son ouverture en 1995. S'il n'est plus un endroit à la mode, il reste très apprécié des banlieusards, des provinciaux et des Dublinois assoiffés après le travail. Sa verrière, ses arbres de 12 m de haut, mais surtout les jolies statues qui décorent le bar en marbre et en bois y sont pour quelque chose.

DAWSON LOUNGE

PUB

Plan p. 286 (25 Dawson St ; ⌚12h30-23h30 lun-jeu, 10h30-0h30 ven-sam, 12h-23h dim ; 🚌ts ceux du centre-ville ; 🚊St Stephen's Green). Le plus petit bar de Dublin consiste en deux minuscules salles, que l'on rejoint par une petite porte puis en descendant une volée de marches étroites. On y trouve en général quelques buveurs débraillés en planque.

GLOBE

BAR

Plan p. 286 (☎01-671 1220 ; www.theglobe.ie ; 11 S Great George's St ; ⌚16h-2h30 lun-jeu, 14h-2h30 ven-dim ; 📶 ; 🚌ts ceux du centre-ville). Le vétéran des bars contemporains de la ville, qui a fêté ses 25 ans en 2017, reste fidèle à la formule qui a fait son succès : briques apparentes, parquet, atmosphère décontractée et bonne musique.

BRUXELLES

PUB

Plan p. 286 (www.bruxelles.ie ; 7-8 Harry St ; ⌚9h30-1h30 dim-jeu, 9h30-2h30 ven-sam ; 🚌ts ceux du centre-ville). Divisé en deux espaces, le Bruxelles vit au rythme de la musique plutôt branchée au rez-de-chaussée et des concerts rock chaque week-end, dans l'excellente salle sombre du sous-sol.

CLEMENT & PEKOE CAFÉ

Plan p. 286 (www.clementandpekoe.com ; 50 S William St ; ⌚8h-19h lun-ven, 9h-18h30 sam, 11h-18h dim ; 🚌ts ceux du centre-ville). Notre café favori à Dublin. Parquet en noyer, lustres Art déco et jolies boîtes à thé ornant tout un pan de mur composent le magnifique cadre de cette version contemporaine d'un salon de thé édouardien, qui propose un immense choix de thé en feuilles et de cafés soigneusement préparés, ainsi que des gâteaux.

NETWORK CAFÉ

Plan p. 290 (www.networkcafe.ie ; 39 Aungier St ; ⌚7h30-18h lun-ven, 9h-18h sam, 10h-17h dim ; 🚌ts ceux du centre-ville). Vous aimez les dessins dans la mousse des cafés *latte* ? Vous adorerez les créations artistiques de ce superbe petit café d'Aungier St. Et, heureusement, une fois votre photo sur Insta, vous découvrirez que le café est aussi bon qu'il est esthétique.

WALL AND KEOGH CAFÉ

Plan p. 290 (www.wallandkeogh.ie ; 45 S Richmond St ; ⌚7h30-19h30 lun-ven, 9h30-18h30 sam-dim ; 🚌ts ceux du centre-ville). Les Irlandais adorent le thé et cette merveilleuse adresse en propose 150 différents, servis dans des théières japonaises en céramique avec la rigueur d'une cérémonie du thé traditionnelle. Fabuleux café également et, pour les petits creux, sandwichs, pâtisseries et même sushis.

KAPH CAFÉ

Plan p. 286 (www.kaph.ie ; 31 Drury St ; ⌚8h-19h lun-sam, 11h-18h dim ; 🚌ts ceux du centre-ville). L'un de ces nouveaux cafés où les créations des baristas sont considérées comme des œuvres d'art. Dégustez des madeleines maison en les trempant dans votre *flat white* (café crème).

☆ OÙ SORTIR

♥ WHELAN'S CONCERTS

Plan p. 290 (☎01-478 0766 ; www.whelanslive.com ; 25 Wexford St ; 🚌16, 122 depuis le centre-ville). Berceau spirituel de nombreux auteurs-compositeurs-interprètes locaux, cette salle de concert de taille moyenne, adjacente à un bar traditionnel, est sans doute la plus populaire de Dublin. Il n'est pas rare de voir les artistes prendre un verre avec leurs fans après la représentation.

♥ DEVITT'S MUSIQUE LIVE

Plan p. 290 (☎01-475 3414 ; www.devittspub.ie ; 78 Lower Camden St ; ⌚à partir de 21h lun-mar, 21h30 mer-jeu, 19h45 ven-sam, 18h30 dim ; 🚌14, 15, 65, 83). Pour de remarquables sessions musicales dans le centre-ville, rendez-vous au Devitt's (alias "Cusack Stand"), où les musiciens talentueux de Dublin aiment se produire. Vivement recommandé.

NATIONAL CONCERT HALL CONCERTS

Plan p. 290 (☎01-417 0000 ; www.nch.ie ; Earlsfort Tce ; 🚌ts ceux du centre-ville). La plus belle salle de concert classique d'Irlande accueille tout au long de l'année des représentations de plus en plus variées, notamment des rencontres avec des auteurs.

UKIYO KARAOKÉ

Plan p. 286 (☎01-633 4071 ; www.ukiyobar.com ; 7-9 Exchequer St ; 40-80 €/heure ; ⌚12h-2h30 lun-sam, 12h-1h30 dim ; 🚌ts ceux du centre-ville). Les salles de karaoké au sous-sol de ce bar à saké branché peuvent chacune accueillir jusqu'à 20 personnes. Quelque 30 000 morceaux au choix (en diverses langues). Salles gratuites jusqu'à 17h si vous déjeunez sur place. Réservation recommandée, surtout le week-end.

SAMUEL BECKETT THEATRE THÉÂTRE

Plan p. 286 (01-896 2461 ; www.tcd.ie/beckett-theatre ; Regent House, Pearse St ; 🚌ts ceux du centre-ville). Situé sur le campus de Trinity College, ce théâtre accueille les créations des étudiants tout au long de l'année académique, et les pièces les plus prestigieuses du Dublin Theatre Festival (p. 43).

TICKETMASTER BILLETTERIE

Plan p. 286 (☎0818 719 300 ; www.ticketmaster.ie ; St Stephen's Green Shopping Centre ; 🚌ts ceux du centre-ville, 🚊St Stephen's Green). Billets pour toutes sortes de spectacles, grands et moyens. Sachez toutefois qu'une commission de 12,5% est appliquée sur chaque billet.

GAIETY THEATRE THÉÂTRE

Plan p. 286 (☎0818 719 388 ; www.gaietytheatre.com ; S King St ; ⌚19h-22h ; 🚌ts ceux du centre-ville). La "Old Lady of South King St", qui a plus de 150 ans, propose un répertoire divertissant et familial : succès du West End londonien, comédies musicales, spectacles de Noël pour enfants et classiques irlandais attirent des spectateurs désireux de passer un bon moment.

SHOPPING

Traditionnellement, Grafton St était l'artère commerçante et piétonne, mais la présence massive des grandes chaînes la rend aujourd'hui moins intéressante. Engagez-vous plutôt dans les rues environnantes, en particulier à l'ouest, où se trouvent certains des meilleurs magasins de Dublin, notamment des librairies et des boutiques de prêt-à-porter, ainsi que deux centres commerciaux extraordinaires. On peut rejoindre la plupart de ces adresses en prenant n'importe quel bus du centre-ville, ou à pied depuis l'arrêt de tram St Stephen's Green ou Dawson.

♥ CHUPI — BIJOUX

Plan p. 286 (☎01-551 0352 ; www.chupi.com ; Powerscourt Townhouse, S William St ; ⏲10h-18h lun-mer, ven-sam, 10h-19h jeu, 12h-17h dim ; 🚌ts ceux du centre-ville). Des bijoux contemporains d'exception inspirés des paysages d'Irlande et portés par les Dublinois branchés. La jolie boutique vend également des vêtements et accessoires de créateurs irlandais.

♥ IRISH DESIGN SHOP — ARTISANAT

Plan p. 286 (☎01-679 8871 ; www.irishdesignshop.com ; 41 Drury St ; ⏲10h-18h lun-sam, 12h-16h dim ; 🚌ts ceux du centre-ville). De beaux articles créatifs – bijoux, vaisselle, ustensiles de cuisine, etc. – soigneusement présentés par les propriétaires, Clare Grennan et Laura Caffrey. Si vous cherchez un souvenir chic fabriqué en Irlande, vous le trouverez certainement ici.

♥ AVOCA HANDWEAVERS — ARTISANAT

Plan p. 286 (☎01-677 4215 ; www.avoca.ie ; 11-13 Suffolk St ; ⏲9h30-18h lun-mer et sam, 9h30-19h jeu-ven, 11h-18h dim ; 🚌ts ceux du centre-ville, 🚋Dawson). Boutique de vêtements et de décoration doublée d'un espace traiteur au sous-sol et d'un excellent café au dernier étage (p. 77). Avoca promeut un art de vivre moderne à l'irlandaise, élégant et douillet. Beaucoup des vêtements sont tissés, tricotés et teints selon des procédés naturels dans une usine de Wicklow. Le rayon enfant est vraiment plaisant. Idéal pour trouver un cadeau original.

♥ SHERIDAN'S CHEESEMONGERS — ALIMENTATION

Plan p. 286 (☎01-679 3143 ; www.sheridanscheesemongers.com ; 11 S Anne St ; ⏲10h-18h lun-ven, 9h30-18h sam ; 🚌ts ceux du centre-ville, 🚋Dawson). Kevin et Seamus Sheridan, qui ont pour ainsi dire fait renaître la tradition fromagère irlandaise, proposent sur les étagères en bois de ce paradis pour amateurs de fromages, des produits fermiers issus des quatre coins du pays.

OM DIVA — VINTAGE

Plan p. 286 (☎01-679 1211 ; www.omdivaboutique.com ; 27 Drury St ; ⏲10h-18h30 lun-mer, ven-sam, 10h-19h30 jeu, 12h-18h dim ; 🚌ts ceux du centre-ville). Des vêtements stylés répartis dans un espace agréable sur 3 niveaux sur Drury St – vêtements vintage bien choisis au sous-sol, créations irlandaises d'avant-garde à l'étage, et mode contemporaine entre les deux. Tout ce qu'il faut pour être à la pointe de la mode dublinoise.

PARFUMARIJA — PARFUMS

Plan p. 286 (☎01-671 0255 ; www.parfumarija.com ; 25 Westbury Mall ; ⏲10h-18h lun-mer, ven-sam, 10h-19h jeu ; 🚌ts ceux du centre-ville). Les membres affables et passionnés de l'équipe de Parfumarija ne vous lâcheront pas tant que vous n'aurez pas trouvé le parfum de vos rêves, avec le sourire mais sans insistance excessive. La boutique est spécialisée dans les senteurs rares dénichées à travers le monde par la fondatrice Marija Aslimoska.

SIOPAELLA — MODE, ACCESSOIRES

Plan p. 286 (☎01-558 1389 ; www.siopaella.com ; 29 Wicklow St ; ⏲10h-18h30 lun-mer, 10h-19h jeu-sam, 13h-18h dim ; 🚌ts ceux du centre-ville). Cette boutique spécialisée dans les vêtements de seconde main de luxe permet de dénicher des merveilles de créateurs sans se ruiner, comme des sacs Birkin de chez Hermès ou des créations Versace.

LOULERIE — BIJOUX

Plan p. 286 (☎01-672 4024 ; www.loulerie.com ; 14B Chatham St ; ⏲10h30-17h30 lun-mar, 10h-18h mer et ven-sam, 10h-19h jeu ; 🚌ts ceux du centre-ville). La propriétaire Louise Stokes est revenue de New York – où elle a appris son métier – avec un flair infaillible pour trouver le bijou (bague, collier, boucles d'oreilles, etc.) parfait pour une occasion particulière.

MOMUSE BIJOUX

Plan p. 286 (☎01-707 1763 ; www.momuse.ie ; Powerscourt Townhouse, S William St ; ⏲10h30-18h30 lun-mer et ven-sam, 10h30-19h jeu, 13h-17h dim ; 🚌ts ceux du centre-ville). Les sublimes bijoux modernes de la créatrice Margaret O'Rourke sont présentés dans cette jolie bijouterie au rez-de-chaussée du Powerscourt Townhouse.

NOWHERE MODE, ACCESSOIRES

Plan p. 286 (☎01-607 8983 ; www.nowhere.ie ; 65 Aungier St ; ⏲11h-18h lun-sam ; 🚌ts ceux du centre-ville). Vêtements et accessoires streetwear et sport pour hommes. Grand choix aussi sur la boutique en ligne.

ARTICLE ARTICLES POUR LA MAISON

Plan p. 286 (☎01-679 9268 ; www.articledublin.com ; 1er ét, Powerscourt Townhouse Shopping Centre, S William St ; ⏲10h30-18h lun-mer et ven-sam, 10h30-19h jeu, 13h-17h dim ; 🚌ts ceux du centre-ville). De magnifiques articles de vaisselle et décorations réalisés par des designers irlandais, que vous ne trouverez nulle part ailleurs.

POWERSCOURT TOWNHOUSE CENTRE COMMERCIAL

Plan p. 286 (☎01-679 4144 ; www.powerscourtcentre.ie ; 59 S William St ; ⏲10h-18h lun-mer et ven, 10h-20h jeu, 9h-18h sam, 12h-18h dim ; 🚌ts ceux du centre-ville). Ce centre commercial somptueux occupe une demeure georgienne, construite entre 1741 et 1744, et rénovée avec soin. Il est surtout connu pour ses cafés et restaurants, mais abrite aussi des boutiques de design, d'art, d'objets artisanaux de qualité et d'accessoires chics.

GEORGE'S STREET ARCADE MARCHÉ

Plan p. 286 (www.georgesstreetarcade.ie ; entre S Great George's St et Drury St ; ⏲9h-18h30 lun-mer, 9h-19h jeu-sam, 12h-18h dim ; 🚌ts ceux du centre-ville). Une élégante galerie marchande, mélangeant les styles gothique et victorien, abrite le meilleur marché non alimentaire de Dublin. Outre des magasins et stands qui vendent vêtements neufs et d'occasion, vieux livres, chapeaux, posters, bijoux et disques, on y trouve une diseuse de bonne aventure, des en-cas raffinés et des *fish and chips* qui déplacent les foules.

DESIGN CENTRE VÊTEMENTS

Plan p. 286 (☎01-679 5718 ; www.designcentre.ie ; Powerscourt Townhouse, S William St ; ⏲10h-18h lun-mer et ven-sam, 10h-20h jeu ; 🚌ts ceux du centre-ville). Principalement des vêtements pour femmes de créateurs irlandais comme Jill De Burca, Philip Treacy, Aoife Harrison et Erickson Beamon (un coup de cœur de Michelle Obama), notamment robes de soirée, tricots et tailleurs classiques.

BROWN THOMAS GRAND MAGASIN

Plan p. 286 (☎01-605 6666 ; www.brownthomas.com ; 92 Grafton St ; ⏲11h-19h lun et dim, 10h-20h mar, 9h30-20h mer, 9h30-21h jeu-ven, 9h-20h sam ; 🚌ts ceux du centre-ville). Dans ce très chic grand magasin, les articles – cosmétiques de luxe, chaussures divines, appareils ménagers révolutionnaires et vêtements de marques irlandaises et internationales, comme Balenciaga, Lainey Keogh et Philip Treacy – sont quasiment présentés comme des œuvres d'art. La boutique Bottom Drawer, au 3e étage, vend un superbe linge de maison irlandais.

WEIR & SONS BIJOUX

Plan p. 286 (☎01-677 9678 ; www.weirandsons.ie ; 96-99 Grafton St ; ⏲9h30-18h lun-mer et ven-sam, 9h-20h jeu ; 🚌ts ceux du centre-ville, 🚋Dawson). La plus grande bijouterie d'Irlande, inaugurée dans Grafton St en 1869, possède toujours ses vitrines en bois d'origine et un atelier sur place. Bijoux irlandais modernes et anciens (certains avec motifs celtiques), vaste choix de montres, d'articles en cuir, de cristal irlandais et de nécessaires de voyage.

BARRY DOYLE DESIGN JEWELLERS BIJOUX

Plan p. 286 (☎01-671 2838 ; www.barrydoyledesign.com ; 30 George's St Arcade ; ⏲10h-18h lun-sam ; 🚌ts ceux du centre-ville). À l'étage du centre commercial, la boutique de Barry Doyle est une pépite dans Dublin. Créés à la main, les bijoux – en or blanc, en argent, avec pierres précieuses et semi-précieuses – sont exceptionnels de beauté et de simplicité. Inspirations africaine et celtique.

ULYSSES RARE BOOKS LIVRES

Plan p. 286 (☎01-671 8676 ; www.rarebooks.ie ; 10 Duke St ; ⏲9h30-17h45 lun-sam ; 🚌ts ceux du centre-ville, 🚋Dawson). Notre librairie préférée à Dublin propose une impressionnante collection d'ouvrages sur l'Irlande. L'accent est particulièrement mis sur la littérature irlandaise du XXe siècle et les éditions originales, notamment celles de grands auteurs comme Joyce, Yeats, Beckett et Wilde.

KILKENNY SHOP — ARTISANAT

Plan p. 286 (☎01-677 7066 ; www.kilkennyshop.com ; 6 Nassau St ; ⌚8h30-19h lun-mer et ven-sam, 8h30-20h jeu, 10h-18h30 dim ; 🚌ts ceux du centre-ville, 🚋Dawson). Installé de longue date, ce vaste magasin propose des objets d'artisanat irlandais originaux : tricots colorés, vêtements de créateurs et bijoux en argent. Les belles pièces de verrerie et de céramique viennent d'ateliers de tout le pays. Une bonne adresse pour des cadeaux.

LOUIS COPELAND — VÊTEMENTS

Plan p. 286 (☎01-872 1600 ; www.louiscopeland.com ; 18-19 Wicklow St ; ⌚9h-18h lun-mer et ven-sam, 9h-20h jeu, 1h-17h dim ; 🚌ts ceux du centre-ville). Réponse de Dublin aux célèbres tailleurs londoniens de Savile Row, cette boutique propose de fabuleux costumes sur mesure, ainsi qu'un grand choix de costumes en prêt-à-porter de stylistes internationaux. Autre boutique dans Capel St (p. 164).

COSTUME — VÊTEMENTS

Plan p. 286 (☎01-679 5200 ; www.costumedublin.ie ; 10 Castle Market ; ⌚10h-18h lun-mer et ven-sam, 10h-19h jeu, 14h-17h dim ; 🚌ts ceux du centre-ville). Considéré comme un véritable précurseur par les fashionistas dublinoises, Costume travaille exclusivement avec des créateurs innovants comme Vivetta, Isabel Marant, Cédric Charlier et Zadig & Voltaire.

STOKES BOOKS — LIVRES

Plan p. 286 (☎01-671 3584 ; 19 George's St Arcade ; ⌚10h30-18h lun-sam ; 🚌ts ceux du centre-ville). Une petite librairie spécialisée en livres neufs et anciens sur l'histoire irlandaise et la littérature. Possède également quantité d'autres ouvrages, notamment de belles éditions anciennes reliées en cuir.

KNOBS & KNOCKERS — ARTISANAT

Plan p. 286 (☎01-671 0288 ; www.knobsandknockers.ie ; 19 Nassau St ; ⌚9h30-17h30 lun-sam ; 🚌ts ceux du centre-ville, 🚋Dawson). Les répliques de heurtoirs georgiens et les nombreuses autres décorations de portes de cette boutique constituent d'excellents souvenirs de votre séjour à Dublin.

ARAN SWEATER MARKET — VÊTEMENTS ET ACCESSOIRES

Plan p. 286 (☎064-662 3102 ; www.aransweatermarket.com ; 115 Grafton St ; ⌚9h30-21h ; 🚌ts ceux du centre-ville). Pas le temps d'explorer l'ouest de l'Irlande ? Rattrapez-vous avec les merveilles artisanales intemporelles de cet établissement dont tous les articles sont tricotés à la main avec des motifs traditionnels ; on vous expliquera les symboles utilisés. Pas de place dans vos bagages ? Faites-vous livrer votre souvenir directement chez vous !

RHINESTONES — BIJOUX

Plan p. 286 (☎01-679 0759 ; 18 St Andrew's St ; ⌚9h30-18h30 lun-mer et ven-sam, 9h30-21h jeu, 12h-18h dim ; 🚌ts ceux du centre-ville). De sublimes bijoux classiques et fantaisie datant des années 1920 à 1970 (colliers, bracelets, broches et bagues de jais victorien, de turquoise émaillée Art déco des années 1950, de nacre des années 1930, de cristal taillé et de faux diamant), exposés dans des vitrines à l'ancienne. Les prix s'échelonnent de 25 à 2 000 €.

INDUSTRY & CO — ARTICLES DE MAISON

Plan p. 286 (☎01-613 9111 ; www.industryandco.com ; 41 Drury St ; ⌚8h-18h lun-mer, 8h-19h jeu, 9h-18h30 sam, 10h-18h dim ; 🚌ts ceux du centre-ville). Un magasin indépendant qui vend toutes sortes d'objets haut de gamme ultra-design, allant du bureau plaqué bouleau aux chaussons pour enfants. Excellent café sur place.

DANKER ANTIQUES — ART ET ARTISANAT

Plan p. 286 (☎01-677 4009 ; www.dankerantiques.com ; 4-5 Royal Hibernian Way ; ⌚sur rdv uniquement ; 🚌ts ceux du centre-ville). Une caverne d'Ali Baba remplie de trésors, spécialisée dans l'argenterie, les bijoux et les objets d'art antiques d'Angleterre et d'Irlande. Vous trouverez toutes sortes de merveilles anciennes comme des couverts, bougeoirs et autres candélabres, ainsi que des objets plus rares comme des *potato rings* – cylindres métalliques servant à poser des saladiers brûlants sans abîmer la table.

HOUSE OF NAMES — ARTISANAT

Plan p. 286 (☎01-679 7287 ; www.houseofnames.ie ; 26 Nassau St ; ⌚10h-18h lun-mer et ven-sam, 10h-20h jeu, 11h-18h dim ; ts ceux du centre-ville, Dawson). Si vous avez un nom d'origine irlandaise (ou d'une autre nationalité, leur catalogue répertorie également des armoiries européennes... vous pouvez toujours tenter votre chance !), impressionnez vos amis en leur servant à boire dans des verres portant les armoiries de votre famille, avec les dessous-de-verre assortis, que vous aurez dénichés dans la "maison des noms".

DUBRAY BOOKS
LIVRES

Plan p. 286 (01-677 5568 ; www.dubraybooks.ie ; 36 Grafton St ; 9h-19h lun-mer et sam, 9h-21h jeu-ven, 10h-18h dim ; ts ceux du centre-ville, Dawson). L'une des meilleures librairies de Dublin, aménagée sur 3 étages consacrés aux best-sellers, aux nouveautés, aux beaux livres et aux guides de voyage. Elle ne peut pas rivaliser avec sa concurrente britannique en termes de prix et d'espace, mais les employés sont serviables et l'ambiance invite à s'attarder.

HODGES FIGGIS
LIVRES

Plan p. 286 (01-677 4754 ; www.waterstones.com ; 56-58 Dawson St ; 9h-19h lun-mer et ven, 9h-20h jeu, 9h-18h sam, 12h-18h dim ; ts ceux du centre-ville, Dawson). La toute première libraire de Dublin vend des livres sur tous les sujets imaginables et pour tous les lecteurs. Aménagée sur 4 niveaux, elle propose un bon choix d'ouvrages sur l'Irlande au rez-de-chaussée. Consultez le calendrier des dédicaces d'auteurs et lancements d'ouvrages, assez fréquents.

ST STEPHEN'S GREEN SHOPPING CENTRE
CENTRE COMMERCIAL

Plan p. 286 (01-478 0888 ; www.stephensgreen.com ; St Stephen's Green W ; 9h-19h lun-mer et ven-sam, 9h-21h jeu, 11h-18h dim ; ts ceux du centre-ville). Une version années 1980 d'une galerie marchande du XIXe siècle. L'intérieur, avec ses galeries et sa cour centrale, est un peu trop majestueux pour les magasins ordinaires qu'il abrite : Boots, Benetton, un grand Dunnes Store comprenant un supermarché, et un TK Maxx qui déstocke des articles de marque de la saison passée.

DESIGNYARD
ARTISANAT

Plan p. 286 (01-474 1011 ; www.designyard.com ; 25 S Frederick St ; 10h-17h30 lun-mer et ven, 10h-18h jeu et sam ; ts ceux du centre-ville, Dawson). Une boutique d'art et d'artisanat de luxe, où chaque objet – verrerie, batik, sculpture, peinture – est unique, réalisé à la main en Irlande. Des bijoux contemporains de jeunes créateurs sont également en exposition. Idéal pour une bague de fiançailles ou un cadeau très spécial.

JENNY VANDER
VÊTEMENTS

Plan p. 286 (01-677 0406 ; 50 Drury St ; 10h-17h30 lun-sam, 13h-18h dim ; ts ceux du centre-ville). Vêtements de seconde main dans une boutique élégante et sophistiquée, où fashionistas et stylistes viennent dénicher sacs à main brodés de perles, manteaux à cols de fourrure, robes à motifs élaborés et bijoux fantaisie aussi chers que s'ils étaient authentiques.

HARLEQUIN
FRIPERIE

Plan p. 286 (01-671 0202 ; 13 Castle Market ; 11h-18h lun-mer et ven, 11h-19h jeu, 10h30-18h sam ; ts ceux du centre-ville). Un fantastique bric-à-brac plein à craquer d'authentiques merveilles de mode des années 1920 jusqu'à nos jours : gants en satin, hauts-de-forme, sacs en peau de serpent et tours de cou en perles de jais.

SPORTS ET ACTIVITÉS

GREEN MILE
CIRCUIT À PIED

Plan p. 286 (01-661 1000 ; www.littlemuseum.ie ; Little Museum of Dublin, 15 St Stephen's Green N ; tarif plein/étudiant 15/13 € ; 11h sam-dim ; ts ceux du centre-ville, St Stephen's Green). Excellente visite guidée à pied de St Stephen's Green (en anglais) avec l'historien local Donal Fallon, qui vous parlera de James Joyce, de l'histoire du parc et de la rédaction de la Constitution irlandaise. Réservez car les places partent assez vite. Entrée au Little Museum of Dublin (p. 66) et visite guidée de celui-ci incluse dans le prix.

FAB FOOD TRAILS
CIRCUIT À PIED

(www.fabfoodtrails.ie ; circuits 60 € ; 10h sam). Nous recommandons vivement ce circuit de dégustation (en anglais) de 2 heures 30-3 heures à travers la ville. Vous rencontrerez jusqu'à huit producteurs indépendants (boulangers, fromagers, marchés et traiteurs) et découvrirez la culture culinaire propre à chaque quartier. Également, un Food & Fashion Walk, qui associe mode et gastronomie. Rendez-vous dans le centre-ville.

♥ HISTORICAL WALKING TOUR
CIRCUIT À PIED

Plan p. 286 (☎01-878 0227 ; www.historicaltours.ie ; entrée de Trinity College ; tarif plein/étudiant/enfant 14/12 €/gratuit ; ⏰11h et 15h mai-sept, 11h avr-oct, 11h ven-dim nov-mars ; 🚌ts ceux du centre-ville, 🚊Trinity). Des historiens diplômés de Trinity College animent ce "séminaire de rue" qui aborde la Grande Famine, le soulèvement de Pâques 1916, la guerre civile et la partition. Le circuit (en anglais) comprend Trinity College, le City Hall, le Dublin Castle et les Four Courts. L'été, des visites thématiques sur l'architecture, les femmes dans l'histoire de l'Irlande et la naissance de l'État irlandais sont aussi proposées. Départ à l'entrée de College Green.

LITTLE BIRD
YOGA

Plan p. 294 (www.little-bird.ie ; 82 S Circular Rd ; cours de 1 heure 15 € ; ⏰cours à partir de 6h30 ; 🚌9, 16, 68, 68A, 122). Cours de yoga de différents courants (Hatha, Iyengar, Yin ou encore Vinyasa) pour tous niveaux, ainsi que des cours de Pilates. Tapis fourni gratuitement. Horaires et renseignements sur le site Web.

AIRE DE JEUX POUR ENFANTS
AIRE DE JEUX

Plan p. 290 (St Stephen's Green ; ⏰aube-crépuscule ; 🚌ts ceux du centre-ville, 🚊St Stephen's Green). Aire de jeux pour enfants côté est de St Stephen's Green (p. 66).

1916 REBELLION WALKING TOUR
VISITES À PIED

Plan p. 286 (☎086 858 3847 ; www.1916rising.com ; 23 Wicklow St ; adulte/enfant 15/9 € ; ⏰11h30 lun-sam, 13h dim mars-oct, 11h30 ven-sam et 13h dim nov-fév ; 🚌ts ceux du centre-ville). Excellentes visites de 2 heures, informatives, drôles et irrévérencieuses, au départ de l'International Bar (p. 82), sur Wicklow St. Les guides, tous diplômés du Trinity College, sont fantastiques. Il y a aussi des visites centrées sur Michael Collins, héros de la guerre d'Indépendance.

SEE DUBLIN BY BIKE
CIRCUIT À VÉLO

Plan p. 286 (☎01-280 1899 ; www.seedublinbybike.ie ; parking de Drury St ; circuits 30 € ; 🚌ts ceux du centre-ville, 🚊Harcourt). Une visite de 3 heures au départ du Daintree Building, sur Pleasants Pl, pour découvrir les attractions phares et les sites moins connus de Dublin. Si Taste of Dublin est le circuit principal, on peut aussi choisir le circuit U2's Dublin ou le Literary Tour. Vélo, casque et gilet fluo inclus. Rendez-vous à l'espace vélo au rez-de-chaussée du parking situé sur Drury St.

PAT LIDDY WALKING TOURS
CIRCUIT À PIED

Plan p. 286 (☎01-831 1109 ; www.walkingtours.ie ; Visit Dublin Centre, 25 Suffolk St ; circuits 10-15 € ; 🚌ts ceux du centre-ville). Toute une gamme de promenades guidées sur différents thèmes allant du Dublin littéraire à U2 en passant par des visites whiskey ou Guinness, ainsi qu'une excursion à Howth pour explorer à pied ce joli village de pêcheurs. Pat Liddy, fondateur de l'agence et formateur de guides, est l'un des historiens les plus réputés de la ville. Horaires sur le site Web.

DUBLIN LITERARY PUB CRAWL
TOURNÉE DES BARS

Plan p. 286 (☎01-670 5602 ; www.dublinpubcrawl.com ; 9 Duke St ; tarif plein/étudiant 14/12 € ; ⏰19h30 tlj avr-oct, 19h30 jeu-dim nov-mars ; 🚌ts ceux du centre-ville). Une tournée des pubs associés aux auteurs célèbres de Dublin, quelle bonne idée ! Ces visites-spectacles de 2 heures 30, assurées par deux comédiens, sont à mourir de rire, d'autant que la bière coule à flots. La tournée démarre au Duke, sur Duke St ; arrivez vers 19h pour réserver la visite.

VIKING SPLASH TOURS
CIRCUIT

Plan p. 286 (☎01-707 6000 ; www.vikingsplash.com ; St Stephen's Green N ; adulte/enfant 25/13 € ; ⏰ttes les 30 à 90 min 10h-15h ; 🚌ts ceux du centre-ville, 🚊St Stephen's Green). La mention "réservé aux touristes" annonce la couleur : après avoir enfilé un casque de Viking en plastique et hurlé "yay" sur l'exhortation du guide, on part en véhicule semi-amphibie pour un circuit de 1 heure 15 qui se termine au Grand Canal Dock.

VISITE GUIDÉE DE TRINITY COLLEGE
CIRCUIT À PIED

(Authenticity Tours ; www.tcd.ie/visitors/tours ; Trinity College ; visite guidée 6 €, Book of Kells inclus 15 € ; ⏰9h30-15h40 lun-sam, 10h15-15h15 dim mai-sept, moins de visites en semaine oct et fév-avr ; 🚌ts ceux du centre-ville, 🚊College Gree). Ces visites guidées par des étudiants sont un excellent moyen de découvrir Trinity College. Départ toutes les 20 à 40 minutes à l'entrée du College Green.

VISITES EN CALÈCHE
CIRCUITS ORGANISÉS

Plan p. 286 (30 min/1 heure 50/85 € ; ⏰avr-oct ; 🚌ts ceux du centre-ville, 🚊St Stephen's Green).

Ces visites en calèche de Dublin partent de St Stephen's Green et de l'entrée de la Guinness Storehouse (les seuls endroits autorisés pour embarquer des passagers).

CIRCUITS SANDEMAN'S NEW EUROPE

VISITES À PIED

Plan p. 290 (☎01-878 8547 ; www.neweuropetours.eu/dublin-walking-tours ; City Hall, Castle St ; gratuit-30 € ; ⊙ttes les heures 10h-14h ; 🚌ts ceux du centre-ville). Ces visites à pied de 3 heures, dynamiques et intéressantes, passent par les sites majeurs de Dublin, et sont gratuites (ne donnez un pourboire que si vous appréciez la visite… les guides font toujours en sorte que cela soit le cas). Il y a aussi des excursions à la journée à Howth (30 €), des visites du Dublin hanté (12 € ; 17h mar-sam) et des tournées de pubs (12 € ; 19h30 ven).

Merrion Square et environs

Notre sélection

❶ Les collections de peinture européenne de la **National Gallery** (p. 97) s'étalent sur huit siècles.

❷ Le vénérable **Museum of Natural History** (p. 99) a peu changé depuis son ouverture, au milieu du XIXe siècle.

❸ Dédié à l'histoire irlandaise, le **National Museum of Ireland – Archaeology** (p. 92) renferme des trésors fascinants.

❹ Une soirée placée sous le signe de la musique et de la bière chez **O'Donoghue's** (p. 105), un pub typique.

❺ Des restaurants cultivent ici l'excellence de la **scène gastronomique** (p. 104), tel Patrick Guilbaud, avec ses deux étoiles au Michelin.

Pour un plan plus détaillé, reportez-vous p. 292

Découvrir Merrion Square

Merrion Square est un quartier datant du XVIIIe siècle, le mieux préservé de la ville. Les imposants édifices néoclassiques qui jalonnent ses rues georgiennes abritent des collections nationales d'art, d'histoire et d'histoire naturelle. Selon votre degré d'intérêt et votre désir d'immersion, vous pourrez aussi bien y consacrer une demi-journée, qu'un jour entier ou juste quelques heures.

Attardez-vous devant les résidences privées des abords de Merrion Square (p. 98) et de Fitzwilliam Square (p. 100). De nombreuses plaques commémoratives y rappellent que de grands noms, tels qu'Oscar Wilde et William Butler Yeats, vécurent derrière ces portes colorées.

Le quartier héberge aussi les bureaux des entreprises les plus importantes du pays. Sitôt qu'il y a un peu de soleil, leurs employés affluent dans les jardins ou s'installent sur un banc au bord du Grand Canal. En sortant du travail, ils se rendent dans les vénérables pubs de Baggot Street et Merrion Row pour y boire une pinte dans une ambiance conviviale. Merrion Square compte également son lot de restaurants chics, dont certaines des meilleures adresses de Dublin pour dîner.

Vivre comme un Dublinois

- **Art** La collection Jack B. Yeats, de la National Gallery (p. 96), en séduira plus d'un. La Royal Hibernian Academy (p. 99) a mis en place d'excellentes expositions d'art contemporain. Vous pouvez aussi aller voir les œuvres de qualité exposées le week-end le long des grilles de Merrion Square.
- **Bière** Mêlez-vous aux personnalités de Dublin dans les pubs les plus emblématiques de la ville : Toner's (p. 105) et Doheny & Nesbitt's (p. 106) figurent parmi les bars en vue du quartier, tandis qu'O'Donoghue's (p. 105), sur Merrion Row, est unique en son genre.
- **Gastronomie** Les critiques culinaires tiennent le Patrick Guilbaud (p. 104) pour le meilleur restaurant du pays. Il dispute ce titre à d'autres adresses, comme L'Écrivain (p. 104). Vous pourrez aussi prendre un brunch chez Etto (p. 103) ou Coburg Brasserie (p. 103).

Depuis/vers Merrion Square et ses environs

- **Bus** La plupart des bus qui traversent la ville s'arrêtent à proximité.
- **Train** L'arrêt de DART le plus proche est la gare de Pearse Street, sortie Westland Row.
- **À pied** Merrion Square est à moins de 500 m de St Stephen's Green (et de Grafton Street).

Bon plan Lonely Planet

Comme tous les ans, la collection Vaughan des aquarelles de William Turner est exposée à la National Gallery (p. 96) en janvier. Ne passez pas à côté de la délicatesse et de la beauté de ces chefs-d'œuvre.

Le top des restaurants

- Restaurant Patrick Guilbaud (p. 104)
- L'Écrivain (p. 104)
- Coburg Brasserie (p. 103)
- Etto (p. 103)

Voir détails p. 103

Le top des bars et pubs

- Toner's (p. 105)
- O'Donoghue's (p. 105)
- Doheny & Nesbitt's (p. 106)
- House (p. 106)
- Square Ball (p. 105)

Voir détails p. 105

Le top de l'art irlandais

- Yeats Room, National Gallery (p. 96)
- Le Trésor, National Museum of Ireland – Archeology (p. 92)
- Royal Hibernian Academy (RHA) Galerie Gallagher (p. 99)

Voir détails p. 92

ANTON_IVANOV/SHUTTERSTOCK ©

LES INCONTOURNABLES
NATIONAL MUSEUM OF IRELAND – ARCHAEOLOGY

Le quartier de Merrion Square abrite, sous un même pavillon national, les musées et les institutions culturelles les plus importants du pays. Parmi eux, le Musée national d'Irlande renferme une impressionnante collection d'objets datant de l'âge du bronze et de l'âge du fer ainsi que de saisissants exemples de ferronnerie celtique et de reliques préhistoriques ou d'époque viking.

Le Trésor

Le "Trésor" ("Treasury") est la galerie la plus célèbre du musée. Elle renferme, entre autres objets anciens, deux pièces majeures : le **calice d'Ardagh** et la **broche de Tara**. Datant du XIIe siècle, le calice d'Ardagh est fait d'or, d'argent, de bronze, de cuivre, de laiton et de plomb. Tenu pour le plus bel exemple d'orfèvrerie celtique insulaire jamais mis au jour, il est haut de 17,8 cm pour un diamètre de 24,2 cm. Non moins fameuse, la broche de Tara a été conçue autour de 700, principalement à partir de bronze mais aussi d'or, d'argent, de verre, de cuivre, d'émail et de perles. Elle servait de fermoir à une cape. Découverte sur une plage de Bettystown, dans le comté de Meath, en 1850, elle se retrouva ensuite chez un marchand d'art qui lui donna son nom, en hommage à la colline de Tara, siège des rois d'Irlande du haut Moyen Âge. Cette trouvaille a, en son temps, ravivé un intérêt pour les bijoux celtiques qui perdure à ce jour. Cette exposition permanente met en valeur maints objets montrant l'Irlande ancienne sous un jour marqué d'érudition et de spiritualité.

À NE PAS MANQUER

- La broche de Tara
- Le calice d'Ardagh
- La trompe de Loughnashade
- L'exposition *Kingship and Sacrifice* (Royauté et sacrifice)

INFOS PRATIQUES

- Plan p. 292, A3
- www.museum.ie
- Kildare St
- Entrée libre
- 10h-17h mar-sam, 13h-17h dim
- ts ceux du centre-ville

Ór – L'or d'Irlande

L'exposition *Ór – Ireland's Gold* présente de superbes bijoux et objets décoratifs créés par des artisans celtes de l'âge du bronze et du fer. Mentionnons notamment le **Broighter Hoard (trésor de Broighter)**, lequel comprend un large collier en or datant du Ier siècle av. J.-C., d'un travail d'une finesse sans égale pour l'époque, ainsi qu'un délicat bateau miniature en or. Vous y découvrirez aussi la **trompe de Loughnashade**, en bronze, également du Ier siècle av. J.-C. Longue de 1,86 m elle est faite d'un assemblage de feuilles de bronze à l'embouchure finement ornementée. Le son de cet instrument, sans doute proche de celui d'un carnyx gaulois, rappellerait celui d'un didjeridoo australien. Le long du mur, vous apercevrez une **pirogue en bois** longue de 15 m, immergée voici quelque 4 000 ans et retrouvée préservée par la tourbe.

Royauté et sacrifice

Le point d'orgue du musée est sa collection "*Kingship and Sacrifice*" laquelle met en valeur des dépouilles datant de l'âge du fer. Ces quatre corps, exhumés de tourbières, affichent différents états de conservation, parfois frappants, et l'on aperçoit, ici ou là, une mèche de cheveux, le galbe d'une jambe ou des ongles encore intacts... Or, ce sont surtout les conditions entourant la mort – ritualisée et particulièrement pénible – de ces individus qui retiennent l'attention : les chercheurs pensent en effet que ces défunts auraient été des figures importantes de leur époque, sacrifiés à des fins propitiatoires.

Autres expositions

Si vous avez encore soif d'histoire, rejoignez, à l'étage, les galeries **Medieval Ireland 1150-1550**, **Viking Age Ireland** – exposition des objets mis au jour à la faveur des fouilles menées à Wood Quay, entre la cathédrale Christ Church et la Liffey – et notre préférée, la galerie **Clothes from Bogs in Ireland**, une collection d'habits en laine des XVIe et XVIIe siècles retrouvés dans des tourbières.

Voir aussi le plan en 3D p. 94.

QUE CACHENT CES NOMS ?

Le nom de la plupart de ces trésors renvoie au lieu de leur découverte. La majorité n'a pas été mise au jour par des archéologues, mais par des agriculteurs, occupés à retourner leurs terres, à découper de la tourbe ou, dans le cas du calice d'Ardagh, à récolter des pommes de terre.

Si vous n'avez rien contre une découverte du musée au sein d'un groupe, les visites guidées à thème (en anglais) permettent d'en apprendre davantage sur les galeries. Pour éviter l'affluence, mieux vaut venir un après-midi en semaine, lorsque les écoliers ont quitté les lieux. Évitez la période des vacances scolaires.

LE SAVIEZ-VOUS ?

Ce musée a été fondé sur application d'une loi du Parlement (britannique) du 14 août 1877. À l'origine Museum of Science and Art, Dublin, il devait permettre d'exposer la collection de la Royal Dublin Society, passée sous le contrôle de l'État, ainsi que celles de Trinity College et de la Royal Irish Academy.

National Museum of Ireland

TRÉSORS NATIONAUX

La plus prestigieuse institution culturelle d'Irlande est le National Museum, dont la section la plus importante est la partie originelle, qui occupe ce bel édifice de style néoclassique (ou palladien victorien), conçu par sir Thomas Newenham Deane et achevé en 1890. Le musée est coincé entre l'entrée arrière de la Leinster House – le Parlement irlandais – et un bâtiment quelconque des années 1960, aussi peut-on facilement passer devant sans le voir. Or, ses salles, assez exiguës, renferment la plus importante collection d'artefacts en or de l'âge de la pierre et du bronze en Europe, ainsi que l'extraordinaire Trésor. Vous y verrez ainsi le ❶ **calice d'Ardagh** et la délicate ❷ **broche de Tara**. Parmi toutes ces merveilles, repérez le ❸ **collier d'or de Broighter** puis allez admirer la sublime ❹ **croix de Cong**, créée après les autres pièces mais non moins somptueuse. Enfin, de l'autre côté du bâtiment, ne manquez pas l'inoubliable exposition ❺ **Kingship & Sacrifice** (Royauté et sacrifice) où l'on peut voir des "momies des tourbières", des corps de Celtes incroyablement bien préservés.

Lorsque vous découvrirez ces trésors – tous créés après l'introduction, au Ve siècle, du christianisme dans l'île – souvenez-vous qu'ils furent façonnés au moyen d'outils rudimentaires.

LES VIKINGS À DUBLIN

Des fouilles archéologiques menées à Dublin entre 1961 et 1981 ont mis au jour une ville et des cimetières vikings le long des berges de la Liffey. Les tombes recelaient des armes, telles que des épées et des poignards, ainsi que des bijoux et des objets personnels. Les outils d'artisans, poids et balances, lingots et pièces en argent témoignent de ce que les Vikings, loin de ne vivre que de pillages, étaient aussi des commerçants. Ces artefacts font désormais partie de la collection du National Museum.

PAUSE DÉJEUNER

Le café du musée, Brambles, est parfait pour déjeuner. Etto (18 Merrion Row), fantastique restaurant italien, est plus raffiné.

Croix de Cong
Fabriquée en 1123 pour renfermer un fragment de la Vraie Croix du Christ, qui tournait dans le pays à l'époque, ce reliquaire était conservé par les Augustins dans leur confrérie de Cong, dans le comté de Galway. Les sublimes filigranes dorés sur le devant et l'arrière de la croix témoignent de l'importance qu'elle revêtait alors.

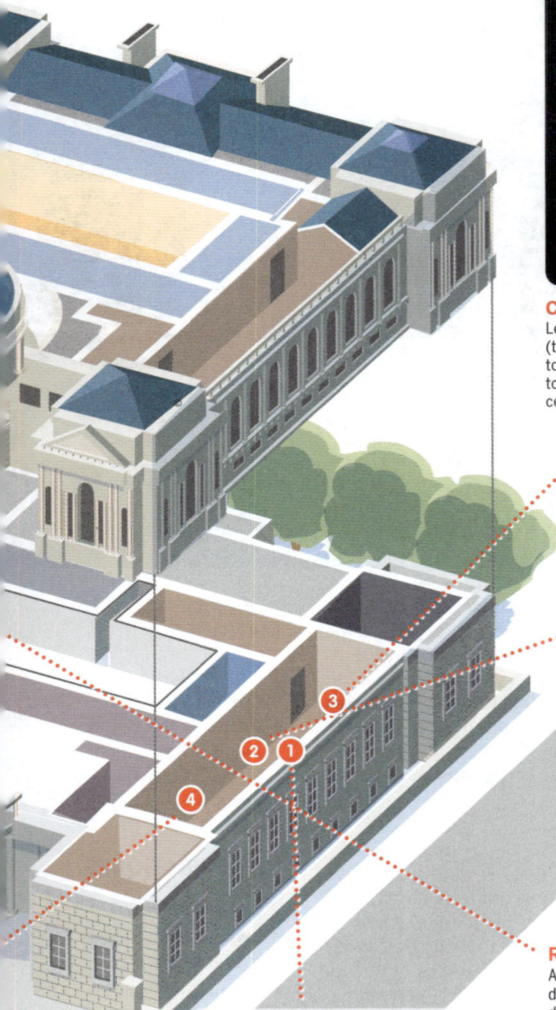

Collier d'or de Broighter

Le plus somptueux élément du Broighter Hoard (trésor de Broighter) est ce beau collier (ou torque) en or, orné de motifs sophistiqués, tout en courbes, caractéristiques du grand art celtique, appelé style de La Tène.

Broche de Tara

Fabriquée vers l'an 700 pour fermer une cape, elle est la deuxième pièce maîtresse du musée. Toute en délicatesse, elle symbolise l'excellence de l'art irlandais.

Royauté et sacrifice

Attrait phare du musée, la collection de "momies des tourbières" datant de l'âge du fer fait partie de l'exposition *Kingship & Sacrifice* : quatre corps plus ou moins bien conservés ont été retrouvés dans les tourbières des Midlands.

Calice d'Ardagh

Fait d'or, d'argent, de bronze, de laiton, de cuivre et de plomb, ce calice du XIIe siècle est un des plus beaux exemples d'art celtique insulaire à nous être parvenu.

BENOIT DAOUST/SHUTTERSTOCK ©

LES INCONTOURNABLES
NATIONAL GALLERY

La collection permanente de ce musée compte, entre autres, une superbe toile du Caravage et une salle remplie d'œuvres du peintre irlandais le plus influent, Jack B. Yeats. La National Gallery est passée d'un catalogue initial de 125 toiles à plus de 13 000 œuvres aujourd'hui. Provenant principalement de legs, la collection comprend des peintures à l'huile, des aquarelles, des croquis, des lithographies et des sculptures.

L'édifice

Le bâtiment a été conçu par Francis Fowke (1823-1965), l'architecte du Victoria & Albert Museum de Londres. Il est divisé en quatre ailes et 54 galeries : la section d'origine, **Dargan Wing**, la **Milltown Wing** (1899-1903), la **Beit Wing** (1964-1968) et la **Millennium Wing** (2002). Les œuvres y sont présentées par périodes, mouvements, géographie et thèmes. De grands travaux de rénovation ont eu lieu en 2016.

La collection permanente

Ce fonds intègre des œuvres allant du XIVe au XXe siècle, balayant tous les grands mouvements artistiques européens.

L'accent est mis sur les toiles irlandaises, dont celles des peintres William Orpen (*Sunlight*), Roderic O'Conor (*Reclining Nude* et *Young Breton Girl*) *et* Paul Henry (*The Potato Diggers*). L'artiste incontournable reste toutefois Jack B. Yeats. La **Yeats Room** expose plus d'une trentaine des œuvres de ce peintre impressionniste unique en son genre. Parmi ses toiles les plus intéressantes figurent *The Liffey Swim*, *Men of Destiny* et *Above the Fair*.

À NE PAS MANQUER

- La salle Yeats
- *L'Arrestation du Christ* (le Caravage)
- *Femme écrivant une lettre* (Vermeer)
- La collection Vaughan

INFOS PRATIQUES

- Plan p. 292, B2
- www.nationalgallery.ie
- Merrion Square W
- Entrée libre 9h15-17h30 lun-mar, ven et sam, 9h15-20h30 jeu, 11h-17h30 dim-lun
- 4, 7, 8, 39A, 46A depuis le centre-ville

L'Arrestation du Christ du Caravage

La pièce maîtresse de la collection du musée est un sublime tableau du peintre italien le Caravage, *L'Arrestation du Christ*, sur lequel le maître incontesté de la lumière s'est représenté tout à droite, une lanterne à la main. Autour de ce chef-d'œuvre se trouvent des toiles de Fra Angelico, de Titien et du Tintoret. Face à la toile du Caravage, sur le mur opposé, repose un tableau de Van Dyck, *Garçon génois sur une terrasse*. Des maîtres hollandais et flamands sont aussi exposés dans la salle, dont un tableau de Vermeer, *Femme écrivant une lettre et sa servante*, lequel fut volé, en 1986, par Martin Cahill (mort en 1994), gangster dublinois – John Boorman tira un film de sa vie, *Le Général* (1998) –, et récupéré en 1993.

Œuvres européennes

La section française compte un célèbre tableau du XIXe siècle *Les Glaneuses*, de Jules Breton ainsi que des œuvres de Monet, Degas, Pissarro et Delacroix. Du côté espagnol, on trouve une peinture de Picasso, *Nature morte à la mandoline*, mais aussi des toiles de Goya et du Greco et même un premier tableau de Velázquez. Il y a aussi une petite section dédiée à des œuvres britanniques de Reynolds, Hogarth et Gainsborough (*The Cottage Girl*).

Collection Vaughan

Tous les hivers, en janvier, a lieu une exposition majeure de la National Gallery : celle de la collection Vaughan, laquelle compte 35 aquarelles de Joseph Mallord William Turner (1775-1851) dont la beauté s'apprécie à son meilleur sous la lumière hivernale.

MONET RESTAURÉ

Observez de près *Le Bassin d'Argenteuil avec un voilier* de Monet (1874). Vous ne remarquez rien ? Probablement pas. Vandalisé et considérablement endommagé en 2012, le tableau a été restauré ; l'intervention est à peine visible. Les conséquences sont bien plus grandes pour l'auteur des faits, condamné à six ans de prison en 2014.

L'ouverture nocturne du jeudi, lorsque les visiteurs se font moins nombreux, est le meilleur moment pour arpenter le musée.

UN CHEF-D'ŒUVRE AU GRENIER

L'Arrestation du Christ, du Caravage, est resté pendant plus de 60 ans dans une maison jésuite près de Leeson St avant d'être découvert par hasard en 1992 par Sergio Benedetti, conservateur en chef de la galerie.

Des ateliers familiaux permettent aux enfants de s'essayer à l'art toute l'année, généralement le samedi. Consultez le site Web de la National Gallery.

LES INCONTOURNABLES MERRION SQUARE

L'élégant jardin de Merrion Square date de 1762. C'est le square le plus prestigieux de Dublin, avec ses pelouses bien tondues et de superbes parterres de fleurs. Il est entouré de somptueuses maisons georgiennes aux portes colorées et surplombées d'impostes en forme de paon. Il donne sur la National Gallery, Leinster House et le Museum of Natural History.

À NE PAS MANQUER

- La statue d'Oscar Wilde
- Les portes colorées des maisons georgiennes
- Les impostes en forme de paon au-dessus des portes

INFOS PRATIQUES

- Plan p. 292, C3
- aube-crépuscule
- ts ceux du centre-ville

La statue d'Oscar Wilde

Dans le coin nord-ouest du jardin trône une statue extravagante d'**Oscar Wilde**. L'écrivain et dramaturge a grandi au numéro 1 de Merrion Square North, la première demeure construite autour du square, en 1762. Du temps où sa famille y résidait, sa mère, lady "Speranza" Wilde, y tenait un salon très renommé. On ne peut toutefois pas visiter les lieux. Restaurée, la maison n'est accessible qu'aux étudiants de l'American College Dublin. Il faut donc se contenter de la statue, laquelle représente l'écrivain vêtu de son habituelle veste d'intérieur, affalé sur un rocher. Wilde semble contempler son ancienne maison ; l'expression de son visage, à la fois heureuse et maussade, reflète la dualité qui habite les hommes et qu'il a su mettre en évidence dans son œuvre. Une petite statue verdie, posée non loin sur un socle représente, accroupie, son épouse (Constance Wilde) nue et enceinte, jetant un regard par-dessus son épaule.

Autres statues

Côté ouest du square, le **mémorial national** (Merrion Sq W ; 24h/24 ; ts ceux du centre-ville) est une sculpture de Brian King. Dans la structure, une pyramide de pierre et de verre, se tiennent quatre personnages en bronze, lesquels représentent les Forces de défense irlandaises protégeant la flamme éternelle. Au milieu du parc se trouve une sculpture en forme de **chaise de bouffon**, à la mémoire de Dermot Morgan, acteur principal de la formidable série comique britannico-irlandaise *Father Ted* (1995-1998).

Temps difficiles

Malgré son calme apparent, tout n'a pas toujours été rose à Merrion Square. Pendant la Grande Famine (1845-1851), des indigents campaient sur ses pelouses, vivant de la soupe populaire distribuée ici. Après l'indépendance, le gouvernement de l'État libre d'Irlande tenait Merrion Square pour un symbole de la domination britannique. Il était prévu de le raser et de le réaménager, mais ce projet fut mis en suspens du fait de la Seconde Guerre mondiale, puis abandonné. En 1972, après la mort de 13 civils à Derry, lors du Bloody Sunday, une foule en colère de quelque 20 000 personnes se rassembla devant l'ambassade du Royaume-Uni, au numéro 39 de Merrion Square East. Ils incendièrent l'édifice (l'ambassade se trouve désormais à Ballsbridge).

Dublin n'a toutefois pas connu de destructions du seul fait de vandales, de terroristes ou de manifestants. Dans le passé, East Merrion Square donnait sur Lower Fitzwilliam Street, la plus longue rue de maisons de style georgien en Europe. Or, en 1961, l'entreprise Electricity Supply Board (ESB) démolit 16 de ces demeures pour bâtir à la place un immeuble de bureaux – une infamie de plus, dans la frénésie de destructions qui marqua la capitale pendant la seconde moitié du XXe siècle. Hébergé dans une maison georgienne (préservée, elle), le Royal Institute of the Architects of Ireland organise souvent des expositions.

À VOIR

Merrion Sq et ses environs rassemblent les principaux monuments de Dublin : la National Gallery et le Museum of Natural History sont séparés par l'entrée arrière du Parlement irlandais, tandis que le National Museum of Ireland se trouve non loin sur Kildare St (depuis l'entrée principale du Parlement).

NATIONAL MUSEUM OF IRELAND – ARCHAEOLOGY MUSÉE

Voir p. 92.

NATIONAL GALLERY MUSÉE

Voir p. 96.

MERRION SQUARE JARDIN

Voir page ci-contre.

♥ MUSEUM OF NATURAL HISTORY MUSÉE

Plan p. 292 (National Museum of Ireland – Natural History ; www.museum.ie ; Upper Merrion St ; 10h-17h mar-sam, 13h-17h dim ; 7, 44 depuis le centre). GRATUIT Surnommé affectueusement le "zoo mort", ce musée étrange, poussiéreux mais captivant est un exemple frappant de la curiosité scientifique de l'époque victorienne. Fort d'une gigantesque collection d'animaux empaillés et de spécimens soigneusement annotés, il a bien peu changé depuis son ouverture, en 1857, par le célèbre explorateur et missionnaire écossais David Livingstone, qui périt au fin fond de l'Afrique quelque seize ans plus tard.

L'**Irish Room** au rez-de-chaussée est remplie de mammifères, de créatures marines, d'oiseaux et de papillons, dont le squelette d'un gigantesque élan irlandais *(Megaloceros)* vieux de 10 000 ans. La **World Animals Collection**, distribuée sur 3 niveaux, a pour pièce maîtresse un squelette long de 20 m d'un rorqual commun échoué sur une plage du comté de Sligo. Au 1er étage, sont exposés en rang des squelettes d'orangs-outans, de chimpanzés, de gorilles et d'humains.

Plus récente, la **Discovery Zone** permet aux visiteurs de mener leurs propres explorations en maniant des animaux empaillés et en fouillant dans des tiroirs. Parmi les curiosités à ne pas manquer : un tigre de Tasmanie (marsupial australien dont l'espèce s'éteignit, du fait de l'homme, au siècle dernier) ; un panda géant de Chine et plusieurs rhinocéros d'Afrique et d'Asie. La superbe **Blaschka Collection** expose des créatures marines en verre, détaillées au point de pouvoir passer pour vraies.

LA CATHÉDRALE QUI NE VIT JAMAIS LE JOUR

Au début du XXe siècle, Merrion Square appartenait à l'Église qui, jusqu'en 1938, prévoyait d'y construire une cathédrale. Le poète W.B. Yeats (1865-1939), qui y résida quelque temps, décrivit son architecture comme relevant d'un "XVIIIe siècle poussiéreux".

LEINSTER HOUSE ÉDIFICE REMARQUABLE

Plan p. 292 (Oireachtas Éireann ; 01-618 3271 ; www.oireachtas.ie ; Kildare St ; galerie d'observation 14h30-20h30 mar, 10h30-20h30 mer, 10h30-17h30 jeu nov-mai ; ts ceux du centre-ville). Ici, se réunit l'*Oireachtas* (Parlement). Ce grand hôtel particulier de style palladien a été construit pour James Fitzgerald, duc de Leinster et comte de Kildare par Richard Cassels entre 1745 et 1748. Des visites guidées gratuites (p. 106) peuvent être réservées en période de session parlementaire (mais non quand l'assemblée s'y tient). Vous pourrez toutefois obtenir des billets pour accéder à la galerie d'observation à la faveur de certaines séances.

La façade côté Kildare Street a inspiré l'architecte irlandais James Hoban pour la Maison-Blanche tandis que du côté Merrion Square, on dirait une maison de campagne. L'obélisque devant l'édifice est dédié à Arthur Griffith, Michael Collins et Kevin O'Higgins, les pères de l'indépendance irlandaise.

Le premier gouvernement de l'État libre d'Irlande s'est installé dans la Leinster House dès 1922. Le Dáil (chambre basse) et le Seanad (sénat ou chambre haute) y siègent encore pour débattre des affaires du pays. Les 60 membres du Seanad se réunissent dans un salon de l'aile nord du bâtiment, dans un calme relatif. En revanche, quand les 166 parlementaires du Dáil se retrouvent dans l'ancien amphithéâtre, ajouté au bâtiment en 1897, il arrive que les débats soient autrement houleux. Le Parlement siège 90 jours par an.

ROYAL HIBERNIAN ACADEMY (RHA) GALERIE GALLAGHER GALERIE

Plan p. 292 (01-661 2558 ; www.rhagallery.ie ; 15 Ely Pl ; 11h-17h lun, mar et jeu-sam, 11h-20h mer, 12h-17h dim ; 🚌10, 11, 13B, 51X depuis le centre). GRATUIT Cette grande galerie bien éclairée, située à l'extrémité d'une rue georgienne tranquille, est l'espace d'exposition le plus prestigieux d'Irlande en matière d'art moderne et contemporain. L'Exposition annuelle dévoile, chaque mois de mai, le travail d'artistes désignés par un comité composé de membres de l'Académie (facilement identifiables à leur toge). Y figurent aussi bien des talents confirmés que des amateurs, ou d'inclassables nouveaux venus.

FITZWILLIAM SQUARE JARDIN

Plan p. 292 (⏲fermé au public ; 🚌10, 11, 13B, 46A depuis le centre). Voici, achevé en 1825, le plus petit square georgien de Dublin. William Dargan (1799-1867), qui fut l'ingénieur de la première ligne de chemin de fer irlandaise et le fondateur de la National Gallery, vivait au numéro 2. L'artiste Jack B. Yeats (1871-1957), lui, résidait au numéro 18. Depuis 2017, l'endroit accueille en été un marché de plus d'une dizaine d'étals.

Il s'agit du seul square de Dublin dont l'accès à la partie centrale demeure réservé aux riverains. Vous remarquerez au sol les trappes à charbon datant des XVIIIe et XIXe siècles. Désormais, le square est jalonné d'officines de professions libérales.

STATUE DE PATRICK KAVANAGH STATUE

Plan p. 292 (🚌37 depuis le centre). Une sculpture en bronze de Patrick Kavanagh (1904-1967), installée en 1968, montre le poète assis sur un banc, bras et jambes croisés, dans l'un de ses endroits favoris. La statue est inspirée de son poème "Lines Written on a Seat on the Grand Canal, Dublin" ("Vers écrits sur un banc le long du Grand Canal, Dublin").

HUGUENOT CEMETERY CIMETIÈRE

Plan p. 292 (St Stephen's Green ; ⏲fermé au public ; 🚌ts ceux du centre-ville). Ce petit cimetière huguenot a été créé en 1693 par des réfugiés protestants français. Il est fermé au public mais vous pourrez apercevoir les tombes à travers les grilles. Parmi les 239 noms de famille, figure celui de "Becquett" associé à l'écrivain Samuel Beckett.

NATIONAL LIBRARY OF IRELAND MONUMENT HISTORIQUE

Plan p. 292 (www.nli.ie ; Kildare St ; ⏲9h30-19h45 lun-mer, 9h30-16h45 jeu-ven, 9h30-12h45 sam ; 🚌ts ceux du centre). GRATUIT La salle de lecture coiffée d'un dôme est le principal attrait

Promenade à pied
Quartier Georgien

DÉPART KILDARE ST
ARRIVÉE NATIONAL GALLERY
DISTANCE 1,7 KM ; 1 HEURE

Dublin est la ville de l'architecture georgienne par excellence, avec un très grand nombre d'édifices bâtis entre 1720 et 1814. Ce style architectural eut un tel impact sur la cité qu'il fit des émules pendant plus d'un siècle.

Commencez votre promenade à l'extrémité nord de **1 Kildare Street**, face à l'enceinte de Trinity College. Le nom de cette rue renvoie à James Fitzgerald, duc de Leinster et comte de Kildare, qui, défiant les conventions du XVIIIe siècle, décida de construire son hôtel particulier au sud de la Liffey, loin des élégants quartiers du nord où vivaient ses pairs aristocrates. Il avait vu juste en prédisant : "Où que j'aille, la bonne société suivra." Un siècle plus tard, Kildare St foisonnait déjà de somptueuses demeures.

En commençant à remonter la rue, remarquez sur votre gauche le bâtiment de l'ancien Kildare Street Lords Club. Celui-ci, fondé en 1782, était célèbre pour ses membres issus de l'aristocratie, amateurs de bon vin et de jeux de cartes. L'édifice d'origine en a été remplacé, en 1860, par l'actuel, de style néobyzantin, conçu par Thomas Newenham Deane. Le club y garda ses quartiers jusqu'en 1976. Il est désormais occupé par l'Alliance française.

Un peu plus loin, du même côté de la rue, on tombe sur la **2 National Library of Ireland** (p. 100), un autre projet de l'architecte Deane. Juste après la bibliothèque, un impressionnant portail noir et des agents de police protègent la **3 Leinster House** (p. 99), édifice de style palladien commandé par Fitzgerald à Richard Cassels et construit entre 1745 et 1748. C'est là que siègent désormais les deux chambres du Parlement irlandais. Vue de ce côté, la façade paraîtra étrangement familière à certains : James Hoban, l'architecte de la Maison-Blanche, s'est en effet inspiré de Leinster House pour son dessin de la résidence officielle du président des États-Unis.

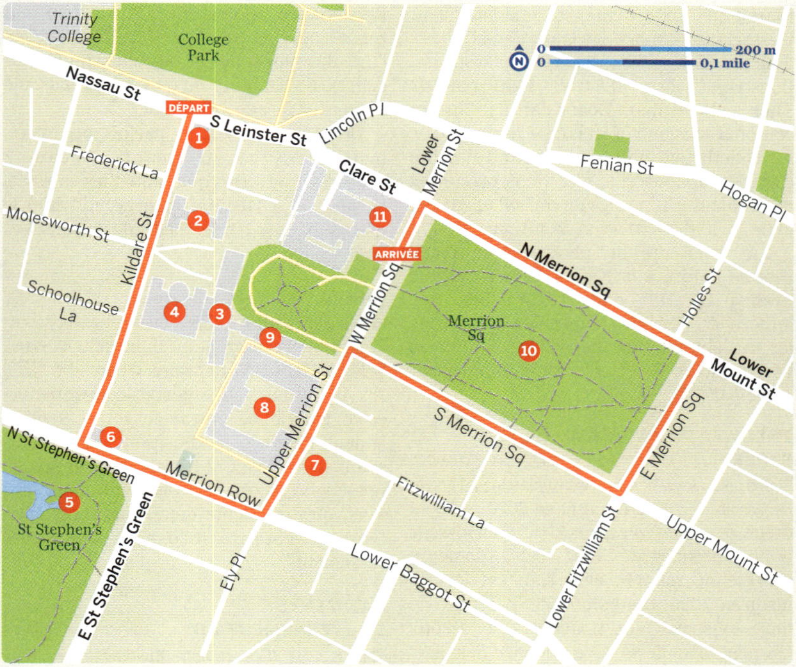

En suivant se dresse le **4 National Museum of Ireland – Archaeology** (p. 92), autre création de Deane, qui a ouvert ses portes en 1890. Au bout de la rue, le jardin qui s'étend devant vous est **5 St Stephen's Green** (p. 66), le square public préféré des Dublinois. Autrefois terrain communal pour les châtiments et les pendaisons publiques, ses pelouses furent réaménagées au cours du XVIIIe siècle, devenant ainsi le lieu privilégié des promenades de l'aristocratie. Plus tard, en 1877, sir Arthur Edward Guinness fit passer une loi pour ouvrir le parc au public.

Tournez à gauche sur Merrion Row et poursuivez votre chemin le long du jardin. Vous passerez devant le **6 Shelbourne** (p. 206), hôtel historique de Dublin. Pendant l'insurrection de Pâques 1916, y furent soignés aussi bien des blessés insurgés que britanniques. Le brouillon de la Constitution de 1922 a été rédigé dans la chambre 112. Prenez maintenant à gauche, dans Merrion Street. Sur votre droite, le numéro 24 de l'enfilade de belles demeures georgiennes est la maison de naissance d'Arthur Wellesley, duc de Wellington, qui fut l'objet de railleries pour être né en Irlande. Il se plaisait à rétorquer que "naître dans une écurie ne saurait faire de quiconque un cheval". Or cette soi-disant écurie a désormais rang d'hôtel le plus élégant de Dublin, le **7 Merrion** (p. 206).

Vous passerez ensuite devant les **8 bâtiments gouvernementaux** (p. 102), à gauche, puis arriverez sur l'arrière de Leinster House. Vu de ce côté, l'endroit évoque davantage une grande propriété de campagne. Petit bâtiment coincé entre ceux gouvernementaux et Leinster House, le **9 Museum of Natural History** (p. 99) est ouvert depuis 1857.

Sur votre droite, vous apercevez **10 Merrion Square** (p. 98), célèbre jardin public entouré de splendides maisons. Leurs portes et impostes sont les plus photographiées de la ville. De nombreuses personnalités ont habité et vivent encore ici.

Promenez-vous dans le parc avant de vous diriger de nouveau vers West Merrion Square pour aller visiter la **11 National Gallery** (p. 96), laquelle, inaugurée en 1864, fut construite par Francis Fowke, d'après une idée de Charles Lanyon. Pour un effet de symétrie, la façade est identique à celle du Muséum d'histoire naturelle.

touristique de cet auguste établissement. C'est ici que Stephen Dedalus, dans l'*Ulysse* de Joyce, expose ses thèses sur Shakespeare. Construite entre 1884 et 1890 par sir Thomas Newenham Deane dans la veine du National Museum of Ireland – Archaeology, la bibliothèque possède un grand nombre d'anciens manuscrits, d'éditions originales et de cartes. Un service de conseil en généalogie (p. 104) se trouve au 2e niveau.

Les amateurs de photographie pourront se rendre à la National Photographic Archive (p. 113), dans Temple Bar, une annexe de la bibliothèque. Munissez-vous au préalable d'un "reader's ticket" auprès du bureau prévu à cet effet dans le bâtiment principal.

29 LOWER FITZWILLIAM STREET — BÂTIMENT HISTORIQUE

Plan p. 292 (www.numbertwentynine.ie ; 29 Lower Fitzwilliam St ; ⏲fermé jusqu'en 2020 ; 🚌7, 44 depuis le centre). Propriété du fournisseur public d'électricité ESB, cette demeure georgienne rénovée avec soin est fermée jusqu'en 2020, tandis que l'ESB achève de faire construire son nouveau siège à côté. On peut, d'ici là, se faire une idée des lieux grâce à une visite virtuelle disponible sur le site Web. Ce qu'on ne vous dira pas, c'est l'histoire associée à cette maison : dans les années 1960, pour construire son précédent siège, l'ESB a obtenu l'autorisation de l'État de raser 16 maisons georgiennes, détruisant ainsi le plus bel alignement de ce type en Europe.

ST STEPHEN'S "PEPPER CANISTER" CHURCH — ÉGLISE

Plan p. 292 (☎01-288 0663 ; www.peppercanister.ie ; Upper Mount St ; ⏲ouvert uniquement pendant les messes et concerts ; 🚌4, 7, 8, 120 depuis le centre). Construite en 1825 dans le style Renaissance hellénistique, St Stephen doit son surnom de "poivrier" à sa forme. C'est l'une des plus jolies et des plus singulières églises de Dublin, surtout au crépuscule lorsque sa façade s'illumine.

Des concerts y sont parfois organisés, mais ne faites pas un détour pour y entrer : elle n'est ouverte que pour les messes, en général à 11h le dimanche et 11h30 le mercredi, et à 11h le vendredi en juillet et août.

ORIGIN GALLERY — GALERIE

Plan p. 292 (☎01-478 5159 ; theorigingallery.com ; 37 Upper Fitzwilliam St ; ⏲10h-17h30 lun-ven ; 🚌14, 15, 16, 19 depuis le centre, 🚋Harcourt). GRATUIT Au 1er niveau d'une terrasse georgienne, cette galerie décontractée sert essentiellement d'espace d'exposition aux artistes ayant séjourné à Cill Rialaig, la retraite que possède la galerie dans le comté de Kerry, ainsi qu'aux talents émergents. Les acheteurs peuvent payer les œuvres en plusieurs versements.

BÂTIMENTS GOUVERNEMENTAUX — ÉDIFICE REMARQUABLE

Plan p. 292 (Government Buildings, www.taoiseach.gov.ie ; Upper Merrion St ; ⏲visites guidées ttes les heures 10h30-13h30 sam ; 🚌7, 44 depuis le centre). GRATUIT Cet édifice édouardien abrita d'abord le Royal College of Science en 1911 avant d'être rénové et transformé, en 1989, en bureaux du gouvernement. Les visites guidées gratuites de 40 minutes permettent de découvrir le bureau du Taoiseach (Premier ministre), la Cabinet Room, l'escalier d'honneur et ses magnifiques vitraux – conçus par Evie Hone (1894-1955) pour la Foire internationale de New York de 1939. Vous pourrez obtenir des billets à partir de 9h30 le jour de votre visite à la National Gallery, entrée côté Clare Street.

DE DOCTES RÉSIDENTS

Merrion Square a toujours été très en vue des intellectuels dublinois. **Oscar Wilde** a passé sa jeunesse au n°1 North Merrion Sq, qu'occupe désormais l'American College Dublin. **William Butler Yeats** (1865-1939) a vécu au n°52 East Merrion Sq, et plus tard, de 1922 à 1928, au n° 82 South Merrion Sq. **George (AE) Russell** (1867-1935), qui se décrivait comme "poète, mystique, peintre et coopérateur" travaillait au n°84. Le grand "Libérateur" nationaliste, **Daniel O'Connell** (1775-1847) résida au n°58 à la fin de sa vie. L'Autrichien **Erwin Schrödinger** (1887-1961), qui remporta en 1933 le prix Nobel de physique, a occupé le n°35 de 1940 à 1956. Dublin compte aussi son lot d'écrivains fantastiques. **Joseph Sheridan Le Fanu** (1814-1873), auteur du grand classique de vampires *Camilla*, habitait ainsi au n°70.

OÙ SE RESTAURER

Tout le monde se retrouve pour manger dans les environs de Merrion Row, qui pour un déjeuner d'affaires rapide, qui pour un dîner dans l'un des établissements étoilés au Michelin. Bars à sandwichs et innombrables cafés complètent l'offre culinaire de ce quartier.

BRAMBLES
CAFÉ €

Plan p. 292 (National Museum of Ireland Cafe ; National Museum of Ireland, Kildare St ; plats autour de 11 € ; ⏲10h-17h mar-sam, 13h-17h dim-lun ; 🚌ts ceux du centre-ville). Primé, le café du Musée national d'Irlande propose d'excellentes salades, des sandwichs et des plats chauds copieux (bœuf braisé et tarte à la Guinness). Vous y trouverez aussi des thés et du café issus du commerce équitable.

MUSASHI HOGAN PLACE
JAPONAIS €

Plan p. 292 (☎01-441 0106 ; www.musashidublin.com ; 48 Hogan Pl ; sushis 3-4 €, makis 7-8 €, plats 14-15 € ; ⏲12h-22h dim-jeu, 12h-23h ven-sam ; 🚌4, 7 depuis le centre). Restaurant de la chaîne japonaise du même nom, Musashi sert d'excellents et authentiques sushis, sashimis et makis, comme ceux que l'on prépare à l'adresse où tout a commencé (p. 159), du côté nord de la Liffey.

♥ETTO
ITALIEN €€

Plan p. 292 (☎01-678 8872 ; www.etto.ie ; 18 Merrion Row ; plats 18-24 € ; ⏲12h-21h30 lun-mer, 12h-22h jeu-ven, 12h30-22h sam ; 🚌ts ceux du centre-ville). Également récompensé, ce restaurant et bar à vins propose une cuisine italienne classique. Tous les ingrédients sont frais, la présentation est superbe et le service, exemplaire. Les portions sont petites mais roboratives. Bonne carte des vins. Seul inconvénient : la rotation rapide des tables. Réservation requise.

♥COBURG BRASSERIE
FRANÇAIS €€

Plan p. 292 (☎01-602 8900 ; www.thecoburgdublin.com ; Conrad Dulin, Earlsfort Tce ; plats 17-26 € ; ⏲6h30-23h ; 🚌ts ceux du centre-ville). Cette brasserie d'hôtel rénovée, d'inspiration française, met l'accent sur les fruits de mer. Au menu, toute la journée : des huîtres, des moules et des plats à base de homard (sandwich au homard, cocktail de homard...). La bouillabaisse est délicieuse, tout comme le hamburger aux crevettes et au crabe et l'exquise salade niçoise au thon. Excellente adresse.

100% LOCAL

ART EN PLEIN AIR

Le dimanche, les grilles en fer de Merrion Square se transforment en galerie d'art en plein air. Ce **marché d'art** (plan p. 292 ; www.merrionart.com ; Merrion Sq ; ⏲10h-17h dim ; 🚌ts ceux du centre-ville) expose les œuvres de quelque 150 artistes, principalement des peintres du dimanche (certains au demeurant talentueux), portés sur les paysages et les natures mortes.

HOUSE
MÉDITERRANÉEN €€

Plan p. 292 (☎01-905 9090 ; www.housedublin.ie ; 27 Lower Leeson St ; petites assiettes 9-12 €, plats 15-26 € ; ⏲8h-minuit lun-mer, 8h-3h jeu-ven, 16h-3h sam ; 🚌11, 46, 118, 145 depuis le centre-ville). Ce superbe bar affiche un choix limité de plats, car il doit son succès aux assiettes de tapas, avec un beau choix de spécialités méditerranéennes : risotto aux champignons sauvages, calamars au poivre, *halloumi* grillé, porc braisé...

XICO
MEXICAIN €€

Plan p. 292 (☎01-661 8829 ; www.xico.ie ; 143 Lower Baggot St ; plats 12-22 € ; ⏲17h-minuit lun-sam ; 🚌ts ceux du centre-ville). Aménagé en sous-sol, ce restaurant mexicain rencontre son petit succès, entre musique à fond et spécialités (tacos, *tostadas*, assiettes de ceviche de saumon ou bols de bœuf épicé) accompagnées de margaritas. Il s'agit bel et bien d'un restaurant, mais mieux vaut y arriver avec l'humeur festive.

ELY WINE BAR
IRLANDAIS MODERNE €€

Plan p. 292 (☎01-676 8986 ; www.elywinebar.ie ; 22 Ely Pl ; plats 22-38 € ; ⏲12h-23h30 lun-ven, 17h-0h30 sam ; 🚌ts ceux du centre-ville). Succulents hamburgers bio, joue de bœuf braisée de 9 heures et steaks grillés à la perfection sont au menu de cet établissement en sous-sol. Tous les plats sont concoctés à base des produits bio de la ferme familiale, dans le comté de Clare : qualité garantie. Ely tient un autre restaurant (p. 170) dans les Docklands.

LA PENICHE
EUROPÉEN €€

Plan p. 292 (☎087 790 0077 ; www.lapeniche.ie ; Grand Canal, Mespil Rd ; menu 2/3 plats 24,50/29,50 €, plus contribution à la croisière 5 €/pers ; ⏲19h-22h mer-jeu, 17h30-minuit ven-sam, 19h30-21h30 dim ; 🚌38, 39 depuis le centre). Une

100% LOCAL

SUR LES TRACES DE VOS ANCÊTRES

Vous brûlez de savoir si vous avez du sang irlandais dans les veines ? La tâche en sera facilitée si vous avez fait quelques recherches préalables chez vous, notamment sur la date et l'endroit précis de l'arrivée de vos ancêtres. Toutefois, vous pourrez peut-être retracer votre arbre généalogique même en vous lançant sur un coup de tête.

Accredited Genealogists Ireland (AGI ; www.accreditedgenealogists.ie ; c/o the Genealogy Advisory Service, Kildare St ; ts ceux du centre-ville). Le bureau de régulation gérant tous les généalogistes professionnels d'Irlande. Pour engager un généalogiste, il faut passer par là ; le site Web indique tous les membres pouvant accepter un mandat.

Genealogical Office (01-603 0200 ; 2e niveau, National Library of Ireland, Kildare St ; 9h30-17h lun-ven, 9h30-13h sam ; ts ceux du centre-ville). Le bureau de généalogie vous renseignera sur la meilleure manière de retrouver vos racines irlandaises. Un généalogiste pourra s'en charger pour vous (tarif en fonction de la recherche) ou simplement vous orienter (gratuitement).

Genealogy Advisory Service (01-603 0256 ; www.nli.ie ; National Library of Ireland, Kildare St ; 9h30-17h lun-mer, 9h30-16h45 jeu-ven ; ts ceux du centre-ville). La National Library of Ireland propose un service de conseil en généalogie gratuit et sans rendez-vous qui vous guide pour commencer vos recherches et permet d'accéder à un certain nombre de sites Web payants, notamment les archives des journaux et les recherches d'ascendance.

soirée sur une péniche constitue une façon très agréable de visiter le Grand Canal – et de profiter d'un bon dîner. Prenez place sur le pont pour siroter un verre de vin et déguster des spécialités belges en passant les écluses.

♥ RESTAURANT PATRICK GUILBAUD — FRANÇAIS €€€

Plan p. 292 (01-676 4192 ; www.restaurant-patrickguilbaud.ie ; 21 Upper Merrion St ; menus déj 2/3 plats 52/62 €, menus soir 135-203 € ; 12h30-14h30 et 19h-22h30 mar-ven, 13h-14h30 et 19h-22h30 ; 7, 46 depuis le centre). Avec deux étoiles au Michelin, c'est sans conteste la meilleure adresse du pays. Les adeptes apprécient grandement la cuisine française du chef Guillaume Lebrun. Le menu du déjeuner, innovant et magnifiquement présenté, est une authentique affaire pour une adresse gastronomique. La salle est à la fois contemporaine et chic ; le service est tout en distinction, affabilité et compétence. Patrick Guilbaud, le propriétaire, fait volontiers le tour des tables en soirée pour saluer les habitués et s'assurer que les nouveaux clients reviendront. Réservation indispensable.

L'ÉCRIVAIN — FRANÇAIS €€€

Plan p. 292 (01-661 1919 ; www.lecrivain.com ; 109A Lower Baggot St ; menu déj 3 plats 47,50 €, menu dégustation 8 plats 115 €, plat 38-46 € ; 12h30-15h30 ven, 18h30-22h30 lun-sam ; 38, 39 depuis le centre). Le chef Derry Clarke est plébiscité pour ses créations exquises et simples, lesquelles mettent l'accent sur le goût et sur des produits locaux de qualité. La cuisine est divine, et l'endroit a bien mérité son étoile au Michelin.

UNICORN — ITALIEN €€€

Plan p. 292 (01-662 4757 ; www.theunicorn.restaurant ; 12B Merrion Ct, Merrion Row ; plats 23-38 € ; 12h30-15h et 17h30-22h lun-mer, 12h30-22h30 jeu-sam ; ts ceux du centre-ville). Le repas du midi de ce restaurant italien, établi dans une petite rue de Merrion Row, a la faveur du gotha dublinois. Le bar propose des assiettes pour le déjeuner mais nous préférons la carte du restaurant, qui fait la part belle aux viandes, même s'il y en a pour tous les goûts, entre pâtes et plats de poisson.

DAX — FRANÇAIS €€€

Plan p. 292 (01-676 1494 ; www.dax.ie ; 23 Upper Pembroke St ; plats 28-35 € ; 12h30-14h et 18h30-21h30 mar-jeu, 12h30-14h et 18h30-22h ven, 12h30-14h et 18h-22h sam ; ts ceux du centre-ville). Cher aux gourmets, le restaurant en sous-sol d'Olivier Meisonnave, originaire de Dax, est à la fois chic et rustique. On s'y régale de plats exécutés

ARNDALE/SHUTTERSTOCK ©; SCULPTOR: DANNY OSBORNE

La statue d'Oscar Wilde sur Merrion Square (p. 98)

avec savoir-faire (agneau du Comeragh braisé aux aubergines et au miso ; canard sauvage rôti à la purée de cerfeuil tubéreux, à l'orge braisé et au madère).

BANG CAFÉ EUROPÉEN €€€

Plan p. 292 (☎01-400 4229 ; www.bangrestaurant.com ; 11 Merrion Row ; plats 24-36 € ; ⏲17h30-22h lun, 12h-15h et 17h30-22h mar-ven, 12h30-15h et 17h30-23h sam ; 🚌ts ceux du centre-ville). Amateurs de mode et de bonne chère apprécient la cuisine irlandaise contemporaine de cet endroit plein de style, notamment le gibier de Wicklow et le canard des marais salants. Avant les représentations théâtrales, un menu (deux plats, 29,95 €) d'un bon rapport qualité/prix est servi jusqu'à 18h30 du lundi au vendredi (jusqu'à 18h le samedi).

OÙ PRENDRE UN VERRE ET FAIRE LA FÊTE

À l'écart du centre-ville, quelques bons pubs valent le déplacement. La plupart se remplissent à l'heure des sorties des bureaux et retrouvent leur calme à mesure que la soirée avance.

♥TONER'S PUB

Plan p. 292 (☎01-676 3090 ; www.tonerspub.ie ; 139 Lower Baggot St ; ⏲10h30-23h30 lun-jeu, 10h30-0h30 ven-sam, 11h30-23h30 dim ; 🚌7, 46 depuis le centre). Semblable à quelque *country pub* en plein cœur de ville, Toner's n'a pas beaucoup changé avec le temps, comme en témoignent le sol en pierre et les petites arrière-salles. Juste à côté, la terrasse Toner's Yard est confortable. À l'intérieur, de nombreux étagères et tiroirs rappellent qu'autrefois, ce lieu servait d'épicerie. De nos jours, ce sont des employés de bureau qui viennent y mettre l'ambiance.

♥O'DONOGHUE'S PUB

Plan p. 292 (www.odonoghues.ie ; 15 Merrion Row ; ⏲10h-minuit lun-jeu, 10h-1h ven-sam, 11h-minuit dim ; 🚌ts ceux du centre-ville). Voici le pub où le groupe phare de musique traditionnelle The Dubliners s'est forgé une réputation dans les années 1960. Il s'y donne encore des concerts le soir, mais l'on s'y presse avec ou sans musique, car les pintes et l'ambiance y sont excellentes, que ce soit dans le vieux bar ou sur la terrasse couverte, garnie de canapés.

SQUARE BALL BAR

Plan p. 292 (☎01-662 4473 ; www.the-squareball.com ; 45 Hogan Pl ; ⏲12h-23h30 mar-jeu,

12h-0h30 ven-sam, 12h-23h dim ; 4, 7 depuis le centre). Bar aux multiples facettes : bar à cocktails et à bières artisanales à l'avant, lounge pour regarder le sport et barbecue à l'arrière, et superbe arcade vintage à l'étage. De nombreux jeux de société sont également à disposition.

HOUSE — BAR

Plan p. 292 (01-905 9090 ; www.housedublin.ie ; 27 Lower Leeson St ; 8h-minuit lun, 8h-2h mar-mer, 8h-3h jeu-ven, 12h-3h sam, 12h-23h dim ; 11, 46, 118, 145). Occupant 2 étages d'une maison georgienne, House est l'un des plus beaux bars modernes de Dublin, avec de splendides salles au sol en bois, des canapés confortables et même des feux de cheminée en hiver. Au centre, les grandes baies vitrées qui entourent la terrasse baignent l'intérieur de lumière naturelle. Très bon menu.

HARTIGAN'S — PUB

Plan p. 292 (100 Lower Leeson St ; 14h30-23h30 lun-jeu, 13h30-0h30 ven-sam, 12h30-minuit dim ; ts ceux du centre-ville). Ce bar spartiate accueille en journée de solides buveurs, qui en apprécient le calme. Le soir, l'endroit est fréquenté par les étudiants de la faculté de médecine de l'University College Dublin (UCD).

DOHENY & NESBITT'S — PUB

Plan p. 292 (01-676 2945 ; www.dohenyandnesbitts.ie ; 5 Lower Baggot St ; 9h-0h30 lun-mar, 9h-1h mer-jeu, 9h-2h ven, 9h30-2h sam, 10h30-minuit dim ; ts ceux du centre-ville). Nesbitt's est un pub qui sort du lot avec ses charmantes petites arrière-salles. Proche de Leinster House, il est surtout fréquenté par des hommes politiques et des journalistes.

OÙ SORTIR

Outre les restaurants et pubs des environs, les adresses où sortir sont limitées.

O'DONOGHUE'S — MUSIQUE TRADITIONNELLE

Plan p. 292 (01-660 7194 ; www.odonoghues.ie ; 15 Merrion Row ; à partir de 19h ; ts ceux du centre-ville). Des concerts de musique traditionnelle sont donnés tous les soirs dans le vieux bar de ce célèbre pub. Des célébrités locales s'y produisent régulièrement, comme Tom Foley, Joe McHugh, Joe Foley et Maria O'Connell.

SUGAR CLUB — CONCERTS

Plan p. 292 (01-678 7188 ; www.thesugarclub.com ; 8 Lower Leeson St ; 7-20 € ; 19h-tard ; 7, 46 depuis le centre). Cette salle intimiste aux airs de théâtre à l'angle de St Stephen's Green organise concerts, soirées et projections de films.

SHOPPING

Les espaces commerciaux étant principalement occupés par les restaurants et les cafés, les boutiques sont rares et éloignées les unes des autres.

HERALDIC ARTISTS — LIVRES

Plan p. 286 (01-679 7020 ; www.heraldicartists.com ; 3 Nassau St ; 13h-17h30 lun-mer, 13h-18h jeu-sam ; ts ceux du centre-ville). Plaques héraldiques et parchemins peints à la main, un cabinet de généalogie et de nombreux livres à destination des professionnels comme des amateurs.

SPORTS ET ACTIVITÉS

VISITE GUIDÉE DE L'OIREACHTAS — CIRCUITS ORGANISÉS

Plan p. 292 (01-618 3271 ; www.oireachtas.ie ; Kildare St ; 10h30, 11h30, 14h30 et 15h30 lun-ven ; ts ceux du centre-ville). GRATUIT Des circuits pré-organisés de l'Oireachtas (Parlement). Réservez ou présentez-vous à l'entrée des visiteurs 15 minutes avant le début de la visite.

Temple Bar

Notre sélection

❶ Les excellents produits, de toutes provenances, du **Temple Bar Food Market** (p. 114), le marché le plus palpitant de Dublin.

❷ Pour de la musique irlandaise traditionnelle et folklorique, aussi bien que pour des sonorités des quatre coins de la planète, direction **Claddagh Records** (p. 121).

❸ Vue de l'extérieur, la **Christ Church Cathedral** (p. 109) en impose tout particulièrement.

❹ Avec le **Dublin Musical Pub Crawl** (p. 122), on peut associer musique traditionnelle et tournée des pubs.

❺ Les étals de **The Gutter Bookshop** (p. 121), l'une des meilleures librairies indépendantes de la ville.

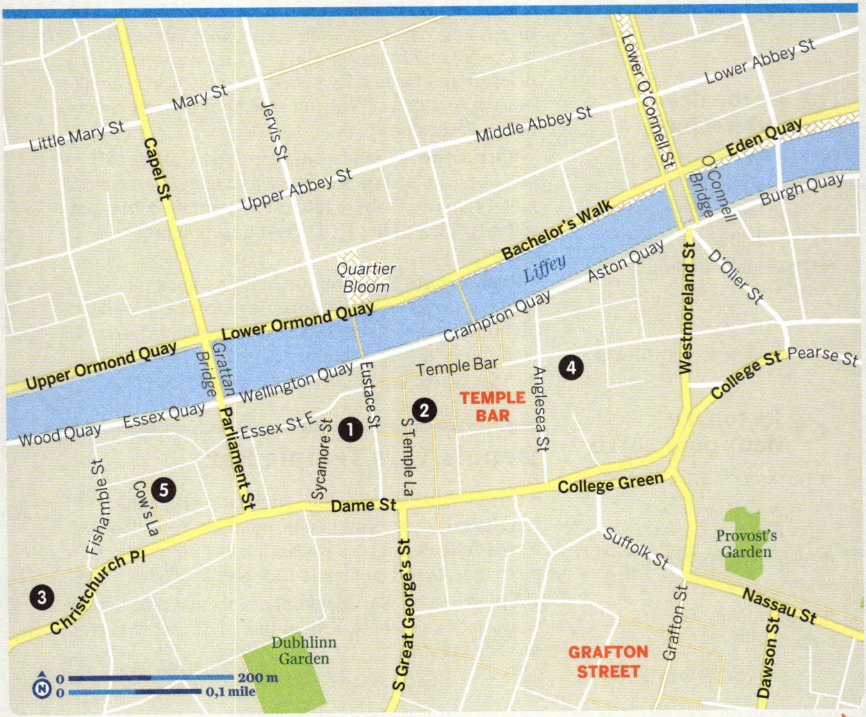

Pour un plan plus détaillé, voir p. 284

Bon plan Lonely Planet

À moins que vous ne veniez à Dublin pour un week-end festif et que le sommeil soit la dernière de vos préoccupations, ne logez pas à Temple Bar – les chambres d'hôtel y sont généralement plus exiguës et plus bruyantes qu'ailleurs. Du reste, l'emplacement central du quartier le rend facile d'accès, dans une ville par ailleurs peu étendue.

Le top des restaurants

- Bunsen (p. 114)
- Banyi Japanese Dining (p. 114)
- Sano Pizza (p. 113)
- Seafood Cafe (p. 115)
- Temple Bar Food Market (p. 114)

Voir détails p. 113

Le top des pubs et bars

- Vintage Cocktail Club (p. 116)
- The Oak (p. 116)
- Temple Bar (p. 116)
- The Liquor Rooms (p. 116)
- Palace Bar (p. 116)

Voir détails p. 116

Le top des lieux pour sortir

- Workman's Club (p. 120)
- Project Arts Centre (p. 120)
- Irish Film Institute (p. 120)
- Mother (p. 120)
- Smock Alley Theatre (p. 117)

Voir détails p. 117

Découvrir Temple Bar

On peut certes découvrir tous les sites de Temple Bar en moins d'une demi-journée, mais tel n'est pas vraiment le but. Longtemps quartier le plus festif et le plus malfamé de la capitale, ce secteur aux rues pavées se distingue davantage par son ambiance que par ses attractions. Si vous venez en journée, l'atmosphère bohème est à son comble : vous pourrez courir les friperies, vous faire percer la langue, vous régaler d'un barbecue mongol, faire le plein de produits bio, découvrir les dernières nouveautés musicales et acheter des livres sur tous les sujets imaginables. Vous aurez également l'occasion d'admirer les dernières installations artistiques en date ou de vous joindre à un cercle de percussions. Le soir ou le week-end, c'est une autre histoire : les bars du quartier sont bondés et les fêtards s'en donnent à cœur joie. L'ambiance est bruyante et animée à souhait, mais habituellement plaisante. Temple Bar a par ailleurs rang officiel de "quartier culturel" de Dublin, donc ne négligez pas les sites plus conceptuels ou avant-gardistes, comme le Project Arts Centre (p. 120), Temple Bar Gallery & Studios (p. 112) et l'Irish Film Institute (p. 120).

Vivre comme un Dublinois

- **Marchés** Le marché fermier de Temple Bar (p. 114) ne manque pas de produits gastronomiques et bio, le Cow's Lane Designer Mart (p. 121) est une vitrine de créateurs locaux d'art et de vêtements, et le Book Market (p. 122) est l'endroit rêvé pour acheter romans et CD d'occasion.
- **Vie nocturne** Prendre un verre chez Oak (p. 116) ou au Liquor Rooms (p. 116) et enchaîner avec un concert au Workman's Club (p. 120) est la garantie d'une soirée réussie, et le Mother (p. 120) est à recommander le samedi soir.
- **Restaurants** Il est courant, à un moment où l'autre du week-end, d'éponger les excès de la veille. Mentionnons, dans cet esprit, les succulents burgers de Bunsen (p. 114) ou les sushis de Banyi (p. 114), une adresse prisée des résidents et expatriés japonais.

Depuis/vers Temple Bar

- **Bus** Temple Bar se trouve au cœur de la capitale et tous les bus traversant la ville pourront vous déposer à proximité de ses rues pavées, majoritairement piétonnes, ce qui en facilite l'accès et le départ.
- **À pied** Temple Bar se rejoint aisément à pied depuis Grafton St au sud-est, Kilmainham à l'ouest et la rive nord de la Liffey.

DAVID SOANES PHOTOGRAPHY/GETTY IMAGES ©

LES INCONTOURNABLES
CHRIST CHURCH CATHEDRAL

Son emplacement en hauteur et ses arcs-boutants en font la plus photogénique des trois cathédrales de Dublin et l'un des édifices emblématiques de la capitale.

Les origines

Vers 1030, une église en bois fut érigée ici par Dunán, premier évêque de Dublin, et par le roi viking Sigtryggr Silkiskegg, à l'extrémité sud de la colonie viking de Dublin. Toutefois, en 1163, le clergé séculier fut remplacé par un groupe de moines augustins installés par le saint patron de Dublin, l'archevêque Laurence O'Toole. Six ans plus tard, les Normands de Richard de Clare, comte de Pembroke (dit Strongbow), arrivèrent en ville et se lancèrent dans la construction d'églises. Ils s'accordèrent d'abord avec O'Toole (et son successeur John Cumin) pour reconstruire entièrement la cathédrale en pierre en manière de témoignage de la gloire anglo-normande. Celle-ci fut achevée au XIIIe siècle ; Strongbow, O'Toole et Cumin étaient morts depuis longtemps.

Le mur nord, les transepts et la partie ouest du chœur sont quasiment les seuls éléments d'origine. La cathédrale a été restaurée plusieurs fois au fil des siècles, et en dépit de son apparente uniformité, elle présente un mélange de styles, allant du roman au gothique anglais.

Des temps difficiles

Dès sa création, Christ Church fut le siège officiel de l'Église d'Irlande. Quand Henri VIII décida de dissoudre les monastères au XVIe siècle, le prieuré augustin qui gérait l'église fut remplacé par un nouveau clergé anglican, toujours à la tête de l'institution.

À NE PAS MANQUER

- Chat et rat momifiés dans la crypte
- Le Trésor
- Strongbow Monument

INFOS PRATIQUES

- Church of the Holy Trinity
- Plan p. 284, A5
- www.christchurchcathedral.ie
- Christ Church Pl
- Tarif plein/étudiant/enfant 6,50/5/2,50 €, avec Dublinia 15/13/8 €
- ⌚9h30-17h lun-sam, 12h30-17h dim tte l'année, horaires étendus mars-oct
- 🚌50, 50A, 56A depuis Aston Quay, 54, 54A depuis Burgh Quay

LE SAVIEZ-VOUS ?

En mars 2012, le cœur de saint Laurence O'Toole, qui était conservé dans l'église depuis 890 ans, fut volé par un gang impliqué dans le trafic international des cornes de rhinocéros.

Si vous voyagez avec des enfants, le billet combiné incluant Dublinia se révèle d'un bon rapport qualité/prix.

LE GARÇON QUE L'ON FIT ROI

Dans le cadre d'une stratégie alambiquée pour renverser le Lancastrien Henri VII et le remplacer par un Yorkiste, le comte de Kildare couronna un fils de boulanger nommé Lambert Simnel, qui devint le roi Édouard VI en la cathédrale de Christ Church, le 24 mai 1487, pour la plus grande joie des Dublinois présents. Les Yorkistes furent vaincus lors de la bataille de Stoke Field plus tard dans la même année, mais Simnel fut épargné et obtint une place dans les cuisines d'Henri.

La cathédrale accueille de très belles messes chantées ; consultez le site Internet pour plus de détails.

Jusqu'au désétablissement de l'Église d'Irlande en 1869, tous les grands représentants de la couronne juraient allégeance ici. Le prestige de l'église, pourtant, n'allait pas durer. À la fin du XVIIIe siècle, sa popularité s'était flétrie en même temps que celle du quartier lui-même, les classes supérieures de la société dublinoise migrant vers le nord, où elles fréquentaient la nouvelle institution du moment, St Mary's Abbey. Si, le plus clair de son histoire, Christ Church eut pour rivale la St Patrick's Cathedral voisine, toutes deux connurent des temps difficiles aux XVIIIe et XIXe siècles. Lorsque les rénovations commencèrent, Christ Church était en piteux état : la nef avait accueilli un marché et la crypte, une taverne. Le producteur de whiskey Henry Roe donna l'équivalent de 30 millions d'euros actuels pour sauver l'église, laquelle fut largement reconstruite entre 1871 et 1878. Ironie du sort, les deux grandes cathédrales de l'Église d'Irlande ont perdu tout pouvoir dans une nation aujourd'hui catholique, et dépendent des donations des touristes pour leur simple survie.

Salle capitulaire et mur nord

Au niveau de l'entrée sud-est, dans la cour de l'église, vous verrez les ruines de la **salle capitulaire**, qui date de 1230. L'**entrée principale** de la cathédrale se trouve à l'angle sud-ouest, et une fois à l'intérieur, vous serez face au **mur nord** d'origine. Ce dernier a survécu à l'effondrement de la partie sud mais a lui aussi souffert de l'affaissement des fondations (une bonne partie de l'église fut construite sur une tourbière). À l'extrémité est, il penche nettement.

Strongbow Monument

L'allée sud abrite un **monument dédié au légendaire Strongbow**. Le gisant en armure sur la tombe n'est probablement pas à son effigie (il s'agirait plutôt du comte de Drogheda), mais les viscères du guerrier auraient toutefois reposé ici. Selon une légende populaire, la demi-figure derrière la tombe est un curieux exemple "d'amour paternel" : elle représente le fils de Strongbow, coupé en deux par son père pour avoir douté de sa bravoure au combat...

Bras sud du transept

Le bras sud du transept contient la magnifique **tombe baroque du 19e comte de Kildare**, qui mourut en 1734. Son petit-fils, lord Edward Fitzgerald, était membre des United Irishmen (Irlandais unis) et mourut lors du soulèvement avorté de 1798. L'entrée de la **Chapel of St Laurence** se trouve en retrait du bras sud du transept et conserve deux effigies ; l'une d'elles serait l'épouse ou la sœur de Strongbow.

CHRIST CHURCH CATHEDRAL

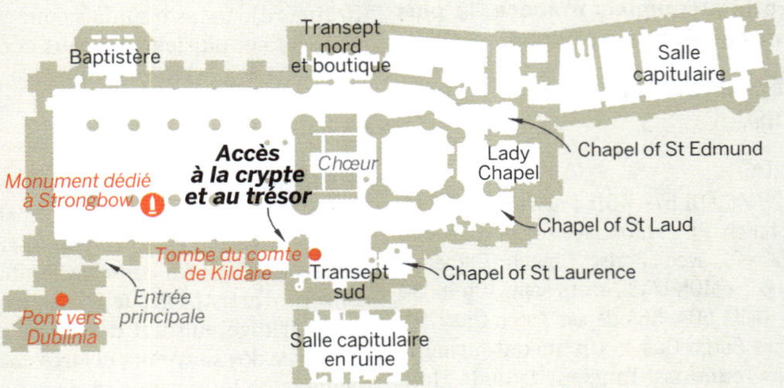

Crypte

Dans le bras sud du transept, une entrée descend à la **crypte** voûtée ; étonnamment grande, elle faisait partie de l'église scandinave d'origine. Entre autres curiosités, elle contient une vitrine abritant un chat et un rat momifiés (surnommés "Tom et Jerry") qui, coincés en pleine action dans un tuyau d'orgue, avaient été retrouvés dans les années 1860. Sont également exposés les carcans de l'ancienne "liberté" de Christ Church, employés lorsque les autorités de l'église infligeaient des punitions publiques aux pécheurs. Le **trésor** contient des pièces de monnaie rares, les armoiries des Stuart et de l'or donné à l'église par William d'Orange après la bataille de la Boyne. De l'entrée principale, un **pont** édifié dans le cadre des restaurations de 1871-1878 mène à Dublinia (p. 112).

À VOIR

Temple Bar est avant tout une atmosphère, même si ses ruelles pavées comptent une poignée de musées et de galeries. La principale curiosité, située à son extrémité ouest, se remarque de loin : la Christ Church Cathedral (p. 109), avec ses arcs-boutants et son style gothique anglais précoce, la plus ancienne cathédrale de Dublin.

CHRIST CHURCH CATHEDRAL — ÉGLISE

Voir p. 109.

DUBLINIA — MUSÉE

Plan p. 284 (☎01-679 4611 ; www.dublinia.ie ; Christ Church Pl ; tarif plein/étudiant/enfant 10/9/6,50 €, avec Christ Church Cathedral 15/13/8 € ; ⏲10h-17h30 mars-sept, 10h-16h30 oct-fév ; 🚌50, 50A, 56A depuis Aston Quay, 54, 54A depuis Burgh Quay). Un incontournable pour les enfants, l'ancien Synod Hall, ajouté à la Christ Church Cathedral (p. 107) à la faveur de sa restauration de la fin du XIXe siècle, accueille l'exposition permanente Dublinia, une évocation un brin kitsch du Dublin d'époque viking et médiévale. Maquettes, scènes de rue et éléments interactifs un peu vieillots : l'ensemble est réussi, au moins pour les petits.

Dans la section **Medieval Dublin**, la réplique d'un quai médiéval et celle d'une échoppe de cordonnier sont excellentes, tout comme la maquette de la ville médiévale. À l'étage, **Viking Dublin** comporte une importante sélection d'objets découverts à Wood Quay, le plus grand site archéologique viking du monde. Des expositions interactives racontent l'histoire des Scandinaves qui régnèrent sur Dublin aux IXe et Xe siècles, mais le meilleur moment est la découverte de la vie à bord d'un navire viking reconstitué. Vous pourrez aussi grimper dans la **St Michael's Tower** voisine et, de là, contempler la capitale et ses collines, au loin. On y trouve également, outre l'inévitable boutique de souvenirs, un agréable café.

HA'PENNY BRIDGE — PONT

Plan p. 284 (🚌ts ceux du centre-ville). Construit en 1816, c'est le pont le plus célèbre de Dublin et l'un des plus vieux ouvrages en fonte de ce type au monde. Il fut édifié pour remplacer les sept ferrys qui assuraient la navette entre les deux rives du fleuve. Officiellement appelé Liffey Bridge, il doit son nom (contraction de *half-penny*) au péage que les piétons devaient payer pour le traverser jusqu'en 1919 (pendant un temps, le péage fut d'un penny et demi et le pont était alors appelé le Penny Ha'penny Bridge).

TEMPLE BAR GALLERY & STUDIOS — GALERIE

Plan p. 284 (☎01-671 0073 ; www.templebargallery.com ; 5 Temple Bar ; ⏲11h-18h mar-sam ; 🚌ts ceux du centre-ville). GRATUIT Les œuvres de dizaines d'artistes irlandais émergents sont exposées sur plusieurs niveaux et différents médias. La galerie organise des journées portes ouvertes où l'on peut voir les artistes travailler dans les ateliers.

THE ICON FACTORY — CENTRE D'ART

Plan p. 284 (☎086 202 4533 ; iconfactorydublin.com ; 3 Aston Pl ; ⏲11h-18h ; 🚌ts ceux du centre-ville). GRATUIT Au cœur de Temple Bar, ce collectif d'artistes accueille des expositions sur l'héritage culturel de l'Irlande. Vous y trouverez des souvenirs colorés célébrant le meilleur de la musique et de la littérature irlandaises. Le produit des ventes est reversé aux artistes eux-mêmes. Baladez-vous sur l'Icon Walk à l'extérieur et familiarisez-vous avec les dramaturges, rock stars, grands sportifs et comédiens irlandais.

GALLERY OF PHOTOGRAPHY — GALERIE

Plan p. 284 (www.galleryofphotography.ie ; Meeting House Sq ; ⏲11h-18h lun-sam, 13h-18h dim ; 🚌ts ceux du centre-ville). GRATUIT Cette petite galerie consacrée à la photographie occupe un espace à 3 niveaux donnant sur Meeting House Square. Elle accueille des expositions d'œuvres irlandaises et internationales régulièrement renouvelées, ainsi que des cours de photographie. La boutique du rez-de-chaussée est bien fournie en livres de photographie en tout genre.

MOSAÏQUE — SITE HISTORIQUE

Plan p. 284 (Winetavern St ; 🚌ts ceux du centre-ville). Fishamble St, la plus vieille rue de Dublin, date de l'époque des Vikings. Incrustés dans le trottoir, des symboles en laiton vous guideront jusqu'à une mosaïque, juste au nord-est du pont reliant Christ Church Cathedral et Dublinia. Elle représente le plan typique des maisons vikings qui furent mises au jour ici au début des années 1980.

NATIONAL WAX MUSEUM PLUS — MUSÉE

Plan p. 284 (www.waxmuseumplus.ie ; 22-25 Westmoreland St ; tarif plein/enfant/réduit 15/10/13 € ; ⏲10h-22h ; 🚌ts ceux du centre-ville). Davantage un minimusée d'Histoire en cire qu'un pendant dublinois de Madame Tussauds ou du musée Grévin parisien. La qualité des statues reste fort médiocre, mais la Chambre des horreurs (avec Dracula dans le rôle principal) est assez réussie. Le "plus" dans le nom fait référence au recours à la vidéo et à la musique. Achetez vos billets en ligne pour bénéficier d'une remise de 10%.

NATIONAL PHOTOGRAPHIC ARCHIVE — MUSÉE

Plan p. 284 (www.nli.ie ; Meeting House Sq ; ⌚10h-13h mar-jeu, et 14h30-16h30 mer ; 🚌ts ceux du centre-ville). **GRATUIT** Les archives photographiques du milieu du XIXe siècle à nos jours font partie de la collection de la National Library. Elles sont ouvertes uniquement sur rendez-vous et présentation d'un billet de lecteur, lequel doit être demandé à l'antenne principale (p. 100).

HANDEL'S HOTEL (SITE DU NEAL'S NEW MUSICK HALL) — SITE HISTORIQUE

Plan p. 284 (16-18 Fishamble St ; 🚌ts ceux du centre-ville). Tout est dit dans le nom : à l'emplacement de cet hôtel se trouvait jadis le Neal's New Musick Hall, où Georg Friedrich Haendel, alors presque ruiné, dirigea, le 13 avril 1742, la toute première version de son oratorio, *Le Messie*. Il ne reste aujourd'hui que l'arche d'origine, qui a été rénovée et a conservé toute son élégance. Chaque année, *Le Messie* est joué en plein air dans Fishamble St – la plus vieille rue de Dublin – pour commémorer cet événement.

Concernant la performance originale, Jonathan Swift – auteur des *Voyages de Gulliver* et doyen de la St Patrick's Cathedral – avait suggéré la participation des chorales de St Patrick's et de Christ Church, pour ensuite revenir sur sa décision, souhaitant "punir ces pasteurs pour leur désobéissance, rébellion, perfidie et ingratitude". Le concert eut néanmoins lieu, devant un auditoire de quelque 700 personnes.

SUNLIGHT CHAMBERS — ÉDIFICE REMARQUABLE

Plan p. 284 (Parliament St ; ⌚fermé au public ; 🚌ts ceux du centre-ville). Sur la rive sud de la Liffey, les Sunlight Chambers, de l'architecte de Liverpool Edward Ould (créateur du Port Sunlight dans le Wirral, en Grande-Bretagne), se distinguent de l'architecture georgienne et moderne par leur style italianisant romantique et leur magnifique frise Art nouveau, réalisée par le sculpteur et céramiste allemand Conrad Dressler. Sunlight était une marque de savon produite par les frères Lever. La frise illustre leur vision du monde : les hommes salissent les vêtements, les femmes les lavent...

> **100% LOCAL**
>
> **UN PASSÉ SULFUREUX**
>
> Les puristes regretteront que Temple Bar ne soit pas resté le quartier culturel que son nom laissait entendre, mais à bien des égards, il est resté fidèle à son héritage. Imaginez-vous en 1742, par exemple : alors que Haendel dirigeait la toute première représentation de son œuvre Le *Messie* dans Fishamble St, juste en bas de la rue, dans Bagnio Slip – désormais Lower Fownes St – des hommes faisaient la queue pour un genre de distraction tout autre. Bagnio, du mot italien *bagno* signifiant "bains", était alors devenu un mot synonyme de maison close, et Temple Bar en comptait beaucoup.

CONTEMPORARY MUSIC CENTRE — CENTRE DE MUSIQUE CONTEMPORAINE

Plan p. 284 (☎01-490 1857 ; www.cmc.ie ; 19 Fishamble St ; ⌚10h-17h30 lun-ven ; 🚌ts ceux du centre-ville). **GRATUIT** Qui s'intéresse à la musique contemporaine irlandaise doit visiter les archives nationales du CMC où on peut écouter (et jouer sur un orgue électronique) 10 000 morceaux de compositeurs de notre siècle et du précédent. Il y a aussi une bibliothèque de qualité, où vous pourrez suivre des cours et rencontrer des compositeurs.

OÙ SE RESTAURER

Au milieu de la kyrielle de restaurants hors de prix et sans intérêt de Temple Bar, on trouve quelques perles qui raviront tous les goûts et toutes les bourses.

SANO PIZZA — PIZZA €

Plan p. 284, C5 (☎01-445 3344 ; www.sano.pizza ; 2 Upper Exchange St ; pizzas 6-12 € ; ⌚12h-22h dim-mer, 12h-23h jeu-sam ; 🚌ts ceux du centre-ville). Une authentique pizza napolitaine à la pâte épaisse et bien cuite – on adore la *Sapori del Sud*, garnie de porc épicé *'nduja*, saucisses au fenouil, brocolis et mozzarella. Prix très doux.

TEMPLE BAR FOOD MARKET MARCHÉ €

Plan p. 284 (www.facebook.com/TempleBarFoodMarket ; Meeting House Sq ; 10h-17h sam ; ts ceux du centre-ville). Chaque samedi, cette petite place se remplit de food trucks et l'air d'effluves de pâtisserie, hot dogs artisanaux, currys végans et crêpes. Ne manquez pas le bar à huîtres, où déguster une demi-douzaine de coquillages accompagnée d'un verre de vin blanc en regardant la foule.

KLAW POISSON ET FRUITS DE MER €

Plan p. 284 (www.klaw.ie ; 5a Crown Alley ; plats 8-15 € ; 12h-22h lun-mer et dim, 12h-23h jeu-sam ; ts ceux du centre-ville). Dans ce restaurant évoquant un cabanon, rien de sophistiqué, hormis la nourriture : huîtres irlandaises servies nature, assaisonnées ou cuites, pinces de crabe de Lambay Island et leur aïoli au yuzu ou demi-homard. Tout est délicieux ; le happy hour est une aubaine, avec toutes les huîtres à 1,50 €.

BUNSEN BURGERS €

Plan p. 284 (www.bunsen.ie ; 22 Essex St E ; burgers 7-10 € ; 12h-21h30 lun-mer, 12h-22h30 jeu-sam, 13h-21h30 dim ; ts ceux du centre-ville). Les burgers de Bunsen se composent d'un pain maison garni d'une pièce de bœuf de la meilleure qualité, cuite à la perfection. Côté frites, vous pourrez les choisir fines, épaisses ou à la patate douce. Commandez une double portion, à vos risques et périls. Il y a deux autres succursales à Wexford St et S Anne St (p. 72).

BISON BAR & BBQ BARBECUE €

Plan p. 284 (01 533 7561 ; www.bisonbar.ie ; 11 Wellington Quay ; plats 14-22 € ; 12h-21h ; ts ceux du centre-ville). Bières, cocktails au whiskey et délicieuses grillades de style texan – servies sur des assiettes jetables et accompagnées de *coleslaw* ou de macaronis au fromage – sont les spécialités de ce restaurant bruyant. Côté décoration, la thématique cow-boy est poussée à l'extrême, avec d'authentiques selles tenant lieu de chaises. Un bon endroit où manger, prendre un verre et s'amuser.

QUEEN OF TARTS CAFÉ €

Plan p. 284 (01-670 7499 ; www.queenoftarts.ie ; 4 Cork Hill ; plats 5-10 € ; 8h-20h lun-ven, 8h30-20h sam, 9h-19h dim ; ts ceux du centre-ville). Cette adorable petite boutique propose un bel assortiment de tartes, meringues, crumbles, cookies et brownies, sans oublier un bon petit-déjeuner : les gâteaux de pommes de terre au bacon fumé et poireaux, avec œufs et tomates cerises, sont excellents. Une autre succursale, plus grande, est installée à deux pas dans **Cow's Lane** (www.queenoftarts.ie ; 3-4 Cow's Lane ; plats 5-13 € ; 8h-19h lun-ven, 9h-19h sam-dim ; tous ceux du centre-ville).

DOLLARD & CO ESPACE DE RESTAURATION €

Plan p. 284 (01-616 9606 ; www.dollardandco.ie ; 2-5 Wellington Quay ; part de pizza 4,50 €, plats 8-15 € ; 8h-21h lun-jeu, 8h-22h ven, 9h-22h sam, 10h-20h dim, pizzas jusqu'à 4h ; ts ceux du centre-ville). Un paradis de la restauration continue, installé dans la plus ancienne structure d'acier d'Irlande. Dénichez des produits haut de gamme (y compris du vin à la pression) ou installez-vous pour manger un morceau chez le traiteur. Vous trouverez aussi pitas, hamburgers et pâtes, ainsi que de succulentes parts de pizzas servies jusqu'à 4h du matin.

THE MUSIC CAFE DUBLIN CAFÉ €

Plan p. 284 (www.facebook.com/TheMusicCafebyCaffeMomento/ ; 1 Wellington Quay ; gâteaux 2-4 € ; 8h-22h lun, 8h-23h30 mar-sam, 9h-23h30 dim ; ts ceux du centre-ville). Lieu sympathique doté d'une jolie vue, et servant un excellent café (peu fréquent à Temple Bar) dans une belle salle toute en verre. Délicieux gâteaux. À l'étage, la minuscule scène accueille régulièrement des concerts (soirées blues et jazz hebdomadaires).

ZAYTOON MOYEN-ORIENTAL €

Plan p. 284 (www.zaytoon.ie ; 14-15 Parliament St ; repas 8,50-15 € ; 12h-4h dim-jeu, 12h-5h ven-sam ; ts ceux du centre-ville). En cas de fringale incontrôlable en fin de soirée, direction cet excellent établissement de kebabs, pour y choisir la spécialité maison, le menu chiche-kebab au poulet, avec frites et boisson sans alcool.

♥ BANYI JAPANESE DINING JAPONAIS €€

Plan p. 284 (01-675 0669 ; www.banyijapanese-dining.com ; 3-4 Bedford Row ; bento déj 11 €, petit/grand plateau de sushis 19/32 € ; 12h-22h30 ; ts ceux du centre-ville). Au cœur de Temple Bar, ce petit restaurant sert sans doute, à prix doux, la meilleure cuisine japonaise de Dublin. Les makis sont très bons et les sushis également. Pour celui qui n'est pas porté sur le poisson cru, les classiques japonais sont excellents, tout comme les bentos à midi. Mieux vaut réserver pour dîner, en particulier le week-end.

Banyi Japanese Dining

SEAFOOD CAFE POISSON ET FRUITS DE MER €€

Plan p. 284 (☎01-515 3717 ; www.facebook.com/klawcafe ; 11 Sprangers Yard ; plats 17-24 € ; ⏲8h-21h lun-jeu, 8h-22h ven, 11h-22h sam, 11h-21h dim ; 🚌ts ceux du centre-ville). Plus spacieux que sa petite sœur, la cabane à huîtres Klaw, le Seafood Cafe sert un homard local à l'ail et au beurre, de la lotte au four ou du crabe de Lambay Island accompagné de pain au levain beurré. Un régal.

ROBERTA'S INTERNATIONAL €€

Plan p. 284 (☎01-616 9612 ; www.robertas.ie ; 1 Essex St E ; plats 20-31 € ; ⏲17h-22h lun-mer, 17h-22h30 jeu-ven, 11h-14h30 et 17h-22h30 sam, 11h-14h30 et 17h-22h dim ; 🚌ts ceux du centre-ville). À l'intérieur de ce bâtiment austère se cache un beau restaurant en brique rouge bénéficiant de la plus belle vue de Dublin, sur la Liffey et les pavés de Temple Bar. Buffet pratique pour les groupes, et excellents cocktails.

ELEPHANT & CASTLE AMÉRICAIN €€

Plan p. 284 (☎01-679 3121 ; www.elephantandcastle.ie ; 18 Temple Bar ; plats 12-26 € ; ⏲8h-23h30 lun-ven, 10h30-23h30 sam-dim ; 🚌ts ceux du centre-ville). Si vous avez envie d'ailes de poulet ou d'énormes sandwichs à la new-yorkaise, ce *diner* haut de gamme, installé de longue date à Temple Bar, est l'adresse qu'il vous faut. Préparez-vous à faire la queue, surtout le week-end, quand le lieu est assailli de jeunes parents avec enfants, et d'étudiants à la recherche d'un remède contre la gueule de bois.

CHAMELEON INDONÉSIEN €€

Plan p. 284 (☎01-671 0362 ; www.chameleonrestaurant.com ; 1 Lower Fownes St ; menus 29-40 €, tapas 8-11 € ; ⏲16h-23h mer-dim ; 🌶; 🚌ts ceux du centre-ville). Sympathique et plein de caractère, Chameleon est décoré d'étoffes exotiques et annonce des plats indonésiens classiques comme le satay, le *gado gado* et le *nasi goreng*. Choisissez entre quatre menus *rijsttafel* – Java, Sumatra, Bali ou végan – ou parmi la sélection de petites portions de style tapas. Au dernier étage, on s'assoit sur des coussins au sol, ce qui se prête à un bon moment entre amis dans une ambiance intimiste.

CLEAVER EAST IRLANDAIS €€

Plan p. 284 (☎01-531 3500 ; www.cleavereast.ie ; Clarence, 6-8 Wellington Quay ; plats 21-32 € ; ⏲12h30-15h ven, 10h30-15h sam-dim et 17h30-22h30 tlj ; 🚌ts ceux du centre-ville). Le chef Oliver Dunne, étoilé au Michelin, a posé son matériel de cuisine au Cleaver East, où la décoration (imaginez une brasserie new-yorkaise avec des couperets de boucher partout) est à l'aune "virile" de certains plats – dont le succulent *"pornburger"* ou l'énorme *mac 'n' cheese*. Les énormes Bellini et mimosas, cocktails servis pour le brunch du week-end, coûtent 18,95 €.

AL VESUVIO ITALIEN €€

Plan p. 284 (☎01-671 4597 ; www.alvesuviodublin.com ; Meeting House Sq ; pizzas 11-16 € ; ⏲16h-22h30 lun-jeu, 12h-23h ven-dim ; 🚌ts ceux du centre-ville). Les pizzas – avec *(rosse)* ou sans *(bianche)* sauce tomate – et les pâtes sont les spécialités de ce restaurant voûté, en sous-sol, qui évoque l'Italie d'antan. Tout ici est authentique, de la bruschetta en entrée au fabuleux tiramisu en dessert, et les vins italiens sont divins.

BEEF AND LOBSTER POISSON ET FRUITS DE MER €€

Plan p. 284 (☎01-531 3810 ; www.beefandlobster.ie ; 40 Parliament St ; plats 19-39 € ; ⏲12h-15h et 17h-22h30 ; 🚌ts ceux du centre-ville). La carte, simple et bien pensée, privilégie le bœuf et les produits de la mer. Tout est frais et délicieux, le service rapide et attentif, mais les portions sont petites et les accompagnements non compris : déconseillé aux gros appétits à la bourse vide.

F.X. BUCKLEY STEAK €€€

Plan p. 284 (☎01-671 1248 ; www.fxbuckley.ie ; 2 Crow St ; steaks 27-55 € ; ⏲17h-23h lun-mer, 12h30-23h jeu-ven, 12h30-22h sam ; 🚌ts ceux du centre-ville). Spécialiste des steaks maturés 28 jours provenant de bêtes nourries au pré, l'établissement possède ses propres bouchers. Savourez les frites à la graisse de bœuf. Réservez en haute saison.

OÙ PRENDRE UN VERRE ET FAIRE LA FÊTE

Loin d'être authentiques, les pubs bondés et animés de Temple bar sont toutefois divertissants – à condition d'apprécier les hordes de jeunes venus du nord de l'Angleterre se mettant au défi d'enchaîner 10 Fat Frogs (cocktails à base de vodka), devant des touristes espagnols et italiens médusés partageant une pinte de Guinness. Vous voilà prévenu !

VINTAGE COCKTAIL CLUB BAR

Plan p. 284 (☎01-675 3547 ; www.vintagecocktailclub.com ; Crown Alley ; ⏲17h-1h30 lun-ven, 12h30-1h30 sam-dim ; 🚌ts ceux du centre-ville). Derrière une porte discrète et mal éclairée portant les initiales "VCC", on découvre une atmosphère digne d'un bar de crooners ou d'un club privé londonien des années 1960. Le lieu est tellement prisé qu'il faut réserver un créneau de 2 heures 30 le soir, ce qui vous laissera le temps de goûter les sublimes cocktails et en-cas.

PALACE BAR PUB

Plan p. 284 (www.thepalacebardublin.com ; 21 Fleet St ; ⏲10h30-23h30 lun-jeu, 10h30-0h30 ven-sam, 12h30-23h30 dim ; 🚌ts ceux du centre-ville). Avec ses miroirs et ses niches en bois, le Palace est un superbe pub de 1823 qui résiste obstinément aux influences modernes des cinquante dernières années. Les écrivains Patrick Kavanagh et Flann O'Brien étaient autrefois des habitués. Il fut pendant longtemps le siège officieux de l'*Irish Times*.

THE LIQUOR ROOMS BAR À COCKTAILS

Plan p. 284 (☎087 339 3688 ; www.theliquorrooms.com ; 5 Wellington Quay ; ⏲17h-2h dim-mar, 17h-2h30 mer, 17h-3h jeu-sam ; 🚌ts ceux du centre-ville). Un bar à cocktails en sous-sol qui évoque un bar clandestin de l'époque de la prohibition. La clientèle branchée peut profiter de nombreuses salles – et d'espace – pour s'imprégner de l'atmosphère et siroter des cocktails savamment dosés. Piste de danse dans la Boom Room, breuvages raffinés dans la Blind Tiger Room et élégance Art déco dans la Mayflower Room.

THE OAK BAR

Plan p. 284 (☎01-671 8267 ; www.theoak.ie ; 1 Parliament St ; ⏲11h-minuit dim-jeu, 12h-1h30 ven-sam ; 🚌ts ceux du centre-ville). Chaises en velours bleu, belles banquettes en cuir et murs décorés de gravures du Dublin de l'époque georgienne : l'ambiance est plutôt raffinée dans ce bar, fort d'une étagère entière dévolue au Negroni et d'une carte de cocktails inspirée des Années folles.

STREET 66 BAR

Plan p. 284 (www.street66.bar ; 33 Parliament St ; ⏲12h30-minuit lun-jeu, 8h30-2h30 ven-sam, 12h-minuit dim ; 🚌ts ceux du centre-ville). Fin 2016, cet établissement a remplacé le très populaire Front Lounge, un bar LGBT, avec la promesse de satisfaire tout le monde : un café où les chiens sont les bienvenus et un bar LGBTQ chic avec déco vintage. À l'avant, le Dive Bar, à l'arrière, le Disco Lounge. L'une des meilleures adresses de Temple Bar.

TEMPLE BAR BAR

Plan p. 284 (☎01-677 3807 ; www.thetemplebarpub.com ; 48 Temple Bar ; ⏲10h30-1h30 lun-mer, 10h-2h30 jeu-sam, 11h30-1h dim ; 🚌ts ceux du centre-ville). Voici la façade de pub la plus photographiée de Dublin. Le Temple Bar (ou Flannery's) se trouve à l'épicentre de la zone touristique et il est généralement bondé. Pour autant, l'ambiance est bonne et tous les ingrédients nécessaires sont réunis : musiciens traditionnels, alcool en quantité et même un *beer garden*.

AULD DUBLINER PUB

Plan p. 284 (☎01-677 0527 ; www.aulddubliner.ie ; 24-25 Temple Bar ; ⏲10h30-23h30 lun-mar, 10h30-2h30 mer-sam, 12h30-23h dim ; 🚌ts ceux du centre-ville). Principalement fréquenté par les touristes, l'"Auld Foreigner", comme le surnomment les Dublinois, entretient un charme d'antan qu'il a su préserver, voire améliorer après quelques rénovations. Un bon endroit pour chanter et faire la fête, pour autant qu'il ne vous dérange pas de mettre 15 minutes pour accéder aux toilettes.

DARKEY KELLY'S BAR & RESTAURANT
PUB IRLANDAIS

Plan p. 284 (☎01-679 6500 ; www.darkeykellys.ie ; 19 Fishamble St ; 10h30-23h30 lun-jeu, 10h30-0h30 ven-sam, 12h30-23h dim ; ts ceux du centre-ville). La demeure de la première tueuse en série d'Irlande est aujourd'hui un bar proposant un très large choix de whiskeys et des bières artisanales. À mi-chemin entre l'établissement à touristes et le bar de quartier, le prix des pintes y est élevé, mais l'ambiance sympathique et la musique traditionnelle garantie.

Le pub occupe le site du bordel de Darkey Kelly du XVIIIe siècle. Pendant des années, on a cru qu'elle avait été brûlée pour sorcellerie en 1746. Or, des documents découverts en 2010 indiquent qu'elle a été exécutée après la découverte de cinq cadavres d'hommes dans sa cave. Elle a emporté ses motivations dans la tombe, mais dans son sillage, les prostituées de son bordel ont lancé une petite émeute dans Temple Bar, menant à 13 arrestations.

FITZSIMONS
BAR

Plan p. 284 (☎01-677 9315 ; fitzsimonshotel.com ; 21-22 Wellington Quay ; 10h30-3h lun-sam, 12h-2h dim ; ts ceux du centre-ville). Cet immense bar d'hôtel (quatre comptoirs sur 5 niveaux) incarne parfaitement la vie nocturne de Temple Bar, avec beaucoup de bruit et une agréable simplicité. Au programme : de l'alcool, du sport sur écran, de la musique commerciale et des fêtards survoltés. Le week-end, il y a tellement de monde que les videurs n'essaient même pas de contenir la foule, qui déborde dans les rues pavées.

OLIVER ST JOHN GOGARTY
PUB

Plan p. 284 (www.gogartys.ie ; 58-59 Fleet St ; 10h30-2h30 lun-sam, 12h-23h30 dim ; ts ceux du centre-ville). Vous ne verrez pas beaucoup de Dublinois dans ce bar, presque entièrement dévolu aux touristes en quête de tradition authentique soigneusement arrangée, ou venus assister aux concerts de musique traditionnelle qui s'y donnent toute la journée. La cuisine irlandaise y est très médiocre.

TURK'S HEAD
BAR

Plan p. 284 (☎01-679 9701 ; www.facebook.com/TurksHeadChopHouse ; 27-30 Parliament St ; 16h-1h lun-mar, 16h-3h mer-sam, 13h-1h dim ; ts ceux du centre-ville). Ce grand pub, l'un des plus étranges et intéressants de Temple Bar, est décoré dans deux styles complètement différents – un côté très tape-à-l'œil et un autre évoquant le Los Angeles des années 1930. Tous les soirs, une clientèle jeune, principalement des touristes, vient se déhancher sur les tubes du moment. Attention aux marches dissimulées un peu partout.

OCTAGON BAR
BAR

Plan p. 284 (☎01-670 9000 ; www.theclarence.ie ; Clarence Hotel, 6-8 Wellington Quay ; 12h-23h30 lun-jeu, 12h-2h ven-sam, 12h30-23h dim ; ts ceux du centre-ville). Ce bar autrefois fréquenté par les célébrités n'est plus aussi à la mode, mais il reste une belle adresse dotée d'une élégante salle Art déco où siroter un succulent cocktail de spécialistes.

PORTERHOUSE
BAR

Plan p. 284 (www.theporterhouse.ie ; 16-18 Parliament St ; 11h30-minuit lun-mer, 11h30-1h jeu, 11h30-2h ven-sam, 12h-minuit dim ; ts ceux du centre-ville). Le Porterhouse est un croisement entre un bar du Far West et un tableau de Jérôme Bosch. Il sert ses propres bières, délicieuses, comme la Plain Porter (la meilleure brune de la ville selon certains) mais aussi des marques importées originales.

BROGAN'S
PUB

Plan p. 284 (☎01-679 9570 ; 75 Dame St ; 16h-23h30 lun-jeu, 14h-0h30 ven-sam, 14h-23h dim ; ts ceux du centre-ville). À quelques pas de l'Olympia Theatre (p. 118), un bar à l'ancienne où l'on peut discuter (la musique n'est pas trop forte). Bonne bière également.

☆ OÙ SORTIR

Envie de changer des pubs ? À Temple Bar, vous trouverez deux formidables salles de musique live, quelques théâtres et des cabarets produisant des humoristes.

SMOCK ALLEY THEATRE
THÉÂTRE

Plan p. 284 (☎01-677 0014 ; www.smockalley.com ; 6-7 Exchange St ; ts ceux du centre-ville). L'un des théâtres les plus éclectiques de la ville occupe ce beau bâtiment restauré du XVIIe siècle. La programmation est très variée (opéra, soirée thriller, marionnettes ou pièces de Shakespeare) et les spectacles se doublent souvent d'une option dîner. Quand il fut édifié en 1622, il s'agissait du seul théâtre royal jamais construit en dehors de Londres. Il fut transformé en entrepôt puis en église catholique avant

SEMMICK PHOTO/SHUTTERSTOCK ©

1. Temple Bar Food Market (p. 114)
Produits bio et gourmets en abondance dans le marché alimentaire le plus intéressant de Dublin.

2. Sunlight Chambers (p. 113)
Ce bâtiment italianisant romantique se distingue par sa magnifique frise Art nouveau.

3. Ha'penny Bridge (p. 112)
Le pont le plus célèbre de Dublin doit son nom au prix qu'il fallait payer pour le traverser jusqu'en 1919.

4. Temple Bar (p. 116)
Avec ses musiciens traditionnels et sa bonne ambiance, Temple Bar désemplit rarement.

SERGEY-73/SHUTTERSTOCK ©

d'être superbement restauré en 2012 pour redevenir un lieu de création artistique.

WORKMAN'S CLUB MUSIQUE LIVE

Plan p. 284 (☎01-670 6692 ; www.theworkmansclub.com ; 10 Wellington Quay ; gratuit-20 € ; ⏲17h-3h ; 🚌ts ceux du centre-ville). Dans l'ancien club des travailleurs de Dublin, cette nouvelle salle et bar, pouvant accueillir 300 personnes, s'efforce de proposer une programmation variée loin des courants dominants, allant du cabaret électronique aux auteurs-compositeurs. Après les concerts, des DJ prennent la relève et mixent du rockabilly, du hip-hop, de l'indé, de la house, etc.

MOTHER CLUB

Plan p. 284 (www.motherclub.ie ; Copper Alley, Exchange St ; 10 € ; ⏲23h-3h30 sam ; 🚌ts ceux du centre-ville). La meilleure boîte de nuit de la ville est ostensiblement gay, mais ne fait aucune discrimination. Elle attire une clientèle de tous bords avec des DJ exceptionnels – souvent dublinois mais parfois étrangers – qui mixent un mélange de disco, synthpop moderne et autres styles dansants.

ARK CHILDREN'S CULTURAL CENTRE CENTRE ARTISTIQUE

Plan p. 284 (www.ark.ie ; 11A Eustace St ; 🚌ts ceux du centre-ville). Destiné aux jeunes de 3 à 14 ans, l'Ark est un centre culturel qui organise des activités, conférences et expériences interactives par tranche d'âge, visant à stimuler l'intérêt des participants pour la science, l'environnement et l'art. Une scène en plein air accueille les manifestations en été.

PROJECT ARTS CENTRE THÉÂTRE

Plan p. 284 (☎01 881 9613 ; www.projectartscentre.ie ; 39 Essex St E ; ⏲45 min avant le spectacle ; 🚌ts ceux du centre-ville). La salle la plus intéressante de la ville pour les avant-gardes, qu'il s'agisse de théâtre, de danse, d'art vivant ou de cinéma. Ses trois espaces lui confèrent une grande polyvalence. On ne sait jamais à quoi s'attendre et c'est ce qui est amusant : on y voit aussi bien de véritables fiascos que certains des meilleurs spectacles en ville.

OLYMPIA THEATRE THÉÂTRE

Plan p. 284 (☎0818 719 330 ; www.olympia.ie ; 72 Dame St ; billets 22,50-60 € ; ⏲spectacles à partir de 19h ; 🚌ts ceux du centre-ville). Ce joli théâtre victorien a pour spécialité les pièces légères et, à Noël, les pantomimes. Également d'excellents concerts.

CHAPLINS COMEDY CLUB HUMOUR

Plan p. 284 (www.chaplinscomedy.com ; Chaplin's Bar, 2 Hawkins St ; 10 € ; ⏲20h-23h sam et certains autres jours ; 🚌ts ceux du centre-ville). Des talents locaux en devenir se produisent dans cette salle comportant uniquement des places assises. La programmation change régulièrement, mais il y a toujours de la pizza et de la bière artisanale : la garantie d'une bonne soirée. Les spectacles commencent à 21h.

BUTTON FACTORY MUSIQUE LIVE

Plan p. 284 (☎01-670 0533 ; www.buttonfactory.ie ; Curved St ; 10-20 € ; ⏲19h30-23h30 lun-jeu, 19h20-2h30 ven-dim ; 🚌ts ceux du centre-ville). Une salle polyvalente où vous pourrez aussi bien danser sur le *set live* d'un grand DJ qu'écouter un groupe finlandais ésotérique jouant de la guitare électrique avec des archets de violon. Les concerts sont généralement suivis de soirées clubbing.

HA'PENNY BRIDGE INN HUMOUR

Plan p. 284 (☎01-677 2515 ; www.hapennybridgeinn.com ; 42 Wellington Quay ; 6 € ; ⏲10h30-0h30 ; 🚌ts ceux du centre-ville). Un vieux bar traditionnel accueillant des humoristes locaux à l'occasion de l'Unhinged Comedy Club du dimanche. Musique irlandaise au rez-de-chaussée le dimanche et le mercredi.

THE NEW THEATRE THÉÂTRE

Plan p. 284 (☎01-670 3361 ; www.thenewtheatre.com ; 43 Essex St E ; tarif plein/réduit 17/14 € ; ⏲spectacles 19h30 lun-ven, 14h30 et 19h30 sam ; 🚌ts ceux du centre-ville). L'emplacement de ce petit théâtre, au-dessus d'une librairie clairement orientée à gauche, est un bon indicateur du genre de spectacles joués sur la petite scène. L'engagement social s'exprime toujours d'une manière ou d'une autre, soit en présentant le travail de metteurs en scène émergents, soit en accueillant des pièces connues dénonçant les injustices.

IRISH FILM INSTITUTE CINÉMA

Plan p. 284 (IFI ; ☎01-679 5744 ; www.ifi.ie ; 6 Eustace St ; ⏲11h-23h ; 🚌ts ceux du centre-ville). L'IFI compte plusieurs salles et programme des classiques et des films d'art et d'essai récents. Il y a aussi un bar, un café et une librairie.

SHOPPING

Dans ce quartier, le plus touristique de Dublin, vous trouverez des T-shirts "Kiss Me I'm Irish" (Embrassez-moi, je suis irlandais), des gourdins et autres leprechauns chantants, mais aussi les boutiques les plus intéressantes de la ville. Temple Bar récemment a vu s'installer une nouvelle génération de friperies ou de boutiques de design irlandais moderne. Le samedi, on y trouve parmi les meilleurs marchés de Dublin.

THE GUTTER BOOKSHOP — LIVRES

Plan p. 284 (01-679 9206 ; www.gutter-bookshop.com ; Cow's Lane ; 10h-18h30 lun-mer, ven-sam, 10h-19h jeu, 11h-18h dim ; ts ceux du centre-ville). Tirant son nom de la phrase d'Oscar Wilde dans *L'Éventail de lady Windermere* : "Nous sommes tous dans le caniveau [*gutter*], mais certains d'entre nous regardent les étoiles", cette formidable librairie indépendante vend romans, livres pour enfants, littérature de voyage et autres.

CLADDAGH RECORDS — MUSIQUE

Plan p. 284 (01-677 0262 ; www.claddaghre-cords.com ; 2 Cecilia St ; 10h-18h lun-sam, 12h-18h dim ; ts ceux du centre-ville). Une excellente collection de musique traditionnelle et folklorique constitue le fonds de base de ce disquaire du centre-ville. Le personnel, très compétent, saura vous aider à dénicher l'enregistrement le plus obscur. Aussi, un beau choix de musiques du monde. Autre **enseigne** (01-888 3600 ; www.claddaghrecords.com ; 5 Westmoreland St ; 10h-18h lun-sam, 12h-18h dim ; ts ceux du centre-ville) sur Westmoreland St ; possibilité de commander en ligne.

FIND — ARTICLES POUR LA MAISON

Plan p. 284 (086 607 8667 ; www.findonline.ie ; Cow's Lane ; 11h30-17h30 lun-sam, 12h-17h dim ; ts ceux du centre-ville). Adorable bric-à-brac d'articles pour la maison, bougies parfumées et mobilier vintage au design irlandais.

LUCY'S LOUNGE — VINTAGE

Plan p. 284 (01-677 4779 ; www.facebook.com/LucysLoungeDublin/ ; 11 Lower Fownes St ; 12h-18h jeu-sam, 14h-18h dim ; ts ceux du centre-ville). Traversez la boutique de l'étage et vous trouverez un escalier descendant à une caverne d'Ali Baba débordant d'articles vintage. Vous pourrez y passer une ou deux heures avant de ressortir avec la pièce unique qui illuminera votre garde-robe. Si vous avez un besoin précis, le personnel, très sympathique, connaît le stock par cœur.

SIOPAELLA — VINTAGE

Plan p. 284 (01-532 1477 ; www.siopaella.com ; 8A Crow St ; 12h-18h lun-mer, ven et sam, 12h-19h jeu ; ts ceux du centre-ville). Un magasin de seconde main unique à Dublin où s'alignent de superbes vêtements vintage. Une autre boutique sur Wicklow St (p. 84) est spécialisée dans les pièces de créateurs.

JAM ART FACTORY — DESIGN

Plan p. 284 (01-616 5671 ; www.jamartfactory.com ; 14 Crown Alley ; 11h-20h lun, 10h-20h mar-sam, 11h-20h dim ; ts ceux du centre-ville). Petit magasin décalé idéal pour les souvenirs : art et design irlandais, souvenirs nostalgiques d'enfance irlandaise, BD hilarantes et reproductions colorées des vues célèbres de Dublin.

SCOUT — VÊTEMENTS

Plan p. 284 (01-677 8846 ; www.scoutdublin.com ; 5 Smock Alley Ct, Essex St W ; 10h30-18h lun-mer, ven-sam, 10h30-18h30 jeu, 12h-17h dim ; ts ceux du centre-ville). La propriétaire, Wendy, sélectionne soigneusement chaque pièce vintage vendue ici. Parmi les marques irlandaises et internationales, citons Armor Lux et Manley, ainsi que Baggu pour les accessoires et Grenson pour les chaussures.

FLIP, SHARPSVILLE & HELTER SKELTER — MODE ET ACCESSOIRES

Plan p. 284 (01-671 4299 ; 4 Upper Fownes St ; 10h30-18h ; ts ceux du centre-ville). Trois boutiques en une proposant les mêmes vêtements pour hommes dans l'esprit années 1950, des blousons en cuir à la James Dean aux chemises hawaïennes. Au rez-de-chaussée sont présentés les vêtements plus récents et, à l'étage, des pièces d'occasion de très bonne facture.

COW'S LANE DESIGNER MART — MARCHÉ

Plan p. 284 (Cow's Lane ; 10h-17h sam juin-sept ; ts ceux du centre-ville). Les marches de Cow's Lane sont investies par une soixantaine d'étals de vêtements, d'accessoires et d'artisanat. Ce marché branché se tient de juin à septembre ; le reste de l'année, il s'installe à l'intérieur du **St Michael's and St John's Banquet Hall** (10h-17h oct-mai), au coin de la rue. Achetez des pièces originales de créateurs comme Drunk Monk, des T-shirts punk, des sacs à main rétro, des bijoux fantaisie de Kink Bijoux et même des vêtements de fête pour bébés.

FOLKSTER VÊTEMENTS

Plan p. 284 (01-675 0917 ; www.folkster.com ; 9 Eustace St ; 10h30-18h30 lun-mer, 10h30-20h jeu, 10h30-19h ven, 10h-18h30 sam, 12h-18h dim ; ts ceux du centre-ville). Boutique indépendante bon marché proposant vêtements et articles de maison amusants. Les vêtements, sélectionnés par la propriétaire et styliste Blanaid Hennessy, sont élégants et décontractés.

ALL CITY RECORDS MUSIQUE

Plan p. 284 (01-677 2994 ; www.allcitygraffiti.com ; 4 Crow St ; 10h-19h lun-mer et ven, 10h-20h jeu, 10h-18h sam, 12h-18h dim ; ts ceux du centre-ville). Vinyles en tout genre, mais surtout danse, hip-hop et musique alternative.

TAMP & STITCH MODE ET ACCESSOIRES

Plan p. 284 (tampandstitch.blogspot.com ; Unit 3, Scarlet Row, Essex St W ; 10h-18h lun-mer et ven, 10h-19h jeu, 11h-18h sam, 13h-18h dim ; ts ceux du centre-ville). Les dernières tendances de la mode à prix abordables et un petit café branché, dont l'expresso frôle la perfection.

LIBRARY PROJECT LIVRES

Plan p. 284 (tlp.photoireland.org ; 4 Temple Bar ; 11h-18h mar-ven, 12h-18h sam-dim ; ts ceux du centre-ville). Librairie et bibliothèque d'images contemporaines du monde entier.

URBAN OUTFITTERS MODE ET ACCESSOIRES

Plan p. 284 (01-670 6202 ; www.urbanoutfitters.com ; 4 Cecilia St ; 10h-19h lun-mer et sam, 10h-20h jeu-ven, 12h-18h dim ; ts ceux du centre-ville). Sur fond de techno assourdissante, la succursale irlandaise de cette chaîne américaine propose des vêtements très tendance à une clientèle jeune et exigeante. On y vend aussi toutes sortes de gadgets, accessoires et meubles. Le 2e étage accueille un disquaire ultrabranché (d'où le fond sonore).

CONNOLLY BOOKS LIVRES

Plan p. 284 (01-670 8707 ; www.connollybooks.org ; 43 Essex St E ; 10h-17h30 mar-sam ; ts ceux du centre-ville). Une librairie de gauche fréquentée par les marxistes et autres radicaux.

TEMPLE BAR BOOK MARKET MARCHÉ

Plan p. 284 (Temple Bar Sq ; 11h-17h sam-dim ; ts ceux du centre-ville). Les samedis et dimanches après-midi, cherchez votre bonheur parmi les romans de gare ou de science-fiction, les ouvrages illustrés et autres livres d'occasion.

RORY'S FISHING TACKLE SPORTS ET PLEIN AIR

Plan p. 284 (01-677 2351 ; www.rorys.ie ; 17A Temple Bar ; 9h30-18h lun-sam, 11h-17h dim ; ts ceux du centre-ville). La boutique la plus connue de Temple Bar est aussi la plus incongrue : la demande en équipement de pêche (vendu ici) est peu développée par ici.

SPORTS ET ACTIVITÉS

VISITE GUIDÉE DE LA CHRIST CHURCH CIRCUITS ORGANISÉS

Plan p. 284 (www.christchurchcathedral.ie ; Christ Church Pl ; circuit 11 € ; toutes les heures 11h-12h et 14h-16h lun-ven, 14h-16h sam ; 50, 50A, 56A depuis Aston Quay, 54, 54A depuis Burgh Quay). Perchée sur sa colline, l'élégante Christ Church (p. 109) est la plus photogénique des cathédrales de Dublin. La visite guidée passe par le clocher (qui n'est pas autorisé aux moins de 12 ans), où un expert vous détaillera l'art de sonner les cloches et vous permettra d'essayer.

DUBLIN MUSICAL PUB CRAWL VISITE GUIDÉE

Plan p. 284 (01-475 8345 ; www.musicalpubcrawl.com ; Anglesea St ; tarif plein/étudiant 16/14 € ; 19h30 tlj avr-oct, 19h30 jeu-sam nov-mars ; ts ceux du centre-ville). Découvrez l'histoire de la musique traditionnelle irlandaise et son influence sur les styles contemporains avec deux musiciens professionnels qui joueront aussi quelques morceaux. Ce circuit en anglais de 2 heures 30 comprend plusieurs pubs de Temple Bar. Départ à l'étage du pub Oliver St John Gogarty (p. 117).

MELT SANTÉ ET BIEN-ÊTRE

Plan p. 284 (01-679 8786 ; www.meltonline.com ; 2 Temple Lane ; massage corps 30 min/1 heure 45/60 € ; 9h-19h lun-sam ; ts ceux du centre-ville). Au Melt (aussi appelé Temple Bar Healing Centre), toute une gamme de techniques de massage – suédois, shiatsu et bien d'autres – est dispensée par des praticiens spécialisés. D'autres formes de médecines alternatives sont proposées, notamment l'acupuncture et le reiki. Melt tient également boutique dans l'hôtel Westin (p. 205).

Kilmainham et les Liberties

Notre sélection

❶ L'histoire mouvementée de l'Irlande à la **Kilmainham Gaol** (p. 131), sinistre geôle du XVIIIe siècle où séjourna plus d'un rebelle irlandais.

❷ Une pinte de l'emblématique bière noire dans la brasserie qui la produit depuis 1759 : la **Guinness Storehouse** (p. 125).

❸ Les secrets du whiskey irlandais à la **Teeling Distillery** (p. 135), la seule à avoir ouvert à Dublin depuis plus d'un siècle.

❹ Une visite de la tombe de Jonathan Swift dans la **St Patrick's Cathedral** (p. 128), dont il fut le doyen pendant plus de 30 ans.

❺ Les œuvres, exposées dans le magnifique cadre d'un ancien hôpital pour soldats à la retraite, de l'**Irish Museum of Modern Art** (p. 133).

Pour un plan plus détaillé, reportez-vous p. 294

Bon plan Lonely Planet

Pour profiter pleinement de ce quartier, optez pour le bus touristique avec montée et descente à volonté, avec des arrêts au Guinness Storehouse, à l'Irish Museum of Modern Art et à la Kilmainham Gaol. Ce qui vous permet également de faire une pause dans un café ou un restaurant. Une fois votre visite terminée, vous pouvez remonter dans le prochain bus et revenir facilement en centre-ville.

Le top des restaurants

- Fumbally (p. 139)
- Clanbrassil House (p. 140)
- Assassination Custard (p. 138)
- Two Pups Coffee (p. 139)

Plus de détails p. 138

Le top des pubs et bars

- Fallon's (p. 140)
- Old Reoyal Oak (p. 140)
- Arthur's (p. 141)
- Lucky's (p. 141)

Plus de détails p. 140

Le top des musées

- Guinness Storehouse (p. 125)
- Teeling Distillery (p. 135)
- Kilmainham Gaol (p. 131)
- Irish Museum of Modern Art (IMMA ; p. 133)
- Marsh's Library (p. 135)

Plus de détails p. 125

Découvrir Kilmainham et les Liberties

Ces deux quartiers historiques s'étendent le long de la Liffey, à l'ouest du centre-ville. Au départ de celui-ci, vous arriverez tout d'abord aux Liberties. La St Patrick's Cathedral (p. 128) s'élève à la lisière du quartier et cache la merveilleuse Marsh's Library (p. 135). Cette enclave ouvrière est le dernier quartier de Dublin en date à connaître la gentrification, avec l'apparition de nouveaux cafés et restaurants, d'un hôtel chic et moderne et d'une poignée de distilleries, descendantes contemporaines de celles du XVIIIe siècle, lorsque les Liberties étaient une plaque tournante de la production irlandaise de whiskey.

À la limite ouest des Liberties, la porte Saint-Jacques (St James's Gate) marque l'emplacement de la brasserie Guinness, un des lieux les plus visités de Dublin. Encore plus à l'ouest, en longeant Kilmainham, se trouvent le plus grand musée d'Art moderne (p. 133) du pays, et la Kilmainham Gaol (p. 131), qui joua un rôle clé dans l'histoire de la lutte irlandaise pour la liberté du pays. Ces deux sites valent bien la peine d'effectuer ce long périple (plus aisé en bus), à réaliser en une journée.

Vivre comme un Dublinois

- **Promenade dans les jardins** Le jardin italien de l'IMMA (p. 133) se prête à une promenade à la fois mémorable et paisible. Quant aux War Memorial Gardens (p. 136) de Kilmainham, qui s'étendent le long de la Liffey, c'est l'une des pépites cachées de Dublin.
- **Marchés** La Dublin Food Co-op (p. 143) de Kilmainham est l'une des meilleures de la ville. Elle est exemplaire en termes de commerce responsable et connaît un joli succès grâce à ses nombreux clients.
- **Lieux de rencontre** Fumbally (p. 139), Two Pups Coffee (p. 139) et le Legit Coffee Co (p. 139) animent la scène des cafés des Liberties, tandis qu'à l'extrémité sud de Clanbrassil St vous découvrirez la pizzeria Gaillot et Gray (p. 139).

Depuis/vers Kilmainham et les Liberties

- **En bus** Les lignes n°s 50, 50A et 56A depuis Aston Quay et les n°s 55 et 54A desservent les cathédrales et les Liberties ; pour Kilmainham (y compris l'IMMA), prenez les lignes n°s 51, 51D, 51X, 69, 78 ou 79 depuis Aston Quay ou le Luas jusqu'à Heuston.
- **À pied** La promenade depuis le centre-ville jusqu'à la Guinness Storehouse fait 1,5 km, et 3 km jusqu'à l'IMMA ou la Kilmainham Gaol.

COURTESY DIAGEO ©

LES INCONTOURNABLES
GUINNESS STOREHOUSE ET ST JAMES'S GATE

La Guinness n'est pas seulement l'un des symboles de la ville de Dublin : elle en est aussi un étendard aux yeux du monde. Certains passionnés lui accordent même des vertus frisant le surnaturel. Pour maints amateurs, la visite du musée-usine où elle est brassée prend des allures de pèlerinage.

Mythes

La Guinness est entourée de mythes qui ont la dent dure : elle voyage mal, elle tient sa saveur particulière de l'eau des montagnes de Wicklow, elle est bonne pour la santé – sans oublier la croyance populaire qui prétend qu'on ne peut connaître vraiment les Irlandais sans apprécier ce breuvage noir… Tout cela explique que la Guinness Storehouse, installée au cœur de la St James's Gate Brewery, ne désemplisse pas et soit l'attraction touristique la plus visitée de la ville. Dans un cadre spectaculaire, elle combine nombreuses animations, expositions élaborées et concepts marketing redoutablement efficaces.

Les débuts d'un succès mondial

Dans les années 1770, alors que les autres brasseries de Dublin voyaient d'un mauvais œil l'arrivée d'une nouvelle bière anglaise, la Porter – créée par inadvertance par un brasseur londonien qui laissa brûler son houblon –, Arthur Guinness lança sa propre bière. En 1799, il décida de porter tous ses efforts sur un brassin unique, celui de la Guinness. Lorsqu'il mourut quatre ans plus tard, à l'âge de 83 ans, les premiers jalons d'un succès mondial étaient en place.

Quelques années plus tard, une déviation du Grand Canal fut créée pour accéder à la brasserie, permettant

À NE PAS MANQUER

- Boire une Guinness
- La vue depuis le Gravity Bar
- Le 1837 Bar & Brasserie
- L'exposition des affiches publicitaires
- La Connoisseur Experience

INFOS PRATIQUES

- Plan p. 294, E2
- www.guinness-storehouse.com
- St James's Gate, S Market St
- Adulte/enfant à partir de 18,50/16 €, Connoisseur Experience 55 €
- 9h30-19h sept-juin, 9h-20h juil-août
- (wifi)
- 13, 21A, 40, 51B, 78, 78A, 123 depuis Fleet St, James's

LA MEILLEURE AUBAINE DE LA VILLE

Quand Arthur se lança dans le brassage à Dublin en 1759, il ne pouvait pas savoir que son nom serait associé à celui de la ville dans le monde entier. Ou peut-être que si ? Pris d'une inspiration providentielle, il venait de signer un bail pour une petite brasserie désaffectée aux conditions suivantes : un loyer de seulement 45 £ par an pour les 9 000 années à venir, et une clause prévoyant la gratuité de l'eau utilisée.

Les amateurs passionnés peuvent choisir l'expérience Connoisseur, pour déguster 4 variétés de Guinness tout en écoutant le barman en retracer l'histoire.

LE SAVIEZ-VOUS ?

La St Patrick's Tower, le grand moulin de la brasserie, faisait partie à l'origine de la Roe Distillery, qui occupait autrefois 7 ha du côté nord de James St et était le plus important producteur de whiskey d'Europe. Arthur Guinness surnommait le whiskey "le fléau de la nation".

aux péniches spéciales Guinness de transporter leur cargaison soit vers le système de canaux irlandais, soit vers le port de Dublin. Lorsque la brasserie fut agrandie jusqu'à atteindre la Liffey en 1872, la flotte des péniches Guinness faisait désormais partie du paysage. La célèbre bière ne tarda pas à être exportée à travers le monde entier, comme en Afrique ou aux Antilles. Tandis que les péniches s'acheminaient lentement sur la Liffey en direction du port, les garçons avaient pour habitude de se pencher par-dessus le mur et de crier "Rapportez-nous un perroquet !" (*Bring us back a parrot*!). Les Dublinois de la vieille école s'apostrophent toujours de cette façon quand ils partent en vacances.

Les ingrédients essentiels

Aujourd'hui, la levure utilisée pour la fabrication de la Guinness contient le même organisme vivant utilisé depuis le tout début, et le secret est bien gardé. Un autre ingrédient essentiel est une variété de houblon appelée Fuggles, autrefois cultivée uniquement autour de Dublin, mais qui est désormais importée de Grande-Bretagne, des États-Unis et d'Australie.

Guinness Storehouse Museum

Cette brasserie est bien plus qu'un simple lieu de fabrication. Elle est étroitement liée à l'histoire de Dublin et joue un rôle crucial dans l'identité de la ville. Le statut presque mythique de la Guinness est donc le thème central de la Guinness Storehouse, musée de la Brasserie et seule partie de la fabrique ouverte aux visiteurs.

Il occupe l'ancien bâtiment de fermentation construit en 1904. C'est un monument classé, ce qui obligea les architectes à s'adapter au bâtiment et à l'enrichir, sans rien enlever, avec pour résultat un incroyable atrium central en forme de pinte de Guinness haute de 7 niveaux. Au sommet, le Gravity Bar entièrement vitré dévoile une vue panoramique de Dublin, à admirer en dégustant une chope de Guinness gracieusement offerte.

Mais avant de vous précipiter tout en haut, visitez le musée pour lequel vous avez payé une coquette somme. Il s'agit en réalité d'une "expérience" plutôt que d'un musée, d'une superficie de près de 1,5 ha avec une incroyable palette d'expositions audiovisuelles et interactives riches en détails sur l'histoire de la brasserie et le processus de brassage.

Au rez-de-chaussée, une réplique du bail original d'Arthur Guinness – de 9 000 ans ! – est visible sous une dalle vitrée au sol. En parcourant les diverses expositions, y compris celle rassemblant près de 70 ans de publicité, il devient évident que l'aura

COURTESY DIAGEO ©

mythique associée par les Dublinois à la boisson a été diluée par cette entreprise aux actionnaires désormais exclusivement étrangers ; le brassage et la magie ont cédé la place à un marketing quelque peu outrancier.

Gravity Bar

Quelles que soient vos critiques concernant le marketing et l'engouement autour du musée, elles s'évanouiront comme par magie quand vous serez arrivé au 7e et dernier étage du bâtiment, au sein du Gravity Bar, où l'on vous servira gratuitement un verre de Guinness. Depuis la salle circulaire, entourée de baies vitrées, on a une vue splendide à 360° sur la ville, et la Guinness frôle en soi la perfection.

1837 Bar & Brasserie

Un étage au-dessous du Gravity Bar, et également fort de sa vue sur la ville, voici une adresse étonnamment bonne où déjeuner (p. 139) qui vaut le détour à elle seule, ce qui est rare au sein d'un musée. La carte est sans chichis – poulet, burgers, etc. – mais tout est délicieux.

AITORMMFOTO/GETTY IMAGES ©

LES INCONTOURNABLES
ST PATRICK'S CATHEDRAL

Située à l'endroit exact où saint Patrick aurait baptisé les premiers croyants irlandais, cette église occupe l'un des sites chrétiens les plus anciens de Dublin.

Histoire

Bien qu'une église existe sur le site depuis le Ve siècle, c'est au tournant du XIIe siècle que cet édifice fut construit. Il a depuis été modifié à plusieurs reprises, notamment en 1864, où il bénéficia d'une restauration qui lui évita de tomber en ruine. L'intérieur apaisant est contrebalancé par des abords sombres. On suppose que Saint-Patrick était appelée à remplacer Christ Church comme cathédrale de l'Église d'Irlande (de communion anglicane) en ville. Mais le refus de l'église la plus ancienne de céder sa place eut pour résultat non pas une, mais deux cathédrales, à seulement quelques pas l'une de l'autre. Avec les murs de la vieille ville pour seule séparation (Saint-Patrick étant située à l'extérieur), chacune était légalement la cathédrale du diocèse. Saint-Patrick n'est pas aussi photogénique que sa belle voisine, mais elle la surpasse sans doute en termes d'histoire.

Interférence politique

Après la réforme religieuse menée par Henri VIII et la dissolution des monastères au XVIe siècle, son successeur, Édouard VI, obligea la cathédrale Saint-Patrick à restituer l'ensemble de son patrimoine (revenus et biens) à la couronne. Le chapitre (organe bureaucratique de l'église composé de 28 membres) fut emprisonné jusqu'à ce qu'il accepte la restitution, et la cathédrale fut rétrogradée au rang d'église paroissiale. Elle ne retrouva son statut d'origine qu'en 1560.

À NE PAS MANQUER

- La tombe de Jonathan Swift
- Les vitraux
- Le Boyle Monument

INFOS PRATIQUES

- Plan p. 294, H3
- 01-453 9472
- www.stpatrickscathedral.ie
- St Patrick's Close
- Tarif plein/étudiant 8/7 €
- 9h30-17h lun-ven, 9h-18h sam, 9h-10h30, 12h30-14h30 et 16h30-18h dim mars-oct, 9h30-17h lun-ven, 9h-17h sam, 9-10h30 et 12h30-15h30 dim nov-fév
- 50, 50A, 56A depuis Aston Quay, 54, 54A depuis Burgh Quay

En 1651, Oliver Cromwell transforma la nef en tribunal militaire et en écurie. Ensuite, en 1666, la chapelle de la Vierge (Lady Chapel), ajoutée à l'édifice en 1240, fut offerte à des huguenots en fuite et adopta le nom d'Église française de Saint-Patrick jusqu'en 1816. À l'époque, l'actuel transept nord constituait une église à part entière, la St Nicholas Without (située en dehors de la ville), et la cathédrale était en fait divisée en deux églises distinctes.

Ces bouleversements, conjugués à la perte d'influence du doyen et du chapitre, conduisirent à la détérioration de l'édifice. Malgré les efforts du doyen le plus célèbre de l'église, Jonathan Swift (auteur des *Voyages de Gulliver*, il officia à Saint-Patrick de 1713 à 1745), pour préserver le bâtiment, à la fin du XVIIIe siècle celui-ci menaçait de s'effondrer. Il tenait à peine debout quand la généreuse famille Guinness finança une restauration d'envergure en 1864.

Baptistère et tombe de Jonathan Swift

À l'entrée principale, une **statue** rend hommage à Benjamin Guinness, le premier membre de la famille à s'être intéressé au sort de l'église. À l'intérieur sur la gauche se trouve la plus ancienne partie du bâtiment, le **baptistère**. Il contient des **dalles du XIIe siècle** originales et des **fonts baptismaux médiévaux en pierre** toujours en usage. Dans la cathédrale elle-même, vous verrez presque les **tombes de Jonathan Swift et Esther Johnson**, sa compagne, plus connue sous le nom de Stella. Les épitaphes en latin furent écrites par Swift lui-même, et la cathédrale contient des objets lui ayant appartenu, notamment un pupitre et un masque mortuaire.

Boyle Monument

Vous ne pourrez manquer le gigantesque **monument à la famille Boyle**, érigé en 1632 par Richard Boyle, comte de Cork. Il fut brièvement positionné près de l'autel jusqu'en 1633, quand Thomas Wentworth, comte de Strafford et vice-roi de Dublin, le fit déplacer pour ne plus avoir à s'agenouiller devant un homme de Cork. Boyle se vengea plusieurs années plus tard en organisant la destitution et l'exécution de Wentworth. Dans le bâtiment, une niche abrite un portrait de Robert, le fils du comte, illustre scientifique et un des découvreurs de la loi de Boyle-Mariotte – qui relie la pression et le volume des gaz.

Puits de saint Patrick

À l'angle opposé, est exposée une dalle en pierre gravée d'une croix, qui a servi à indiquer l'emplacement du **puits de saint Patrick** où (selon la légende) le saint patron de l'Irlande aurait baptisé les païens.

CATASTROPHES NATURELLES

La cathédrale avait déjà été édifiée par deux fois en 1254, mais elle fut endommagée par des catastrophes naturelles au cours du siècle suivant. Son clocher fut abattu par une tempête en 1316, puis la tour originale et une partie de la nef furent détruites par un incendie en 1362.

Pour vous imprégner de l'atmosphère, assistez à une messe chantée – à 11h15 le dimanche toute l'année, ou à 9h du lundi au vendredi uniquement en période scolaire.

VISITE

Les billets achetés à l'avance ne sont pas valables le dimanche entre 10h45 et 12h30 et entre 14h45 et 16h30.

Dernière entrée 30 minutes avant la fermeture.

LIVING STONES

En visitant l'église, vous découvrirez les quatre parties de l'exposition permanente, Living Stones (les pierres vivantes), qui dévoile l'histoire de la cathédrale.

Transept sud et aile sud

Dans le transept sud, anciennement la salle capitulaire où le comte de Kildare risqua son bras (voir plus bas), de magnifiques **vitraux** surmontent les monuments funéraires. L'aile sud est bordée de gisants et de plaques mortuaires d'illustres protestants irlandais du XXe siècle, comme Erskine Childers, président de la République d'Irlande de 1973 à 1974, dont le père fut exécuté par l'État libre d'Irlande pendant la guerre civile.

Transept nord

Le transept nord abrite plusieurs tombeaux militaires à la mémoire des membres du Royal Irish Regiments (régiment d'infanterie de l'armée britannique). Dans l'aile nord du chœur, une plaque indique la tombe du **duc de Schomberg**, illustre victime de la bataille de la Boyne en 1690. Jonathan Swift en rédigea l'épitaphe, faisant remarquer que les propres membres de la famille du duc ne se souciaient pas d'offrir au défunt un monument funéraire digne de lui. De l'autre côté du chœur se trouve une chaise, où s'assit Guillaume d'Orange quand il vint ici remercier Dieu pour sa victoire face au roi catholique Jacques Stuart, au cours de la même bataille.

Porte de la Réconciliation

Dans le transept nord se trouve une porte devenue le symbole de la réconciliation entre les comtes de Kildare et d'Ormonde en 1492. Après une querelle, les partisans des deux camps s'affrontèrent en une féroce bataille qui se déroula dans la cathédrale, et au cours de laquelle le neveu d'Ormonde (Black James) se barricada dans la salle capitulaire. Kildare, revenu à la raison, perça un trou dans la porte et y tendit son bras pour serrer la main de son adversaire, risquant par là même de perdre un membre, dans l'espoir d'apaiser la situation. Son rival préféra la conciliation à l'amputation et lui serra la main. L'expression "*chance your arm*" (littéralement, risquer son bras) entra dans le vocabulaire courant. Black James fut toutefois assassiné par le gendre de Kildare quatre ans plus tard.

ST PATRICK'S CATHEDRAL

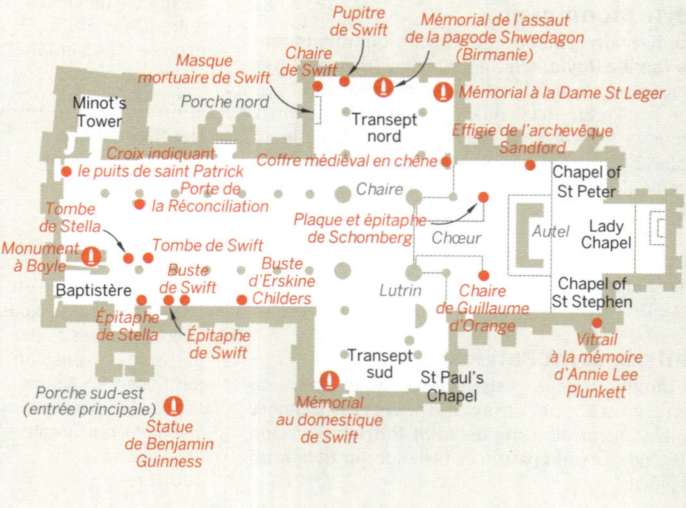

FLAVIA8/SHUTTERSTOCK ©

LES INCONTOURNABLES
KILMAINHAM GAOL

Si l'histoire de l'Irlande vous intéresse un tant soit peu, la visite de cette ancienne prison s'impose. S'y déroulèrent en effet maints épisodes tragiques et héroïques, et la liste des prisonniers qui s'y succédèrent tient d'un véritable Who's Who du nationalisme irlandais. Ses épais murs sombres témoignent encore des épreuves de l'occupation britannique.

Histoire

Après quatre ans de construction, la prison entra en fonction en 1796. On s'y trouvait enfermé aussi bien pour des délits mineurs que majeurs. En 1839, un garçon de 6 ans y passa un mois au motif que son père n'avait pas payé son billet de train, et pendant la Grande Famine (1845-1851), on y entassait des misérables arrêtés pour mendicité ou vol de nourriture. Mais l'endroit est avant tout célèbre pour avoir servi pendant 120 ans de lieu d'incarcération pour les nationalistes irlandais, de Robert Emmet en 1803 à Éamon De Valera en 1923. Les meneurs des soulèvements qui émaillèrent cette période y finirent invariablement, et nombre d'entre eux y attendirent leur exécution.

C'est avant tout le traitement réservé aux chefs de file de l'insurrection de Pâques 1916 qui grava à jamais la prison dans la mémoire collective irlandaise. C'est dans la cour des Casseurs de pierre (Stone Breaker's Yard) que 14 d'entre eux furent exécutés, dont James Connolly, si gravement blessé qu'on dut l'attacher sur une chaise de l'autre côté de la cour, juste devant l'entrée. Les endroits où ils furent abattus sont signalés par deux croix noires toutes simples. L'exécution des nationalistes réveilla un sentiment de rébellion jusqu'alors éclipsé par le conflit qui déchirait l'Europe.

À NE PAS MANQUER

- Prison Museum
- Stone Breakers' Yard
- Les cellules

INFOS PRATIQUES

- Plan p. 294, A3
- ☎ 01-453 5984
- www.kilmainhamgaolmuseum.ie
- Inchicore Rd
- Adulte/enfant 9/5 €
- ⏲ 9h-19h juin-août, 9h30-17h30 oct-mars, 9h-18h avr, mai et sept
- 🚌 69, 79 depuis Aston Quay, 13, 40 depuis O'Connell St

GALLOWS HILL

La prison fut construite sur un site connu sous le nom de Gallows Hill, où les criminels étaient pendus à un arbre. Ce rituel sordide se poursuivit une fois la prison achevée, plusieurs exécutions publiques ayant lieu chaque année devant l'entrée de la prison.

Arrivez tôt pour limiter l'attente ; essayez de vous joindre à la première visite de la journée (pas de réservation possible).

L'AMOUR EN PRISON

Joseph Plunkett, l'un des meneurs de l'insurrection de Pâques 1916, fut autorisé à épouser sa fiancée Grace Gifford dans la chapelle de Kilmainham. Sept heures après la cérémonie, il était fusillé.

Avant sa fermeture définitive, la prison fut utilisée par l'État libre d'Irlande, une situation dont l'ironie est superbement résumée par l'histoire d'Ernie O'Malley, qui s'en était évadé en 1921, du temps des Britanniques, avant d'y être renvoyé par ses anciens camarades de lutte pendant la guerre civile irlandaise. La visite guidée ne fait guère battage de cet épisode, et même l'évocation d'Éamon De Valera, dernier détenu de la prison et futur président du pays, passe sur le fait qu'il avait été mis là par ses compatriotes. Le lieu fut définitivement fermé en 1924.

Visites guidées

Toutes les visites sont guidées, et débutent par une excellente introduction audiovisuelle projetée dans la chapelle où Joseph Plunkett, l'un des meneurs de l'insurrection de 1916, épousa son aimée quelques heures seulement avant d'être fusillé. La visite, intéressante mais souvent bondée, permet de découvrir les deux ailes (l'ancienne et la nouvelle), où vous verrez les cellules de détenus de premier plan, ainsi que des inscriptions laissées sur les murs. Elle s'achève par une immersion lugubre dans la cour où avaient lieu les exécutions.

L'Asgard et le musée

Trônant dans la cour extérieure, le navire *Asgard*, qui brisa le blocus britannique pour livrer des armes aux forces nationalistes en 1914, avait pour propriétaire et capitaine Erskine Childers, père du futur président d'Irlande. Celui-ci fut exécuté par l'Armée nationale irlandaise de feu Michael Collins en novembre 1922 au prétexte de port d'arme, en l'occurrence un revolver que Collins en personne lui avait offert. La prison renferme également un excellent musée dédié au nationalisme irlandais et au quotidien des détenus. En outre, les fans de U2 reconnaîtront l'endroit, où fut tourné le clip du single *A Celebration*, sorti en 1982.

LES INCONTOURNABLES
IRISH MUSEUM OF MODERN ART

S'il est le plus important musée d'art contemporain d'Irlande, l'Irish Museum of Modern Art impressionne toutefois davantage par le somptueux édifice qui l'abrite : le Royal Hospital Kilmainham. Celui-ci, construit entre 1680 et 1684, fut jusqu'en 1928 une maison de repos pour soldats vétérans.

Royal Hospital Kilmainham

L'hôpital doit son aspect à James Butler, duc d'Ormonde et vice-roi de Charles II, qui revint d'un voyage à Paris impressionné par les Invalides au point de commissionner William Robinson pour bâtir un édifice s'en inspirant à Dublin. L'architecte réalisa alors le plus beau monument du XVIIe siècle dans la capitale, véritable apogée du style anglo-néerlandais de l'époque. L'ensemble forme un carré avec, en son centre, une vaste cour entourée d'arcades. Au centre de l'aile nord se dresse une chapelle surmontée d'une élégante flèche avec horloge. L'hôpital était le premier bâtiment de style authentiquement classique en ville, et annonçait les majestueuses constructions georgiennes du XVIIIe siècle à venir. L'édification du Chelsea Royal Hospital de Christopher Wren, à Londres, ne débuta que deux ans après celle de l'hôpital dublinois.

Après sa fermeture en 1928, le Royal Hospital resta un demi-siècle à l'abandon avant d'être restauré dans les années 1980 puis rouvert en 1984, à l'occasion du 300e anniversaire de sa construction. L'édifice reçut l'année suivante le prestigieux prix Europa Nostra, qui récompense les initiatives de préservation du patrimoine architectural européen. L'éclairage du musée et les systèmes de sécurité incendie ont été remis à neuf en 2012-2013.

À NE PAS MANQUER

- La collection Madden Arnholz
- Les jardins classiques

INFOS PRATIQUES

- Plan p. 294, C2
- IMMA
- www.imma.ie
- Military Rd
- Entrée libre
- 11h30-17h30 mar-ven, 10h-17h30 sam, 12h-17h30 dim, visites guidées 13h15 mer, 14h30 sam et dim
- 51, 51D, 51X, 69, 78, 79 depuis Aston Quay, Heuston

UN CANDIDAT AU SIÈGE DU POUVOIR

Le Royal Hospital Kilmainham fut envisagé pour accueillir le nouveau Parlement irlandais après la création de l'État libre d'Irlande en 1922.

Les jardins classiques constituent un lieu de promenade merveilleux.

JUMEAU LONDONIEN

Pour le Royal Hospital Chelsea de Londres, achevé en 1692, l'architecte Christopher Wren s'est largement inspiré du Royal Hospital Kilmainham, ouvert deux ans auparavant.

Vous pourrez sortir du musée par la porte arrière, qui donne sur Kilmainham Gaol.

Visites guidées

Des visites guidées gratuites du musée ont lieu toute l'année le mercredi, le vendredi et le dimanche à 14h30, et mettent en valeur les merveilles de l'édifice comme la **salle de banquet**, ornée de 22 portraits spécialement commandités, et la splendide **chapelle baroque**, avec son plafond en papier mâché et ses superbes portes de style Queen Anne. Découvrez également les jardins classiques, entièrement restaurés.

Les œuvres

En 1991, l'hôpital vit s'installer dans ses murs l'IMMA et le meilleur de l'art contemporain et moderne irlandais. Ancien et nouveau s'y conjuguent à merveille, et vous pourrez y découvrir des artistes irlandais tels que Louis le Brocquy, Sean Scully, Kathy Prendergast ou encore Dorothy Cross, ainsi qu'une installation filmique signée Neil Jordan. La collection permanente présente également des peintures de grands maîtres tels Pablo Picasso et Joan Miró, et est régulièrement complétée par des expositions temporaires. Le musée comprend un bon café (p. 139) et une bibliothèque (p. 143) au rez-de-chaussée.

Collection Madden Arnholz

L'un des atouts majeurs du musée est la collection d'environ 2 000 gravures de maîtres anciens dont Dürer, Rembrandt ou encore Goya, données en 1998 par Clare Madden, qui se vit léguer la collection à la mort de sa fille Etain et de son beau-fils Fritz Arnholz. Les gravures vont du XVe au XIXe siècle. La collection compte notamment un grand nombre d'œuvres de William Hogarth, artiste réputé pour ses gravures et dessins satiriques, dont des séries complètes comme *Marriage-A-la-Mode, La Carrière d'un libertin* et *La Carrière d'une prostituée.*

Jardins classiques

Au-dessous de la terrasse nord (anciennement le jardin du Maître) se trouvent les jardins classiques, créés à la fin du XXe siècle dans le style des jardins de la fin du XVIIe et du début du XVIIIe siècle. Les allées principales rayonnent entre les points focaux créés par le pavillon de jardin, la fontaine centrale et les statues modernes, conjuguant ainsi avec bonheur design contemporain et formalisme classique. Les huit monolithes calcaires d'Ulrich Rückriem font notamment pendant aux haies topiaires, en contrebas.

À VOIR

En allant d'est en ouest, vous découvrirez St Patrick's Cathedral avant de pénétrer dans les Liberties, où sont apparues de nouvelles distilleries. C'est à l'ouest de ce quartier que vous trouverez la Guinness Storehouse. Toujours plus à l'ouest vous attendent la prison de Kilmainham et l'Irish Museum of Modern Art, dans le vieux quartier de Kilmainham. S'y rendre à pied est envisageable, mais il est préférable de prendre un bus.

GUINNESS STOREHOUSE — BRASSERIE, MUSÉE

Voir p. 125.

ST PATRICK'S CATHEDRAL — CATHÉDRALE

Voir p. 128.

KILMAINHAM GAOL — MUSÉE

Voir p. 131.

IRISH MUSEUM OF MODERN ART — MUSÉE

Voir p. 133.

♥ MARSH'S LIBRARY — BIBLIOTHÈQUE

Plan p. 294 (www.marshlibrary.ie ; St Patrick's Close ; adulte/enfant 5 €/gratuit ; 9h30-17h lun et mer-ven, 10h-17h sam ; 50, 50A, 56A depuis Aston Quay, 54, 54A depuis Burgh Quay). Cette bibliothèque érudite est superbement préservée. Intacte depuis trois siècles, elle est le clou de toute visite. En haut de son escalier ancien, on découvre de fabuleux rayonnages en chêne foncé, surmontés de corniches délicatement sculptées et dorées. Fondée en 1701 par l'archevêque Narcissus Marsh (1638-1713) et ouverte en 1707, la bibliothèque fut conçue par William Robinson, l'architecte du Royal Hospital Kilmainham (p. 133). Il s'agit de la plus ancienne bibliothèque publique du pays, contenant quelque 25 000 livres datant du XVIe siècle au début du XVIIIe siècle, ainsi que des cartes (XVe siècle), des manuscrits (dont un en latin de 1400) et une collection d'incunables (livres imprimés avant 1500).

TEELING DISTILLERY — DISTILLERIE

Plan p. 294 (www.teelingwhiskey.com ; 13-17 Newmarket ; visite guidée 15-30 € ; 10h-17h40 ; 27, 77A et 151 depuis le centre-ville). GRATUIT Alors seule distillerie à avoir ouvert à Dublin en 125 ans, Teeling n'a amorcé sa production qu'en 2015 et il faudra encore patienter plusieurs années avant que les premiers distillats ne méritent l'appellation de whiskey. En attendant, vous pouvez explorer le centre des visiteurs, déguster (et acheter) des whiskeys élaborés dans l'autre distillerie familiale, située sur la péninsule de Cooley. La visite guidée s'achève par une dégustation. Pour goûter des cuvées exceptionnelles, choisissez, moyennant finances, l'une des dégustations spéciales. Deux choix sont possibles : la Teeling Tasting (15 €) et la Single Malt Reserve Tasting (30 €), où vous vous délecterez de 3 whiskeys remarquables, y compris l'exceptionnel Reserve Single Malt de 21 ans d'âge, récompensé. La distillerie comprend également un excellent café.

ROE & CO DISTILLERY — DISTILLERIE

Plan p. 294 (www.roeandcowhiskey.com ; 91 James's St ; 19-25 € ; 11h-19h, dernière entrée 17h ; 123 depuis le centre-ville). Dernière-née des distilleries du quartier, Roe & Co s'est installée en 2019 dans l'ancienne centrale électrique Guinness, bel édifice de brique en face de la brasserie principale. Les visites mettent l'accent sur les cocktails ; après une dégustation classique, vous apprendrez à mélanger les saveurs lors d'un atelier de mixologie avant de déguster au bar les créations maison. Réservez.

DUBLIN LIBERTIES DISTILLERY — DISTILLERIE

Plan p. 294 (thedld.com ; 33 Mill St ; adulte/enfant 16/14 € ; 9h30-18h lun-jeu, 9h30-19h ven-sam, 11h-19h dim avr-août, 10h-17h30 lun-sam, 11h-17h30 dim sept-mars ; 49, 54A depuis le centre-ville). Un édifice vieux de 400 ans abrite cette distillerie inaugurée en 2019, qui vient consolider le statut de nouvelle capitale du whiskey des Liberties. Les visites standards vous feront découvrir le processus de distillation avant une dégustation de trois whiskeys – le Dubliner, le Dublin Liberties et le Dead Rabbit – distillés ailleurs, car il faudra au moins trois ans avant que le distillat produit ici puisse mériter le nom de whiskey.

Il y a aussi la visite "Experience" (32 €), avec dégustation de 6 whiskeys ; la création d'une visite "Master Blender" (100 €) est prévue.

PEARSE LYONS DISTILLERY — DISTILLERIE

Plan p. 294 (01-825 2244 ; www.pearselyonsdistillery.com ; 121-122 James's St ; visite guidée 20-30 € ; 21A, 51B, 78, 78A, 123 depuis Fleet St). Cette élégante distillerie a ouvert à l'été 2017 au sein de l'ancienne église gothique Saint-Jacques. Elle distille du whiskey irlandais artisanal en petites quantités. Il y a trois types de visites : la "Trilogy" permet d'explorer la distillerie et le cimetière de St James avant de déguster trois whiskeys, la "Signature" avec dégustation de 4 whiskeys et la "Legacy" avec dégustation de cinq whiskeys, dont un single malt de 5 ans d'âge.

La visite explique également la tradition de distillation propre aux Liberties, ainsi que l'histoire de la famille de Pearse Lyons, le propriétaire.

WAR MEMORIAL GARDENS PARC

Plan p. 294 (www.heritageireland.ie ; S Circular Rd, Islandbridge ; 8h-crépuscule lun-ven, 10h-crépuscule sam-dim ; 69, 79 depuis Aston Quay, 13, 40 depuis O'Connell St). GRATUIT Peu de gens s'aventurent aussi loin à l'ouest, mais il serait dommage de manquer le magnifique aménagement paysager du War Memorial Gardens. Imaginé par Edwin Lutyens, le mémorial rend hommage aux 49 400 soldats irlandais morts durant la Première Guerre mondiale – leurs noms figurent sur les deux immenses pavillons de granit qui se dressent à une extrémité.

ST AUDŒN'S CHURCH OF IRELAND ÉGLISE

Plan p. 294 (01-677 0088 ; www.heritageireland.ie ; Cornmarket, High St ; 9h30-16h45 mai-oct ; 50, 50A, 56A depuis Aston Quay, 54, 54A depuis Burgh Quay). Deux églises côte à côte et portant le même nom, en hommage à saint Ouen, évêque de Rouen au VIIe siècle et saint patron des Normands. La plus ancienne des deux, l'église irlandaise, fut bâtie entre 1181 et 1212. C'est aujourd'hui la seule église médiévale de Dublin encore en activité. Une visite guidée gratuite de 30 minutes part toutes les demi-heures de 9h30 à 16h45. L'édifice qui la jouxte est la St Audœn's Catholic Church (p. 138), plus grande et plus récente (XIXe siècle).

Pour atteindre la "Lucky Stone" ("pierre de la chance") qui date du IXe siècle et est supposée apporter réussite dans les affaires, vous passerez sous le portail roman très ouvragé de cette église irlandaise. Une dalle du IXe siècle, située sous le porche, suggère qu'elle aurait été bâtie sur une église encore plus ancienne. La visite guidée en montre les ruines et présente l'édifice actuel dans sa totalité, vous y verrez certaines des statues mortuaires qui furent décapitées par les adeptes de Cromwell. La tour et la porte d'entrée datent du XIIe siècle et l'aile du XVe siècle, mais le reste de l'église est pour l'essentiel le fruit d'une restauration menée au XIXe siècle.

Promenade à pied
Dublin viking et médiéval

DÉPART ESSEX GATE, PARLIAMENT ST
ARRIVÉE DUBLIN CASTLE
DISTANCE 2,5 KM ; 2 HEURES

Partez de Temple Bar, à l'angle de Parliament St et Essex Gate, qui marque une des anciennes entrées de la ville. Sur un pilier, une 1 **plaque en bronze** indique l'emplacement de la porte. Plus loin, vous verrez à travers une grille figurative les fondations de l' 2 **Isolde's Tower** du XIIIe siècle, qui faisait partie des fortifications de la ville, à côté du pub The Czech Inn. La tour originale mesurait entre 12 m et 15 m de haut, mais fut détruite au XVIIe siècle pour laisser place à des demeures georgiennes (rasées depuis).

Descendez vers l'ouest par Essex Gate et West Essex St jusqu'à Fishamble St ; tournez à droite en direction des quais, puis à gauche sur Wood Quay. Traversez Winetavern St et longez Merchant's Quay. Sur votre gauche, vous verrez la 3 **Church of the Immaculate Conception**, aussi appelée église d'Adam et Ève, en référence à la taverne attenante qui cachait un passage secret vers une chapelle, emprunté par les catholiques soumis à l'époque aux Lois pénales (XVIIe et XVIIIe siècles) leur interdisant, entre autres, de pratiquer leur culte. Elle est aussi nommée Church of St Francis (son saint patron d'origine).

Sur Merchant's Quay, vous apercevrez le 4 **Father Mathew Bridge**, construit en 1818 à l'emplacement d'un gué qui explique le nom gaélique de Dublin, *Baile Átha Cliath* (ville du gué des haies). Il porte le nom du prêtre réformateur Theobald Mathew (1790-1856), qui marqua la vie des Irlandais avec "the Pledge" : un serment de sobriété prêté par la plupart des catholiques irlandais lors de leur confirmation (vers l'âge de 12 ans) et rompu quand ils atteignaient l'âge de boire (ou plus tôt). Bifurquez à gauche dans Bridge St et arrêtez-vous dans le plus ancien pub de Dublin, le 5 **Brazen Head** (p. 141), fondé en 1198 (le bâtiment actuel date de 1668).

Prenez la prochaine à gauche pour rejoindre Cook St et la **6 St Audœn's Arch** de 1240, une des rares portes encore existantes sur les 32 que comptait la ville. Montez sur les remparts pour découvrir l'une des plus anciennes églises de Dublin, la **7 St Audœn's Church of Ireland** (p. 136). Bâtie vers 1190, elle est la seule église médiévale de Dublin où l'on célèbre toujours des offices religieux. Juste à côté, la bien plus récente **8 St Audœn's Catholic Church** (p. 138) était célèbre pour les sermons expéditifs du père "Flash" Kavanagh, soucieux de libérer ses ouailles et lui-même à temps pour le match dominical de football gaélique...

Rejoignez High St et continuez à l'est jusqu'au prochain croisement, où s'élève, sur votre gauche, l'ancienne salle du Synode, qui accueille aujourd'hui **9 Dublinia** (p. 112). Bifurquez à gauche et passez sous le pont de la salle du Synode, qui relie Dublinia à l'un des sites les plus remarquables de la ville, la **10 Christ Church Cathedral** (p. 109), qui était au Moyen Âge l'église la plus importante de la ville.

Sortez sur Christ Church Pl, traversez pour atteindre Nicholas St et tournez à droite sur Back Lane. Marchez jusqu'à **11 Tailors' Hall**, la plus ancienne salle de confrérie de Dublin, construite entre 1703 et 1707 (malgré la date de 1770 figurant sur la plaque) pour la guilde des tailleurs. Elle abrite désormais An Taisce, le patrimoine national d'Irlande (National Trust for Ireland).

Revenez sur vos pas dans la même rue puis prenez à droite dans Nicholas St, qui devient Patrick St. Sur votre gauche se dresse la **12 St Patrick's Cathedral** (p. 128), la plus grande cathédrale de Dublin, qui se tenait hors de la vieille ville. Dans St Patrick's Close, vous pourrez admirer la **13 Marsh's Library** (p. 135), nommée d'après l'archevêque Narcissus Marsh, un des doyens de la cathédrale Saint-Patrick. Plus loin sur votre gauche, se tient le bâtiment de la **14 Dublin Metropolitan Police**, autrefois le palais épiscopal du Saint-Sépulcre.

Enfin, remontez Bride St, Golden Lane et Great Ship St, pour finir par une longue promenade dans le **15 Dublin Castle** (p. 61). Ne manquez pas la remarquable Bermingham Tower couleur bleu poudré et la Chester Beatty Library voisine, qui vaut le détour pour sa collection de manuscrits et de livres rares.

VÊPRES DANS LES CATHÉDRALES

Fait rarissime, les chorales des cathédrales de Saint-Patrick et de Christ Church se réunirent à Fishamble St en 1742 pour la création du *Messie* de Haendel, avec à la baguette le compositeur en personne. Chacune des deux congrégations a sa propre tradition chorale, et assister aux vêpres dans l'une ou l'autre des cathédrales tient d'une expérience mémorable. La chorale de St Patrick chante à 17h30 du lundi au vendredi et à 15h15 le dimanche, et celle de Christ Church à 18h le mercredi et à 17h le samedi (les horaires peuvent changer ; consultez www.christchurchcathedral.ie). Si vous êtes à Dublin à la fin décembre, ne manquez pas les chants de Noël à St Patrick. Pour réserver, appelez au 01-453 9472 ; attention, les billets partent vite.

La **St Anne's Chapel**, où est installé le centre des visiteurs, abrite des sépultures d'éminents membres de la société dublinoise ayant vécu entre le XVIe siècle et le XVIIIe siècle. La tour contient les trois plus anciennes cloches d'Irlande (1423). Si l'exposition proposée par l'église n'est guère spectaculaire, l'édifice en lui-même est magnifique, et vous transporte au Moyen Âge.

L'entrée de l'église se fait par la **St Audœn's Arch**, plus au sud près de High St. Cette arche de 1240 est le seul vestige des portes de la ville. Le parc attenant est plaisant mais peu fréquentable à la nuit tombée.

ST AUDŒN'S CATHOLIC CHURCH ÉGLISE

Plan p. 294 (Cornmarket, High St ; messe 13h15 et 19h lun-ven, 18h sam, 9h30, 11h, 12h30 et 18h dim ; 50, 50A, 56A depuis Aston Quay, 54, 54A depuis Burgh Quay). GRATUIT Accolée à l'église médiévale irlandaise de Saint-Audœn (p. 136), se trouve l'église catholique de Saint-Audœn, bâtie au XIXe siècle. Elle accueille depuis 2006 l'aumônerie polonaise d'Irlande. L'église ouvre juste avant les messes.

ST PATRICK'S TOWER TOUR

Plan p. 294 (Thomas St ; fermé au public ; 69 depuis Aston Quay). La tour Saint-Patrick est le plus haut moulin à galerie (avec un toit rotatif) d'Europe. Elle fut bâtie en 1757 pour alimenter la Roe Distillery qui, en 1887, était la plus importante distillerie européenne avec près de 7 ha de terrain et une production annuelle de whiskey dépassant 7,5 millions de litres. Au milieu des années 1920, le marché mondial du whiskey a commencé à décliner et la distillerie finit par être vendue en 1949 à son voisin, Guinness.

KILMAINHAM GATE SITE REMARQUABLE

Plan p. 294 (69, 79 depuis Aston Quay, 13, 40 depuis O'Connell St). L'impressionnante porte georgienne de Francis Johnston fut bâtie en 1812. À l'origine, elle portait le nom de tour Richmond et s'élevait sur les quais, près de la Guinness Brewery. Cependant, elle obstruait la circulation de plus en plus dense vers la nouvelle gare de Kingsbridge (Heuston Station) qui ouvrit en 1844, et fut donc déplacée en 1846.

OÙ SE RESTAURER

Les loyers abordables des quartiers de Dublin 8 ont attiré les restaurateurs, provoquant une véritable révolution culinaire dans le secteur. Les Liberties et les alentours comptent leur lot d'expériences gastronomiques, et une clientèle nombreuse vient s'y régaler de plats aussi inventifs que savoureux.

♥ ASSASSINATION CUSTARD CAFÉ €

Plan p. 294 (087 997 1513 ; www.facebook.com/assassinationcustard ; 19 Kevin St ; plats 7-9 € ; 12h-15h mar-ven ; ts ceux du centre-ville). L'endroit ne paie pas de mine, mais ce restaurant dont le nom s'inspire d'une citation de Samuel Beckett, est l'un des meilleurs en ville. Succinct et renouvelé tous les jours, le menu comprendra peut-être du chou-fleur rôti avec dukkah grillé, ou du brocoli avec *'nduja* (saucisse de porc épicée italienne) et ricotta de Toonsbridge. Les plus téméraires pourront tenter le sandwich aux tripes.

COKE LANE PIZZA PIZZAS €

Plan p. 294 (www.cokelanepizza.com ; 78 Meath St ; pizzas 10-13 € ; 17h-23h dim-ven, 14h-23h sam ; 13, 40, 123 depuis le centre-ville). Excellentes pizzas servies à peine sorties du four sur la terrasse du pub Luckys (p. 141). Venez avant 19h pour profiter de l'offre pizza + pinte (ou verre de vin) à 13 € – difficile de trouver moins cher en ville.

FUMBALLY
CAFÉ €

Plan p. 294 (☎01-529 8732 ; www.thefumbally.ie ; Fumbally Lane ; plats 7-12 € ; ⌚8h-17h mar-ven, 10h-17h sam, plus 19h-21h30 mer ; 🚌49, 54A depuis le centre-ville). Dans ce vaste et lumineux café de style industriel, sont servis des petits-déjeuners équilibrés, des salades et des sandwichs – parfois au son de la guitare d'un musicien. Le mercredi soir, le chef propose un menu populaire (tapas à partir de 6 €) inspiré par un ingrédient ou un type de cuisine ; réservation conseillée.

CLANBRASSIL COFFEE SHOP
CAFÉ €

Plan p. 294 (www.clanbrassilhouse.com ; 6 Upper Clanbrassil St ; plats 6-12 € ; ⌚8h-15h lun-ven, 9h-15h30 sam ; 🚌9, 16, 49, 54A depuis le centre-ville). Ce café, incarnation diurne de la Clanbrassil House (p. 140) voisine, sert un choix restreint de sandwichs, bagels et pâtisseries. Tout y est frais et savoureux.

TWO PUPS COFFEE
VÉGÉTARIEN €

Plan p. 294 (www.facebook.com/twopupscoffee ; 74 Francis St ; plats 7-10 € ; ⌚8h-17h lun-ven, 9h30-16h sam-dim ; 🖉 ; 🚌51B, 123, 206 depuis le centre-ville). Cet excellent café de quartier sert une cuisine inventive. La déco semble cibler les hipsters, mais les plats sont simples et savoureux, comme le café. Il y a foule au déjeuner : arrivez tôt pour trouver une table.

LEGIT COFFEE CO
CAFÉ €

Plan p. 294 (www.legitcoffeeco.com ; 1 Meath Mart, Meath St ; plats 5-12 € ; ⌚8h-16h lun-ven, 9h30-16h sam ; 🚊James's). Petite pépite de modernité au sein de ce quartier médiéval, Legit propose des thés spéciaux et des expressos corsés dans un cadre épuré en bois brut. Excellente adresse pour savourer une brioche toastée ou un sandwich copieux.

GAILLOT ET GRAY
PIZZERIA €

Plan p. 294 (☎01-454 7781 ; www.facebook.com/GaillotGrayP ; 59 Lower Clanbrassil St ; pizzas 10-15 € ; ⌚8h-22h mar-sam ; 🚌49, 54A depuis le centre-ville). Gilles Gaillot et son épouse Emma Gray ont trouvé le duo gagnant pour créer un délicieux hybride franco-italien : de l'emmental et une pâte fine au levain. Vous ne retrouverez pas le goût d'une pizza italienne classique, ce qui est justement le but recherché. C'est une parfaite réussite. Le lieu est aussi une boulangerie en journée.

1837 BAR & BRASSERIE
BRASSERIE €

Plan p. 294 (☎01-471 4602 ; www.guinness-storehouse.com ; Guinness Storehouse, St James's Gate ; plats 14-18 € ; ⌚12h-15h ; 🚌21A, 51B, 78, 78A, 123 depuis Fleet St, 🚊James's). Cette brasserie ouverte le midi sert des plats savoureux, allant des huîtres ultra-fraîches au burger Guinness divin, avec frites maison et confit d'oignons rouges. La carte des boissons comprend diverses variantes de la Guinness, comme la West Indies Porter ou la Golden Ale. Parfait si vous visitez le musée.

TASTY 8
CAFÉ €

Plan p. 294 (☎01-691 7609 ; www.tasty8.ie ; 67-68 Meath St ; ⌚8h-17h lun-sam, 9h30-15h dim ; 🚌13, 40, 123 depuis le centre-ville). Un café de quartier convivial, avec un menu varié et l'atmosphère "old Dublin" typique des Liberties. Pour les solides appétits, le *full Irish breakfast* est l'un des moins chers en ville.

CONTAINER COFFEE
CAFÉ €

Plan p. 294 (www.containercoffee.ie ; 161 Thomas St ; plats 5 € ; ⌚7h30-16h lun-ven, 9h-16h sam, 10h-16h dim ; 🚌13, 40, 123 depuis le centre-ville). 🍃 Idéal pour une pause entre deux visites, avec du café corsé et des sandwichs gourmands, pâtisseries et hot dogs copieux à emporter. Il y a peu de place dans la salle, mais, aux beaux jours, de nombreuses tables de pique-nique à l'arrière. Gobelets à emporter biodégradables.

DUBLIN COOKIE COMPANY
BOULANGERIE €

Plan p. 294 (☎01-473 6566 ; www.thedublin-cookieco.com ; 29 Thomas St ; biscuits à partir de 1 € ; ⌚8h-16h30 lun-mer, 8h-17h jeu-ven, 10h-17h sam, 10h-16h dim ; 🚌13, 69 depuis le centre-ville). Les biscuits artisanaux de Jenny et Elaine sont préparés sous vos yeux. Offrant sans cesse des saveurs originales et surprenantes, ils s'accompagnent à merveille d'un café puissant et aromatique, d'un chocolat chaud ou d'un lait chaud parfum biscuit.

ITSA@IMMA
CAFÉ €

Plan p. 294 (www.imma.ie ; Irish Museumof Modern Art, Military Rd ; plats 7-10 € ; ⌚10h-15h lun, 10h-17h mar-sam, 12h-17h dim ; 🚌51, 51D, 51X, 69, 78, 79 depuis Aston Quay, 🚊Heuston). Le café de l'Irish Museum of Modern Art sert essentiellement des bagels, des sandwichs gourmands fraîchement préparés, des soupes et des salades équilibrées. Côté boissons, il y a du vin et du café provenant du torréfacteur dublinois Cloudpicker.

LEO BURDOCK'S
FISH AND CHIPS €

Plan p. 294 (www.leoburdock.com ; 2 Werburgh St ; fish and chips 10,25 € ; ⌚11h30-minuit dim-jeu,

11h30-1h ven-sam ; 🚌ts ceux du centre-ville). Si les spécialités au cabillaud frais de la plus célèbre échoppe de *fish and chips* de Dublin ne sont pas plus mémorables qu'ailleurs, le succès de Burdock's ne se dément pas, comme en attestent les foules qui s'y pressent pour leur dose de "caviar dublinois".

♥CLANBRASSIL HOUSE IRLANDAIS €€

Plan p. 294 (☎01-453 9786 ; www.clanbrassil-house.com ; 6 Upper Clanbrassil St ; plats 19-28 € ; ⏰17h-22h mar-ven, 11h30-14h30 et 17h-22h sam ; 🚌9, 16, 49, 54A depuis le centre-ville). Spécialisé dans les assiettes à partager à la bonne franquette, ce restaurant à l'ambiance intimiste concocte de véritables délices grillées au barbecue : faux-filet avec moelle et anchois, aile de raie aux câpres nappée de beurre brun à la crevette et des galettes de pomme de terre à se damner. Pour tout goûter, commandez la sélection du chef (50 €).

VARIETY JONES IRLANDAIS €€

Plan p. 294 (☎01-454 4976 ; www.varietyjones.ie ; 78 Thomas St ; plats 14-30 € ; ⏰17h30-22h mar-sam ; 🚌13, 40, 123 depuis le centre-ville). Avec son menu simple et ses plats exceptionnels, voici l'un des meilleurs restaurants de Dublin. Les mets cuisinés au feu de bois ont ce petit goût fumé qui réchauffe l'âme, et la plupart sont pensés pour être partagés. Réservation indispensable.

UNION8 IRLANDAIS MODERNE €€

Plan p. 294 (☎01-677 8707 ; www.union8.ie ; 740 S Circular Rd ; plats 19-28 € ; ⏰10h-15h et 17h-21h30 lun-ven, 10h30-15h30 et 17h-21h30 sam, 10h30-15h30 et 17h-20h dim ; 🚌69, 79 depuis Aston Quay, 13, 40 depuis O'Connell St). Point de ralliement des habitants de Dublin 8 (d'où son nom), cette fantastique adresse sert de délicieux petits-déjeuners et une cuisine irlandaise contemporaine midi et soir : plats de poisson superbement dressés, agneau succulent, savoureuse poitrine de porc, etc.

57 THE HEADLINE CUISINE DE PUB €€

Plan p. 294 (☎01-532 0279 ; www.57theheadline.com ; 56/57 Lower Clanbrassil St ; plats 15-22 € ; ⏰16h-23h lun, 15h-23h30 mar-jeu, 15h-0h30 ven-sam, 13h-23h dim ; 🚌49, 54A depuis le centre-ville). Pub de quartier avec d'excellents plats et en-cas de bar. Le rôti du dimanche est toujours fameux : du bœuf tendre à souhait, des pommes de terre au four savoureuses et des puddings du Yorkshire moelleux – arrivez avant 17h pour être sûr de pouvoir en déguster.

OÙ PRENDRE UN VERRE ET FAIRE LA FÊTE

S'il n'est pas étonnant de trouver dans ces quartiers, les plus vieux de Dublin, d'authentiques pubs à l'ancienne, de nouveaux bars branchés font peu à peu leur apparition.

♥OLD ROYAL OAK PUB

Plan p. 294 (11 Kilmainham Lane ; ⏰17h-minuit lun-jeu, 15h-1h ven, 12h30-1h sam, 12h30-23h dim ; 🚌68, 79 depuis le centre-ville). Les habitants protègent farouchement ce superbe pub qui ouvrit en 1845 pour servir les patients et le personnel du Royal Hospital (aujourd'hui l'Irish Museum of Modern Art). Seule la clientèle a changé : le décor, lui, est le même et se révèle parfait pour une chope de bière.

FALLON'S PUB

Plan p. 294 (☎01-454 2801 ; 129 The Coombe ; ⏰10h30-23h30 lun-jeu, 10h30-0h30 ven-sam, 12h30-23h dim ; 🚌51B, 123, 206 depuis le centre-ville). Bar merveilleusement rétro qui sert de généreuses pintes de Guinness depuis la fin du XVIIe siècle. Le grand boxeur Dan Donnelly, le seul de cette discipline à avoir été fait chevalier, y fut barman en chef en 1818. Incontournable dans le quartier.

DROP DEAD TWICE BAR

Plan p. 294 (www.dropdeadtwice.com ; 18/19 Francis St ; ⏰17h-23h30 mar-jeu, 17h-0h30 ven, 12h-0h30 sam, 12h-23h dim ; 🚌51B, 51C, 78A, 123 depuis le centre-ville). Les amateurs de bière pression restent au rez-de-chaussée, tandis qu'à l'étage l'ambiance est plus animée, avec un bar à cocktails au concept particulier : apportez votre alcool préféré, payez pour le droit de vous asseoir 2/3 heures (25/35 €) et demandez aux mixologues de vous étonner avec leurs concoctions aux ingrédients variés (ils infusent les cocktails avec de la tourbe, des *bitters* maison ou même du bacon !).

FOURTH CORNER BAR

Plan p. 294 (www.fourthcorner.ie ; 50 Patrick St ; ⏰16h-23h30 lun-jeu, 13h-0h30 ven, 14h-0h30 sam-dim ; 🚌49, 54A depuis le centre-ville). Ce carrefour des Liberties comptait jadis un pub bruyant à chaque coin de rue, et était alors surnommé les "Four Corners of Hell" (les "quatre coins de l'enfer"). Les choses se sont bien apaisées depuis, et ce bar chic est très agréable le temps d'une pinte. En cas de fringale, faites-vous livrer sur place une pizza de la Dublin Pizza Company (p. 72).

LUCKY'S
BAR

Plan p. 294 (01-556 2397 ; www.luckys.ie ; 78 Meath St ; 11h30-minuit lun-jeu, 11h30-1h ven, 13h-1h sam, 13h-23h30 dim ; 13, 40, 123 depuis le centre-ville). Dans une rue appréciée des noctambules, un excellent bar avec beau décor en bois et un choix de bières artisanales locales. Coke Lane Pizza (p. 138) prépare des pizzas toute la soirée dans le *beer garden*.

OPEN GATE BREWERY
BRASSERIE

Plan p. 294 (01-471 2455 ; www.guinnessopengate.com ; St James's Gate ; 17h30-22h30 jeu-ven, 14h-20h sam ; 13, 40, 123 depuis le centre-ville). Si la Storehouse (p. 125) vous a laissé sur votre… soif, allez goûter les productions de la brasserie expérimentale de Guinness. Réservez votre billet en ligne, et profitez de l'assortiment dégustation, une occasion unique de goûter des bières qui ne sortiront sans doute jamais d'ici. L'Open Gate expérimente des bières nouvelles depuis un siècle, mais n'a ouvert ses portes au public que récemment. Qu'il s'agisse d'IPA, de stouts, de bières amères ou de *pilsners*, l'équipe de la brasserie a tout essayé.

MVP
BAR

(01-558 2158 ; www.mvpdublin.com ; 29 Upper Clanbrassil St ; 16h-minuit lun-jeu, 16h-1h ven-sam, 16h-23h30 dim ; 49, 54A, 77X depuis le centre-ville). Petit bar convivial et atypique qui propose des cocktails aussi puissants qu'originaux. La carte, succincte, affiche des pommes de terre sous toutes leurs formes : de quoi bien se remplir l'estomac !

ARTHUR'S
PUB

Plan p. 294 (01-402 0914 ; www.arthurspub.ie ; 28 Thomas St ; 11h-23h30 lun-jeu, 11h-0h30 ven-sam, 11h-23h dim ; 21A, 51B, 78, 78A, 123 depuis Fleet St, James's). Vu son emplacement, on pourrait prendre Arthur's pour un attrape-touristes, et bien des visiteurs sortant du Guinness Storehouse (p. 125) poussent la porte d'entrée, avec dans l'idée une autre pinte de bière brune. Mais ils découvrent en réalité un bar confortable et convivial où la carte propose de nombreux plats qui réchauffent les cœurs et les estomacs. Encore plus appréciable en hiver, avec la cheminée et l'éclairage intimiste des bougies.

BRAZEN HEAD
PUB

Plan p. 294 (01-679 5186 ; www.brazenhead.com ; 20 Lower Bridge St ; 10h30-minuit lun-jeu, 10h-0h30 ven-sam, 12h30-minuit dim ; 51B, 78A, 123 depuis le centre-ville). Le Brazen Head sert des clients assoiffés depuis 1198, époque où il était une taverne normande – il s'agirait du plus vieux pub de Dublin.

LE QUARTIER DES DISTILLERIES

Le quartier des Liberties – le plus typique de Dublin – est indissociable de la distillerie Guinness, mais il est redevenu un centre majeur de distillation du whiskey. La Teeling Distillery (p. 135) a rouvert en 2015 après plus de deux siècles d'absence ; l'établissement original était en activité de 1782 à 1822 juste à côté, sur Marrowbone Lane. En 2017, les Liberties ont vu l'arrivée de la Pearse Lyons Distillery (p. 135), qui a investi l'ancienne église Saint-Jacques dans James St. Pearse Lyons et son épouse Deirdre sont propriétaires d'une brasserie et distillerie au Kentucky (ainsi que du géant de la nutrition animale, Alltech), mais ce nouveau projet a une valeur sentimentale puisque le grand-père de Lyons est enterré dans le cimetière de l'église. Deux nouvelles distilleries ont ouvert en 2019 : la Dublin Liberties Distillery (p. 135) et Roe & Co (p. 135), dont l'entreprise propriétaire, Diageo, possède également Guinness.

Les visites sont toutes assez similaires : vous découvrirez le processus de distillation avant de passer à la dégustation. En payant un supplément vous aurez droit à davantage d'explications… et de whiskey ! Le souci avec les nouvelles distilleries est qu'il faut attendre au moins trois ans avant qu'elles puissent obtenir un authentique whiskey ; en attendant la fin du processus de maturation, elles font déguster un mélange distillé ailleurs, généralement à la Cooley Distillery, dans le comté de Louth.

SERVIR UNE GUINNESS PARFAITE

À l'instar de la cérémonie du thé au Japon, il existe tout un rituel autour de la Guinness. En servir une pinte parfaite requiert cinq étapes, un processus un brin théâtral mais non dénué de sens et que tout barman dublinois qui se respecte suit à la lettre.

Le verre

Un verre à pinte en tulipe de 20 onces (568 ml), propre et sec, est nécessaire : les bulles de nitrogène glissent vers le fond puis sont renvoyées vers le centre de la pinte par la courbure à mi-hauteur du verre.

L'angle

Le verre doit être tenu sous la pompe à un angle de 45°, et le robinet ne doit pas en toucher les bords.

Comment verser

Il convient de remplir le verre d'un trait jusqu'aux 3/4 environ, puis de le laisser reposer sur le comptoir.

La mousse

Lorsque la bière est versée, elle est projetée à grande vitesse à travers une plaque de restriction, ce qui engendre la formation de bulles de nitrogène qui coulent le long des bords du verre avant de remonter (grâce à la courbure de celui-ci) par le centre, créant ainsi un col de mousse crémeuse. Le processus prend environ deux minutes.

La touche finale

Une fois la bière "prête", le barman verse le quart manquant et la mousse forme un dôme dépassant légèrement le bord du verre. Et voilà ! Une pinte parfaite !

Où trouver une Guinness parfaite ?

Pour profiter d'une authentique Guinness mieux vaut le doigté d'un barman expérimenté et l'atmosphère feutrée d'un pub à l'ancienne. Vous trouverez cela notamment chez Kehoe's (p. 79), au Stag's Head (p. 81) ou chez John Mulligan's (p. 170) au sud de la Liffey, et chez Walshs (p. 162) sur la rive nord.

Il est quelque peu éloigné du centre-ville et attire surtout des étudiants étrangers, des touristes et quelques irréductibles locaux.

Son histoire comporte des éléments incertains, mais le dénivelé de sa cour montre combien le niveau des rues a changé depuis sa construction. Robert Emmet, un chef nationaliste irlandais du XVIIIe siècle, en aurait été un client régulier, et l'établissement figure dans *Ulysse* de James Joyce.

☆ OÙ SORTIR

En plein cœur des Liberties, Vicar Street est l'un des meilleurs endroits en ville pour découvrir des talents variés, des comiques aux musiciens de jazz. L'Irish Museum of Modern Art (p. 133) accueille parfois aussi des spectacles.

VAULTS LIVE THÉÂTRE

Plan p. 294 (☎01-411 485 ; www.vaults.live ; W John's Lane ; adulte/enfant à partir de 25/17 € ; ⏰11h-17h mer-dim ; 🚌13, 40, 123 depuis le centre-ville). Cette expérience théâtrale immersive, présentée dans une ancienne école, vous fera vivre six épisodes sombres de l'histoire de Dublin au moyen de décors extraordinairement détaillés et d'acteurs au talent incroyable. Le spectacle d'une heure est marqué d'approximations historiques, mais l'amusement est au rendez-vous (venez en groupe si vous le pouvez).

VICAR STREET MUSIQUE LIVE

Plan p. 294 (☎01-454 5533 ; www.vicarstreet.com ; 58-59 Thomas St ; billet 25-60 € ; ⏰19h-minuit ; 🚌13, 49, 54A, 56A depuis le centre-ville). Vicar Street est une salle de taille moyenne, pouvant accueillir jusqu'à 1 000 personnes environ, entre la salle pour les groupes avec service à table et les balcons comme au théâtre. Le programme varié accueille des artistes de tous horizons, des humoristes aux musiciens soul, jazz, folk ou de musiques du monde.

SHOPPING

Des boutiques aussi intéressantes qu'insolites jalonnent Francis St, dans les Liberties, où sont installés antiquaires et, depuis peu, marchands d'art de toutes sortes. La cheminée édouardienne d'époque dont vous avez toujours rêvé ne tient pas dans vos bagages ? Faites-vous livrer à domicile !

SPACE OUT SISTER — LINGERIE

Plan p. 294 (www.spaceoutsister.com ; 74 Francis St ; ⌚11h-17h mar-ven, 11h-16h sam ; 🚌51B, 123, 206 depuis le centre-ville). Cette exquise boutique de lingerie se spécialise dans les articles vintage et faits main : nuisettes en mousseline des années 1960, pyjamas pour hommes en soie… L'endroit, installé au-dessus du Two Pups Coffee (p. 139), a quelque chose d'un boudoir.

MARROWBONE BOOKS — LIBRAIRIE

Plan p. 294 (www.marrowbone.ie ; 78 The Coombe ; ⌚11h-19h lun, mer-dim ; 🚌51B, 123, 206 depuis le centre-ville). La librairie indépendante de quartier parfaite : chaleureuse, accueillante, tenue par des passionnés et remplie de romans d'occasion. Soirées comédie et musique une fois par mois.

DUBLIN FOOD CO-OP — MARCHÉ

Plan p. 294 (☎01-454 4258 ; www.dublinfood.coop ; The Old Chocolate Factory, Kilmainham Sq ; ⌚8h-19h lun-ven, 9h-18h sam-dim ; 🚌49, 54A, 77X depuis le centre-ville). De la nourriture pour chiens aux détergents, tous les produits de cette coopérative mutualiste sont bio et/ou écoresponsables. Petite sélection de produits équitables d'importation ou locaux le jeudi, et le samedi les rayons sont pleins – les Dublinois accourent de toute la ville pour remplir leur panier hebdomadaire. Comprend une boulangerie et même un espace où changer les bébés.

MARTIN FENNELLY ANTIQUES — ANTIQUITÉS

Plan p. 294 (☎01-473 1126 ; www.fennelly.net ; 60 Francis St ; ⌚9h30-18h lun-sam ; 🚌51B, 123, 206 depuis le centre-ville). L'un des antiquaires les plus réputés de Francis St., spécialisé dans les articles ménagers, des bougies aux boîtes à thé en passant par les coffrets à bijoux ou encore la porcelaine française et anglaise. Superbe choix de mobilier irlandais.

O'SULLIVAN ANTIQUES — ANTIQUITÉS

Plan p. 294 (☎01-454 1143 ; www.osullivanantiques.com ; 43-44 Francis St ; ⌚10h-18h lun-sam ; 🚌51B, 123, 206 depuis le centre-ville). Cet antiquaire renommé a pour spécialité les élégants meubles et accessoires des époques georgienne, victorienne et édouardienne. En fouillant un peu, vous dénicherez de belles pièces en céramique et en cristal, ou encore des médailles et des uniformes d'antan qui vous vaudront le premier prix à un bal costumé.

OXFAM HOME — ARTICLES DE MAISON

Plan p. 294 (☎01-402 0555 ; www.oxfamireland.org ; 86 Francis St ; ⌚9h30-17h30 lun-sam ; 🚌51B, 123, 206 depuis le centre-ville). Faites-vous donc plaisir en chinant parmi les vieux meubles de cette antenne de l'association Oxfam, où vous dégoterez peut-être un Subbuteo des années 1960 ou une commode Art déco. L'endroit se spécialise également dans les vinyles ésotériques des années 1980.

IRISH MUSEUM OF MODERN ART GIFT SHOP — LIBRAIRIE

Plan p. 294 (☎01-612 9965 ; www.theimmashop.com ; Military Rd ; ⌚11h30-17h30 mar-ven, 10h-17h30 sam, 12h-17h30 dim ; 🚌51, 51D, 51X, 69, 78, 79 depuis Aston Quay, 🚊Heuston). Beau choix d'ouvrages sur l'art contemporain irlandais.

SPORTS ET ACTIVITÉS

♥ SECRET STREET TOURS — VISITES À PIED

Plan p. 294 (www.secretstreettours.org ; standard/supporter/premium supporter 10/20/30 €). Derek McGuire, ancien sans-abri, mène ces visites édifiantes de 2 heures dans les Liberties, au départ de St Patrick's Tower. L'itinéraire de 1,3 km passe par les endroits où McGuire dormit dehors pendant 2 ans. En chemin, Derek partage son expérience de sans-abri, expliquant comment éviter les ennuis et se fondre dans la foule. Une partie des bénéfices est reversée à la Simon Community, association d'aide aux sans-abri.

Nord de la Liffey

Notre sélection

❶ Les collections d'art moderne et contemporain de la galerie **The Hugh Lane** (p. 146).

❷ Une dégustation de whiskey au **Jameson Distillery Bow Street** (p. 151), après avoir tout appris sur ce breuvage dans ce musée de la distillerie.

❸ Du passé glorieux aux heures sombres, l'histoire de Dublin racontée au travers d'une demeure georgienne rénovée, au **14 Henrietta Street** (p. 151).

❹ **National Museum of Ireland – Decorative Arts & History** (p. 151). La découverte du somptueux bâtiment des Collins Barracks, sans oublier la collection elle-même, qui comprend de fascinantes expositions sur la lutte pour l'indépendance irlandaise et sur l'histoire du design.

❺ Faites honneur aux **plaisirs de la table** (p. 161) dans les excellents restaurants qui ont fait leur apparition sur la rive nord, comme Mr Fox et Grano.

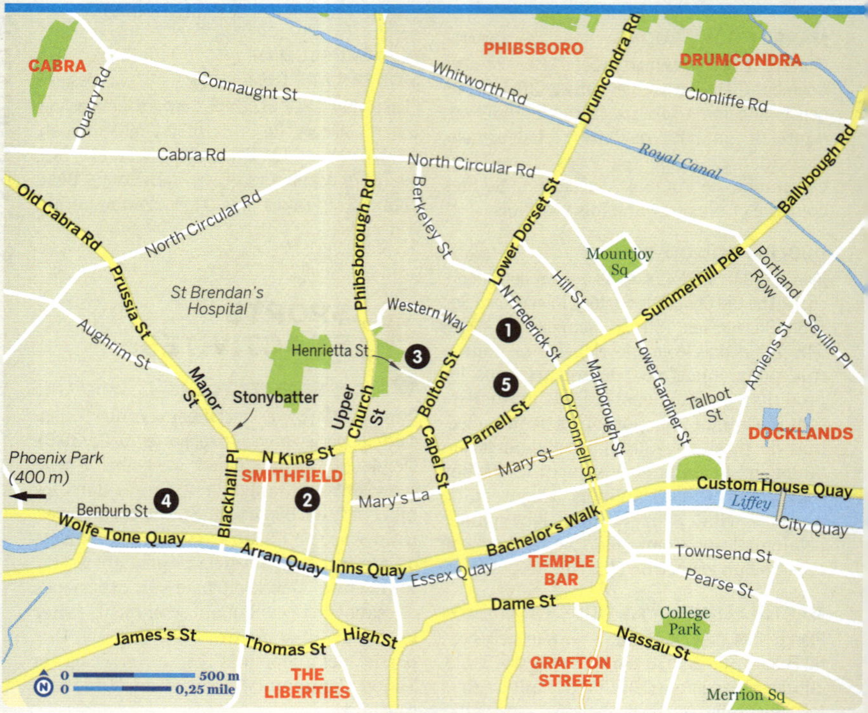

Pour un plan plus détaillé, reportez-vous p. 296

Découvrir le nord de la Liffey

La rive nord de la Liffey étant le quartier le plus étendu de Dublin, il est nécessaire de s'organiser un peu et d'emprunter les transports publics pour l'explorer pleinement. O'Connell St et ses points d'intérêt se découvrent facilement lors d'une balade à pied. Pour les collections de la galerie The Hugh Lane (p. 146) et du National Museum of Ireland – Decorative Arts & History (p. 151) des Collins Barracks (p. 151), prévoyez plusieurs heures. Les autres sites se trouvent à l'ouest, le plus simple est de les rejoindre avec le Luas. On peut relier à pied la Jameson Distillery Bow Street (p. 151) et les Collins Barracks, situés de chaque côté du quartier de Smithfield, mais dans ce cas vous serez aussi à pied pour explorer l'un des plus vastes parcs urbains d'Europe, le Phoenix Park (p. 148).

Au-delà du Royal Canal, qui délimite la frontière nord du centre-ville, quelques lieux intéressants méritent de s'y attarder ; vous consacrerez facilement une demi-journée à la visite du musée de Croke Park (p. 152), du Glasnevin Cemetery (p. 152) et des National Botanic Gardens (p. 155).

Vivre comme un Dublinois

- **Cafés** Dans Capel St, Brother Hubbard (p. 159) vous sert un délicieux café dans une ambiance décontractée. Même programme chez Third Space (p. 159), à Smithfield.
- **Gastronomie** Le paysage culinaire de la rive nord a été enrichi par des adresses comme Oxmantown (p. 159), Mr Fox (p. 161), Grano (p. 160) et Fish Shop (p. 161) – mais ne boudez pas pour autant les institutions comme 101 Talbot (p. 161).
- **Parcs** Aux beaux jours, imitez les Dublinois et gagnez le Phoenix Park (p. 148), où vous pourrez courir, pédaler, jouer, marcher ou vous allonger sur l'herbe.

Depuis/vers le nord de la Liffey

- **Bus** Tous les bus du centre-ville s'arrêtent dans O'Connell St ou sur les quais voisins. Les bus de la ville se rendent à Glasnevin et à Croke Park. Les bus Éireann, qui assurent les liaisons nationales, arrivent et partent de la gare routière Busáras (p. 252), dans Store St.
- **Train** Le DART part de Connolly Station en direction du nord-est jusqu'à Clontarf Rd. Les principales lignes de train pour le nord et le nord-ouest partent de Connolly Station (p. 253).
- **Tramway** Le Luas circule sur un axe est-ouest parallèle à la Liffey, de l'arrêt The Point à Heuston Station.

Bon plan Lonely Planet

Le secteur entre Smithfield et Manor St est l'un des quartiers les plus palpitants de la ville. On y découvre une flopée de nouveaux restaurants et boutiques dont la présence redynamise des établissements plus traditionnels, notamment quelques pubs figurant parmi les meilleurs de la capitale.

Le top des restaurants

- Legal Eagle (p. 160)
- Chapter One (p. 161)
- Fegan's 1924 (p. 158)
- Fish Shop (p. 161)
- Mr Fox (p. 161)

Plus de détails p. 158

Le top des pubs et bars

- Dice Bar (p. 163)
- Pantibar (p. 163)
- Cobblestone (p. 162)
- Confession Box (p. 163)

Plus de détails p. 162

Le top des boutiques

- Eason's (p. 164)
- Winding Stair (p. 164)
- Moore Street Market (p. 165)
- Louis Copeland (p. 164)

Plus de détails p. 164

DAVID SOANES PHOTOGRAPHY/GETTY IMAGES ©

LES INCONTOURNABLES
THE HUGH LANE

La solide réputation artistique de Dublin tient en grande partie à la collection de ce musée, qui conserve des chefs-d'œuvre impressionnistes, les plus beaux exemples d'art moderne irlandais des années 1950 à nos jours, ainsi que l'atelier de Francis Bacon.

Le musée

Fondé en 1908, le musée est installé depuis 1933 dans la **Charlemont House**, conçue en 1763 par William Chambers, l'un des maîtres de l'architecture georgienne. Une extension moderne, inaugurée en 2006, a permis d'ajouter 13 galeries lumineuses, réparties sur plusieurs niveaux.

Hugh Lane

Le musée doit son existence à sir Hugh Lane (1875-1915). Né dans le comté de Cork, il travailla dans plusieurs galeries d'art londoniennes avant de monter sa propre galerie à Dublin. Son œil avisé et sa bonne connaissance du marché de l'art lui permirent de bâtir une incroyable collection, avec une nette préférence pour les impressionnistes.

Malheureusement pour l'Irlande, ni les qualités de Hugh Lane ni sa collection ne furent reconnues de son vivant, ce qui le poussa à réécrire son testament et à léguer certaines pièces à la National Gallery de Londres. Il finit par se raviser, et ajouta un codicille afin que sa collection reste à Charlemont House, mais ne put finaliser la procédure. S'ensuivit un long conflit juridique opposant les deux musées au sujet du propriétaire légitime des 39 œuvres.

À NE PAS MANQUER

- La collection Hugh Lane Bequest 1917
- L'atelier de Francis Bacon
- La collection Sean Scully

INFOS PRATIQUES

- Plan p. 296, E3
- ☎01-222 5550
- www.hughlane.ie
- 22 N Parnell Sq
- Entrée libre
- ⏲9h45-18h mar-jeu, 9h45-17h ven, 10h-17h sam, 11h-17h dim
- 🚌7, 11, 13, 16, 38, 40, 46A, 123 depuis le centre-ville, 🚋Parnell

La collection Hugh Lane Bequest

En 1959, un arrangement entre les deux musées permit de répartir la collection, appelée Hugh Lane Bequest 1917, en deux groupes exposés alternativement à Dublin et à Londres, avec un roulement tous les six ans. Les tableaux exposés actuellement (jusqu'en 2021) sont *Les Parapluies* d'Auguste Renoir, *Portrait d'Eva Gonzales* d'Édouard Manet, *Jour d'été* de Berthe Morisot et *Vue de Louveciennes* de Camille Pissarro.

L'atelier de Francis Bacon

Outre les chefs-d'œuvre impressionnistes, le musée présente l'atelier de Francis Bacon (1909-1992), qui fut transporté depuis le n°7 Reece Mews (South Kensington, Londres), où l'artiste né à Dublin a vécu 31 ans. La reconstitution compte quelque 80 000 pièces originales, dont des toiles tailladées, la dernière peinture sur laquelle il travaillait, des tables encombrées de matériel, de beaux meubles et un joli bazar. L'ensemble est tout à fait fascinant mais renseigne peu sur l'artiste lui-même. Pour découvrir sa personnalité, il faut visionner le portrait de 10 minutes que Melvyn Bragg lui a consacré, ainsi que les photos de sa chambre de célibataire, parfaitement rangée et dégageant une impression de profonde solitude.

Les autres salles du musée

Juste à côté du comptoir d'accueil se trouve la **Stained Glass Gallery** (Galerie des vitraux), dont la pièce maîtresse est *La Veille de la Sainte-Agnès* (1924) de Harry Clarke. Ce chef-d'œuvre est constitué de 22 panneaux représentant chacun une strophe du poème éponyme de John Keats, consacré à l'amour impossible entre Madeline et Porphyro.

La partie la plus récente du musée (inaugurée en 2006) est une extension de 2 étages, avec au rez-de-chaussée une galerie abritant sept peintures abstraites de **Sean Scully**, artiste né en Irlande en 1945, et probablement le plus célèbre des peintres irlandais vivants. Dans le reste de la nouvelle aile sont exposés d'autres artistes irlandais contemporains tels que Dorothy Cross, Brian Maguire et Norah McGuinness.

BATAILLE JURIDICO-ARTISTIQUE

La collection Lane Bequest a longtemps fait l'objet d'une bataille juridique entre la Dublin City Gallery et la National Gallery de Londres, la première revendiquant la propriété permanente des tableaux qui restent sous le contrôle de la dernière. Mais en 2015, Nicholas Penny, le directeur de la National Gallery, a reconnu que le musée The Hugh Lane avait un "droit moral" sur la collection, ce qui pourrait déboucher sur une résolution du conflit lorsque l'accord actuel arrivera à expiration en 2021.

La galerie a développé une bonne application et un catalogue en ligne de sa collection sans cesse enrichi, qui permet d'effectuer une recherche par artiste et de visualiser les œuvres avant (ou après) la visite.

SEMMICK PHOTO/SHUTTERSTOCK ©

LES INCONTOURNABLES
PHOENIX PARK

L'impressionnante étendue de 709 ha de Phoenix Park est un fabuleux terrain pour les activités sportives en tout genre, de la course à pied au polo. De plus, elle abrite les résidences du président de l'Irlande et de l'ambassadeur des États-Unis ainsi qu'un troupeau de daims ; vous y découvrirez aussi le plus ancien zoo d'Europe. Difficile de trouver mieux pour se dégourdir les jambes !

À NE PAS MANQUER

- Wellington Monument
- Visite de l'Áras an Uachtaráin
- Dublin Zoo

INFOS PRATIQUES

- www.phoenixpark.ie
- Entrée libre
- 24h/24
- 10 depuis O'Connell St, 25, 26 depuis Middle Abbey St

Dublin Zoo

Fondé en 1831, le **zoo de Dublin** (www.dublinzoo.ie ; adulte/enfant/famille 19,50/14/53 € ; 9h30-18h mars-sept, 9h30-crépuscule oct-fév) est l'un des plus anciens du monde et s'étend sur 28 ha, juste au nord du Hollow. Il est reconnu pour son programme d'élevage de lions, qui débuta en 1857 ; celui qui rugit au début des films MGM est d'ailleurs né ici. Vous verrez ces majestueux félins de loin, dans la "savane africaine", l'un des nombreux habitats spécifiques créés depuis 2005.

Le zoo accueille environ 400 animaux de 100 espèces différentes. Vous pourrez tous les admirer dans huit habitats différents allant de la jungle asiatique à la ferme classique, où les enfants pourront approcher les bêtes de près et même traire une (fausse) vache. Sur place, vous trouverez des restaurants et des cafés.

Áras an Uachtaráin

La résidence de la présidence irlandaise est un **lodge de style palladien** (www.president.ie ; visites guidées ttes les heures 10h30-15h30 sam) GRATUIT édifié en 1751 et agrandi à plusieurs reprises, la dernière fois en 1816. Il servit de résidence aux vice-rois britanniques de 1782 à 1922, puis aux gouverneurs généraux, jusqu'à ce que l'Irlande s'affranchisse de la couronne britannique et y établisse le bureau du président en 1937. La reine Victoria y logea lors de sa visite de 1849, durant laquelle elle ne remarqua même pas la Grande Famine qui ravageait le pays. À la fenêtre, une bougie brûle continuellement, c'est une vieille tradition irlandaise, elle sert à guider la diaspora irlandaise pour son retour sur ses terres.

Les billets pour la **visite gratuite** d'une heure du samedi peuvent être retirés au **Phoenix Park Visitor Centre** (☎01-677 0095 ; www.phoenixpark.ie ; ⏲10h-18h avr-déc, 9h30-17h30 mer-dim jan-mars), aménagé dans les anciennes écuries. Vous y visionnerez une vidéo d'introduction de 10 minutes avant d'être conduit dans l'Áras lui-même pour découvrir cinq salles d'apparat et le bureau du président. Si vous ne pouvez pas venir un samedi, vous devrez vous faire élire président de votre pays ou obtenir un prix Nobel afin de bénéficier d'une invitation personnelle...

Le parc

Chesterfield Avenue traverse le parc depuis l'entrée de Parkgate St au nord-ouest jusqu'à la Castleknock Gate. À côté de l'entrée de Parkgate St s'élève l'obélisque du **Wellington Monument,** de 63 m de haut, qui fut achevé en 1861. Non loin, on trouve le **People's Garden** datant de 1864 et le **kiosque à musique** dans le Hollow. De l'autre côté de Chesterfield Ave par rapport à l'Áras an Uachtaráin – et facilement visible depuis la route – l'imposante **croix papale** rappelle la messe célébrée ici par le pape Jean-Paul II devant 1,25 million de fidèles en 1979. À deux pas, et au milieu du parc, se dresse le **Phoenix Monument** conçu par lord Chesterfield en 1747 ; mais la statue ressemble si peu à un phénix qu'on l'appelle souvent Eagle Monument (le monument de l'Aigle).

Ashtown Castle

À côté de l'Áras an Uachtaráin, le **château d'Ashtown** est une maison fortifiée en forme de tour sur 4 niveaux ; édifiée au XVIIe siècle, elle est typique de l'architecture médiévale. Elle fut découverte par hasard lors de la démolition en 1986 d'un château du XVIIIe siècle plus imposant rongé par la pourriture sèche. Seules les visites guidées organisées par le centre d'accueil des visiteurs permettent de pénétrer dans le château restauré.

Ailleurs dans le parc

La partie sud du parc comporte de nombreux **terrains de football** et de **hurling** (sport gaélique irlandais) ; et bien que ce secteur compte environ 80 ha (220 acres), il est appelé **Fifteen** (15) **Acres**. Le

FARMLEIGH HOUSE

Située dans l'angle nord-ouest du parc, la **Farmleigh House** (☎01-815 5900 ; www.farmleigh.ie ; Phoenix Park, Castleknock ; adulte/enfant 8/4 € ; ⏲10h-17h30, dernière entrée 16h30, visites guidées uniquement ; 🚌37 à partir du centre-ville) se découvre à l'occasion d'une visite guidée de 30 min. Toutefois, le véritable atout de cette propriété de 32 ha est le jardin, où des spectacles sont régulièrement joués (ainsi que des événements culturels en été). La tour de l'horloge de 37 m de haut, qui abritait jadis un réservoir de 8 000 litres d'eau, offre une vue époustouflante depuis son sommet.

Le parc est ouvert 24h/24 mais il est déconseillé de s'y balader une fois la nuit tombée.

LE SAVIEZ-VOUS ?

Couvrant 709 ha, le Phoenix Park est vaste, mais il l'était encore plus lorsqu'il fut créé, puisqu'il s'étendait de l'autre côté de la Liffey au sud. Une partie du parc d'origine se trouvait sur un site funéraire viking, le plus grand cimetière viking hors de Scandinavie.

secteur ouest du parc est très plaisant grâce au **Glen Pond**, un étang qui invite à la détente. Le week-end, les terrains de football de Fifteen Acres accueillent des matchs d'équipes locales auxquels vous pouvez assister.

À l'extrémité nord-ouest du parc, près de l'entrée de White's Gate, sont installés les bureaux de l'**Ordnance Survey Ireland**, l'administration gouvernementale chargée de la cartographie. Ce bâtiment fut construit en 1728 par Luke Gardiner, qui était chargé de l'aménagement d'O'Connell St et de Mountjoy Sq dans le nord de Dublin.

En retournant vers l'entrée de Parkgate St, on découvre le **Magazine Fort** (voir www.phoenixpark.ie pour les visites), perché sur la Thomas's Hill. Bâti entre 1734 et 1801, le fort servit de terrain d'entraînement au tir durant le soulèvement de Pâques 1916. Il fut attaqué par l'IRA en 1940 et toute la réserve de munitions de l'armée irlandaise y fut dérobée, avant d'être retrouvée quelques semaines plus tard.

À VOIR

Les principales curiosités du nord de la Liffey sont réparties uniformément dans le quartier, de O'Connell St vers l'est en longeant la Liffey jusqu'à l'entrée de Phoenix Park, où se trouvent Arbour Hill et Collins Barracks. Le tramway Luas est très pratique pour circuler.

HUGH LANE GALLERY, DUBLIN — GALERIE

Voir p. 146.

PHOENIX PARK — PARC

Voir p. 148.

14 HENRIETTA STREET — MUSÉE

Plan p. 296 (☎01-524 0383 ; www.14henriettastreet.ie ; 14 Henrietta St ; adulte/enfant 9/6 € ; ⏲visites toutes les heures 10h-16h mer-sam, 12h-16h dim ; 🚌9, 13, 16, 40 depuis le centre-ville). Découvrez l'une des maisons georgiennes de Dublin, restaurée avec soin pour remonter 250 ans d'une histoire sociale complexe. À mi-chemin entre le musée et les archives communautaires, elle revient sur l'élégance grandiose de la haute société des années 1740 jusqu'à la déchéance du début du XXe siècle, lorsque la demeure fut occupée par 100 locataires miséreux. On ne peut la voir que dans le cadre d'une visite guidée de 1 heure 30, qui permet d'apprendre de nombreuses informations captivantes.

NATIONAL MUSEUM OF IRELAND – DECORATIVE ARTS & HISTORY — MUSÉE

Plan p. 296 (www.museum.ie ; Benburb St ; ⏲10h-17h mar-sam, 14h-17h dim ; 🚌25, 66, 67, 90 depuis le centre-ville, 🚊Museum). GRATUIT Jadis la plus grande caserne militaire du monde, ce splendide bâtiment néoclassique en pierre grise sur la rive nord de la Liffey a été achevé en 1704 selon les plans de Thomas Burgh (également architecte de l'Old Library de Trinity College). Il abrite aujourd'hui le département Decorative Arts & History du National Museum of Ireland, avec une superbe collection allant de l'histoire du **soulèvement de Pâques 1916** au travail de la designer irlandaise **Eileen Gray** (1878-1976).

La place centrale, où logeaient autrefois six régiments, est un espace impressionnant entouré d'arcades et de bâtiments reliés par des passerelles. À l'arrivée du nouveau gouvernement irlandais, en 1922, les casernes ont été rebaptisées en mémoire de Michael Collins, héros de la lutte indépendantiste, tué la même année durant la guerre civile. Aujourd'hui, la plupart des Dublinois appellent ce musée **Collins Barracks** (caserne Collins). Le manteau militaire que Collins portait le jour de sa mort (il y a encore de la boue sur la manche) est exposé dans la section **Soldiers and Chiefs**, dédiée à l'histoire militaire irlandaise, dans l'île et à l'étranger, de 1550 au XXIe siècle.

Les collections du musée renferment des trésors : objets en argent, en céramique et en verre, armes et mobilier, ainsi que des expositions sur l'art de vivre. La passionnante **The Way We Wore** expose ainsi des vêtements et des bijoux de ces 250 dernières années. Cette étude socioculturelle souligne leur valeur symbolique comme représentation du deuil, de l'amour et de l'identité sociale. L'ancienne école équestre abrite **Proclaiming a Republic: The 1916 Rising**, inaugurée en 2016. Il s'agit d'une version actualisée et enrichie de l'ancienne exposition consacrée au soulèvement de Pâques 1916. On y découvre le contexte sociohistorique complexe de la révolte, ainsi que des documents poignants témoignant de la violence des milices des Black and Tans (Noirs et Fauves), engagées par le gouvernement britannique afin de contrer les indépendantistes, et des grèves de la faim postérieures au soulèvement. Vous pourrez y lire les certificats de décès manuscrits de républicains emprisonnés et leurs cartes postales envoyées depuis la prison de Holloway. Les pièces les plus marquantes sont réunies dans le **Curator's Choice**, une collection de 25 objets sélectionnés par différents conservateurs avec quelques mots expliquant pourquoi tel élément a été choisi.

JAMESON DISTILLERY BOW STREET — MUSÉE

Plan p. 296 (www.jamesonwhiskey.com ; Bow St ; tarif plein/étudiant/enfant 22/18/11 €, masterclass 60 € ; ⏲10h-17h lun-sam, 10h30-17h dim ; 🚌25, 66, 67, 90 depuis le centre-ville, 🚊Smithfield). Le principal site touristique du quartier de Smithfield est dédié à la *uisce beatha* (prononcez ish-kuh ba-ha, "eau-de-vie"), le nom du whiskey en irlandais. Cependant, les consommateurs et les curieux risquent d'être déroutés par ce musée (aménagé dans une partie de l'ancienne distillerie, fermée en 1971), où les groupes de visiteurs défilent lors de la visite obligatoire (possible en français, à certains horaires, voir sur le site) de la distillerie reconstituée (la dégustation à la fin est très agréable), avant d'atterrir dans la boutique de souvenirs. Vous pourrez approfondir vos connaissances avec la Whiskey Makers ou la Whiskey Shakers, deux master classes de 1 heure 30 qui détaillent les étapes de la fabrication des whiskeys Jameson et donnent des recettes de cocktails à base de whiskey. Si vous voulez simplement en acheter, choisissez une bouteille introuvable ailleurs, comme l'excellent Red Breast ou le prestigieux Midleton, vendu en quantité très limitée et à prix d'or.

GENERAL POST OFFICE — ÉDIFICE HISTORIQUE

Plan p. 296 (☎01-705 7000 ; www.anpost.ie ; Lower O'Connell St ; ⏲8h-20h lun-sam ; 🚌ts ceux du centre-ville, 🚊Abbey, O'Connell-GPO). Principal bureau de poste du pays et superbe bâtiment néoclassique, le GPO fut aussi un acteur crucial de la lutte pour l'indépendance de l'Irlande. Il servit de QG aux rebelles lors du soulèvement de Pâques 1916 et est devenu le point de convergence de toutes sortes de manifestations, parades et commémorations. Le bâtiment – un chef-d'œuvre signé Francis Johnston en 1818 – fut incendié lors du siège provoqué par le soulèvement. Des combats violents se déroulèrent dans le GPO et ses environs durant la guerre civile de 1922 : les impacts et autres traces laissés par les combats sur les colonnes doriques sont encore visibles. Depuis sa réouverture en 1929, la vie est plus paisible dans le bureau de poste, mais le centre d'accueil des visiteurs en son sein ne manque pas de rappeler le rôle qu'il a joué.

GPO WITNESS HISTORY — MUSÉE

Plan p. 296 (www.gpowitnesshistory.ie ; General Post Office, Lower O'Connell St ; adulte/enfant 14/7 € ; ⏲10h-16h30 lun-sam, 12h-16h30 ; 🚌ts ceux du centre-ville, 🚊Abbey). À l'intérieur du bureau de poste principal, ce fantastique musée est aussi un hommage au soulèvement de Pâques 1916 et à son rôle central dans la création de l'État irlandais. L'exposition interactive examine toutes les facettes du soulèvement, depuis ses origines jusqu'aux événements de la semaine de Pâques et ses conséquences. On peut visiter le musée seul, ou avec un guide (18 € ; entrée comprise) à 15h30 du lundi au vendredi et à 11h le dimanche.

GLASNEVIN CEMETERY — CIMETIÈRE

Plan p. 296 (Prospect Cemetery ; www.glasnevintrust.ie ; Finglas Rd ; visite guidée 13,50 € ; ⏲10h-17h, visites ttes les heures 10h30-16h30 ; 🚌40, 40A, 40B depuis Parnell St). GRATUIT Le plus grand et le plus symbolique cimetière d'Irlande rassemble les tombes des plus grands noms de l'histoire du pays de ces 150 dernières années, notamment Daniel O'Connell et Charles Stewart Parnell. Il fut ouvert en 1832 par O'Connell pour y accueillir toutes les confessions – une réaction noble au refus des cimetières protestants d'enterrer les catholiques. Les différentes visites à thèmes sont chaudement recommandées.

La réplique moderne d'une tour ronde permet de situer la tombe de O'Connell, mort en 1847 et ré-enterré ici en 1869 à l'achèvement de la tour. On peut la visiter depuis 2018, ce qui a été impossible pendant près de 50 ans ; depuis le sommet, on bénéficie d'une jolie vue sur la ville. La tombe de Charles Stewart Parnell est coiffée d'un gros bloc de granit, sur lequel seul son nom est inscrit – un hommage remarquablement sobre pour quelqu'un d'une telle importance historique. Parmi les autres personnages illustres enterrés ici, citons sir Roger Casement, exécuté pour trahison par les Britanniques en 1916 ; le dirigeant républicain Michael Collins, mort pendant la guerre civile ; le docker et syndicaliste Jim Larkin, moteur dans la grève générale de 1913 ; et le poète Gerard Manley Hopkins. L'histoire du cimetière est relatée de façon détaillée dans le **Glasnevin Cemetery Museum** (www.glasnevinmuseum.ie ; musée 6,75 €, musée et visite 13,50 € ; ⏲10h-17h oct-mai, 10h-18h juin-sept).

Pour découvrir le cimetière, vous pouvez participer à l'une des **visites** quotidiennes et thématiques retraçant le destin de ceux qui sont enterrés ici.

CROKE PARK STADIUM & MUSEUM — MUSÉE

Plan p. 296 (crokepark.ie ; Clonliffe Rd, New Stand, Croke Park ; adulte/enfant musée 7/6 €, musée et visite 14/9 € ; ⏲9h30-18h lun-sam, 10h30-17h dim juin-août, 9h30-17h lun-sam, 10h30-17h dim sept-mai ; 🚌3, 11, 11A, 16, 16A, 123 depuis O'Connell St). Ce musée est consacré à l'histoire et à l'importance des sports gaéliques en Irlande et au rôle de la Gaelic Athletic Association (GAA) dans la défense d'une identité culturelle profondément ancrée. Les fans de sports apprécieront.

Organisée deux fois par jour (sauf les jours de match), la visite de l'impressionnant stade du Croke Park est essentielle et mérite largement le supplément. La visite du musée est incluse dans le billet.

L'attraction la plus récente du stade est le **Skyline** (adulte/enfant 20/12 € ; ⏲ttes les

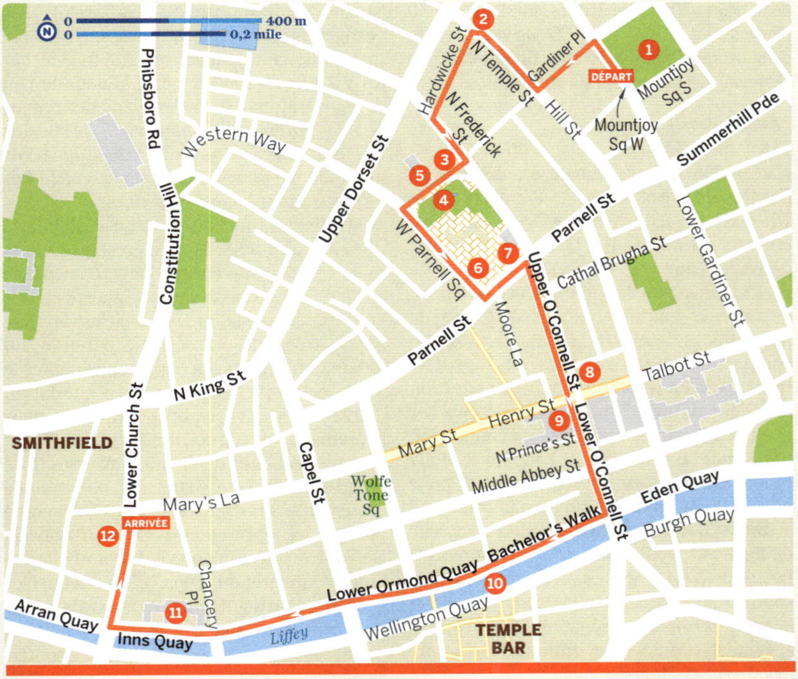

Promenade à pied
Sur la rive nord

DÉPART MOUNTJOY SQ
ARRIVÉE ST MICHAN'S CHURCH
DISTANCE 2,5 KM ; 2 HEURES

Depuis l'angle nord-ouest de 1 **Mountjoy Square**, tournez à gauche et descendez Gardiner Pl, puis prenez à droite dans North Temple St. Au bout de cette rue se trouve la jolie 2 **St George's Church** (p. 157), de style georgien, imaginée par l'architecte Francis Johnston et désormais déconsacrée.

Prenez à gauche dans Hardwicke St et à nouveau à gauche dans North Frederick St. Sur votre droite, vous verrez l' 3 **Abbey Presbyterian Church**, édifiée en 1864.

La partie nord de Parnell Sq abrite le 4 **Garden of Remembrance** (p. 158), créé en 1966 pour commémorer le 50e anniversaire du soulèvement de Pâques 1916. Au nord de la place, face au parc, l'excellente galerie 5 **The Hugh Lane** (p. 146) conserve l'une des plus belles collections d'art moderne d'Europe.

Dans la partie sud de Parnell Sq se dresse le 6 **Rotunda Hospital** (p. 156), superbe exemple d'architecture georgienne. L'angle sud-est est occupé par le 7 **Gate Theatre** (p. 164), un des célèbres théâtres dublinois.

Descendez O'Connell St vers le sud. Vous passerez devant la 8 **Spire** (p. 158), érigée en 2001 (haute de 120 m), emblématique du Dublin moderne. Côté ouest d'O'Connell St, le bâtiment néoclassique de la 9 **General Post Office** (p. 152) domine la rue.

En arrivant au fleuve, tournez à droite et longez la promenade en bois jusqu'au 10 **Ha'Penny Bridge** (p. 112), le pont le plus célèbre de la ville.

Poursuivez vers l'ouest sur Ormond Quay pour rejoindre l'un des chefs-d'œuvre georgiens de James Gandon, les 11 **Four Courts** (p. 154), qui abritent le bâtiment de la Cour suprême d'Irlande. Pour finir, tournez à droite dans Church St pour admirer 12 **St Michan's Church** (p. 154), dont la crypte sinistre abrite des tombes vieilles de plusieurs siècles.

demi-heures 10h30-15h30 lun-sam, 11h30-15h30 dim juil-août, 11h30 et 14h30 lun-ven, ttes les demi-heures 10h30-14h30 sam, 11h30-14h30 dim sept-juin), un circuit guidé sur le toit.

JAMES JOYCE CULTURAL CENTRE
CENTRE CULTUREL

Plan p. 296 (www.jamesjoyce.ie ; 35 N Great George's St ; tarif plein/enfant 5 €/gratuit ; 10h-17h mar-sam, 12h-17h dim avr-sept, fermé lun oct-mars ; 3, 10, 11, 11A, 13, 16, 16A, 19, 19A, 22 depuis le centre-ville, Parnell). James Joyce revient un peu à la vie dans cette maison georgienne joliment restaurée. Outre de fantastiques détails interactifs, l'exposition comporte certains meubles de l'appartement parisien de Joyce, une reconstitution grandeur nature d'une chambre à coucher de style édouardien et la porte originale du n°7 Eccles St, la maison de Leopold et Molly Bloom dans *Ulysse,* qui fut démolie pour permettre la construction d'un hôpital.

Denis Maginni, le flamboyant professeur de danse et "célibataire endurci" immortalisé dans *Ulysse,* enseigna ses pas les plus sophistiqués dans cette maison, qui doit sa survie aux efforts du sénateur David Norris, spécialiste de Joyce et militant en faveur des droits des homosexuels.

Il n'y a pas d'éléments d'époque exceptionnels, mais ce manque est compensée par les fabuleuses expositions interactives, dont trois courts documentaires sur la vie et l'œuvre de Joyce. Des ordinateurs permettent d'explorer le contenu d'*Ulysse* épisode par épisode et de retracer la vie du romancier année par année. Cela suffit à détruire le mythe selon lequel les œuvres de Joyce sont mystérieuses et impénétrables. Il est ainsi présenté tel qu'il devrait toujours l'être : un écrivain au talent immense qui cherchait à stimuler et divertir ses lecteurs par sa finesse d'esprit et sa maîtrise de la langue.

Ne manquez pas d'admirer les moulures au plafond, dont certaines sont d'origine tandis que d'autres sont des reproductions méticuleuses de motifs créés par le stucateur dublinois Michael Stapleton. La rue, également rénovée, s'enorgueillit désormais de compter certaines des plus belles portes et impostes georgiennes de la capitale.

Des promenades à pied (p. 165) sur le thème de Joyce et de ses œuvres littéraires partent de la maison.

ST MICHAN'S CHURCH
ÉGLISE

Plan p. 296 (01-872 4154 ; Lower Church St ; adulte/enfant 6/4 € ; 10h-12h45 et 14h-16h45 lun-ven, 10h-12h45 sam ; Smithfield). Les vestiges macabres constituent le principal intérêt de cette église, qui fut fondée par les Vikings en 1095 et porte le nom de l'un de leurs saints. Parmi les éléments remarquables, un croisé normand vieux de 800 ans qui était si grand qu'on lui coupa les pieds afin qu'il puisse tenir dans un cercueil ! Les visites sont uniquement guidées.

St Michan's fut la seule église de la rive nord jusqu'en 1686. Elle fut presque entièrement reconstruite en 1687 puis réaménagée en 1825 et à nouveau après la guerre civile ; la tour à créneaux du XVe siècle est la seule partie d'origine. L'intérieur, pareil à un tribunal, n'a pas beaucoup changé depuis le XIXe siècle : on y trouve encore l'orgue datant de 1724 sur lequel Haendel aurait joué pour la première fois son célèbre *Messie*. Le buffet d'orgue en chêne est splendide avec ses fines sculptures de 17 instruments de musique entremêlés. Sur un côté de l'autel, un crâne posé au sol représenterait Oliver Cromwell. De l'autre côté est posé le Stool of Repentance ("tabouret du repentir"), sur lequel les pécheurs particulièrement mauvais effectuaient leur pénitence en public.

La découverte des voûtes souterraines est le point d'orgue de la visite. Les corps momifiés qui y sont conservés ont entre 400 et 800 ans. Une parfaite combinaison entre le méthane provenant de la végétation en décomposition dans le sol, le calcaire magnésien de la maçonnerie (qui absorbe l'humidité de l'air) et la température constante fait que les dépouilles ont été préservées. Il y a de très nombreux cercueils, mais les plus célèbres sont ceux de quatre momies appelées l'Inconnue (une femme dont on ne sait rien), le Voleur (un corps sans mains ni pieds, amputés selon certains en punition de ses larcins), la Nonne et le Croisé (s'il a réellement 800 ans, il pourrait avoir participé aux croisades du XIIIe siècle qui eurent pour conséquence le pillage de Constantinople mais ne furent pas sanctionnées par l'Église). La crypte renferme aussi les dépouilles de John et Henry Sheares, deux frères exécutés après le soulèvement de 1798 et – prétendument – celle de Robert Emmett, le chef déchu de la rébellion de 1803. Bram Stoker aurait visité la crypte, ce qui lui inspira peut-être la célèbre histoire d'un certain vampire dormant dans un cercueil...

FOUR COURTS
ÉDIFICE HISTORIQUE

Plan p. 296 (01-886 8000 ; Inns Quay ; 9h-17h lun-ven ; 25, 66, 67, 90 depuis le centre-ville,

Four Courts). GRATUIT Chef-d'œuvre de l'architecte James Gandon (1743-1823), cet immense ensemble s'étend sur 130 m le long d'Inns Quay et constitue un bel exemple d'architecture publique georgienne typique de Dublin. Malgré la construction d'une cour d'assises flambant neuve plus à l'ouest, au bord de la Liffey, les Four Courts demeurent le symbole de la justice en Irlande. On peut explorer l'intérieur du bâtiment, mais les tribunaux ne sont pas accessibles.

La construction du bâtiment central, avec ses colonnes corinthiennes et ses deux ailes attenantes, a commencé en 1786 pour finir en 1802. Les quatre tribunaux originaux (Échiquier, Plaids communs, Banc du roi et Chancellerie) partent tous de la rotonde centrale. Dans le hall de celle-ci, vous verrez des avocats coiffés de leur perruque et des policiers menottés aux accusés.

ARBOUR HILL CEMETERY — CIMETIÈRE

Plan p. 296 (01-821 3021 ; www.heritageireland.ie ; Arbour Hill ; 8h-16h lun-ven, 11h-16h sam, 9h30-16h dim ; 25, 25A, 37, 38, 39, 66, 67, 90, 134 depuis le centre-ville, Museum). GRATUIT Dans ce petit cimetière sont enterrés les 14 dirigeants exécutés lors du soulèvement de Pâques 1916. Le lieu est simple et sobre, les 14 noms sont gravés sur la dalle de granit recouverte d'herbe. À côté des tombes se dresse un cénotaphe sur lequel est inscrite la proclamation de Pâques ; c'est un lieu de rassemblement lors des commémorations officielles et nationales. D'excellentes visites guidées (p. 165) sont proposées en été.

L'avant du cimetière contient des tombes de soldats britanniques morts pendant la guerre d'Indépendance, ce qui est inattendu mais très émouvant. Dans la partie la plus ancienne, lorsque les pierres tombales basculaient, elles étaient relevées et appuyées contre les murs d'enceinte où elles se dressent encore solennellement aujourd'hui.

NATIONAL BOTANIC GARDENS — JARDINS BOTANIQUES

(www.botanicgardens.ie ; Botanic Rd ; 9h-17h lun-ven, 10h-18h sam-dim mars-oct, 9h-16h30 lun-sam, 10h-16h30 dim nov-fév ; 13, 13A, 19 depuis O'Connell St, 34, 34A depuis Middle Abbey St). GRATUIT Fondés en 1795, ces jardins botaniques de 19,5 ha abritent une série de serres datant de 1843 à 1869 et créées par Richard Turner, à qui l'on doit également la serre des Botanic Gardens de Belfast et la

LES STATUES D'O'CONNELL STREET

Dans O'Connell St vous croiserez de nombreuses statues à l'effigie des hommes ayant façonné le pays. À l'extrémité du pont, la plus significative de toutes domine la rue, c'est celle du "libérateur", **Daniel O'Connell** (1775-1847), (Lower O'Connell St ; ts ceux du centre-ville, Abbey). Les quatre personnages ailés à ses pieds incarnent ses qualités présumées : patriotisme, courage, fidélité et éloquence. Peu de temps après l'installation de la statue, la rue (alors Sackville St) fut surnommée O'Connell St. Le nom fut officiellement adopté après l'Indépendance.

En s'éloignant de la rivière, on passe devant le monument dédié à **William Smith O'Brien** (1803-1864), leader de Young Ireland (Jeune Irlande). Tout près, juste devant la GPO, le dirigeant syndicaliste **Jim Larkin** (1876-1947) se tient les bras grands ouverts. Il vécut son heure de gloire lorsqu'il contribua à l'organisation d'une grève générale en 1913 – il a été immortalisé en plein discours, alors qu'il exhortait les travailleurs à défendre leurs droits.

Un peu plus haut, impossible de manquer la **Spire** (p. 158), mais juste en dessous, dans la rue piétonne North Earl St, se dresse une statue de **James Joyce** observant d'un air perplexe la version lustrée de l'O'Connell St du XXIe siècle. Certains l'appellent gentiment "the prick with the stick" (le "con" à la canne) et nous sommes certains que Joyce aurait apprécié cette rime.

Plus loin se tient le **père Theobald Mathew** (1790-1856), "apôtre de la tempérance". La mission était quasi impossible en Irlande, mais il mena, dans les années 1840, une campagne auréolée de succès contre la "boisson maudite" et convertit des centaines de milliers de jeunes catholiques à la sobriété.

Le bout de la rue est occupé par l'imposante statue de **Charles Stewart Parnell** (1846-1891), le "roi sans couronne d'Irlande", partisan du gouvernement autonome du pays et victime de la politique de l'intolérance irlandaise.

Palm House (palmeraie) des Kew Gardens de Londres. À l'intérieur de ces chefs-d'œuvre victoriens, vous découvrirez les dernières innovations en matière de technologie botanique, notamment des climats contrôlés par ordinateur et reproduisant les environnements de différentes parties du monde.

NATIONAL LEPRECHAUN MUSEUM MUSÉE

Plan p. 296 (www.leprechaunmuseum.ie ; Twilfit House, Jervis St ; adulte/enfant 16/10 €, Darkland Tour 18 € ; ⏲10h-18h30 et 19h-20h30 ven-sam ; 🚌ts ceux du centre-ville, 🚊Jervis). Un musée du folklore irlandais pensé pour les enfants, qui les réjouira grâce à son univers de conte de fées. Il faut savoir que le Leprechaun (sorte de vieux lutin facétieux) représenté ici évoque davantage le monde de Walt Disney que la sinistre créature médiévale légendaire. Au programme : le tunnel à illusion d'optique (qui vous fera paraître plus petit que les personnes à l'autre extrémité), la pièce remplie de meubles gigantesques, le puits aux vœux et l'inévitable chaudron d'or, l'ensemble étant strictement réservé aux enfants. En été, le Darkland Tour, une séance de narration de nuit de récits sombres folkloriques, renoue avec le but d'origine de la plupart des contes : inculquer une leçon de morale en faisant un peu peur !

ROTUNDA HOSPITAL ARCHITECTURE

Plan p. 296 (☎01-873 0700 ; Parnell Sq ; ⏲visites 18h-20h ; 🚌3, 10, 11, 13, 16, 19, 22 depuis le centre-ville, 🚊Dominick, Parnell). D'ordinaire, les hôpitaux publics irlandais ne sont pas des lieux touristiques, mais celui-ci – fondé en 1748, il s'agissait alors de la première maternité des îles Britanniques, aujourd'hui d'une des trois maternités les plus importantes de la capitale – offre une balade intéressante. Vous pourrez même pénétrer à l'intérieur si vous appréciez les moulures en plâtre de style victorien. La chapelle rococo ornée de stucs et de nombreuses boiseries saura vous charmer. L'édifice rappelle la Leinster House (p. 99), puisque l'architecte des deux bâtiments, Richard Cassels, utilisa le même plan afin de faire des économies.

DUBLIN WRITERS MUSEUM MUSÉE

Plan p. 296 (www.writersmuseum.com ; 18 N Parnell Sq ; adulte/enfant 7/6 € ; ⏲9h45-16h45 lun-sam, 11h-16h30 dim ; 🚌3, 7, 10, 11, 13, 16, 19, 46A, 123 depuis le centre-ville, 🚊Parnell). Cet élégant musée rappelle la riche tradition littéraire de Dublin (jusqu'à 1970) à partir d'une multitude de témoignages à voir ou à lire, exposés sur les murs et dans les vitrines. L'édifice, qui comprend deux maisons du XVIIIe siècle, est lui-même fabuleux ; la galerie de l'étage fut décorée par le stucateur dublinois Michael Stapleton.

Toutefois, le parti pris d'écarter les auteurs vivants limite son attrait – les auteurs contemporains, qui sont peut-être plus populaires auprès des lecteurs actuels, ne sont aucunement mentionnés.

Dans la galerie à l'étage, les bustes et portraits des grandes figures littéraires méritent qu'on s'y attarde, mais les pièces maîtresses sont exposées au rez-de-chaussée, notamment le téléphone de Samuel Beckett (avec un bouton pour rejeter les appels entrants, bien sûr), une lettre de l'"aristocrate de la plèbe" Brendan Behan à son frère, et une édition originale de *Dracula,* de Bram Stoker.

Juste à côté, la **Gorham Library** est intéressante également ; cette bibliothèque se double d'un jardin zen apaisant. Le restaurant du sous-sol, Chapter One (p. 161), figure parmi les meilleurs de la ville.

Si le musée se concentre sur les disparus, l'**Irish Writers Centre** (☎01-872 1302 ; www.irishwriterscentre.ie ; 19 N Parnell Sq ; ⏲10h-21h lun-jeu, 10h-17h ven), juste à côté, est un lieu de travail et de rencontre pour les auteurs bien vivants.

ST MARY'S ABBEY MUSÉE

Plan p. 296 (☎01-833 1618 ; www.heritageireland.ie ; Meeting House Lane ; ⏲fermé ; 🚊Jervis, Four Courts). Tout ce qu'il reste de ce monastère, autrefois le plus riche et le plus puissant d'Irlande, est son chapitre tombé dans l'oubli. Fermé depuis 2015 dans l'attente d'une exposition, il ne devait pas rouvrir avant au moins 2020.

Fondée en 1139, l'abbaye cistercienne a dirigé toutes les affaires politiques de l'Église d'Irlande pendant la plus grande partie du Moyen Âge. Sa réputation auprès des autorités s'est toutefois ternie lorsqu'elle est devenue un lieu de rencontre pour la rébellion contre la couronne. Le 11 juin 1534, "Silken" (le soyeux) Thomas Fitzgerald, le plus grand lord anglo-normand de Leinster, pénétra dans le chapitre flanqué de 140 cavaliers aux heaumes bordés de soie (d'où son surnom) et jeta à terre son épée d'État devant le conseil du roi réuni – un doigt d'honneur lancé au roi Henri VIII et à son autorité. Les facéties de Fitzgerald

ANNEMARIE MCCARTHY/LONELY PLANET ©

14 Henrietta Street (p. 151)

dans l'abbaye de Sainte-Marie sont relatées par Joyce dans le chapitre "Les Rochers errants" d'*Ulysse*.

ST MARY'S PRO-CATHEDRAL ÉGLISE

Plan p. 296 (www.procathedral.ie ; Marlborough St ; 8h-18h30 ; ts ceux du centre-ville, Abbey, Marlborough, O'Connell Upper, O'Connell-GPO). GRATUIT La plus importante église catholique de Dublin n'est pas aussi impressionnante qu'on pourrait s'y attendre. Tout d'abord, elle n'est pas au bon endroit. Édifié entre 1816 et 1825, l'imposant bâtiment néoclassique devait se tenir à l'emplacement du General Post Office, mais les protestants s'y opposèrent et il finit dans une rue étroite qui se trouvait alors au cœur de Monto, le quartier rouge de Dublin.

En fait, la pro-cathédrale manque tellement d'espace qu'il est difficile de contempler voire de remarquer ses six colonnes doriques, qui imitent celles du temple de Thésée à Athènes. L'intérieur est assez austère ; parmi quelques éléments remarquables figurent un autel sculpté par Peter Turnerelli et le haut-relief de l'Ascension par John Smyth. Le meilleur moment pour la visiter est le dimanche à 11h, lorsque la messe en latin est chantée par le Palestrina Choir, qui vit le célèbre ténor irlandais, John McCormack, débuter sa carrière en 1904. En vous connectant sur le site Internet durant la messe, vous pourrez l'écouter en direct.

ST GEORGE'S CHURCH ÉGLISE

Plan p. 296 (Hardwicke Pl ; fermé au public ; 11, 16, 41 depuis le centre-ville). Construite par Francis Johnston entre 1802 et 1813 dans le style ionique grec, cette église désaffectée est l'un des bijoux de la capitale irlandaise. Elle est surmontée d'une superbe flèche de 60 m de haut, conçue d'après celle de St Martin-in-the-Fields, à Londres. Malheureusement, l'église très délabrée a dû être recouverte d'échafaudages pendant plusieurs décennies.

Bien qu'il s'agisse de l'une des plus belles réalisations de Francis Johnston et même si le duc de Wellington s'y est marié, l'état de décrépitude de l'église est largement dû au fait qu'elle appartient à l'Église d'Irlande et non aux catholiques de Rome – la communauté protestante (et argentée) du nord de Dublin pour laquelle elle fut construite à l'époque a diminué au point de disparaître, laissant la paroisse démunie. Les cloches que Leopold Bloom entend dans *Ulysse* ont été déplacées ; la chaire sculptée a été découpée et utilisée pour décorer un pub.

SPIRE MONUMENT

Plan p. 296 (O'Connell St ; ts ceux du centre-ville, Abbey, Marlborough, O'Connell Upper, O'Connell-GPO). Cette impressionnante structure en acier fut réalisée en 2002 : la base du cône fait seulement 3 m de diamètre, puis s'étire à plus de 120 m de haut, pour finir avec un diamètre de 15 cm. La pointe projette une lumière bleutée, le soir venu, servant de point de repère aux habitants. C'est grand, brillant et c'est un lieu de rendez-vous bien pratique.

Œuvre de l'architecte londonien Ian Ritchie, cette sculpture serait la plus haute du monde. À l'instar des Parisiens lors de la construction de la tour Eiffel, les Dublinois sont divisés quant à sa valeur esthétique et la tournent régulièrement en dérision. Parmi les surnoms dont ils l'affublent, citons "the erection in the intersection", "the stiletto in the ghetto" ("le talon aiguille dans le ghetto") et, notre préféré, "the eyeful tower" (référence à la tour Eiffel).

ST MARY'S CHURCH ÉGLISE

Plan p. 296 (Mary St ; fermée ; Jervis). Édifiée par William Robinson en 1697, il s'agit de la plus importante église de cette époque encore debout (même si elle est désaffectée depuis longtemps). John Wesley, fondateur du méthodisme, y prononça son premier sermon irlandais en 1747 et il s'agissait de l'église préférée de l'élite dublinoise du XVIIIe siècle. Beaucoup de Dublinois célèbres y ont été baptisés, et Arthur Guinness s'y maria en 1761.

BELVEDERE HOUSE ÉDIFICE HISTORIQUE

Plan p. 296 (6 Great Denmark St ; fermé au public ; 3, 10, 11, 13, 16, 19, 22 depuis le centre-ville, Parnell). Ce beau bâtiment abrite le réputé Jesuit Belvedere College (un établissement d'enseignement secondaire) depuis 1841. James Joyce étudia ici de 1893 à 1898 (il décrit cette expérience dans *Portrait de l'artiste en jeune homme*) et on peut se demander s'il prit le temps d'admirer les splendides stucs du maître, Michael Stapleton, entre ses cours de catéchisme et ses devoirs d'arithmétique.

GARDEN OF REMEMBRANCE PARC

Plan p. 296 (www.heritageireland.ie ; E Parnell Sq ; 8h30-18h avr-sept, 9h30-16h oct-mars ; 3, 10, 11, 13, 16, 19, 22 depuis le centre-ville, Parnell). Ce petit parc assez austère fut inauguré par le président Eamon De Valera en 1966 pour le 50e anniversaire du soulèvement de Pâques 1916. L'élément le plus remarquable de ce jardin du souvenir est la statue en bronze des **Children of Lir** (Enfants de Lir) d'Oisín Kelly ; selon une légende irlandaise, ces enfants furent transformés en cygnes par leur affreuse belle-mère.

KING'S INNS ÉDIFICE HISTORIQUE

Plan p. 296 (www.kingsinns.ie ; Henrietta St ; fermé au public ; 25, 25A, 66, 67, 90, 134 depuis le centre-ville, Four Courts). Le fief des professions juridiques de Dublin (la formation des avocats y est encore assurée) occupe un édifice classique construit par James Gandon de 1795 à 1817 sur Constitution Hill, avec la contribution de Francis Johnston pour la coupole. Ce bel exemple d'architecture georgienne n'est malheureusement ouvert qu'aux membres et à leurs invités.

OÙ SE RESTAURER

Si la rive nord ne rivalise pas avec la rive sud pour ce qui est de la grande cuisine, la révolution culinaire qui a transformé Dublin ces dix dernières années est bien visible au nord de la Liffey, où les loyers bas et les espaces disponibles ont permis aux restaurateurs de s'exprimer. O'Connell St est bordée de fast-foods, mais on trouve quelques bons restaurants dans les environs. Les adresses les plus intéressantes sont installées entre Smithfield et Stoneybatter, et les environs de Capel St comptent quelques sympathiques cafés et adresses exotiques.

CAMERINO BOULANGERIE €

Plan p. 296 (01-537 7755 ; www.camerino.ie ; 158 Capel St ; sandwichs 5,50 € ; 7h30-17h lun-ven, 11h-16h30 sam ; ts ceux du centre-ville). Cette adorable boulangerie prépare de savoureux sandwichs (focaccia au chou kale mariné et feta ou poulet élevé en liberté, *coleslaw* maison et mayonnaise à la sauce *sriracha*), mais surtout de fabuleuses pâtisseries, notamment le brownie au cheesecake chocolat-framboise et les *rocky-road squares* (rochers au chocolat). Pas de places assises.

FEGAN'S 1924 CAFÉ €

Plan p. 296 (01-872 2788 ; www.fegans1924.com ; 13 Chancery St ; plats 6-9 € ; 7h30-16h lun-ven, 11h-16h sam-dim ; ; 25, 66, 67, 90 depuis le centre-ville, Four Courts). Véritable coin de campagne irlandaise en plein centre-ville, ce merveilleux café au charme rustique rempli de vieux meubles est idéal pour s'attarder. Les œufs brouillés, les toasts parfaitement grillés et l'excellent café n'ont rien de démodé. Des ateliers créatifs de 40 minutes destinés aux enfants (6 €/atelier) sont proposés le week-end. Paiement par carte uniquement.

♥ DA MIMMO'S — ITALIEN €

Hors plan p. 296 (☎01-856 1714 ; www.damimmo.ie ; 148 North Strand Rd ; plats 12-24 € ; ⏲12h-22h ; 🚌53 depuis Talbot St). Le fils des propriétaires a transformé cette ancienne échoppe de *fish and chips* traditionnel en restaurant servant la meilleure cuisine italienne de Dublin. De la salade *caprese* aux lasagnes, on a l'impression de dîner à Casalattico, la ville natale de Tino (entre Naples et Rome).

BOCO — PIZZA €

Plan p. 296 (☎01-547 5696 ; www.boco.ie ; 57 Bolton St ; pizzas 12-16 € ; ⏲16h-minuit lun-mer, 12h-minuit jeu, 12h-1h ven, 14h-1h sam, 14h-23h30 dim ; 🚋Dominick). Pizzeria animée, pratique si vous allez au cinéma Cineworld (p. 164) de Parnell St. Au dessert, partagez la planche Bean & Goose, des tablettes de chocolat artisanal de Wexford écrasées.

OXMANTOWN — CAFÉ €

Plan p. 296 (www.oxmantown.com ; 16 Mary's Abbey, City Markets ; sandwichs 6,50 € ; ⏲8h-16h lun-ven ; 🚋Four Courts, Jervis). Les délicieux petits-déjeuners et les excellents sandwichs font de ce café l'une des meilleures adresses pour le déjeuner, du côté nord de la Liffey. Pain cuit sur place, café torréfié par Cloud Picker (la seule microbrûlerie de Dublin), viandes provenant de fermes irlandaises : les ingrédients sont de qualité, mais c'est l'ambiance générale qui rend l'endroit si agréable.

M&L — CHINOIS €

Plan p. 296 (☎01-874 8038 ; www.mlchineserestaurant.com ; 13/14 Cathedral St ; plats 11-20 € ; ⏲11h30-22h lun-sam, 12h-22h dim ; 🚌ts ceux du centre-ville, 🚋Marlborough, O'Connell Upper, O'Connell-GPO). Derrière la modeste devanture se cache le meilleur restaurant chinois de Dublin, et de loin. La clientèle, très majoritairement chinoise, vient pour la cuisine authentique du Sichuan, plus épicée que la cuisine cantonaise. Ici, la cuisine ne s'adapte pas aux palais occidentaux (pas de chips aux crevettes ou au curry).

TEA GARDEN — SALON DE THÉ €

Plan p. 296 (☎086-219 1010 ; www.facebook.com/TeagardenDublin ; 7 Lower Ormond Quay ; ⏲11h-23h dim-jeu, 11h-minuit ven-sam ; 🚌ts ceux du centre-ville). Un endroit paisible sur les quais proposant une carte complète de thés et de chichas. Le tout est servi dans un esprit de rituel et d'expertise, et l'on peut s'attarder aussi longtemps que l'on veut aux tables entourées de tatamis traditionnels. Choix limité d'en-cas.

TRAM CAFE — CAFÉ €

Plan p. 296 (www.thetramcafe.ie ; Wolfe Tone Sq ; plats 5-6,50 € ; ⏲8h-18h lun-mer, 8h-21h jeu-ven, 10h-18h sam-dim ; 🚋Jervis). Le café et les sandwichs sont savoureux, mais on y vient surtout car le lieu est atypique. C'est un tramway de 1902 construit par Brill à Philadelphie, autrefois installé dans un champ dans le comté de Cavan, avant d'être restauré et transporté à Dublin par ses deux propriétaires. La bande-son des années 1920 complète le décor.

MUSASHI — JAPONAIS €

Plan p. 296 (☎01-532 8057 ; www.musashidublin.com ; 15 Capel St ; plats 12-17 € ; ⏲12h-22h ; 🚌ts ceux du centre-ville, 🚋Jervis). L'un des meilleurs restaurants japonais de la capitale. Éclairage tamisé, sushis ultrafrais et autres spécialités nippones pour ceux qui n'apprécient pas le poisson cru. À midi, bento à petit prix. Réservation conseillée le soir. Il y a plusieurs autres établissements, dont un à l'IFSC (p. 170) et un autre près de Merrion Sq (p. 103).

BROTHER HUBBARD — CAFÉ €

Plan p. 296 (☎01-441 6595 ; www.brotherhubbard.ie ; 153 Capel St ; plats 7-14 € ; ⏲7h30-16h30 lun, 7h30-22h mar-ven, 9h-22h sam, 9h-16h30 dim ; 🚌ts ceux du centre-ville, 🚋Jervis). Tenu par d'excellents baristas (avec du café provenant du spécialiste 3FE), ce café propose un fabuleux menu de sandwichs, pains plats et salades. Très bon brunch et plats aux accents du Moyen-Orient le soir. Grâce à l'agrandissement récent, on ne fait plus la queue pour s'asseoir. Autre **établissement** (plan p. 290 ; 46 Harrington St ; plats 7-13 € ; ⏲7h45-16h lun-ven, 9h-16h30 sam-dim) au sud de la Liffey.

THIRD SPACE — CAFÉ €

Plan p. 296 (www.thirdspace.ie ; stand 14, bâtiment C, Smithfield Market ; sandwichs 6,50 € ; ⏲7h-18h lun-ven, 9h-15h sam-dim ; 🚋Smithfield). Cette adresse de Smithfield est l'un des cafés les plus accueillants de la ville. Excellents petits-déjeuners, sandwichs ou salades (pour un repas plus diététique). Asseyez-vous près de la fenêtre, prenez un livre et détendez-vous. Le personnel est fantastique.

SOUP DRAGON FAST-FOOD €

Plan p. 296 (☎01-872 3277 ; www.soupdragon.com ; 168 Capel St ; plats 5-8 € ; ⏰8h-17h lun-ven ; 🖉; 🚌ts ceux du centre-ville, 🚊Jervis). Il y a souvent la queue devant cette adresse spécialisée dans les soupes minute, mais qui propose aussi d'excellents ragoûts, sandwichs, bagels et salades. Les petits-déjeuners servis toute la journée sont exquis – mention spéciale à la mini-quiche saucisse, œufs, bacon. Pour les soupes, il y a deux tailles de bols et le prix comprend du pain frais et un fruit.

PANEM CAFÉ €

Plan p. 296 (www.panem.ie ; 21 Lower Ormond Quay ; sandwichs à partir de 4,80 € ; ⏰8h-17h30 lun-ven, 9h-17h30 sam, 9h30-17h30 dim ; 🚌ts ceux du centre-ville, 🚊Jervis). Installé de longue date sur les quais, ce café est connu pour ses délicieux sandwichs, ses succulentes foccacias et ses pâtisseries concoctées sur place. Les croissants et brioches – fourrés au chocolat belge, à la crème d'amandes, etc. – sont parfaits pour combler un petit creux. Très fréquenté à l'heure du déjeuner.

HAN SUNG CORÉEN €

Plan p. 296 (22 Great Strand St ; plats 7-9 € ; ⏰10h-21h lun-sam, 11h30-20h30 dim ; 🚊Jervis). À l'arrière de ce supermarché coréen se cache l'un des secrets les mieux gardés de Dublin. Régalez-vous à prix modiques de copieux bols de *bibimbap* (riz accompagné de viande, légumes et œuf) ou de *jjigae* (ragoût épicé).

HATCH & SONS INTERNATIONAL €

Plan p. 296 (☎01-874 1903 ; www.hughlane.ie ; 22 N Parnell Sq ; plats 6-14 € ; ⏰9h45-17h45 mar-jeu, 9h45-16h45 ven, 10h-16h45 sam, 11h-16h45 dim ; 🚌3, 10, 11, 13, 16, 19, 22 depuis le centre-ville). Quoi de mieux pour assimiler les œuvres admirées dans la galerie (p. 146) qu'un déjeuner dans le café en sous-sol ? Au menu : *blaas* (petits pains fourrés) et ragoûts, ainsi qu'une sélection de salades. Autre établissement au-dessous du Little Museum of Dublin (p. 66).

♥ **LEGAL EAGLE** IRLANDAIS €€

Plan p. 296 (☎01-555 2971 ; www.thelegaleagle.ie ; 1/2 Chancery Pl ; plats 22-30 € ; ⏰9h30-16h lun-mar, 9h30-22h mer-ven, 12h-22h sam, 12h-21h dim ; 🚊Four Courts). L'un des meilleurs restaurants récents de Dublin, alliant l'esthétique d'un pub ancien et une cuisine roborative de haut vol. Four à feu de bois pour les pains plats à la pomme de terre garnis de mozzarella de chez Toonsbridge et de queue de bœuf, et le meilleur rôti du dimanche de Dublin.

L MULLIGAN GROCER IRLANDAIS €€

Plan p. 296 (☎01-670 9889 ; www.lmulligangrocer.com ; 18 Stoneybatter ; plats 17-23 € ; ⏰16h-22h lun-ven, 12h30-22h sam, 12h30-21h dim ; 🚌25, 25A, 66, 67 depuis le centre-ville, 🚊Museum). 🍃 Fabuleux pub traditionnel, très connu pour la qualité de sa cuisine, mitonnée par des mains expertes avec des ingrédients locaux. On y déguste notamment un excellent poulet de plein air à la Kiev et un robuste œuf écossais artisanal. Large choix de bières et de whiskeys également.

GRANO ITALIEN €€

Plan p. 296 (☎01-538 2003 ; www.grano.ie ; 5 Norseman Ct ; ⏰plats 14-24 € ; 🚌37, 39, 39A, 70 depuis le centre). Un restaurant italien exceptionnel à Stoneybatter, dont la carte change régulièrement. Pâtes maison, tiramisu à se damner, et menu du midi d'un incroyable rapport qualité/prix (deux plats, 12 €). Le menu du soir (17h-19h du mardi au jeudi, et 12h-19h le dimanche) est une affaire (19/24 € pour deux/trois plats).

TERRA MADRE ITALIEN €€

Plan p. 296 (☎01-873 5300 ; www.terramadre.ie ; 13A Bachelor's Walk ; plats 15-21 € ; ⏰12h30-15h et 17h-22h ; 🚌ts ceux du centre-ville). Ce restaurant niché en sous-sol est difficile à trouver mais il vaut la recherche : il concocte des mets italiens parmi les plus authentiques de Dublin. La carte, courte et sans cesse renouvelée, comporte toujours quelques plats de pâtes (*pappardelle* au ragoût de canard, par exemple) et des plats comme des tripes à la toscane. Inoubliable.

YARN PIZZA €€

Plan p. 296 (☎01-828 0839 ; www.theyarnpizza.com ; 37 Lower Liffey St ; pizzas 9-15 € ; ⏰17h-21h dim-mar, 17h-22h mer-sam ; 🚌ts ceux du centre-ville, 🚊Jervis). Avec sa terrasse donnant sur le Ha'Penny Bridge, c'est sans doute la pizzeria la plus plaisante de la ville. Ajoutez à cela une jolie carte des boissons et de délicieuses pizzas – pâte fine, sauce tomate San Marzano et succulente mozzarella. Établissement partenaire du **Woollen Mills** (carte

p. 296 ; ☎01-828 0835 ; www.thewoollenmills.com ; 42 Lower Ormond Quay).

FISH SHOP FISH & CHIPS €€

Plan p. 296 (☎01-557 1473 ; www.fish-shop.ie ; 76 Benburb St ; fish & chips 15 € ; ⏲12h-22h mar-ven, 14h-22h sam-dim ; 🚌25, 25A, 66, 67 depuis le centre-ville, 🚋Museum). Une échoppe de *fish and chips* classique version restaurant branché : non seulement vous dégusterez le meilleur poisson frit qui soit, mais vous l'accompagnerez d'un verre de vin choisi dans l'excellente carte. C'est la déclinaison du Fish Shop de Queen Street.

THUNDERCUT ALLEY INTERNATIONAL €€

Plan p. 296 (www.facebook.com/ThunderCutAlleyD7 ; Thundercut Alley ; plats 11-15 € ; ⏲17h-22h mer-jeu, 17h-23h ven, 11h30-23h sam, 11h30-22h dim ; 🚋Smithfield). Ce minuscule restaurant très branché se distingue par sa décoration flashy style années 1980, sa carte de délicieux cocktails et ses plats alléchants. Parfait pour un brunch copieux et très arrosé.

FISH SHOP POISSON ET FRUITS DE MER €€

Plan p. 296 (☎01-430 8594 ; www.fish-shop.ie ; 6 Queen St ; menu 4 plats 45 € ; ⏲18h-22h mer-sam ; 🚌25, 25A, 66, 67 depuis le centre-ville, 🚋Smithfield). Dans ce minuscule restaurant (seulement 16 couverts), le menu change tous les jours afin de proposer des ingrédients frais et savoureux, mais vous devrez faire confiance au chef car les seuls choix possibles sont le menu de 4 plats et le menu dégustation. Un jour, ce sera du maquereau pêché à la ligne, un autre, un filet de sole au beurre de câpre. Peut-être le meilleur restaurant de poisson de la capitale.

WINDING STAIR IRLANDAIS €€

Plan p. 296 (☎01-873 7320 ; www.winding-stair.com ; 40 Lower Ormond Quay ; déj 2 plats 24 €, plats 25-32 € ; ⏲12h-15h30 et 17h30-22h30 ; 🚌ts ceux du centre-ville, 🚋Jervis). Ce bel édifice georgien abritait jadis la librairie la plus appréciée de la capitale – elle se cantonne désormais au rez-de-chaussée (p. 164) – mais il s'est transformé en un élégant restaurant. Le somptueux menu irlandais (terrine de crabe, haddock poché au lait, moules à la vapeur et frites dodues) est accompagné d'une excellente carte des vins.

YAMAMORI SUSHI JAPONAIS €€

Plan p. 296 (☎01-872 0003 ; www.yamamori.ie ; 38-39 Lower Ormond Quay ; sushis 4-5 €, plats 20-25 € ; ⏲17h30-21h30 lun-mar, 17h30-22h mer-jeu, 17h30-22h30 ven, 12h-22h30 sam, 12h-22h dim ; 🚌ts ceux du centre-ville, 🚋Jervis). Filiale du Yamamori (p. 77) établi de longue date dans South Great George's St, ce vaste restaurant occupe deux maisons georgiennes et dispose d'un jardin de bambou. Les spécialités japonaises sont exécutées avec brio, des bols de ramen fumants au délicieux plateau de sushis.

101 TALBOT IRLANDAIS €€

Plan p. 296 (www.101talbot.ie ; 100-102 Talbot St ; plats 17-24 € ; ⏲12h-15h et 17h-22h mar-jeu, 17h-23h ven-sam ; 🚌ts ceux du centre-ville, 🚋Abbey, Marlborough). Cette institution dublinoise a su résister à toutes les modes et demeure depuis son ouverture, il y a plus de 20 ans, une référence en matière de cuisine irlandaise. Ses spécialités sont les plats traditionnels composés d'une viande accompagnée de deux légumes différents, mais avec des influences méditerranéennes : cabillaud sauté au cassoulet de haricots blancs ; gâteaux de pois chiches végans et salade d'avocat, et confit de canard à la purée de pommes de terre à l'ail. Fabuleux.

♥ CHAPTER ONE IRLANDAIS €€€

Plan p. 296 (☎01-873 2266 ; www.chapteronerestaurant.com ; 18 N Parnell Sq ; déj 2 plats 36,50 €, dîner 4 plats 80 € ; ⏲12h30-14h ven, 17h-22h30 mar-sam ; 🚌3, 10, 11, 13, 16, 19, 22 depuis le centre-ville, 🚋Parnell). Un parcours sans faute en cuisine et une ambiance décontractée et conviviale : au sous-sol du Dublin Writers Museum, ce restaurant doté d'une étoile au Michelin est pour nous le meilleur endroit pour dîner dans la capitale. La cuisine contemporaine irlandaise est mâtinée d'influences françaises, la carte varie régulièrement et le service est irréprochable. Le menu pré-théâtre de 3 plats (44 €) est parfait si vous vous rendez au Gate (p. 164), juste à l'angle.

♥ MR FOX IRLANDAIS €€€

Plan p. 296 (☎01-874 7778 ; www.mrfox.ie ; 38 W Parnell Sq ; plats 20-30 € ; ⏲12h-14h et 17h-21h30 mar-sam ; 🚋Parnell). Dans une somptueuse maison georgienne de Parnell Sq, Mr Fox figure parmi les meilleures tables de la ville. Les plats mettent à l'honneur des produits irlandais agrémentés de touches audacieuses – gibier au boudin noir, châtaignes et mûres, faisan aux lentilles et à la saucisse de Toulouse… L'étoile Michelin n'est pas loin.

VAUT LE DÉTOUR

UN PUB PAS PRÈS D'ÊTRE ENTERRÉ

Prétendant au titre de meilleur pub de Dublin, le **John Kavanagh's** (Gravediggers ; ☎01-830 7978 ; www.facebook.com/JohnKavanaghTheGravediggers ; 1 Prospect Sq ; ⏰10h30-23h30 lun-jeu, 10h30-minuit ven-sam, 10h30-23h dim ; 🚌13, 19, 19A depuis O'Connell St), à Glasnevin, est plus connu sous le nom de Gravediggers (fossoyeurs) en raison du cimetière attenant. Fondé en 1833, il est tenu par la même famille depuis huit générations, un cas unique à Dublin. À l'intérieur, le cadre est on ne peut plus traditionnel : sols en pierre, boiseries laquées aux murs, etc. En été, la pelouse du square est envahie de clients profitant du beau temps, tandis que dans la salle, les piliers de bar font en sorte qu'aucun rayon de soleil ne vienne troubler leur Guinness, l'une des meilleures de la ville. Un concentré d'authenticité.

OÙ PRENDRE UN VERRE ET FAIRE LA FÊTE

Moins fréquentées que leurs semblables de la rive sud, les pubs du nord de la rivière sont plus authentiques. Autour de O'Connell St, nous vous conseillons de rester sur vos gardes tard le soir, afin d'éviter les éventuels désagréments qui, malheureusement, peuvent survenir dans les grandes artères de la ville.

♥ COBBLESTONE — PUB

Plan p. 296 (www.cobblestonepub.ie ; N King St ; ⏰16h-23h30 lun-jeu, 14h-0h30 ven-sam, 13h30-23h dim ; 🚊Smithfield). Le Cobblestone se présente comme "un pub pour boire avec un penchant pour la musique", ce qui est une description assez juste pour cette institution de Smithfield, où l'on peut écouter de la musique traditionnelle live tous les jours de la semaine. La session Balaclava du mercredi (à partir de 19h30), ouverte à toute personne apprenant à jouer d'un instrument, est supervisée par le musicien Síomha Mulligan.

TOKEN — BAR

Plan p. 296 (☎01-532 2699 ; www.tokendublin.ie ; 72-74 Queen St, Smithfield ; ⏰16h-23h ; 🚌25, 26, 37, 39, 66, 67, 69, 70, 79A depuis le centre, 🚊Smithfield, Red Line). Ce bar à arcades qui possède d'innombrables jeux vidéo et flippers rétro sert aussi des plats de restauration rapide créatifs aux portions généreuses. Réservé aux plus de 18 ans.

WALSHS — PUB

Plan p. 296 (www.walshsstoneybatter.ie ; 6 Stoneybatter ; ⏰15h-23h lun-jeu, 15h-0h30 ven-sam, 15h-23h dim ; 🚌25, 25A, 66, 67 depuis le centre-ville, 🚊Museum). Si l'arrière-salle est libre, profitez-en, vous ne trouverez pas plus authentique en ville pour prendre un verre. Sinon, contentez-vous du bar à l'ancienne, avec son personnel plaisant et son doux mélange d'habitués et de visiteurs branchés. Toute l'âme de Dublin dans un pub.

CAFFE CAGLIOSTRO — CAFÉ

Plan p. 296 (www.facebook.com/cagliostrodublin ; Bloom's Lane ; ⏰7h-18h30 lun-jeu, 7h-22h ven, 8h30-22h sam, 10h-18h dim ; 🚊Jervis). Au milieu du "quartier italien", ce minuscule établissement sert un fantastique café à l'italienne à prix raisonnable, ainsi que des beignets miniatures, des *cannoli* et paninis. Le vendredi soir, sa petite terrasse se transforme en *Spritzeria* où l'on sirote un spritz en grignotant des antipasti.

YAMAMORI TENGU — CLUB

Plan p. 296 (☎01-558 8405 ; www.yamamori.ie ; 37 Great Strand St ; ⏰18h-23h30 mer-jeu, 18h-3h ven-sam ; 🚌ts ceux du centre-ville). Venez transpirer sur 2 étages au son de la musique house, techno, soul et disco. Pistes de danse spacieuses, excellent son et bar servant cocktails et bières japonaises. Entrée par l'arrière de Yamamori Sushi (p. 161) lorsqu'il est ouvert, ou par Great Strand St.

LAINE, MY LOVE — CAFÉ

Plan p. 296 (www.lainemylove.com ; 38 Talbot St ; ⏰7h30-15h lun-ven ; 🚊Connolly). La petite carte propose porridge et pâtisseries au petit-déjeuner, et sandwichs au déjeuner (avec du succulent pain Le Levain). Mais la star reste indubitablement le café, délicieux.

BARBERS — PUB

Plan p. 296 (☎01-539 4048 ; www.thebarbers.ie ; 19 Lower Grangegorman Rd ; ⏰16h30-23h30 lun-jeu, 15h-minuit ven, 14h-minuit sam, 14h-23h30 dim ; 🐾; 🚌37, 39, 70 depuis le centre-ville,

Smithfield). La formule barbier-pub fonctionne : dans cet excellent bar de quartier, on peut se faire couper les cheveux en sirotant une pinte. Le soir, l'espace barbier se transforme en scène.

CONFESSION BOX — PUB

Plan p. 296 (01-874 7339 ; www.c11407968.wixsite.com/ryan ; 88 Marlborough St ; 11h-23h lun-ven, 10h-minuit sam-dim ; Abbey, Marlborough, O'Connell Upper, O'Connell-GPO). Ce pub historique est apprécié des gens du coin comme des touristes. Le personnel est chaleureux et c'est un bon endroit pour s'imprégner de l'histoire locale : le Confession était le pub favori de Michael Collins, l'un des leaders de la lutte pour l'indépendance.

PANTIBAR — GAY ET LESBIEN

Plan p. 296 (www.pantibar.com ; 7-8 Capel St ; 16h-22h30 lun-jeu, 16h-0h30 ven-sam, 16h-23h dim ; ts ceux du centre-ville, Jervis). Ambiance exubérante et festive dans le bar gay de Rory O'Neill, surnommé Panti Bliss et star du documentaire *The Queen of Ireland* (2015), consacré à la lutte pour l'égalité qui joua un rôle crucial dans la victoire du "oui" lors du référendum sur le mariage en mai 2015. Depuis, le bar est devenu un lieu de pèlerinage LGBTQ. La Panti's Pale Ale, bière brassée sur place, est délicieuse.

DICE BAR — BAR

Plan p. 296 (01-633 3936 ; www.dicebar.com ; 79 Queen St ; 16h-minuit lun-mer, 15h-minuit jeu, 15h-1h ven, 13h30-1h sam, 15h-23h30 dim ; 25, 25A, 66, 67 depuis le centre-ville, Museum). Plus new-yorkais qu'authentiquement dublinois, le Dice Bar appartenait jadis à Huey Morgan, du groupe de rock américain Fun Lovin' Criminals. Il l'a revendu, mais la déco est restée : intérieur peint en rouge et noir, bougies dégoulinantes et sièges avachis. Ajoutez d'excellents DJ et vous voilà dans l'un des bars les plus courus de la rive nord.

GRAND SOCIAL — BAR

Plan p. 296 (01-874 0076 ; www.thegrandsocial.ie ; 35 Lower Liffey St ; 16h-0h30 lun-mer, 16h-minuit jeu, 12h-2h30 ven-sam, 15h-23h dim ; ts ceux du centre-ville, Jervis). Ce lieu polyvalent accueille des concerts, des humoristes et des soirées clubbing, mais on y trouve aussi un bar agréable pour prendre un verre. L'établissement occupe 3 niveaux ayant chacun une ambiance différente : le Parlour, au rez-de-chaussée, bar rétro cosy à l'ancienne ; le Ballroom, au milieu, avec la piste de danse ; et le Loft, à l'étage, pour les spectacles. Sans oublier le Garden, l'immense terrasse sur le toit.

HUGHES' BAR — PUB

Plan p. 296 (19 Chancery St ; 8h30-23h30 lun-jeu, 10h30-0h30 ven-sam, 12h-23h dim ; 25, 66, 67, 90 depuis le centre-ville, Four Courts). Les puristes adorent les sessions de musique traditionnelle qui se tiennent ici, du samedi au mardi à partir de 21h30 environ. En journée, l'ambiance est plus calme puisque le lieu est fréquenté par des notaires, des avocats et leurs clients, en raison de la proximité des Four Courts (p. 154).

WIGWAM — BAR

Plan p. 296 (www.wigwamdublin.com ; 54 Middle Abbey St ; 11h-23h30 lun-jeu, 11h-2h30 ven-sam ; ts ceux du centre-ville, Abbey, O'Connell-GPO). Petit dernier de l'équipe du Bodytonic, ce fabuleux bar sert 50 bières artisanales et 100 rhums différents au rez-de-chaussée. Des DJ de haut vol mixent régulièrement dans le bar du sous-sol, où la musique est toujours excellente. Cuisine de bar aux influences brésiliennes.

☆ OÙ SORTIR

♥ LIGHT HOUSE CINEMA — CINÉMA

Plan p. 296 (01-872 8006 ; www.lighthousecinema.ie ; Smithfield Plaza ; ts ceux du centre-ville, Smithfield). Très chic, ce cinéma de quatre salles installé dans un beau bâtiment proche de la Smithfield Plaza est le plus impressionnant de la ville. Il programme souvent des films d'art et d'essai, des documentaires et des films irlandais.

ABBEY THEATRE — THÉÂTRE

Plan p. 296 (01-878 7222 ; www.abbeytheatre.ie ; Lower Abbey St ; ts ceux du centre-ville, Abbey). Le théâtre national d'Irlande, fondé en 1904 par W. B. Yeats, a joué un rôle central dans l'essor de l'identité culturelle dublinoise. La programmation comprend des pièces irlandaises et des performances de troupes venues du monde entier.

ACADEMY — MUSIQUE LIVE

Plan p. 296 (01-877 9999 ; www.theacademydublin.com ; 57 Middle Abbey St ; ts ceux du centre-ville, Abbey, O'Connell-GPO). De taille moyenne, cette fabuleuse salle de concert a accueilli une liste stupéfiante d'artistes, en

VIGILANCE DANS O'CONNELL ST

De jour, O'Connell St bouillonne d'activité : chalands, marchands ambulants, promeneurs et autres vaquent à leurs occupations. Le soir cependant, les choses peuvent être différentes car l'alcool et la drogue assombrissent parfois l'ambiance. Les Dublinois sont las de dénoncer l'absence quasi totale de la police (laquelle se défend en déclarant que ses moyens financiers sont en baisse constante). En bref, la prudence est de mise.

devenir ou sur le déclin, de Ron Sexsmith aux Wedding Present.

GATE THEATRE THÉÂTRE

Plan p. 296 (☎01-874 4045 ; www.gatetheatre.ie ; 1 Cavendish Row ; ⏲spectacles 19h30 mar-ven, 14h30 et 19h30 sam ; 🚌ts ceux du centre-ville, 🚋Parnell). Le théâtre le plus élégant de la ville, dans un bâtiment de la fin du XVIIIe siècle, propose un répertoire de classiques irlandais, européens et américains. Orson Welles et James Mason ont joué ici au début de leur carrière. C'est le seul théâtre de Dublin où vous pourrez voir des stars de cinéma internationales s'aventurer sur les planches.

CINEWORLD MULTIPLEX CINÉMA

Plan p. 296 (☎0818 304 204 ; www.cineworld.ie ; Parnell Centre, Parnell St ; 🚌ts ceux du centre-ville, 🚋Dominick). Ce cinéma de 17 écrans programme des films commerciaux. Les fauteuils sont confortables, la buvette immense et le choix de bonbons alléchant. L'établissement n'a pas le charme des cinémas à l'ancienne, mais reste plaisant.

LAUGHTER LOUNGE SPECTACLES HUMORISTIQUES

Plan p. 296 (☎01-878 3003 ; www.laughterlounge.com ; 4-8 Eden Quay ; à partir de 26 € ; ⏲ouverture des portes 19h ; 🚌ts ceux du centre-ville, 🚋Abbey, O'Connell-GPO, Marlborough). Seul théâtre de Dublin entièrement dédié aux spectacles comiques. Vous y découvrirez des artistes trop connus pour jouer dans les pubs mais pas encore ou plus assez pour se produire dans les grandes salles.

SAVOY CINÉMA

Plan p. 296 (☎01-874 6000 ; www.imccinemas.ie ; Upper O'Connell St ; ⏲à partir de 14h ; 🚌ts ceux du centre-ville, 🚋O'Connell Upper). Ce cinéma récent de cinq salles assure des projections tardives le week-end. La Savoy Cinema 1 est la plus grande salle de la ville et son écran gigantesque est parfait pour apprécier les effets spéciaux.

SHOPPING

À quelques exceptions près, le shopping au nord de la rivière se résume aux grandes chaînes et aux centres commerciaux, surtout sur Henry St, l'équivalent de Grafton St sur la rive sud. Les Dublinois s'y pressent à la recherche de bonnes affaires et des dernières modes.

WINDING STAIR LIVRES

Plan p. 296 (☎01-872 6576 ; www.winding-stair.com ; 40 Lower Ormond Quay ; ⏲10h-18h lun-ven, 10h-19h mar-jeu et sam, 12h-18h dim ; 🚌ts ceux du centre-ville, 🚋Jervis). Cette belle librairie ancienne est aménagée au rez-de-chaussée d'un édifice qu'elle occupait jadis entièrement, et qui abrite désormais un excellent restaurant (p. 161) du même nom. Le choix d'ouvrages neufs ou anciens est plus limité mais reste fabuleux.

ARNOTT'S GRAND MAGASIN

Plan p. 296 (☎01-805 0400 ; www.arnotts.ie ; 12 Henry St ; ⏲9h30-19h lun-mer, 9h30-21h jeu, 9h30-20h ven, 9h-19h sam, 11h-19h dim ; 🚌ts ceux du centre-ville, 🚋O'Connell-GPO). Avec des entrées dans Henry St, Liffey St et Abbey St, ce grand magasin occupant un immense immeuble est notre préféré à Dublin. On y trouve de tout, des articles de jardin aux vêtements à la mode, à des prix relativement abordables.

LOUIS COPELAND VÊTEMENTS

Plan p. 296 (☎01-872 1600 ; www.louiscopeland.com ; 39-41 Capel St ; ⏲9h-18h lun-mer et ven-sam, 9h-20h jeu, 12h-17h dim ; 🚌ts ceux du centre-ville, 🚋Jervis). Un des magasins de cette marque branchée de vêtements pour hommes.

EASON'S LIVRES

Plan p. 296 (☎01-858 3800 ; www.easons.com ; 40 Lower O'Connell St ; ⏲8h-19h lun-mer et sam, 8h-21h jeu, 8h-20h ven, 12h-18h dim ; 🚌ts ceux du centre-ville, 🚋Abbey, O'Connell-GPO, Marlborough). Le plus large choix de magazines et journaux étrangers de tout le pays est proposé au rez-de-chaussée de cette immense librairie située près du GPO.

MOORE STREET MARKET MARCHÉ

Plan p. 296 (Moore St ; 8h-16h lun-sam ; ts ceux du centre-ville, Dominick). Le marché le plus traditionnel de Dublin est bien moins animé que jadis, mais on peut encore s'y procurer fruits, poissons et fleurs, tandis que des vendeurs à la sauvette proposent des cigarettes bon marché et autres articles.

JERVIS CENTRE CENTRE COMMERCIAL

Plan p. 296 (01-878 1323 ; www.jervis.ie ; Jervis St ; 9h-19h lun-mer, 9h-21h jeu, 9h-19h ven-sam, 11h-18h30 dim ; ts ceux du centre-ville). Ce centre commercial moderne surmonté d'une coupole est un véritable sanctuaire des franchises britanniques. Boots, Topshop, New Look, Argos, Marks & Spencer et Superdrug répondent à l'appel.

SPORTS ET ACTIVITÉS

ADVENTUREROOMS DÉFI

Plan p. 296 (01-872 7243 ; www.adventurerooms.ie ; 6-7 Little Britain St, Campbell's Ct ; 19-33 €/pers ; 10h-20h ; Jervis). Un bon moyen de tester votre amitié : enfermés à plusieurs dans une pièce, vous ne pourrez recouvrer votre liberté qu'en vous accordant pour reconstituer une série de puzzles. Une excellente activité pour occuper un après-midi pluvieux. Réservez bien à l'avance.

DUBLIN DISCOVERED BOAT TOURS BATEAU

Plan p. 296 (01-473 4082 ; www.dublindiscovered.ie ; Bachelor's Walk ; tarif plein/étudiant/enfant 15/13/9 € ; 10h30-16h15 mars-oct ; ts ceux du centre-ville, Abbey). Pour admirer les curiosités sans les embouteillages (comme l'annonce le slogan), montez à bord de ce bateau et écoutez l'histoire de Dublin.

DUBLIN BUS CIRCUITS EN BUS

Plan p. 296 (01-872 0000 ; www.dublinsightseeing.ie ; 59 Upper O'Connell St ; adulte 15-28 € ; ts ceux du centre-ville, Abbey). Organise des circuits en bus. Montée et descente à volonté (22 €), circuit "ghostbus" de nuit (28 €) et deux circuits d'une demi-journée : South Coast (4 heures, 27 € ; Powerscourt compris) et North Coast (25 € ; château de Malahide compris). Réduction de 10% en réservant en ligne.

PROMENADES THÉMATIQUES AUTOUR DE JAMES JOYCE PROMENADE À PIED

Plan p. 296 (01-878 8547 ; www.jamesjoyce.ie ; 35 N Great George's St ; tarif plein/étudiant 10/8 € ; 14h mar, jeu et sam mai-sept, sam oct-avr uniquement ; 3, 10, 11, 11A, 13, 16, 16A, 19, 19A, 22 depuis le centre-ville). Ces différents circuits de 1 heure 30 organisés par le James Joyce Cultural Centre (p. 154) s'intéressent à la vie et l'œuvre de l'artiste qui vécut, fut scolarisé et perdit sa virginité sur la rive nord. Choisissez entre le Dublin de Joyce, Sur les traces de Leopold Bloom (basé sur *Ulysse*) et un circuit *Dubliners*.

VISITES GUIDÉES D'ARBOUR HILL PROMENADE À PIED

Plan p. 296 (01-677 0095 ; www.phoenixpark.ie ; Arbour Hill ; 11h ven avr à mi-oct ; 37, 38, 39 depuis le centre-ville). GRATUIT Des visites guidées de 45 minutes pour en savoir plus sur la vie des personnes enterrées au Arbour Hill Cemetery (p. 155). Départ à l'intérieur des portes du cimetière. Réservation par téléphone ou e-mail.

1916 EASTER RISING COACH TOUR BUS

Plan p. 296 (www.1916easterrisingcoachtour.ie ; N Parnell Sq ; adulte/enfant 17,50/12,50 € ; 3, 7, 10, 11, 13, 16, 19, 46A, 123 depuis le centre-ville). Circuit de 1 heure 30 passant par les sites clés du soulèvement de Pâques 1916. Achetez vos billets en ligne ou au Visit Dublin Centre (p. 261) dans Suffolk St.

GLENDALOUGH & POWERSCOURT TOUR BUS

Plan p. 296 (www.dublinsightseeing.ie ; 59 O'Connell St ; adulte/enfant 24,30/10,80 € ; 10h30). Itinéraire de 5 heures 30 longeant la côte entre Dun Laoghaire et Killiney avant de rentrer dans les terres vers Wicklow, le site de Glendalough et Powerscourt Estate (entrée comprise). Départs devant le bureau de Dublin Bus (p. 250) sur O'Connell St.

CITY SIGHTSEEING BUS

Plan p. 296 (www.citysightseeingdublin.ie ; 14 Upper O'Connell St ; tarif plein/étudiant 19/17 € ; ts ceux du centre-ville, Abbey). Un circuit d'environ 1 heure 30 avec montée et descente à volonté. Longez O'Connell St dans les deux sens, passez devant Trinity College et St Stephen's Green, puis direction la Guinness Storehouse pour revenir par les quais du nord via l'entrée principale de Phoenix Park. Départs toutes les 8 à 15 minutes, de 9h à 18h.

Docklands

Notre sélection

❶ Un édifiant intermède à bord du **Jeanie Johnston** (p. 168), reproduction d'un "cercueil flottant" du XIXe siècle, surnom que l'on donnait aux navires qui transportaient des émigrés pendant la Grande Famine.

❷ Un moment parmi les statues de bronze du **mémorial de la Famine** (p. 168), réalisées par Rowan Gillespie en hommage aux victimes de la Grande Famine.

❸ Un spectacle au **Bord Gáis Energy Theatre** (p. 171), impressionnant auditorium conçu par Daniel Libeskind.

❹ Un détour jusqu'au **phare de Poolbeg** (p. 170) avec, depuis son sommet, vue imprenable sur la baie de Dublin et sur la ville.

❺ De grands noms de la musique au **3 Arena** (p. 171), plus grande salle de concert en intérieur de la capitale.

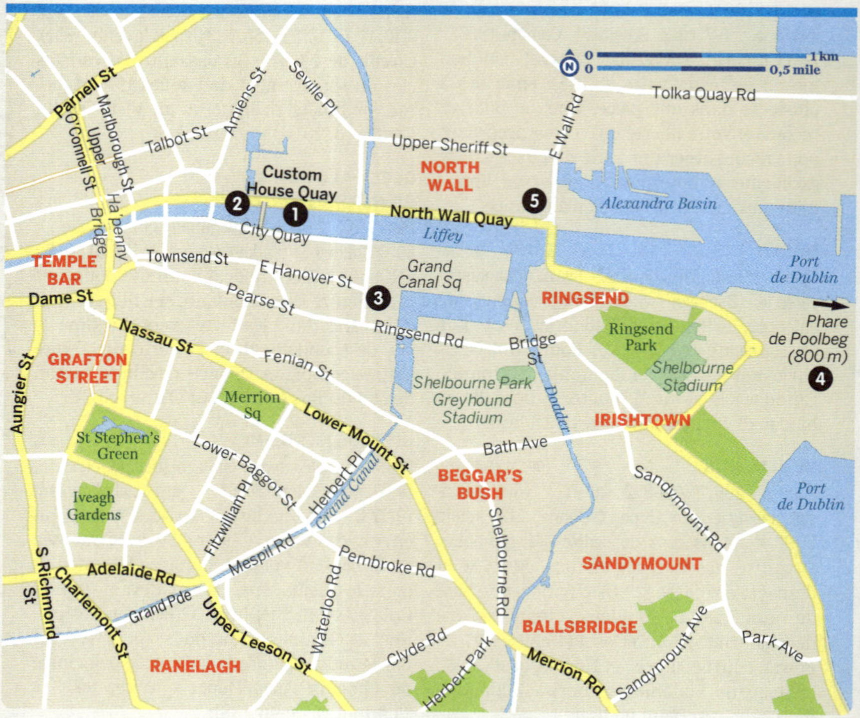

Pour un plan plus détaillé, reportez-vous p. 300

Découvrir les Docklands

La rénovation des Docklands, zone à l'extrémité est de la Liffey voisine du port de Dublin, a surtout fait la part belle aux immeubles de bureaux et d'appartements, mais certaines portions de "Canary Dwarf" (surnom ironique évoquant Canary Wharf, à Londres) méritent d'être explorées. On peut y visiter un navire de la Grande Famine (p. 168) et un musée (p. 168) entièrement consacré à l'émigration irlandaise.

L'esthétique de Grand Canal Sq (p. 169), vaste place de 10 000 m^2 conçue par la paysagiste américaine Martha Schwartz, vaut le détour. Elle est bordée, au nord-ouest, par le superbe Bord Gáis Energy Theatre (p. 171), conçu par Daniel Libeskind en 2010. Il porte le nom de son principal sponsor, le plus grand fournisseur irlandais d'énergie.

Sur la rive nord de la Liffey, on ne saurait manquer le Convention Centre (p. 169), de la Custom House (p. 168), édifice colossal de style georgien surmonté d'un dôme en cuivre et de la plus grande salle de concert de la ville, 3 Arena (p. 171), la principale attraction de Point Village. Mais ces édifices paraissent bien petits comparés à la tour de bureau "Exo", la plus grande de Dublin, qui domine Point Sq du haut de ses 74 m.

Vivre comme un Dublinois

- **Se restaurer** Pour une authentique pizza napolitaine, cap sur Paulie's Pizza (p. 169) ; au coin de la rue et tout aussi populaire, Juniors (p. 169) attire une clientèle branchée avec son ambiance à la new-yorkaise.
- **Prendre un verre** Le quartier est peuplé de pubs qui valent le détour, dont deux incontournables : Slattery's (p. 171) et John Mulligan's (p. 170), considéré comme l'un des meilleurs pubs du pays.
- **Explorer** L'émigration irlandaise est le thème central des Docklands. Montez à bord du *Jeanie Johnston* (p. 168), promenez-vous parmi les sculptures de Rowan Gillespie (p. 168) et explorez les expositions interactives du musée de l'Émigration irlandaise – EPIC (p. 168) consacré à la diaspora irlandaise.
- **Art** Le buste du chanteur folklorique Luke Perry (p. 168), signé Vera Klute, est l'une des dernières œuvres d'art public de la ville, et fait beaucoup parler.

Depuis/vers les Docklands

- **Bus** Les bus n°s 1, 47, 56A et 77A relient Dame Street à Grand Canal Square. Depuis le nord de la ville, le bus 151 dessert les Docklands au départ de Bachelor's Walk.
- **Tram** La ligne rouge du Luas se termine à Point Village.
- **Train** Le DART s'arrête à Grand Canal Quay.

Bon plan Lonely Planet

Vous trouverez autour de Grand Canal Dock des endroits convenables pour vous restaurer mais les meilleures adresses émaillent le sud-ouest du quartier, au carrefour des Haddington Road, Upper Grand Canal Street et Bath Avenue, où ont ouvert d'excellents restaurants et des pubs réputés.

Le top des restaurants

- Juniors Deli & Cafe (p. 169)
- Paulie's Pizza (p. 169)
- Workshop Gastropub (p. 170)

Voir détails p. 169

Le top des bars et pubs

- Slattery's (p. 171)
- John Mulligan's (p. 170)

Voir détails p. 170

Le top du shopping

- Design Tower (p. 171)

Voir détails p. 171

À VOIR

Ce quartier vaut avant tout la visite pour découvrir l'histoire de l'émigration irlandaise et son héritage dans le monde.

EPIC – THE IRISH EMIGRATION MUSEUM — MUSÉE

Plan p. 300 (☎01-906 0861 ; www.epicchq.com ; CHQ Building, Custom House Quay ; adulte/enfant 15/7,50 € ; ⏲10h-18h45, dernière entrée 17h ; 🚊George's Dock). Découverte high-tech et animée de l'émigration et de ses suites dans ce musée de l'Émigration irlandaise. Ce sont quelque 70 millions de personnes dans le monde qui revendiquent des racines irlandaises. Au début de votre visite, il vous faudra faire tamponner votre "passeport" en manière d'introduction à ce parcours de 20 galeries interactives où sont évoquées les raisons du départ, les destinations et les relations des communautés avec leur patrie.

IRISH FAMILY HISTORY CENTRE — CENTRE CULTUREL

Plan p. 300 (☎01-671 0338 ; www.irishfamilyhistorycentre.com ; CHQ Bldg, Custom House Quay ; 12,50 €, avec EPIC The Irish Emigration Museum 24 € ; consultation généalogie 30/60 min 45/85 € ; ⏲10h-17h lun-ven, 12h-17h sam ; 🚊George's Dock). Découvrez-vous d'éventuels ancêtres irlandais grâce aux écrans interactifs permettant d'explorer des siècles d'émigration irlandaise. Le prix de l'entrée comprend une consultation de 15 minutes avec un généalogiste, et des consultations plus longues (30 minutes ou 1 heure) sont possibles. Combinez la visite avec celle des expositions de l'EPIC ou achetez un billet séparé.

MÉMORIAL DE LA FAMINE — MÉMORIAL

Plan p. 300 (Famine Memorial ; Custom House Quay ; 🚌ts ceux du centre-ville). À l'est de la Custom House se trouvent les sculptures les plus saisissantes de Dublin : un ensemble de statues de bronze créées par Rowan Gillespie en 1996 et sobrement intitulées *Famine*, en commémoration des ravages de la Grande Famine (1845-1851). Les visages pétris d'angoisse et de désespoir de ces personnages sont un témoignage de ce volet tragique de l'histoire irlandaise. L'emplacement de ces sculptures est lourd de sens : c'est de là qu'est parti, en 1846, le premier "cercueil flottant" ("*coffin ship*") pour les États-Unis, avec 210 passagers à son bord (3 £/personne) et l'équipage. Nul n'a toutefois péri lors de cette traversée du navire *Perseverance*. Le bateau est arrivé à New York le 18 mai 1846. En juin 2007, une seconde série de sculptures *Famine* de Rowan Gillespie a été inaugurée sur le quai d'Ireland Park, à Toronto, par la présidente de l'époque, Mary McAleese, afin de commémorer l'arrivée des réfugiés de la Grande Famine en Amérique.

JEANIE JOHNSTON — MUSÉE

Plan p. 300 (www.jeaniejohnston.ie ; Custom House Quay ; tarif plein/étudiant/enfant/famille 10/9/6/28 € ; ⏲visites guidées ttes les heures 10h-16h avr-oct, 11h-15h nov-mars ; 🚌ts ceux du centre-ville, 🚊George's Dock). Cette réplique d'un "cercueil flottant" ("*coffin ship*", nom sinistre que l'on donnait aux navires sur lesquels embarquaient les émigrés irlandais pendant la Grande Famine) du XIXe siècle est l'une des attractions majeures de la ville. À noter que nul n'a péri à bord du véritable *Jeanie Johnston*, lequel, en 16 voyages transatlantiques, transporta plus de 2 500 passagers entre 1848 et 1855. À bord, un petit musée relate à quel point pouvaient être rudes ces traversées, en moyenne longues de 47 jours. Aujourd'hui, ce navire est utilisé pour des programmes de formation à la voile, avec des sorties en mer organisées entre mai et septembre.

CUSTOM HOUSE — MUSÉE

Plan p. 300 (Custom House Quay ; ⏲9h-17h lun-ven ; 🚌ts ceux du centre-ville). James Gandon (1743-1823), génie du style georgien, s'est fait connaître à Dublin grâce à ce somptueux édifice (1781-1791) face à la Liffey, dans le prolongement d'Eden Quay. Colossale et néoclassique, la "maison des douanes" fait 114 m de long. Elle est dominée par une coupole en cuivre. Il est conseillé de la contempler depuis l'autre rive de la Liffey car son architecture mérite un examen attentif. Sous la frise, des têtes représentent les divinités tutélaires des 13 principales rivières irlandaises ; le portrait de femme au-dessus de la porte d'entrée est une allégorie de la Liffey. Les têtes de vache célèbrent le commerce bovin de Dublin et les statues derrière l'édifice évoquent l'Afrique, l'Amérique, l'Asie et l'Europe. La coupole compte quatre horloges et, au sommet de celle-ci, trône une statue haute de 5 m, allégorie de l'Espérance.

BUSTE DE LUKE KELLY — STATUE

Plan p. 300 (🚊Mayor Square – NCI ou Spencer Dock). Difficile de manquer cette statue en marbre haute de 2 m, représentant le visage

JOHNBRAID/SHUTTERSTOCK ©

Le *Jeanie Johnston*

du chanteur folklorique Luke Kelly. Œuvre de l'artiste allemande primée Vera Klute, elle trône dans la rue où Kelly vit le jour, en 1940. La chevelure et la barbe rousses de l'artiste sont représentées par 3 000 fils de cuivre patiné, mais c'est avant tout l'expression du visage choisie par Klute, yeux clos et bouche ouverte, qui fait jaser certains Dublinois, enclins à penser que l'extase figurée là n'a rien de musical.

MÉMORIAL DE JAMES CONNOLLY STATUE

Plan p. 300 (Beresford Pl ; 🚌ts ceux du centre-ville, 🚊Abbey St, Red Line). James Connolly (1868-1916), le plus célèbre des socialistes irlandais, est représenté la tête haute et le buste droit, avec derrière lui la charrue et les étoiles, symboles de l'Irish Citizen Army. La cruelle exécution, après l'insurrection de Pâques 1916, de ce défenseur des droits de la classe ouvrière, en fit un martyr de la cause de l'indépendance.

GRAND CANAL SQUARE PLACE

Plan p. 300 (🚆Grand Canal Dock). Cette place a été imaginée par la paysagiste américaine Martha Schwartz. Inaugurée en 2008, elle est notamment composée d'un "tapis" planté de hauts tubes rouges en résine, éclairés de nuit.

SAMUEL BECKETT BRIDGE PONT

Plan p. 300 (🚊Spencer Dock). Ce pont des Docklands, au niveau de Spencer Dock, est le deuxième de l'architecte espagnol Santiago Calatrava (le premier étant le pont James Joyce, construit en 2003). Le pont Samuel Beckett a, lui, été construit en 2007 et sa forme évoque celle d'une harpe.

CONVENTION CENTRE MONUMENT

Plan p. 300 (Spencer Dock, North Wall Quay ; ⏲fermé au public ; 🚊Mayor Square – NCI). Cet édifice, dont la partie centrale, inclinée, a la forme d'un tube, a été pensé par Kevin Roche et construit en 2011 pour abriter le centre de convention de Dublin ; le bâtiment est encore plus beau éclairé de nuit.

OÙ SE RESTAURER

Certes, le quartier est éloigné du centre, mais certains restaurants valent amplement le détour.

ROCKET'S DINER €

Plan p. 300 (☎01-524 0152 ; www.rockets.ie ; North Wall Quay ; burgers 7-8 € ; ⏲8h-23h ; 🚊Mayor Square – NCI). Chaîne irlandaise de fast-foods imitant fidèlement les *diner* américains des années 1950. On en trouve un peu partout dans le centre.

♥JUNIORS DELI & CAFE ITALIEN €€

Plan p. 300 (☎01-664 3648 ; www.juniors.ie ; 2 Bath Ave ; plats 17-26 € ; ⏲8h30-10h30, 12h-14h30 et 17h30-22h lun-ven, 11h-15h et 17h30-22h sam, 11h-15h30 dim ; 🚌3 depuis le centre, 🚆Grand Canal Dock). Ce petit restaurant, qui passerait pour un vieux café quelconque, n'a pourtant rien d'ordinaire. Il a été créé par deux frères, et sa cuisine, dans la veine de celle des adresses *deli* de New York (d'inspiration italienne et uniquement à base de produits locaux) est délicieuse. La salle est invariablement remplie : il est souvent difficile d'y obtenir une table.

PAULIE'S PIZZA ITALIEN €€

Plan p. 300 (www.paulies.ie ; 58 Upper Grand Canal St ; pizzas 13-17 € ; ⏲18h-22h lun-jeu, 12h-15h et 18h-22h ven, 14h-22h sam-dim ; 👪 ; 🚌3 depuis le centre, 🚆Grand Canal Dock). Au cœur de ce joli restaurant, souvent très animé, trône un four à pain où sont cuites les meilleures pizzas napolitaines de la ville. *Margheritas, biancas* (sans sauce tomate), *calzoni* et autres spécialités de Naples sont ici un vrai régal. La carte affiche également des plats plus classiques, à la new-yorkaise, et quelques créations locales.

ELY BAR & GRILL FUSION €€

Plan p. 300 (01-672 0010 ; www.elywinebar.ie ; CHQ Bldg, ISFC, Georges Dock ; plats 18-40 € ; 12h-22h lun-ven, 12h-18h dim ; George's Dock). Excellents plats de hamburgers faits maison, de saucisses accompagnées de purée ou encore de salades au saumon fumé, le tout servi dans un ancien entrepôt de tabac converti en restaurant au cœur du quartier de l'International Financial Services Centre (IFSC). Tous les plats sont concoctés à base de produits bio de la ferme familiale, dans le comté de Clare ; la qualité est donc au rendez-vous.

WORKSHOP GASTROPUB IRLANDAIS €€

Plan p. 300 (Kennedy's ; 01-677 0626 ; www.theworkshopgastropub.com ; 10 George's Quay ; plats midi 7-9 €, dîner 10-24 € ; 12h-15h et 17h-22h dim-ven, 12h-0h30 sam ; ; ts ceux du centre-ville, Tara St). Ce gastropub, l'un des rares de la ville, propose des hamburgers, des moules-frites, des sandwichs et des salades.

MUSASHI IFSC JAPONAIS €€

Plan p. 300 (01-555 7373 ; www.musashidublin.com ; Unit 2, Burton Hall, Custom House Sq ; plats 13-18 €, sushi 5-8 € ; 12h-22h dim-jeu, 12h-23h ven-sam ; Mayor Square – NCI). Sushis, sashimis et autres spécialités japonaises, dont un excellent *tatsuta* de poulet. Cet établissement est très prisé au déjeuner ou après le travail. Il s'agit de la même enseigne que Musashi Noodles & Sushi Bar (p. 159) dans Capel Street. On en trouve également sur Parnell St et à Hogan Pl.

HERBSTREET FUSION €€

Plan p. 300 (01-675 3875 ; www.herbstreet.ie ; Hanover Quay ; plats 13-19 € ; 8h-14h lun, 8h-15h et 17h-19h mar-ven, 10h-16h et 17h-19h sam, 10h-16h dim ; Grand Canal Dock). Ampoules et séchoirs à main basse consommation, meubles d'occasion, carte de vins strictement européens, cette adresse fait la part belle à l'écologie ; les plats sont d'ailleurs préparés à partir de produits locaux. Elle doit son succès à son brunch : qu'il s'agisse des pancakes, de l'*Irish breakfast* ou des œufs à la mexicaine, tout y est très bon.

QUAY 16 FUSION €€

Plan p. 300 (01-817 8760 ; www.mvcillairne.com ; MV Cill Airne, North Wall Quay ; plats 15-29 € ; 12h-15h lun-ven, 18h-22h lun-sam ; Spencer Dock). Naguère dévolu au transport des passagers, le *Cill Airne*, construit en 1961, est désormais amarré à l'un des quais nord de la Liffey. Il a été transformé en bar, bistrot et restaurant. Les plats, comme la truite de mer poêlée ou le filet de bœuf himalayen vieilli au sel, sont préparés avec brio et accompagnés d'excellents vins.

PHARE DE POOLBEG

Promenez-vous le long du Great South Wall jusqu'au **Poolbeg Lighthouse** (South Wall ; 24h/24 ; 1, 47, 56A, 77A, 84N depuis le centre), tour rouge que l'on aperçoit au milieu de la baie de Dublin. Initialement érigé en 1768, il a été reconstruit en 1820. Pour le rejoindre, prenez le bus jusqu'à Ringsend depuis le centre-ville, dépassez la centrale thermique (vous en aurez pour un 1 km), puis le trajet jusqu'au phare n'est pas très long – environ 800 m. Vous aurez alors une vue imprenable sur la baie de Dublin et sur la ville, encore plus belle par un crépuscule d'été.

OÙ PRENDRE UN VERRE ET FAIRE LA FÊTE

Si vous êtes dans le coin vous trouverez moult pubs où boire une pinte ou deux.

JOHN MULLIGAN'S PUB

Plan p. 300 (www.mulligans.ie ; 8 Poolbeg St ; 12h-23h30 lun-jeu, 11h-0h30 ven, 11h30-0h30 sam, 12h30-23h dim ; ts ceux du centre-ville). Ce beau pub, fondé en 1782, occupe cet endroit depuis 1854 et a rang de véritable institution culturelle. John Fitzgerald Kennedy est venu en personne y siroter une pinte, en 1945, et le lieu n'a guère changé depuis.

RUIN BAR

Plan p. 300 (01-499 0509 ; www.ruinbar.ie ; 33 Tara St ; 12h-minuit dim-mer, 12h-1h30 jeu-sam ; ts ceux du centre-ville, Tara St). Un bar spacieux, orné de fresques colorées et servant un vaste choix de breuvages. Inspiré des "bars de ruines" de Budapest, l'endroit n'a certes pas l'atmosphère unique de ses modèles, mais demeure agréable le temps d'un repas ou d'une pinte.

SLATTERY'S PUB

Plan p. 300 (☎01-668 5481 ; www.slatterysd4.ie ; 62 Upper Grand Canal St ; ⌚12h30-23h30 lun-jeu, 12h30-0h30 ven-sam, 12h30-23h dim ; 🚌4, 7, 8, 120 depuis le centre). Pub convivial où se rejoignent les amateurs de rugby qui n'ont pas réussi à avoir des places pour un match à l'Aviva Stadium (p. 177), non loin. Il est aussi très fréquenté le vendredi et le samedi soir.

OÙ SORTIR

BORD GÁIS ENERGY THEATRE THÉÂTRE

Plan p. 300 (☎01-677 7999 ; www.bordgaisenergytheatre.ie ; Grand Canal Sq ; 🚆Grand Canal Dock). Le chef-d'œuvre de Daniel Libeskind renferme un auditorium à 3 niveaux pouvant accueillir quelque 2 100 personnes. On y assiste aussi bien à un spectacle du ballet du Bolchoï qu'à un opéra, à *Dirty Dancing* ou à un concert de Barbra Streisand. C'est une salle magnifique, conçue pour le classique, financée par les classiques.

ODEON CINEMA CINÉMA

Plan p. 300 (www.odeoncinemas.ie ; Point Village ; 🚆The Point). Ce multiplexe passe toutes les nouveautés du moment.

3 ARENA CONCERTS

Plan p. 300 (☎01-819 8888 ; www.3arena.ie ; East Link Bridge, North Wall Quay ; billets 30-100 € ; ⌚18h30-23h ; 🚆The Point). Cette salle de concert, la plus importante de la capitale, peut accueillir jusqu'à 23 000 spectateurs et programme les plus grandes stars de la musique : Drake, Boyzone et Steely Dan s'y sont ainsi produits en 2019.

SHELBOURNE PARK GREYHOUND STADIUM SPORT SPECTACLE

Plan p. 300 (☎01-525 3666 ; www.igb.ie ; South Lotts Rd ; formules 13,50-46,50 € ; ⌚18h30-22h30 mar et jeu-sam ; 🚌3, 7, 7A, 8, 45, 84 depuis le centre). La réputation des courses de lévriers a pris du plomb dans l'aile depuis les révélations sur les mauvais traitements infligés aux chiens, mais les amateurs du genre continuent de se restaurer en pariant et en regardant les courses dans le décor luxueux du restaurant vitré de ce cynodrome. Le samedi soir, une **navette gratuite** (⌚19h) s'y rend depuis Burgh Quay.

SHOPPING

Des promoteurs ont un temps envisagé de construire une vaste zone commerciale au bord de la Liffey. Mais le projet n'a jamais vu le jour, et, hormis la Design Tower, le secteur compte peu de boutiques.

DESIGN TOWER ARTISANAT

Plan p. 300 (☎01-677 5655 ; www.thedesigntower.com ; Pearse St ; ⌚9h-17h lun-ven ; 🚆Grand Canal Dock). Occupant une ancienne raffinerie de sucre du XIXe siècle, qui fut le premier édifice à structure en fer de Dublin, ce centre sur 7 étages abrite les ateliers de 20 artisans locaux, qui produisent des bijoux d'inspiration celtique, des tentures murales ou des sacs en cuir. Consultez le site Internet pour plus de détails.

SPORTS ET ACTIVITÉS

CITY KAYAKING DUBLIN KAYAK

Plan p. 300 (☎085-866 7787 ; www.citykayaking.com ; Dublin City Moorings, Custom House Quay ; adulte/enfant 33/25 € ; ⌚excursions 9h-20h mai-oct ; 🚌ts ceux du centre-ville, 🚆George's Dock). Ces excursions guidées en kayak de 1 heure 30 sur la Liffey sont un moyen original de découvrir le centre de Dublin. Elles sont précédées d'une session de préparation de 30 minutes. Prévoyez une serviette et des vêtements de rechange, et réservez en ligne.

WAKEDOCK SPORTS D'AVENTURE

Plan p. 300 (☎01-664 3883 ; www.wakedock.ie ; Grand Canal Dock ; session 30 min tarif plein/étudiant 60/45 € ; ⌚12h-20h mar-ven, 10h-20h sam-dim ; 🚌1, 15A, 15B, 56A, 77A depuis le centre, 🚆Grand Canal Dock). Laissez-vous tenter par le *cable wakeboard* – du ski nautique sur une planche de type snow, mais tiré depuis un câble à attache fixe et non un bateau. Une fois à l'aise, vous pourrez tenter figures et sauts d'obstacles.

SPORTS & FITNESS MARKIEVICZ SANTÉ ET FITNESS

Plan p. 300 (☎01-672 9121 ; www.dublincity.ie ; Townsend St ; adulte/enfant 7,50/3,75 € ; ⌚7h-21h45 lun-jeu, 7h-20h45 ven, 9h-17h45 sam, 10h-15h45 dim ; 🚌ts ceux du centre-ville, 🚆Tara St). Remarquable centre de remise en forme pourvu d'une piscine et d'un gymnase, avec sauna et pléthore de machines.

La rive sud

Notre sélection

❶ Encourager Leinster ou l'équipe d'Irlande (pour un match de rugby ou de football) à l'**Aviva Stadium** (p. 177), le temps de quelques heures mémorables.

❷ Se promener, s'asseoir ou faire un footing dans le fabuleux espace vert **Herbert Park** (p. 174), parfait pour profiter d'une journée ensoleillée à Dublin.

❸ Visiter le **Stella Theatre** (p. 177), bâtiment Art déco restauré abritant le cinéma le plus chic de Dublin.

❹ Profiter des **restaurants de la rive sud** (p. 174) dans le beau quartier de Ranelagh ou de Rathmines, plus animé – par exemple, chez Manifesto.

❺ Découvrir l'histoire, singulièrement fascinante, de l'imprimerie au **National Print Museum** (p. 174).

Pour un plan plus détaillé, reportez-vous p. 302

Découvrir la rive sud

Ballsbridge se trouve à 2 km au sud-est de St Stephen's Green et donc accessible à pied ; poursuivez encore 2 km au sud pour atteindre Donnybrook, où se trouvent le Royal Dublin Society Showground (p. 177) et le Donnybrook Stadium (p. 177) – non loin du magnifique espace vert Herbert Park (p. 174).

Ranelagh est un joli bourg juste au sud du Grand Canal, accessible au terme d'une agréable promenade de 2 km en longeant Camden St puis en traversant le pont, ou en prenant la ligne verte du Luas. Rathmines, juste à l'ouest de Ranelagh, est desservi par les bus n°s 14 et 15 depuis le centre-ville, mais n'invite pas autant à la balade. Rathgar, au sud-ouest de Rathmines, est l'autre village du quartier de Dublin 6, mais il est totalement résidentiel.

Vivre comme un Dublinois

- **Se restaurer** Les gourmets accourent de toute la ville dans des restaurants comme Butcher Grill (p. 175) à Ranelagh, Manifesto (p. 174) à Rathmines ou Farmer Brown's (p. 174) sur Bath Ave, pour le brunch du week-end, en toute décontraction.
- **Se loger** Même les Dublinois découchent parfois... dans leur propre ville. Les B&B de luxe comme Ariel House (p. 210) sont d'excellentes adresses et, pour une touche de glamour, il y a toujours le Dylan (p. 210).
- **Prendre un verre** Les emblèmes locaux comme le Taphouse (p. 176) à Ranelagh et le Beggar's Bush (p. 176) sur Haddington Rd, remportent un franc succès auprès de la clientèle locale et du grand Dublin – le Beggar's Bush est particulièrement apprécié des supporteurs avant et après les matchs à l'Aviva.
- **Faire du sport** Herbert Park (p. 174) est l'un des parcs les plus fréquentés de la capitale par les sportifs de toutes sortes, des coureurs aux joueurs de tennis.
- **Aller au cinéma** Loin d'être un cinéma ordinaire, le Stella Theatre (p. 177) à Rathmines est un bâtiment Art déco somptueusement restauré où siroter des cocktails sur un canapé en regardant un film qui vient de sortir.

Depuis/vers la rive sud

- **Bus** Depuis le centre-ville, prenez les bus n°s 5, 7, 7A, 8, 45, 46 pour rejoindre Ballsbridge, les n°s 10A ou 46 pour Donnybrook et les n°s 14 ou 15 pour Rathmines.
- **Tramway** La ligne verte du Luas dessert Ranelagh depuis St Stephen's Green.
- **Train** Le DART dessert Sandymount (pour Bath Ave) et Lansdowne Rd.

Bon plan Lonely Planet

Le **Herbert Park** (p. 174) est un lieu idéal pour courir, aisément accessible à pied depuis la plupart des hôtels du centre-ville.

Le top des restaurants

- Farmer Brown's (p. 174)
- Dillinger's (p. 176)
- Manifesto (p. 174)
- Chophouse (p. 176)
- Kinara (p. 175)

Plus de détails p. 174

Le top des bars et pubs

- Beggar's Bush (p. 176)
- Taphouse (p. 176)

Plus de détails p. 176

Le top des hébergements

- Dylan (p. 210)
- Devlin (p. 210)
- Ariel House (p. 210)

Plus de détails p. 210

À VOIR

Les quartiers de Ballsbridge, Donnybrook, Ranelagh et Rathmines, sur la rive sud, comptent peu de sites touristiques, à l'exception du National Print Museum près de Sandymount.

NATIONAL PRINT MUSEUM — MUSÉE

Plan p. 302 (☎01-660 3770 ; www.nationalprint-museum.ie ; Haddington Rd, Garrison Chapel, Beggar's Bush ; ⏲9h-17h lun-ven, 14h-17h sam-dim ; 🚌4, 7 depuis le centre-ville, 🚉Grand Canal Dock, Lansdowne Rd). GRATUIT Nul besoin de s'intéresser à l'imprimerie pour être séduit par ce petit musée atypique, où les visites guidées personnalisées (11h30 tlj et 14h30 lun-ven, visite gratuite dim 15h) sont menées avec décontraction et enthousiasme. Après avoir regardé un film retraçant l'histoire de l'imprimerie en Irlande, vous pourrez déambuler parmi les presses anciennes, dans un cadre baigné de l'odeur mêlée d'encre et de métal. À l'étage, des journaux anciens rendent compte des grands épisodes traversés par l'Irlande du siècle dernier.

HERBERT PARK — PARC

Plan p. 302 (Ballsbridge ; ⏲aube-crépuscule ; 🚌5, 7, 7A, 8, 45, 46 depuis le centre-ville ; 🚉Sandymount, Lansdowne Rd). Cette superbe bande de pelouses verdoyantes, d'étangs et de parterres de fleurs est voisine du Royal Dublin Society Showground (p. 177). Pris en étau entre les quartiers cossus de Ballsbridge et de Donnybrook, le parc s'étend en bordure de la rivière Dodder. Il comporte des terrains de tennis et une aire de jeux.

OÙ SE RESTAURER

Les quartiers aisés tendent à attirer des restaurants plus haut de gamme, et la rive sud ne fait pas exception à la règle : le moindre pub concocte une cuisine succulente, et les restaurants sont tous bons. Ceux de Ranelagh et Rathmines sont pris d'assaut le soir et le week-end pour le brunch ; réservez votre table ou vous risquez d'être déçu.

NICK'S COFFEE COMPANY — CAFÉ €

Plan p. 302 (☎086 383 8203 ; www.facebook.com/NicksCoffeeCompanyLtd ; 22 Ranelagh Rd ; 7h-20h lun-jeu, 7h-21h ven-dim ; 🚉Ranelagh). Ce petit café installé dans une cahute est une institution à Ranelagh, où l'on fait souvent la queue le matin pour un expresso, des grains torréfiés ou des thés spéciaux. Service rapide et, si le temps le permet, petit espace où s'asseoir en plein air, avec parfois une œuvre de *street art* à admirer sur un mur.

♥ MANIFESTO — ITALIEN €€

Plan p. 302 (☎01-496 8096 ; www.manifestorestaurant.ie ; 208 Lower Rathmines Rd ; pizzas 12-17 €, plats 19-25 € ; ⏲17h-22h ; 🚌14, 15, 140 depuis le centre-ville). Prenez votre mal en patience pour vous asseoir dans ce minuscule établissement italien très apprécié pour ses pizzas au feu de bois aux garnitures soignées (brocolis et câpres de Sicile, par exemple). La carte des vins, longue et originale, en propose de nombreux au verre.

♥ FARMER BROWN'S — INTERNATIONAL €€

Plan p. 302 (☎01-660 2326 ; www.farmerbrowns.ie ; 25A Bath Ave ; brunch 7-12 €, dîner 15-28 € ;

DA NORT'SOYID (RIVE NORD) ET LE SOUTHSYDE (RIVE SUD)

La rive sud a une réputation de quartier chic, tandis que la rive nord serait affreusement défavorisée : c'était le cas du moins avant que la gentrification ne transforme l'ensemble du centre-ville. Cependant, malgré la rénovation d'une grande partie de la ville, les réputations des différents quartiers restent très ancrées.

La rive sud ou "Southside" désigne généralement le quartier de Dublin 4 et les élégantes banlieues voisines juste à l'ouest et au sud – ignorant allègrement les quartiers traditionnellement ouvriers du sud-ouest de Dublin comme Bluebell et Tallaght. Le nord de Dublin est très vaste, mais le terme "rive nord" ("Northside") est utilisé pour désigner les banlieues internes, où les revenus sont plus modestes, l'accent de Dublin plus prononcé et où – depuis peu – la population issue de l'immigration est davantage représentée.

Tous les Dublinois connaissent le stéréotype du natif chic de la rive sud, mais il en existe qui, habitant pour la plupart les quartiers de classe moyenne du nord de Dublin, adopteront à dessein un accent "peuple" et discuteront de tout et de rien à grand renfort d'expressions du terroir.

Hôtel de ville de Rathmines

⌚10h-16h et 17h-20h30 ; 📶; 🚌7, 8 depuis le centre-ville, 🚊Grand Canal Dock). Si le décor rustique chic et les meubles dépareillés ne font pas forcément l'unanimité, la cuisine met tous les convives d'accord. Sans doute s'agit-il, à nos yeux, du meilleur endroit pour prendre le brunch à Dublin. De la purée d'avocat à l'incroyable sandwich cubain au porc, toutes les envies du petit-déjeuner seront comblées. L'enseigne possède une autre succursale (p. 175) à Rathmines.

STELLA DINER
DINER €€

Plan p. 302 (☎01-496 7063 ; www.stelladiner.ie ; 211 Lower Rathmines Rd ; plats 8-20 € ; ⌚8h-22h ; 🚌14, 15, 140 depuis le centre-ville). Sans surprise, la cuisine américaine roborative est à l'honneur dans ce lieu plein de style aux box en cuir rouge. Hot dogs, hamburgers, mais aussi succulents pancakes – gonflés, légers et copieusement arrosés de sirop d'érable. Le café filtre à volonté est un plus.

BUTCHER GRILL
INTERNATIONAL €€

Plan p. 302 (☎01-498 1805 ; www.thebutchergrill.ie ; 92 Ranelagh Rd ; plats 20-36 € ; ⌚17h30-21h30 dim-mer, 17h30-22h30 jeu-sam, plus 12h-15h30 sam-dim ; 🚊Ranelagh). Cette excellente adresse est, sans surprise, spécialisée dans la viande, de provenance locale et cuite à la perfection sur un gril au feu de bois. Des côtelettes grillées à l'énorme côte de bœuf à partager, peu d'endroits en ville sauront satisfaire à ce point les amateurs de viande. Excellent rôti du week-end, accompagné de pommes de terre sautées dans la graisse de canard et de Yorkshire pudding.

KINARA
PAKISTANAIS €€

Plan p. 302 (☎01-406 0066 ; www.kinarakitchen.ie ; 17 Ranelagh Rd ; plats 19-30 € ; ⌚17h-23h tlj, plus 12h-15h jeu-ven, 13h-17h dim ; 🚊Ranelagh). Les vrais amateurs de cuisine d'Asie du Sud savent faire la différence entre les cuisines indienne et pakistanaise. Ce remarquable restaurant, spécialisé dans la seconde, saura y amener même les palais les moins habitués. Les currys comme le *nehari gosht* (au bœuf) sont délicieux, tout comme les plats de poisson, notamment le *machali achari* (filet de vivaneau mariné en saumure).

FARMER BROWN'S
INTERNATIONAL €€

Plan p. 302 (☎086-046 8837 ; www.farmerbrowns.ie ; 170 Lower Rathmines Rd ; plats 16-28 € ; ⌚10h-16h et 17h-22h ; 🚌14, 15 depuis le centre-ville). Autre adresse du restaurant très prisé de Bath Ave (p. 174), elle propose

VAUT LE DÉTOUR

DELICES DE LA MER SUR LA RIVE SUD

Michael's (☎01-278 0377 ; www.michaels.ie ; 57 Deerpark Rd ; plats 18-33 € ; ⏱12h-22h mar-sam ; 🚌47 depuis le centre-ville). Bien qu'éloigné du centre-ville, Michael's vaut le détour pour la fraîcheur inégalable de ses produits de la mer : de la cuisine sortent d'énormes plateaux de crevettes de la baie de Dublin, des moules et homards recouverts de beurre à l'ail, ainsi que des casseroles en cuivre remplies de frites coupées main et des pots d'aïoli. Simplement divin.

Little Mike's (www.littlemikes.ie ; 63 Deerpark Rd ; plats 15-32 € ; ⏱12h-22h jeu-dim ; 🚌47 depuis le centre-ville). Asseyez-vous au comptoir de Little Mike's, ouvert en 2019, pour boire quelques verres de vin avec des assiettes de délices de la mer plus petites mais aussi bonnes que chez Michael's, son grand frère. À quelques mètres de ce dernier, en version plus décontractée.

un menu savoureux très similaire. Les hamburgers moelleux sont considérés comme les meilleurs de la ville.

DILLINGER'S
AMÉRICAIN €€

Plan p. 302 (☎01-497 8010 ; www.dillingers.ie ; 47 Ranelagh Rd ; plats 16-28 € ; ⏱17h30-21h30 lun-mar, 17h30-22h30 mer-jeu, 17h30-23h ven, 10h30-16h et 17h30-23h sam, 11h-16h et 17h30-21h30 dim ; 🚊Ranelagh). Ce restaurant à l'américaine, très apprécié (mention spéciale pour les pancakes), compte en revanche peu de places ; soyez prêt à attendre si vous venez pour l'excellent brunch du week-end. Il vaut le détour, ne serait-ce que pour goûter les délicieux plats à base d'effiloché de porc.

CHOPHOUSE
GASTROPUB €€

Plan p. 302 (☎01-660 2390 ; www.thechophouse.ie ; 2 Shelbourne Rd ; déjeuner 15-25 €, dîner 16-35 € ; ⏱restaurant 12h-14h30 et 18h-22h lun-ven, 17h-22h sam, 13h-20h dim ; 🚌4, 7, 8, 120 depuis le centre-ville). Ce vaste et chic pub gastronomique met l'accent sur de belles pièces de viande saignante, mais sert également du poisson, du poulet ou de l'agneau. Excellent plat du jour le dimanche midi – la poitrine de porc rôtie lentement est délicieuse. C'est un pub très fréquenté les jours de match à l'Aviva Stadium.

SABA
ASIATIQUE €€

Plan p. 302 (www.sabadublin.com ; 22 Upper Baggot St ; plats déjeuner 14-22 €, dîner 18-26 € ; ⏱12h-21h30 lun-mer, 12h-22h jeu, 12h-22h30 ven, 11h30-22h30 sam, 11h30-21h30 dim ; 🚌5, 7, 7A, 8, 18, 45 depuis le centre-ville). La cuisine asiatique fusion – principalement thaïlandaise et vietnamienne – fait le succès de ce restaurant très contemporain. L'établissement original donne dans Clarendon St (p. 75).

OÙ PRENDRE UN VERRE ET FAIRE LA FÊTE

Pubs et bars du quartier attirent une clientèle variée d'habitants des environs, d'amateurs de sport et de promeneurs du dimanche venus prendre l'air au sud verdoyant de la ville.

BLACKBIRD
PUB

Plan p. 302 (☎01-559 1940 ; www.facebook.com/BlackbirdRathmines ; 82-84 Lower Rathmines Rd ; ⏱16h-minuit lun-jeu et dim, 16h-1h ven-sam ; 📶; 🚌14, 15, 140 depuis le centre-ville). Cosy et éclairé aux bougies, c'est l'incarnation du pub irlandais nouvelle génération : mobilier dépareillé, curiosités, et recoins douillets intimistes, avec en prime quelques jeux vidéo rétro. Bon choix de boissons traditionnelles et artisanales.

TAPHOUSE
BAR

Plan p. 302 (☎01-491 3436 ; www.taphouse.ie ; 60 Ranelagh Rd ; ⏱12h30-23h30 lun-jeu, 12h30-0h30 ven-sam, 12h30-23h dim ; 🚊Ranelagh). Les habitants continuent à appeler ce bar par son ancien nom, le Russell's, mais la rénovation menée par les nouveaux propriétaires est néanmoins très appréciée par la clientèle d'habitués. Ils n'ont rien changé au balcon – le meilleur endroit pour boire un verre par une chaude journée.

BEGGAR'S BUSH
PUB

Plan p. 302 (Jack Ryan's ; www.beggarsbush.com ; 115 Haddington Rd ; ⏱10h30-23h lun-jeu, 10h30-0h30 ven-sam, 12h30-23h dim ; 🚌4, 7, 8, 120 depuis le centre-ville, 🚆Grand Canal Dock). Ardent défenseur de sa décoration de pub traditionnel, Ryan's (comme l'appellent ses clients de longue date) a fait une concession à la modernité avec l'ajout d'une terrasse extérieure ouverte par beau temps. En revanche, le reste n'a pas changé d'un iota, et c'est bien ce qui séduit autant les clients portant casquette, que les employés de Google qui travaillent à côté.

OÙ SORTIR

STELLA THEATRE — CINÉMA

Plan p. 302 (☎01-496 7014 ; www.stellatheatre.ie ; 207-209 Lower Rathmines Rd ; billets à partir de 19 € ; ⌚17h-tard lun-ven, 9h-tard sam-dim ; 🚌14, 15, 140 depuis le centre-ville). Ici, chaque soirée est un événement glamour. L'étroite entrée ouvre sur un superbe intérieur Art déco aux fauteuils de cuir confortables agrémentés de tables et de repose-pieds. Prévoyez du temps pour choisir votre repas, qui vous sera apporté pendant le film, ou réservez pour le *cocktail club* à l'étage.

BOWERY — MUSIQUE LIVE

Plan p. 302 (www.facebook.com/thebowerydublin ; 196 Lower Rathmines Rd ; ⌚16h-23h30 lun-jeu, 16h-0h30 ven-sam, 16h-23h dim ; 🚌14, 65, 140 depuis le centre-ville). Avec son bois bruni, ses élégants chandeliers et sa scène en forme de bateau, cette salle de musique est l'un des plus beaux bars de Dublin. Elle accueille de la musique live tous les soirs de la semaine, du ska au disco en passant par le reggae. L'étage est idéal pour observer la foule.

DONNYBROOK STADIUM — STADE

Plan p. 302 (www.leinsterrugby.ie ; Donnybrook Rd ; 🚌10, 46A depuis le centre-ville). Ce stade de 6 000 places fut construit tout spécialement pour accueillir les matchs de plusieurs équipes de rugby, y compris les Ireland Wolfhounds (l'équipe nationale junior), l'Ireland Women's Team (équipe féminine), l'équipe de Leinster "A" et d'autres équipes mineures comme les Old Wesley et les Bective Rangers. Vous n'aurez aucun mal à vous procurer des billets, quel que soit le match.

AVIVA STADIUM — STADE

Plan p. 302 (☎01-238 2300 ; www.avivastadium.ie ; 11-12 Lansdowne Rd ; 🚆Lansdowne Rd). Stade d'une capacité de 50 000 personnes avec un magnifique toit ondulant, dans le quartier résidentiel huppé de Donnybrook. Accueille régulièrement des matchs internationaux de rugby et de football ainsi que les concerts de grandes stars internationales.

ROYAL DUBLIN SOCIETY SHOWGROUND — SPECTACLE SPORTIF

Plan p. 302 (RDS Showground ; ☎01-668 9878 ; www.rds.ie ; Merrion Rd, Ballsbridge ; 🚌7 depuis Trinity College). Cet impressionnant espace datant de l'époque victorienne accueille des expositions variées tout au long de l'année. Le principal événement est le **Dublin Horse Show**, qui se tient chaque année en juillet ou en août, et qui comprend une compétition internationale de saut d'obstacles. C'est également là que l'équipe de rugby de Leinster joue ses matchs à domicile, dans le stade de 35 000 places. L'office du tourisme vous renseignera sur les autres événements.

Le Royal Dublin Society Showground a été fondé en 1731 et a déjà eu pour siège plusieurs bâtiments notables de Dublin, y compris la Leinster House, de 1814 à 1925. L'association contribua à la fondation du National Museum, de la National Library, de la National Gallery et des National Botanic Gardens.

SHOPPING

Si Ranelagh et Ballsbridge comptent quelques boutiques, mieux vaut faire ses achats au sud de ces deux quartiers (facilement accessibles par le Luas), au Dundrum Town Centre (p. 45), le plus grand centre commercial du pays.

APRIL AND THE BEAR — ARTICLES POUR LA MAISON

Plan p. 302 (☎01-558 3527 ; www.aprilandthebear.com ; 2 Wynnefield Rd ; ⌚10h30-18h mer-sam ; 🚌14, 15, 140 depuis le centre-ville). Une boutique originale d'articles de maison, qui a déménagé de Temple Bar à Rathmines en avril 2019 on peut y dénicher une tête de dinosaure comme une applique murale en forme de singe.

1

3

DAVID SOANES PHOTOGRAPHY/GETTY IMAGES ©; ARCHITECTS: POPULOUS AND SCOTT TALLON WALKER

1. Aviva Stadium (p. 177)
Avec une capacité de 50 000 spectateurs, le stade Aviva accueille les matchs à domicile des clubs irlandais de rugby et de football.

2. Bowery (p. 177)
L'un des bars les plus séduisants de la ville, avec des performances live presque chaque soir de la semaine.

3. Herbert Park (p. 174)
Ce grand parc populaire s'étend le long de la Dodder.

2

SAM MELLISH/IN PICTURES VIA GETTY IMAGES ©

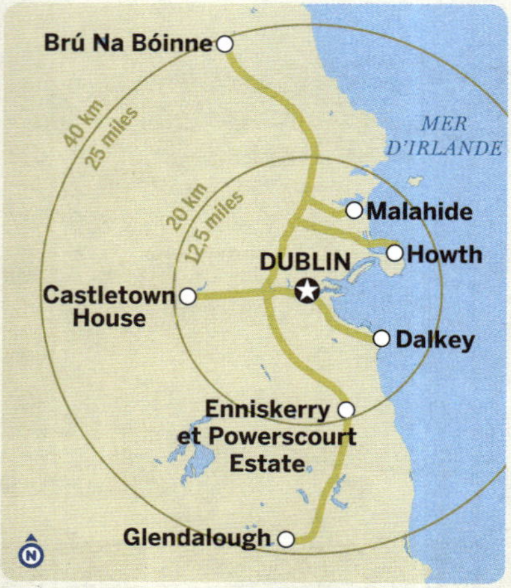

Excursions

Brú na Bóinne p. 181

L'un des sites préhistoriques les plus impressionnants d'Europe.

Glendalough p. 186

Les vestiges de la plus grande cité monastique d'Irlande.

Howth p. 191

Village côtier comptant d'excellents restaurants, au pied d'une colline offrant de belles randonnées.

Enniskerry et Powerscourt Estate p. 194

Manoir palladien avec un jardin exceptionnel qui offre une vue sur la campagne environnante encore plus incroyable.

Castletown House et environs p. 195

La plus grande demeure palladienne d'Irlande, bâtie pour l'homme le plus fortuné du pays au XVIIIe siècle.

Dalkey p. 196

Petit village pittoresque en bord de mer dévoilant un joli port et d'agréables promenades côtières.

Malahide p. 198

Charmant village au nord de Dublin possédant un château du XIIe siècle et 101 ha de jardins soigneusement entretenus.

LES INCONTOURNABLES
BRÚ NA BÓINNE

La vaste nécropole dénommée Brú na Bóinne ("le palais de la Boyne") est l'un des sites les plus remarquables d'Europe. Construite 1 000 ans avant Stonehenge, elle est un témoignage saisissant des réalisations humaines à l'époque préhistorique.

Histoire

Le palais de la Boyne accueillait les dépouilles de membres de haut rang de la communauté. Jusqu'à la construction des châteaux anglo-normands 4 000 ans plus tard, ces tombes furent les plus importantes structures édifiées par l'homme en Irlande. Brú na Bóinne comprend plusieurs sites, dont les trois principaux sont Newgrange, Knowth et Dowth.

Pendant des siècles, ils ont été laissés à l'abandon, envahis par la végétation et victimes des pillards, depuis les Vikings jusqu'aux chasseurs de trésors de l'époque victorienne dont les initiales sont lisibles sur les imposantes pierres de Newgrange. Dans la campagne environnante, de nombreux autres tertres (tumulus) et des pierres levées émaillent le paysage.

Brú na Bóinne Visitor Centre

Avec une construction en spirale qui rappelle Newgrange, ce superbe centre d'information comporte des expositions interactives sur l'Irlande au temps de la préhistoire et sur les tombes à couloir. Riche en renseignements touristiques sur la région, il comprend également un excellent café ainsi qu'une boutique de livres et de souvenirs. À l'étage, depuis une mezzanine entièrement vitrée, on a vue imprenable sur Newgrange.

C'est le point de départ de toutes les visites vers Newgrange et/ou Knowth.

À NE PAS MANQUER

- Le Brú na Bóinne Visitor Centre
- Newgrange
- Le solstice d'hiver
- Knowth

INFOS PRATIQUES

- 041-988 0300
- www.worldheritage ireland.ie
- Donore
- Centre des visiteurs adulte/enfant 4/3 €, centre des visiteurs et Newgrange 7/4 €, centre des visiteurs et Knowth 6/4 €, les 3 sites 13/8 €
- 9h-19h juin à mi-sept, 9h-18h30 mai et mi-sept à début-oct, 9h30-17h30 fév-avr et début-oct à début-nov, 9h-17h début-nov à jan

Brú na Bóinne

La visite commence à l'excellent **1 centre des visiteurs**, où un bref film (version française) replace le site dans son contexte historique. De là, une navette mène à **2 Newgrange**. Vous passerez devant les **3 orthostates**, les pierres dressées qui gardent le **4 couloir principal** conduisant à la **5 chambre funéraire**. Un dispositif y reproduit l'arrivée des premiers rayons du soleil au matin du solstice d'hiver (mais vous pourrez tenter de gagner votre place à la loterie annuelle pour y assister). Pour visiter **6 Knowth**, vous devrez remonter dans la navette pour le centre des visiteurs et prendre un autre bus. Sinon, ralliez **7 Dowth** en voiture. On ne peut pas y pénétrer, mais des panneaux d'information présentent le site.

Couloir couvert de Newgrange
Le couloir est jalonné de 43 pierres dressées, de 1,5 m de haut en moyenne : 22 à gauche (à l'ouest) et 21 à droite (à l'est).

Knowth
L'ensemble de Knowth contient plus de 200 pierres travaillées, soit environ un tiers des monuments mégalithiques d'Europe occidentale. Outre les classiques spirales, losanges et cercles concentriques, on notera des motifs plus rares, en forme de croissant.

Pierre sculptée de l'entrée de Newgrange
Newgrange est entouré de 97 rochers (dont 24 enterrés), numérotés dans l'ordre à partir du rocher K1, superbe pierre sculptée marquant l'entrée du tumulus.

BON À SAVOIR

En été, visitez le site en semaine tôt le matin pour éviter une trop forte affluence de touristes et les visites scolaires.

Newgrange

Newgrange a été conçu de manière à ce que le couloir s'aligne sur le soleil lors du solstice d'hiver.

POUR INFO

Soixante personnes, accompagnées d'un invité de leur choix, peuvent assister au vrai solstice d'hiver à l'issue d'un tirage au sort. En 2018, 28 595 personnes ont participé à cette loterie.

Dowth

Les deux tombes à couloir de Dowth sont fermées au public. Le cratère au sommet du tumulus résulte d'une tentative d'excavation ratée en 1847.

Chambre funéraire de Newgrange

La structure à encorbellement de la chambre funéraire, demeurée intacte depuis sa construction, est tenue pour l'une des plus belles du genre en Europe.

Brú na Bóinne Visitor Centre

L'édifice en spirale abritant ce merveilleux centre interprétatif rappelle la structure et l'ornementation de Newgrange. Il renferme des expositions sur l'Irlande préhistorique et les tombes à couloir.

VISITES GUIDÉES

Brú na Bóinne est l'un des sites les plus touristiques d'Irlande et fait l'objet de nombreuses visites guidées. Mentionnons notamment les excellents **Mary Gibbons Tours** (☎086 355 1355 ; www.newgrangetours.com ; visite guidée avec entrée adulte/enfant 40/35 € ; 📶).

Le centre des visiteurs de Brú na Bóinne possède un café et une aire de pique-nique (il est interdit de boire et de manger sur les sites). Autrement, Slane et Drogheda ne manquent pas d'attraits.

CARTE DU PATRIMOINE

Si vous envisagez de visiter plusieurs sites archéologiques et historiques, pensez à acheter une **Heritage Card** (www.heritageireland.ie ; adulte/enfant 40/10€), d'une validité d'un an et en vente à la billetterie du **site de la bataille de la Boyne** (☎041-980 9950 ; www.battleoftheboyne.ie ; Drybridge ; adulte/enfant 5/3 € ; ⏲9h-17h mai-sept, 9h-16h oct-avr), ainsi que dans d'autres sites partenaires en Irlande.

Newgrange

Avec ses dimensions impressionnantes (80 m de diamètre et 13 m de hauteur), ses murs blancs circulaires et son dôme recouvert d'herbe, Newgrange a l'air étrangement futuriste. Il abrite la plus belle tombe à couloir de l'âge de la pierre irlandais – c'est l'un des sites préhistoriques les plus fascinants d'Europe. Datant d'environ 3200 av. J.-C., il précède les pyramides d'Égypte de près de six siècles.

L'alignement exact de la tombe avec le soleil lors du solstice d'hiver suggère qu'elle servait également de calendrier. Sa fonction initiale reste toutefois mystérieuse – selon la théorie la plus communément acceptée, c'était un lieu de sépulture royale, ou l'endroit de célébration de rituels.

Le nom Newgrange viendrait de *new granary* ("nouveau grenier", en effet, cette tombe servit aussi de grenier) ou bien, comme le suggère une théorie plus en vogue, de l'irlandais signifiant grotte de Gráinne, en référence à un mythe celtique populaire. La légende de Diarmaid et de Gráinne raconte l'amour interdit entre la femme de Fionn MacCumhaill (ou Finn McCool), chef des Fianna, et Diarmaid, l'un de ses commandants les plus fidèles. Quand Diarmaid fut mortellement blessé, le dieu Oengus transporta son corps à Newgrange en une vaine tentative pour le sauver et Gráinne, désespérée, le suivit dans la grotte, où elle resta prostrée longtemps auprès du corps de son bien-aimé. Ce conte curieusement arthurien (avec Diarmaid et Gráinne en lieu et place de Lancelot et Guenièvre) n'est sans doute qu'un mythe, mais reste une excellente histoire. Dans la mythologie celtique, Newgrange est aussi le lieu de la conception du héros Cúchulainn.

Au fil du temps, Newgrange, tout comme Dowth et Knowth, s'est détérioré ; il servit même de carrière pendant quelques années. Le site fut restauré à la faveur des fouilles menées entre 1962 et 1975.

Une grosse **pierre** sculptée de doubles et triples spirales protège l'entrée principale de la tombe, mais le site fut réaménagé pour éviter que les visiteurs ne l'escaladent. L'entrée est surmontée d'une sorte de lucarne, qui laisse passer la lumière. Une autre pierre décorée se tient à l'exact opposé du monticule. Selon certains experts, celui-ci était entouré d'un **grand cercle de pierres levées** d'environ 100 m de diamètre, dont il n'en reste que 12 et les traces des emplacements des autres.

L'intégralité de la structure repose sur les 97 rochers de la **bordure circulaire** qui empêchent le monticule de s'effondrer. Sept de ces rochers sont ornés de motifs similaires à ceux de la pierre à l'entrée principale, dont trois sont particulièrement chargés.

Le quartzite blanc qui recouvre la tombe fut extrait dans le Wicklow, à 70 km au sud – à une époque où ni le cheval ni la roue n'avaient cours – et transporté en bateau, par la mer puis par la rivière Boyne. Plus de 200 000 tonnes de terre et de pierres servirent également à la construction du monticule.

Vous pourrez parcourir l'étroit passage de 19 m de long, bordé de 43 pierres levées (dont certaines sont sculptées), qui aboutit à la chambre mortuaire. La salle comprend trois alcôves avec chacune un grand rocher creusé qui recueillait les os humains brûlés. Outre les dépouilles, ces cuvettes contenaient des offrandes de perles et de pendentifs, mais elles furent volées bien avant que les archéologues ne commencent les fouilles. Au-dessus, les énormes pierres soutiennent un plafond à voûtes en encorbellement de 6 m de haut. Le réseau sophistiqué d'évacuation des eaux a préservé l'intérieur de l'humidité depuis 40 siècles.

Solstice d'hiver à Newgrange

À 8h20, lors du solstice d'hiver (entre le 18 et le 23 décembre), les rayons du soleil levant pénètrent par la lucarne située au-dessus de l'entrée, progressent lentement dans le passage et viennent illuminer la chambre funéraire pendant 17 minutes. C'est sans aucun doute l'une des expériences les plus mémorables, presque mystiques, du pays.

Un lever de soleil artificiel est recréé pour tous les groupes qui pénètrent dans le tumulus. Pour avoir la chance d'admirer le phénomène naturel, l'un des six matins avant et après le solstice d'hiver, participez à la tombola gratuite dont le tirage a lieu fin septembre ; 60 noms sont tirés au sort et chaque gagnant peut choisir un accompagnant. Remplissez le formulaire au Brú na Bóinne Visitor Centre ou écrivez à brunaboinne@opw.ie.

Knowth

Au nord-ouest de Newgrange, le tertre funéraire de Knowth date de la même époque. Il contient la plus grande collection d'objets jamais découverts dans une tombe à couloir en Europe occidentale. Les premières fouilles dévoilèrent un passage de 34 m jusqu'à la salle centrale, bien plus long que celui de Newgrange. En 1968, un couloir de 40 m de long fut mis au jour sur le côté opposé du tumulus.

Le tumulus compte également 6 salles souterraines paléochrétiennes. Le tertre principal est entouré de quelque 300 dalles gravées et de 17 autres tombeaux.

Knowth demeure un lieu d'activités humaines pendant des millénaires après sa construction, ce qui explique en partie la sophistication du site. Le peuple Beaker, dont le nom provient de leur coutume, non spécifique à l'Irlande, d'enterrer leurs défunts avec leurs gobelets (*beaker* en anglais – on parle, en français, de culture campaniforme), occupa le site au début de l'âge du bronze (vers 1800 av. J.-C.), de même que les Celtes à l'âge du fer (vers 500 av. J.-C.). Des vestiges de mécanismes en bronze et en fer datant de ces époques ont été découverts. Vers 800-900, le site servit de *ráth* (forteresse circulaire en terre), place forte du très puissant clan O'Neill. En 965, ce fut le siège de Cormac MacMaelmithic, qui fut haut roi d'Irlande pendant 9 ans, et au XIIe siècle les Normands y érigèrent une motte et son mur d'enceinte. Le site fut abandonné vers 1400.

Les visites démarrent uniquement depuis le centre des visiteurs.

Dowth

De la même taille que celui de Newgrange – environ 63 m de diamètre – le tumulus circulaire de Dowth est légèrement plus grand, avec 14 m de hauteur. Pour des raisons de sécurité, les tombes de Dowth sont fermées au public, mais il est possible de découvrir le monticule (et les moutons qui y paissent) depuis la route L1607 entre Newgrange et Drogheda.

Les ruines de **Dowth Castle** et de **Dowth House** s'étendent au nord du tumulus.

LES INCONTOURNABLES GLENDALOUGH

Si vous êtes dans le comté de Wicklow, c'est sans doute pour vous rendre à Glendalough (Gleann dá Loch, "vallée des deux lacs"). Il s'agit d'un des joyaux d'Irlande, et la beauté de ce paysage sauvage et romantique justifie à elle seule de visiter le pays.

Les ruines monastiques de ce grand village sont impressionnantes, mais les deux lacs sombres et mystérieux, nichés dans une longue vallée glaciaire ourlée de forêts le sont plus encore. Malgré une importante fréquentation, le lieu n'a rien perdu de son aura mystique et de sa quiétude, et vous comprendrez sans peine ce qui attira ici les moines en quête de solitude.

À NE PAS MANQUER

- Site monastique
- Reefert Church
- Cellule de saint Kevin
- Randonnées
- Centre des visiteurs

INFOS PRATIQUES

- www.glendalough.ie
- Entrée libre
- ⏲24h/24

Histoire

En l'an 498, un jeune moine, Kevin, arriva dans la vallée de Glendalough en quête d'un endroit où se retirer, méditer et vivre en harmonie avec la nature. Il s'installa sur une ancienne tombe de l'âge du bronze, sur la rive sud de l'Upper Lake (lac supérieur) et, pendant les 7 années suivantes, dormit sur des rochers, se vêtit de peaux d'animaux, maintint un état de jeûne drastique et – selon la légende – se lia d'amitié avec les oiseaux et les animaux (il est d'ailleurs considéré comme le protecteur des animaux). De nombreux disciples, attirés par le mode de vie de Kevin accoururent, sans noter l'ironie de la situation : rejoindre un ermite. Au cours des siècles suivants, ce qui avait commencé par un seul homme devint un véritable village et au IXe siècle, Glendalough rivalisait avec Clonmacnoise en tant que plus importante ville monastique de l'île. Des milliers d'étudiants apprenaient et vivaient au sein d'une communauté prospère installée sur un vaste secteur.

Le succès de Glendalough ne manqua pas d'en faire une cible de choix pour les attaquants vikings, qui pillèrent le monastère à au moins quatre reprises, entre 775 et 1071. Le coup de grâce fut asséné en 1398, quand l'armée anglaise venue de Dublin le laissa presque en ruine. Certains moines s'attachèrent à le reconstruire, et l'occupèrent jusqu'au XVIIe siècle quand, de nouveau attaqué, le monastère finit par fermer définitivement ses portes.

Lower Lake (lac inférieur)

Site monastique

Glendalough est un site monastique majeur en Irlande, organisé autour d'une **tour ronde** vieille de 1 000 ans, d'une **cathédrale** en ruine et d'une petite église appelée **St Kevin's Kitchen**. En établissant son monastère sur la rive sud du lac supérieur, à la fin du VIe siècle, saint Kevin fonda le site, raison pour laquelle il est si présent dans le folklore irlandais. Au Moyen Âge, alors que l'Irlande était connue pour être l'"île des saints et des érudits", Glendalough devint une ville monastique d'envergure où vivaient des milliers d'étudiants et d'enseignants.

L'accès au site se fait par un **portail monastique**, le seul encore visible en Irlande. La **Priest's House** (maison du prêtre) se tient au cœur du cimetière de Glendalough situé au sud-ouest de la cathédrale. Ce curieux bâtiment date de 1170, mais il a été largement reconstruit depuis.

St Mary's Church

Datant du Xe siècle, l'église de Sainte-Marie se tient en-dehors de l'enceinte du site monastique, au sud-ouest de la tour ronde. Elle appartenait autrefois à des religieuses locales. Jetez un œil à sa remarquable porte ouest.

Deer Stone

Au croisement de Green Rd, franchissez la rivière juste au sud du site monastique et vous découvrirez la pierre de la Biche (Deer Stone) au milieu d'un ensemble d'autres pierres. Selon la légende, alors que saint Kevin avait besoin de lait pour nourrir un bébé orphelin, il y trouva une biche qui se laissa traire. La pierre est en fait un *bullaun* (pierre servant de mortier pour broyer des herbes médicinales ou des aliments).

Certaines de ces pierres remonteraient à la préhistoire et on leur prête volontiers des pouvoirs surnaturels : ainsi, les femmes qui se lavaient le visage avec de l'eau recueillie dans le creux de certaines pierres étaient-elles supposées garder leur beauté à jamais. Les premiers religieux transportèrent les pierres à l'intérieur des monastères, pour s'en garantir le prestige ou s'en approprier le pouvoir.

Upper Lake (lac supérieur)

Teampall na Skellig

Le site original de la colonie de saint Kevin s'étend au pied des hautes falaises sur la rive sud du lac supérieur. L'endroit n'est accessible qu'en bateau, mais aucune compagnie ne s'y rend et vous devrez vous contenter de l'admirer depuis l'autre côté du lac. Les ruines reconstruites d'une église et d'un cimetière primitif sont visibles sur la corniche en

LE BON MOMENT

Glendalough est pris d'assaut par les visiteurs en été, aussi mieux vaut-il arriver tôt et/ou partir tard, de préférence en semaine, puisque le site est gratuit et accessible 24h/24. Le parking inférieur ferme aux mêmes horaires que le centre des visiteurs.

Le centre d'information du parc (☎0404-45425 ; www.wicklowmountainsnationalpark.ie ; Bolger's Cottage, Upper Lake Car Park ; ⏲10h-17h30 mai-sept et sam-dim oct-avr) vous renseignera sur le Wicklow Mountains National Park et les possibilités de randonnée. Il est situé près du parking du lac supérieur, à environ 1,5 km à l'ouest du **Glendalough Visitor Centre** (☎0404-45352 ; www.heritageireland.ie ; adulte/enfant 5/3 € ; ⏲9h30-18h mi-mars à mi-oct, 9h30-17h mi-oct à mi-mars).

OÙ SE RESTAURER

Pour manger un morceau, le village de Laragh est tout indiqué. À proximité du site, seul le **Glendalough Hotel** (☎0404-45135 ; www.glendaloughhotel.com ; Main St ; ch s/d/fam à partir de 129/149/179 € ; P @ ᯤ 👪) sert à manger.

Glendalough

PROMENADE À PIED

La visite de Glendalough tient d'une plongée au cœur d'une histoire religieuse de l'Irlande, doublée d'une belle balade dans des collines verdoyantes essaimées de ruines. Le site monastique fondé par saint Kevin au Ve siècle atteignit son apogée au IXe siècle, avant de décliner à partir de 1398.

Un ensemble de ruines majestueuses vous attend dès l' 1 **entrée principale** de la cité monastique : la 2 **tour ronde**, édifice du Xe siècle resté presque intact, la 3 **Cathedral of St Peter and St Paul** ou encore 4 **St Kevin's Kitchen**, en réalité une église. Traversez le cours d'eau après la 5 **Deer Stone**, où Kevin aurait trait une biche, puis bifurquez vers l'ouest. Une balade de 1,5 km vous conduira à l' 6 **Upper Lake**. Sur la rive sud du lac s'étend un autre ensemble de sites, dont 7 **Reefert Church**, une église romane du XIe siècle, dans laquelle la puissante famille O'Toole faisait enterrer ses défunts, et les vestiges de 8 **St Kevin's Cell**, abri en pierre sèche où saint Kevin serait venu prier.

SAINT KEVIN

Le jeune moine serait arrivé dans la vallée en 498 en quête d'une paisible retraite. Un ange l'aurait conduit jusqu'à une tombe de l'âge du bronze, appelée par la suite St Kevin's Bed, et qui lui aurait servi d'abri. Pendant 7 ans, il aurait dormi sur des pierres, porté des peaux de bêtes, vécu d'orties et d'herbes, et développé une affinité avec les oiseaux et autres animaux. Une légende raconte qu'il aurait amené une biche à donner son lait à deux bébés orphelins. Le site s'appelle aujourd'hui la Deer Stone (pierre de la Biche).

Avec l'afflux de disciples, la communauté s'agrandit petit à petit, si bien qu'au IXe siècle, Glendalough était devenu la première cité monastique d'Irlande, devant Clonmacnoise. Selon la légende, Kevin aurait vécu jusqu'à l'âge de 120 ans. Il fut canonisé en 1903.

OLOS/SHUTTERSTOCK ©

Round Tower
Monument le plus emblématique de Glendalough, cette tour, haute de 33 m, n'a pas changé depuis sa construction, il y a mille ans, à l'exception de son toit, remplacé en 1876 après avoir été endommagé par la foudre.

Deer Stone
Cette pierre, dont on dit qu'elle aurait servi à saint Kevin à recueillir le lait d'une biche sauvage, est en réalité un grand mortier appelé *bullaun*, où l'on broyait aliments et remèdes.

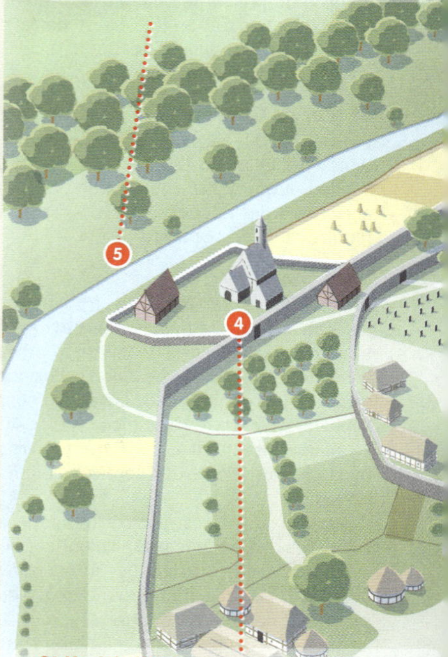

St Kevin's Kitchen
Cette petite église devrait son surnom de "cuisine de saint Kevin" à son étonnant toit surmonté d'une tour ronde, qui évoque un conduit de cheminée.

SIR FRANCIS CANKER PHOTOGRAPHY/GETTY IMAGES ©

St Kevin's Cell

C'est dans cet abri en pierre sèche que saint Kevin aurait eu l'habitude de prier et de méditer ; à ne pas confondre avec St Kevin's Bed, la grotte où il dormait.

Reefert Church

Son nom vient de l'irlandais *righ fearta*, qui signifie "lieu de sépulture des rois". Sept princes de la puissante famille O'Toole ont été enterrés ici.

Upper Lake

Le site du campement d'origine de saint Kevin se trouve au bord de l'Upper Lake, l'un des deux lacs auxquels Glendalough (la "vallée des deux lacs") doit son nom.

RAFAL STACHURA/GETTY IMAGES ©

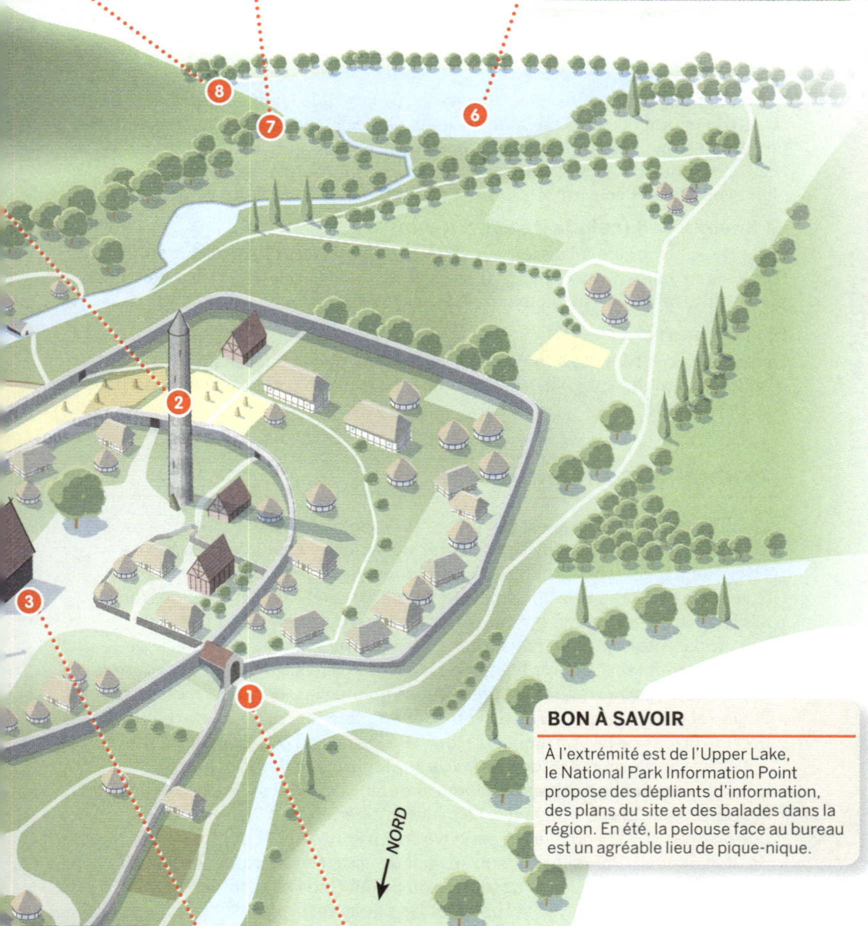

BON À SAVOIR

À l'extrémité est de l'Upper Lake, le National Park Information Point propose des dépliants d'information, des plans du site et des balades dans la région. En été, la pelouse face au bureau est un agréable lieu de pique-nique.

Cathedral of St Peter & St Paul

Cette cathédrale, la plus grande des sept églises de Glendalough, fut bâtie progressivement entre le Xe et le XIIIe siècle. La partie la plus ancienne en est la nef, où l'on peut encore observer l'ante (pilier légèrement saillant à la tête du mur) utilisée pour soutenir le toit en bois.

Porte d'entrée principale

La dernière entrée du site encore debout est composée de deux arches ; la première est plus élevée que la seconde, afin de compenser l'inclinaison de la chaussée.

GERARDO BORBOLLA/SHUTTERSTOCK ©

terrasse. Des huttes grossières en bois se tenaient jadis sur le promontoire voisin. D'anciennes dalles funéraires et de simples croix en pierre sont réparties autour.

St Kevin's Bed (lit de saint Kevin)

À l'est de Teampall na Skellig, à 10 m au-dessus du niveau du lac supérieur, vous découvrirez une grotte artificielle de 2 m de profondeur, le lit de saint Kevin, où le saint aurait vécu. Cependant, la première occupation humaine de cette grotte précède largement l'époque de saint Kevin.

Reefert Church

Les vestiges de cette petite église romane surplombent le Poulanass, un cours d'eau, au sud du parking du lac supérieur. Bâtie au XIe siècle, elle est toute simple, avec une nef et un chœur, quelques arches reconstruites et des murs. La tradition fait de ce "lieu de sépulture royale" le tombeau des chefs d'une famille locale, les O'Toole. Le cimetière attenant contient des croix et dalles funéraires en pierre brute.

St Kevin's Cell (cellule de saint Kevin)

Grimpez les escaliers à l'arrière du cimetière de Reefert et suivez le sentier vers l'ouest : au sommet, vous découvrirez les vestiges de la cellule de saint Kevin, une petite hutte arrondie, surplombant le lac supérieur.

Fort de pierre

Dans l'espace verdoyant situé au sud du parking du lac supérieur, le grand mur circulaire serait le vestige d'une ancienne forteresse en pierre *(caher)* du début de l'époque chrétienne.

RANDONNÉES À GLENDALOUGH

La vallée de Glendalough est traversée par 9 sentiers balisés, dont le plus long fait environ 10 km (environ 4 heures de marche). Avant de vous mettre en chemin, passez par le centre d'information du parc national (p. 187) pour prendre la brochure et la carte du parcours. Plusieurs excellents guides (en anglais) sont également en vente. Attention, ne vous laissez pas tromper par l'apparente facilité du terrain dans les environs, ni par la petite taille des Wicklow Mountains, équivalentes à de grosses collines. La météo y est parfois impitoyable ; prenez toutes les précautions habituelles, soyez correctement équipé et prévenez quelqu'un de votre départ, itinéraire et heure de retour prévue. En cas de besoin, appelez Mountain Rescue au ☎112 ou au ☎999.

Le sentier qui monte le long de la rive septentrionale du lac supérieur jusqu'aux **anciennes mines** de plomb et de zinc de 1800 est le plus emprunté et apprécié, en plus d'être facile. Le meilleur itinéraire suit la rive du lac plutôt que la route (à 30 m du rivage), sur environ 2,5 km depuis le centre des visiteurs de Glendalough. Poursuivez jusqu'en haut de la vallée si le cœur vous en dit.

Sinon, vous pouvez faire l'ascension du **Spink** ("colline pointue" en irlandais ; 380 m), sommet abrupt dont les parois verticales plongent dans le lac supérieur, côté sud. Vous pouvez parcourir une partie du chemin puis faire demi-tour, ou faire la boucle complète du lac supérieur en suivant le sommet de la falaise, avec la possibilité de descendre par les mines et de revenir en longeant la rive nord. Cette boucle fait environ 6 km (comptez 3 heures).

Troisième option : grimpez sur **Camaderry Mountain** (700 m), cachée par les collines qui flanquent la vallée du côté nord. Le sentier (pas toujours balisé) démarre en face de l'entrée du parking du lac supérieur (près du panneau indiquant "Wicklow Mountains National Park"). Prenez directement au nord en montant la colline escarpée pour atteindre un panorama dégagé sur les montagnes. Vous pourrez ensuite continuer sur la crête vers l'ouest jusqu'au sommet de Camaderry (soit 7,5 km et 4 heures pour l'aller-retour).

Howth

Découvrir Howth

Lové au pied d'une péninsule verdoyante, le joli village portuaire de Howth est un important centre de pêche et de plaisance, et l'un des lieux les plus prisés de la banlieue de Dublin. Sur la colline couverte d'ajoncs, offrant de superbes sentiers de promenade et une vue spectaculaire sur la baie de Dublin sont disséminées de belles propriétés tandis qu'en contrebas, dans le bourg animé autour du port, sont regroupés tous les restaurants (ainsi qu'un excellent marché fermier le week-end).

Le meilleur

- **Site touristique** Howth Summit
- **Restaurant** House (p. 193)
- **Pub** Abbey Tavern (p. 193)

Notre conseil

Claremont Beach (31, 31A depuis Beresford Pl, Howth) est la "plage secrète" de Howth, de l'autre côté de la voie ferrée en face de l'île d'Ireland's Eye. Pour vous y rendre, longez la zone industrielle et commerciale à côté de l'embarcadère ouest (West Pier).

Depuis/vers Howth

Bus Les lignes n°s 31 et 31A depuis Beresford Pl près de Busáras vont jusqu'à Howth Summit pour 2,70 €.

DART Le trajet en train entre le centre-ville de Dublin et Howth dure 20 minutes et coûte 3,25 €.

Renseignements

- **Indicatif local** 01
- **Population** 8 706 habitants
- **Situation** À 15 km au nord-est de Dublin

À VOIR

HOWTH SUMMIT — PANORAMA

Howth Summit (171 m) embrasse une magnifique vue au-delà de la baie de Dublin jusqu'au comté de Wicklow en contrebas. Depuis le sommet de la colline de Howth, vous pouvez grimper jusqu'en haut du Ben of Howth, une butte proche du village, où un cairn marquerait l'endroit d'une **tombe royale** celtique vieille de 2 000 ans. À l'angle sud-est, le **phare de Baily** de 1814 occupe l'emplacement d'une ancienne forteresse de pierre accessible au terme d'une spectaculaire **promenade** en haut de la falaise.

HOWTH CASTLE — CHÂTEAU

Le village est en grande partie adossé au vaste domaine du château de Howth, bâti en 1564 mais fortement modifié au cours des années, surtout en 1910 avec une restauration moderne supervisée par Edwin Lutyens. Aujourd'hui, le château est divisé en quatre résidences privées très chics, tandis que le domaine reste accessible au public toute l'année. Un café ouvre également de mars à octobre (10h-17h jeu-dim). Les **jardins du château** (24h/24 ; 31, 31A depuis Beresford Pl, Howth) GRATUIT méritent d'être vus. Ils sont connus pour leurs rhododendrons (qui fleurissent en mai-juin), leurs azalées et une longue haie de hêtres de 10 m de long plantée en 1710.

Le domaine original fut acheté en 1177 par Almeric Tristram, un noble normand qui prit le nom de St Lawrence après avoir remporté une bataille à la demande (croyait-il du moins) de son saint préféré. Depuis lors, le château appartient toujours à la même famille (qui l'habite encore), et ce même si en 1909, le propriétaire, sans héritier direct, dut le confier à son neveu.

La vaste propriété comprend les ruines de Corr Castle, du XVIe siècle, ainsi qu'un ancien dolmen du nom d'Aideen's Grave. Selon la légende, Aideen serait morte de chagrin après le trépas de son époux à la bataille de Gavra près de Tara en l'an 184, mais l'âge du dolmen, plus vieux d'au moins trois siècles, vient contredire cette version.

Ces ruines avoisinent celles de **St Mary's Abbey** (Abbey St ; 31, 31A depuis Beresford Pl, Howth) GRATUIT, dont la construction originale remonte à 1042, par le roi viking Sigtryggr, alors souverain de Dublin et également fondateur de la cathédrale de Christ Church.

L'abbaye fut incorporée au monastère d'Ireland's Eye en 1235. Les ruines datent en partie de cette époque, mais la plupart sont des XVe et XVIe siècles. À l'angle sud-est, la tombe de Christopher St Lawrence (lord Howth) date de 1470 environ. Adressez-vous au gardien ou consultez les horaires d'ouverture affichés sur la grille.

Howth

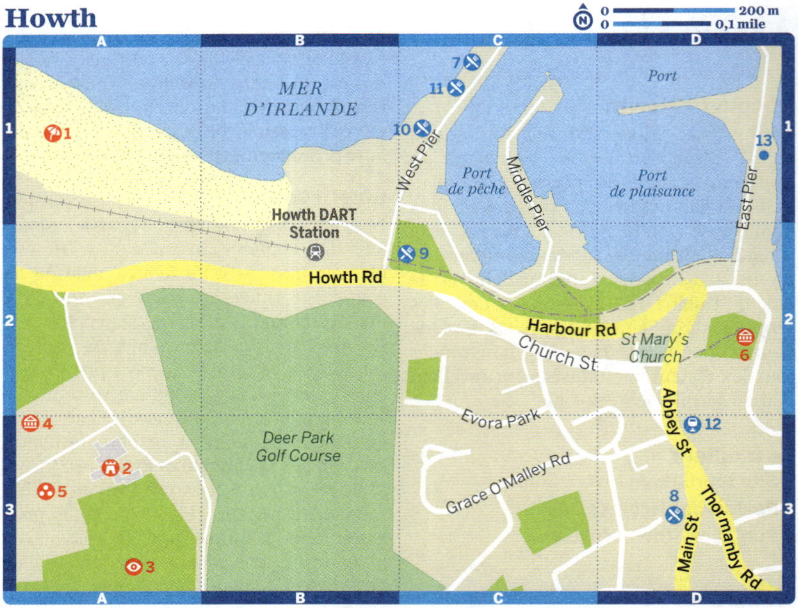

Howth

À voir

1 Claremont Beach A1
2 Howth Castle A3
3 Howth Castle Gardens A3
4 National Transport Museum A3
5 St Mary's Abbey A3
6 Ye Olde Hurdy Gurdy Museum of Vintage Radio D2

Où se restaurer

7 Aqua C1
8 House D3
9 Howth Market C2
10 Oar House C1
11 Octopussy's Seafood Tapas C1

Où prendre un verre et faire la fête

12 Abbey Tavern D3

Sports et activités

13 Doyle & Sons D1

YE OLDE HURDY GURDY MUSEUM OF VINTAGE RADIO — MUSÉE

(www.hurdygurdyradiomuseum.wordpress.com ; 5 € ; 11h-16h tlj mai-oct, sam-dim uniquement nov-avr). Installé dans la tour Martello dominant le port, ce musée expose la plaisante collection de Pat Herbert : des objets relatifs à la communication, de la radio aux gramophones en passant par d'antiques télévisions. Le musée tire son nom d'une remarque de l'ancien Premier ministre Sean Lemass, qui, dans les années 1950, demanda à un contrôleur radio "Comment va le *hurdy-gurdy*?" (en référence au son émis par la vielle à roue, un instrument à cordes).

NATIONAL TRANSPORT MUSEUM — MUSÉE

(01-832 0427 ; www.nationaltransportmuseum.org ; Howth Castle ; tarif plein/réduit 3/1,25 € ; 14h-17h sam-dim). Un brin fouillis, ce musée présente diverses collections comprenant des bus à impériale, un camion de boulangerie ambulante, des véhicules de pompiers et des tramways – dont le plus remarquable est un tramway électrique de Hill of Howth, en service de 1901 à 1959. Pour accéder au musée, passez les portes du château et tournez à droite juste avant l'édifice.

IRELAND'S EYE — RÉSERVE ORNITHOLOGIQUE

(01-831 4200). Pour rejoindre la réserve ornithologique située sur Ireland's Eye, une île rocailleuse abritant les ruines d'un monastère du VIe siècle, il faut prendre un bateau. Une tour Martello s'élève à la pointe nord-ouest de l'île où accostent les bateaux depuis Howth, tandis que l'extrémité sud présente une façade rocheuse qui tombe à pic dans la mer. Cette escapade n'est vraiment intéressante que pour les amateurs d'oiseaux, bien que la traversée en bateau avec Doyle & Sons offre une belle perspective sur la baie de Dublin. Quelques phoques font parfois des apparitions. Encore plus au nord de l'île, se trouve Lambay Island, une réserve ornithologique interdite aux visiteurs.

100% LOCAL

UNE BALADE SUR HOWTH SUMMIT

Une boucle de 6 km parcourt les hauteurs au départ de la gare DART de Howth – suivez la flèche verte indiquant le sentier puis bifurquez à droite sur le sentier des falaises. La balade vous emmènera au sommet avant de redescendre en une boucle. Il existe d'autres randonnées, plus longues, balisées par des flèches bleues, rouges et violettes (qui recoupent en partie l'itinéraire vert).

OÙ SE RESTAURER

HOWTH MARKET MARCHÉ €

(☎01-839 4141 ; www.howthmarket.ie ; 3 Harbour Rd, Howth Harbour ; ⏲9h-18h sam, dim et jours fériés). L'un des meilleurs marchés de l'agglomération de Dublin. Idéal pour acheter du poisson frais ainsi que de la viande et des légumes bio, et toutes sortes de produits artisanaux : confitures, gâteaux, pain... De quoi se régaler le dimanche midi.

♥ HOUSE IRLANDAIS €€

(☎01-839 6388 ; www.thehouse-howth.ie ; 4 Main St ; plats 18-25 € ; ⏲8h45-21h30 lun-jeu, 8h45-22h30 ven, 10h-22h30 sam, 10h-21h30 dim). Installé dans la rue principale un peu à l'écart du port, ce superbe restaurant se prête à un festin (gnocchis et courge, chevreuil de Wicklow avec croquettes au boudin noir fumé, vaste choix de poissons). Le brunch est l'un des meilleurs de ce côté de la ville.

OAR HOUSE POISSON ET FRUITS DE MER €€

(☎01-839 4568 ; www.oarhouse.ie ; 8 West Pier ; plats 18-32 € ; ⏲12h30-21h lun-jeu, 12h30-21h30 ven-sam, 12h30-20h30 dim). La carte de ce restaurant annonce un véritable festin de poisson, et uniquement de poisson. Guère étonnant dans un village de pêcheurs, direz-vous. Possibilité de commander de nombreux plats en version tapas.

OCTOPUSSY'S SEAFOOD TAPAS POISSON ET FRUITS DE MER €€

(☎01-839 0822 ; www.octopussys.ie ; 7-8 West Pier ; tapas 8-17 € ; ⏲12h-21h). Réputé pour ses savoureuses tapas marines, Octopussy's est une valeur sûre. Tous les produits proviennent de la poissonnerie voisine, qui s'approvisionne auprès des bateaux de pêche à l'embarcadère juste en face. On ne saurait faire plus frais.

AQUA POISSON ET FRUITS DE MER €€€

(☎01-832 0690 ; www.aqua.ie ; 1 West Pier ; plats 29-37 € ; ⏲12h30-15h30 et 17h30-21h30 mar-jeu, jusqu'à 22h ven-sam, 12h-17h et 18h-20h30 dim). En lice pour le titre de meilleur restaurant de fruits de mer de Howth, Aqua sert d'excellents plats de poisson dans une salle élégante surplombant le port. Ce bâtiment était autrefois celui du Howth Yacht Club.

OÙ PRENDRE UN VERRE ET FAIRE LA FÊTE

ABBEY TAVERN PUB

(www.abbeytavern.ie ; 28 Abbey St ; ⏲12h30-23h30 lun-jeu, 12h30-0h30 ven-sam, 12h30-23h dim). À l'avant, une taverne à l'ancienne attire un mélange d'habitants et d'étrangers ; à l'arrière, une salle accueille tous les soirs un spectacle de musique et de danses irlandaises traditionnelles (à partir de 19h30), qui comprend un repas de quatre plats. Plaisant, mais seulement pour les touristes !

SPORTS ET ACTIVITÉS

DOYLE & SONS BATEAU

(☎01-831 4200 ; www.howth-boats.com ; à partir de 200 €). Croisières vers Ireland's Eye, île où les oiseaux sont protégés, au départ de l'East Pier du port de Howth. Également des sorties de pêche en mer d'une demi-journée (300 €) ou d'une journée complète (500 €), ainsi que des excursions touristiques et ornithologiques. Les tarifs indiqués correspondent à un bateau entier (10 personnes max).

Enniskerry et Powerscourt Estate

Découvrir

Au sommet des “21 virages”, surnom de la raide et sinueuse route R117 qui part de Bray, le charmant village d’Enniskerry compte des boutiques haut de gamme et des cafés sélects 100% bio. Une philosophie aux antipodes des origines du village fondé par Richard Wingfield, comte du domaine voisin de Powerscourt. Il ordonna la construction d’un ensemble de maisons ouvrières pour ses employés en 1760. Aujourd’hui, avoir une propriété à Enniskerry est un privilège qui se paie cher.

Le meilleur

- **Site touristique** Powerscourt Estate
- **Restaurant** Johnnie Fox’s
- **Hébergement** Powerscourt Hotel & Spa

Depuis/vers Enniskerry

Voiture Enniskerry est à 18 km au sud de Dublin, à 3 km à l’ouest de la M1 en suivant la R117.

Bus Dublin Bus (www.dublinbus.ie) relie Dublin (Dublin City University) à Enniskerry (3,30 €, 1 heure 30, ttes les heures).

Circuits organisés Difficile de visiter le domaine avec les transports publics : privilégiez les circuits organisés. Au départ de Dublin, DoDublin Bus Tour (p. 165) comprend Powerscourt et Glendalough.

Renseignements

- **Indicatif local** ☎01
- **Population** 1 889 habitants
- **Situation** À 18 km au sud de Dublin

À VOIR

POWERSCOURT ESTATE JARDINS

(☎01-204 6000 ; www.powerscourt.com ; Bray Rd ; manoir gratuit, jardins adulte/enfant mars-oct 10/5 €, nov-fév 7,50/3,50 € ; ⌚9h30-17h30 mars-oct, 9h30-crépuscule nov-fév ; P 👪).

Ce superbe domaine de 64 km², dont l’entrée se situe à 500 m au sud d’Enniskerry, est le site le plus visité du Wicklow. Au centre s’élève un beau manoir palladien, mais le clou de la visite, ce sont les jardins, d’où la vue est exceptionnelle. Une grande partie de la maison est inaccessible au public, mais vous apprécierez l’agréable café et les boutiques d’objets pour la maison. Le domaine comporte deux parcours de golf et le meilleur hôtel (p. 195) du comté.

On estime que la propriété existe depuis 1300, quand la famille LePoer (dont le nom se transforma en Power) y fit construire un château. Plusieurs propriétaires anglo-normands se succédèrent avant que Richard Wingfield en prenne possession en 1603, juste après sa nomination en tant que maréchal d’Irlande. Le domaine resta dans sa famille pendant 350 ans. En 1730, le talentueux architecte Richard Cassels (ou Castle) fut chargé de transformer le château médiéval en un manoir de style palladien de 68 pièces. Il acheva sa tâche en 1741, puis un étage supplémentaire fut ajouté en 1787 et d’autres modifications suivirent au XIXe siècle.

Les Wingfield quittèrent les lieux dans les années 1950, et la demeure fut restaurée. Puis, juste avant qu’elle ne soit ouverte au public en 1974, un feu la dévasta totalement. Le domaine fut finalement racheté par la famille de l’équipementier sportif Slazenger, qui la rénova entièrement et lui ajouta tous les équipements actuels, notamment les deux parcours de golf et le fabuleux hôtel qui fait désormais partie de la collection Autograph du groupe Marriott.

L’atout principal du lieu, ce sont les **jardins paysagers**, imaginés dans les années 1740 puis redessinés au XIXe siècle par le jardinier Daniel Robinson. Ce dernier était un horticulteur en avance sur son temps, mais partagé entre ses deux passions : les plantes et l’alcool. On raconte qu’à un certain moment de la journée, trop soûl pour tenir debout, il réclamait d’être transporté en brouette à travers le domaine.

Cela explique peut-être son style peu académique, mais quel résultat ! C’est un splendide mélange de jardins paysagers, de vastes terrasses, de statues, de lacs décoratifs, de grottes secrètes, de sentiers de promenade et d’espaces clos, comprenant plus de 200 espèces d’arbres et arbustes. Le tout sublime l’éblouissante toile de fond naturelle du mont Great Sugar Loaf. Les billets d'entrée s'accompagnent d'une carte dessinant des promenades de 40 minutes et d'une heure dans les jardins. Admirez les **jardins japonais** et la tour du Poivrier (Pepperpot Tower), dessinée d'après un véritable poivrier de 7 cm de haut appartenant à lady Wingfield. Nous avons un faible pour le **cimetière des animaux**, dernière demeure des animaux domestiques des Windfield et même de l'une des vaches laitières de la famille. Certaines épitaphes sont touchantes.

Le manoir est tout aussi impressionnant, mais l'essentiel en est fermé au public, et il n'y a pas grand-chose à voir à l'intérieur, hormis les foules se pressant au café et à la boutique de souvenirs du rez-de-chaussée.

À 6 km de là, vous arriverez à la **Powerscourt Waterfall** (adulte/enfant 6/3,50 € ; 9h30-19h mai-août, 10h30-17h30 mars-avr et sept-oct, 10h30-16h nov-fév), la plus haute cascade d'Irlande (121 m), et elle est encore plus impressionnante après de fortes pluies. Il est déconseillé de se rendre de la maison à la cascade à pied, en raison de l'étroitesse de la route et de l'absence de sentier piéton. Un sentier nature aménagé au pied de la cascade serpente entre les séquoias géants, les vieux chênes, les hêtres, les bouleaux et les sorbiers. Le pinson, le coucou, le pouillot véloce, le corbeau et le pouillot fitis seront vos compagnons de route.

OÙ SE RESTAURER

JOHNNIE FOX'S POISSON ET FRUITS DE MER €€

(01-295 5647 ; www.johnniefoxs.com ; Glencullen ; plats 15-26 €, plateaux de fruits de mer 28-130 €, menu Hooley 3 plats 59,50 € ; cuisine 12h30-21h30, bar 11h-23h30 lun-jeu, 12h30-0h30 ven-sam, 12h-23h dim ;). À 5,5 km au nord-ouest d'Enniskerry, juste après la frontière du comté de Dublin, ce pub du XIXe siècle, traditionnel et labyrinthique, attire les touristes par cars entiers, avec ses sessions "Hooley Show" de musique et danse irlandaises. Mais le mieux est de s'y trouver un recoin douillet pour savourer des produits de la mer d'exception, dont des huîtres de Roaring Bay, des crevettes de Dublin Bay, du crabe d'Annagassan et du homard de Kilmore Quay. Menus végétariens, enfants et bébés disponibles.

POPPIES COUNTRY COOKING CAFÉ €

(01-282 8869 ; www.facebook.com/poppiesireland ; The Square ; plats 6,50-12 € ; 8h-17h lun-ven, 8h-18h sam-dim). Ce café à la façade rouge coquelicot et à l'intérieur jaune beurre sert de copieux *Irish breakfasts* jusqu'à 12h et, au déjeuner, de bonnes salades, des sandwichs revigorants et des plats du jour comme de la *shepherd's pie* et des quiches aux légumes. Au goûter, c'est gâteaux, pâtisseries et scones à la confiture de Kilmurry.

EMILIA'S RISTORANTE ITALIEN €€

(01-276 1834 ; www.emilias.ie ; The Square ; plats 11-24 € ; 17h-21h mar-sam). Ce charmant restaurant en étage comblera vos envies de délices italiennes : cabillaud mijoté dans du vin de Toscane, pâtes des Pouilles maison aux palourdes, blanc de poulet et sauce au citron, et bien sûr de succulentes pizzas à pâte fine (goûtez la Nettuno, aux crevettes, artichaut et olives noires).

OÙ SE LOGER

POWERSCOURT HOTEL & SPA HÔTEL DE LUXE €€€

(01-274 8888 ; www.powerscourthotel.com ; Powerscourt Estate ; d/ste à partir de 244/333 € ;). Cette merveille de 200 chambres, située sur le domaine du Powerscourt Estate, est l'hôtel le plus luxueux du Wicklow. À l'intérieur de cet établissement géré par la chaîne Marriott, le décor offre une version contemporaine du style georgien du domaine. Les chambres sont gigantesques, et certaines ont des balcons. On trouve sur place un restaurant gastronomique (menu dîner 3 plats 65 €), un lounge avec thé dînatoire l'après-midi, un bar à l'ancienne et un spa ESPA holistique.

Castletown House et environs

Découvrir Castletown House

De tous les manoirs palladiens d'Irlande, Castletown House est sans conteste le plus magnifique. Il témoigne de la richesse et de l'ambition de son premier propriétaire, William Conolly, l'homme le plus riche d'Irlande au XVIIIe siècle. Certaines parties de la demeure sont en mauvais état, mais les expositions renvoient au luxe extravagant qui était le lot de la bourgeoisie anglo-irlandaise de l'époque.

Le meilleur

➡ **Site touristique** Castletown House (p. 196)

➡ **Hébergement Carton House** (☎01-505 2000 ; www.cartonhouse.com ; d/ste à partir de 250/340 € ; P 📶 🏊)

Notre conseil

La visite guidée de la maison fournit de nombreux détails sur sa construction et ses illustres occupants, comme lady Louisa, pour ne mentionner qu'elle.

Depuis/vers Celbrige

Bus Le bus n°67 va de Dublin à Celbridge (3,50 €, 1 heure, ttes les heures).

Voiture Prenez la N4 jusqu'à Celbridge.

Renseignements

➡ **Indicatif local** ☎01

➡ **Situation** À 21 km à l'ouest de Dublin

À VOIR

♥ **CASTLETOWN HOUSE** BÂTIMENT HISTORIQUE

(☎01-628 8252 ; www.castletown.ie ; Celbridge ; adulte/enfant 8/3,50 €, avec visite guidée 10/5 €, jardins gratuit ; ⏲bâtiment 10h-18h tlj mars-oct, 10h-17h30 mer-dim nov à mi-déc, jardins aube-crépuscule toute l'année). La sublime Castletown House est tout simplement inégalable. Ce domaine georgien, le plus impressionnant d'Irlande, témoigne de la grande fortune de la bourgeoisie anglo-irlandaise au XVIIIe siècle. Les visites guidées d'une heure partent à 12h et à 15h et donnent un aperçu de la vie de cette élite minoritaire à l'époque ; le site peut aussi se visiter librement. Descendez absolument près de la rivière pour admirer la vue remarquable sur l'arrière de la demeure. Castletown est indiquée depuis la sortie n°6 sur la M4.

L'endroit fut bâti entre 1722 et 1732 pour William Conolly (1662-1729), président de la Chambre des communes irlandaise, et homme le plus riche du pays. Né à Ballyshannon, dans le comté de Donegal, celui-ci était d'extraction relativement modeste, mais fit fortune en spéculant sur le foncier dans la foulée de la bataille de la Boyne (1690).

La construction de ce palais digne d'un prince fut confiée à Edward Lovett Pearce (1699-1733) – ce qui explique les colonnades et les pavillons latéraux. Il s'agit en fait de l'extension d'un bâtiment existant du XVIe siècle de type *palazzo* italien, créé par l'architecte italien Alessandro Galilei (1691-1737) en 1718, palais que Conolly voulait rendre encore plus grandiose, et qu'il chargea Pearce d'agrandir en 1724. Son intérieur opulent se distingue par la Long Gallery, avec ses portraits de famille et son stuc délicatement travaillé par les frères Francini.

Conolly mourut avant le terme des travaux. Sa veuve, Katherine, vécut dans cette demeure inachevée jusqu'à sa mort en 1752 et fut à l'origine de nombreuses améliorations. Sa principale contribution est le curieux obélisque de 42,6 m, que les habitants surnomment "la Folie de Conolly". Son autre legs est la **Wonderful Barn** (Leixlip ; ⏲aube-crépuscule) GRATUIT, étrange construction sur 6 niveaux à laquelle l'escalier extérieur donne une forme de tire-bouchon. Sise sur une propriété privée, juste à la sortie de Leixlip, elle est fermée au public.

Castletown House appartint à la famille jusqu'en 1965, quand elle fut achetée par Desmond Guinness, qui lui rendit sa splendeur d'origine. La Castletown Foundation prit le relais de son investissement en 1979, puis en 1994 Castletown House fut transférée aux bons soins de l'État ; elle est désormais entretenue par l'Heritage Service.

Dalkey

Découvrir Dalkey

Le principal port médiéval de Dublin a de longue date rang d'élégant village-dortoir, mais certains vestiges en révèlent l'illustre passé. Les plus importants sont les ruines de trois des huit châteaux des suzerains d'autrefois.

Dalkey est assez petit pour se parcourir à pied. La plupart des visiteurs s'y rendent par le DART, dont la gare est en plein cœur de la ville. Les principaux sites touristiques sont dans Castle St, tout comme bon

IRENESTEV/SHUTTERSTOCK ©

Dalkey

nombre de cafés (ou dans les rues voisines). Vous pourrez faire une promenade en bateau au départ du port de Coliemore (Coliemore Harbour) ; juste à côté, les vestiges de Bullock Castle surplombent le port de Bullock (Bullock Harbour).

Les eaux qui baignent l'île sont appréciées des plongeurs ; les plus experts pourront louer leur équipement à Dun Laoghaire, plus au nord, auprès d'Ocean Divers (p. 198).

Le meilleur

- **Festival** Dalkey Book Festival (p. 228)
- **Restaurant** Select Stores (p. 198)
- **Pub** Finnegan's (p. 198)

Notre conseil

Vous aurez une belle vue vers le sud depuis le petit parc de Sorrento Point et depuis Killiney Hill. La côte de Dalkey compte aussi plusieurs lieux de baignade parmi les rochers.

Depuis/vers Dalkey

Bateau Natif de Dalkey, **Ken the Ferryman** (www.kentheferryman.com ; Coliemore Harbour ; adulte/enfant 8/5 € ; ⏲10h-18h) fait la navette entre la ville et Dalkey Island à bord du *Lilly Rose*.

Bus La ligne n°7 emprunte un long itinéraire depuis Mountjoy Sq et traverse le centre de Dublin avant de rejoindre Dalkey – le billet coûte 3,30 €.

DART Le train est le meilleur moyen de se rendre à Dalkey, depuis les gares de Pearse ou de Connolly – l'aller simple coûte 3,30 € (3 € avec la Leap Card).

Renseignements

- **Indicatif local** ☎01
- **Population** 8 083 habitants
- **Situation** À 8 km au sud de Dublin

À VOIR

DALKEY CASTLE & HERITAGE CENTRE — MUSÉE

(☎01-285 8366 ; www.dalkeycastle.com ; Castle St, Dalkey ; adulte/enfant 10/8 € ; ⏲10h-18h lun-ven, 11h-18h sam-dim, fermé mar sept-mai). Réparti entre Goat Castle et St Begnet's Church, ce centre patrimonial regorge de maquettes, collections et expositions sur l'histoire de Dalkey. Une pièce de théâtre retrace l'histoire du lieu et une galerie des écrivains rend hommage au riche patrimoine littéraire de la ville – de Samuel Beckett (né ici) à Maeve Binchy (née tout près) en passant par Joseph O'Connor (qui vit à Dalkey). Le centre propose également des **visites guidées** (10 € ; ⏲11h et 12h mer/ven juin-août).

DALKEY ISLAND — ÎLE

Le principal attrait touristique de Dalkey Island est le **puits sacré de saint Begnet**, mais c'est aussi un lieu réputé pour la pêche, avec des bancs de colins, de maquereaux et de lieus noirs qui vivent dans ses eaux. Dalkey Island est parfait pour pique-niquer – prenez garde à ne laisser aucun déchet sur l'île lors de votre passage. Ken the Ferryman assure le transport depuis et vers l'île.

BULLOCK CASTLE — RUINES

(Bullock Harbour). Ces ruines sont celles d'un château bâti vers 1150 par les moines de St Mary's Abbey à Dublin.

VAUT LE DÉTOUR

SANDYCOVE

Sandycove, à tout juste 1 km au nord de Dalkey, possède une jolie petite plage et une tour Martello, bâtie par l'armée britannique comme poste de guet, pour prévenir une éventuelle invasion napoléonienne. Elle accueille désormais le **James Joyce Museum** (01-280 9265 ; www.joycetower.ie ; 10h-18h mai-sept, 10h-16h oct-avr ; Sandycove et Glasthule) GRATUIT.

Sandycove n'offre que deux activités : la visite de la tour Martello et, si vous êtes aventurier, une baignade dans la mer, juste à côté, dans un bassin de 12 m, la **Forty Foot Pool**.

OÙ SE RESTAURER

SELECT STORES — CUISINE DIÉTÉTIQUE €

(01-285 9611 ; www.facebook.com/selectstoresdalkey ; 1 Railway Rd ; plats 6-12 € ; 8h-18h lun-sam). Cette grande épicerie établie de longue date sert toutes sortes de délices : les chefs récompensés élaborent des burgers végétariens, des jus fraîchement pressés, des salades et, le matin, divers petits-déjeuners diététiques. Il paraît que Bono (U2) en est fan.

MAGPIE INN — CUISINE DE PUB €€

(01-202 3909 ; www.facebook.com/magpieinn ; 115-116 Coliemore Rd ; plats 15-24 € ; 12h30-23h30 lun-jeu, 12h30-0h30 ven-sam, 12h30-23h dim). Un choix alléchant de produits de la mer vous attend au déjeuner, notamment des moules marinière de Galway servies avec du pain grillé, et au dîner des plats plus consistants comme le poisson pané à la bière avec purée de pois, sauce tartare et frites. Accompagnez le tout d'une bière artisanale.

OÙ PRENDRE UN VERRE ET FAIRE LA FÊTE

FINNEGAN'S — PUB

(www.finnegans.ie ; 1 Sorrento Rd ; 12h-minuit). Cet agréable pub traditionnel, qui fait partie du paysage depuis plus de 40 ans, est délicieusement local.

SPORTS ET ACTIVITÉS

OCEAN DIVERS — PLONGÉE

(www.oceandivers.ie ; The Boat Yard, Dun Laoghaire Harbour, Dun Laoghaire ; plongée en mer 45-69 € ; 9h30-17h mar-sam). École de plongée PADI installée sur le port de Dun Laoghaire, Ocean Divers propose des sorties plongée près de Dalkey Island, où gisent deux épaves : le *MV Leinster,* qui a sombré en 1918, et le *Bolivar,* en 1947.

Malahide

Découvrir Malahide

Malahide (Mullach Íde) était autrefois un petit village avec son propre port, bien loin de la jungle urbaine de Dublin. Seul le Malahide Demesne, 101 ha de parcs soigneusement entretenus, à l'ombre d'un château ayant appartenu à l'éminente famille Talbot, protège Malahide de l'expansion des banlieues dublinoises vers le nord. Mis à part le développement de sa marina, ce joli village n'a guère changé. Il est très animé, avec une agréable promenade et de nombreux restaurants et boutiques.

Le meilleur

- **Site touristique** Malahide Castle
- **Activité** Portmarnock Golf Club
- **Restaurant** Greedy Goose

Notre conseil

Si vous empruntez le DART, prenez garde à monter dans le bon train depuis le centre-ville de Dublin, car la ligne se sépare en deux à Howth Junction.

Depuis/vers Malahide

Bus Les lignes nos 42 et 142 (3,50 €) depuis Talbot St mettent environ 45 minutes.

DART Arrêt à Malahide (3,50 €).

Renseignements

- **Indicatif local** 01
- **Population** 16 550 habitants
- **Situation** À 18 km au nord-est de Dublin

Château de Malahide

À VOIR

MALAHIDE CASTLE CHÂTEAU

(☎01-816 9538 ; www.malahidecastleandgardens.ie ; adulte/enfant 14/6,50 € ; ⌚9h30-17h30). Ce château maintes fois modifié appartint à la famille Talbot de 1185 à 1976. Sa maison-tour du XIIe siècle est la partie la plus ancienne et les tours rondes de la façade ont été ajoutées en 1765. Le château, désormais propriété du Fingal County Council, se découvre uniquement lors de visites guidées (dernière visite à 16h30 ; 15h30 nov-mars), tandis que ses impressionnants jardins sont en libre accès. Le château déborde de meubles et de peintures. La salle du XVIe siècle tout en chêne avec des sculptures ornementales, la grande salle médiévale avec ses portraits de famille, la galerie du troubadour et une peinture de la bataille de la Boyne sont les pièces maîtresses des lieux. Puck, le fantôme de la famille Talbot, aurait été vu en 1975 pour la dernière fois.

OÙ SE RESTAURER

CHEZ SARA FRANÇAIS €€

(☎01-845 1882 ; www.chezsara.ie ; 3 Old St ; plats 19-24 € ; ⌚17h-minuit mar-dim). L'agneau irlandais, les *linguine* aux fruits de mer et le steak cuit à la perfection ne sont que trois des plats à l'honneur dans ce restaurant français convivial, situé au cœur du village.

GREEDY GOOSE INTERNATIONAL €€

(☎01-845 1299 ; www.greedygoose.ie ; 15 Townyard Lane ; menus 25-31 € ; ⌚17h-23h lun-ven, 13h-23h sam-dim ; 🚌42, 142 depuis le centre-ville, 🚆Malahide). Dans cet agréable restaurant surplombant la marina, la carte propose des plats du monde entier : cakes au crabe thaïs, *chana masala*, *arancini* aux champignons sauvages... Les menus avec trois plats au choix sont la meilleure option, avec des portions se rapprochant des *raciones* espagnoles – plus copieuses que des entrées, mais moins garnies que des plats.

SALE E PEPE INTERNATIONAL €€

(☎01-845 4600 ; www.saleepepe.ie ; The Diamond, Main St ; plats 17-29 € ; ⌚17h-22h30 lun-sam, 16h-22h30 dim). Le nom est trompeur, vous trouverez peu de plats italiens à la carte, mais vous vous consolerez avec de très bons steaks, *fish and chips*, et burgers bio maison.

OÙ PRENDRE UN VERRE ET FAIRE LA FÊTE

GIBNEY'S PUB

(www.gibneys.com ; 6 New St ; ⌚10h30-23h30 lun-jeu, 10h30-0h30 ven-sam, 11h30-23h dim). Le plus fameux pub de Malahide occupe une vaste superficie, avec plusieurs salles et espaces extérieurs. Le week-end, il est toujours bondé de gens du coin.

SPORTS ET ACTIVITÉS

♥ **PORTMARNOCK GOLF CLUB** GOLF

(☎01-846 2968 ; www.portmarnockgolfclub.ie ; Golf Links Rd, Portmarnock ; tarif green semaine/week-end 225/250 €). Fondé en 1894, c'est l'un des parcours littoraux de golf les plus remarquables au monde. Il accueille de longue date le tournoi de l'Irish Open. Consultez le site Internet pour connaître les horaires vous permettant de vous mesurer à ce remarquable green (de 11h30 à 14h30 pour les membres uniquement).

Où se loger

Avec l'essor du tourisme et le manque relatif de logement, les tarifs des hôtels peuvent s'envoler, surtout le week-end et pendant la saison haute (de mai à septembre). Le nord de la Liffey offre de bonnes options de moyenne gamme, mais c'est sur la rive sud que se trouvent la majorité des hébergements, des maisons georgiennes de catégorie moyenne aux meilleurs hôtels de la ville. Les voyageurs à petit budget profitent d'auberges de jeunesse correctes, qui proposent souvent des chambres privatives en plus des dortoirs.

Types d'hébergement

Les hôtels haut de gamme et de luxe se divisent en deux catégories : élégance d'époque georgienne et chic moderne minimaliste. Quelle que soit la décoration, attendez-vous à un cadre luxueux, des lits king size, la TV câblée, un service de chambre complet, le Wi-Fi et un service professionnel et discret. Si les meilleurs établissements sont indéniablement cossus, ils appartiennent presque toujours à des chaînes hôtelières réputées et manquent de caractère.

Les hébergements de catégorie moyenne à Dublin sont plutôt variés, des hôtels fonctionnels sans âme aux petits B&B au sein d'anciennes demeures georgiennes. Aujourd'hui, le concept de boutique-hôtel, intime et luxueux, est plébiscité par les voyageurs avisés car les chambres, en petit nombre, sont soignées et bénéficient d'une touche personnalisée. Les demeures et pensions de la ville déclinent le concept à la mode dublinoise. Ce sont généralement de belles maisons georgiennes restaurées, superbement aménagées et très confortables, voire parfois incroyables. À l'autre extrême, certains hébergements offrent des chambres simples, légèrement défraîchies, avec une décoration plutôt chargée. Au petit-déjeuner, du pain maison, des fruits, des fromages fermiers, ou encore le traditionnel *English breakfast* sont proposés.

Les options bon marché sont rares dans cette ville métamorphosée par le tourisme, et si vous souhaitez rester proche du centre, vous devrez vous contenter d'une auberge de jeunesse. Ces dernières offrent généralement un assez haut niveau de confort et de propreté. Beaucoup proposent diverses options : grands dortoirs, chambres à quatre lits ou chambres doubles. Vous aurez l'embarras du choix, mais elles affichent rapidement complet.

Vous pourrez aussi vous diriger vers des appartements en location dans le centre, pour les groupes, les familles ou les visiteurs qui préfèrent être autonomes lors d'un long séjour. La ville compte des centaines de logements à louer, allant de la simple chambre en appartement aux demeures georgiennes entièrement meublées. La nouvelle législation sur la location de courte durée entrée en vigueur en juillet 2019 interdit aux propriétaires des zones tendues (soit l'ensemble du centre-ville) de louer leur bien plus de 90 jours par an.

Sites Web utiles

Irelandhotels (www.irelandhotels.com/dublin.html). Choix correct d'hébergements dans le centre-ville et en périphérie.

Daft.ie (www.daft.ie). Site incontournable pour louer à Dublin.

Dublin Hotels (www.dublinhotels.com). Hôtels dans le centre et au-delà.

Dublin Tourism (www.visitdublin.com). Bonne sélection d'hébergements classés.

Hostel Dublin (www.hosteldublin.com). Bonne source d'information sur les auberges de jeunesse.

Lonely Planet (www.lonelyplanet.fr/hotels). Recommandations et réservations.

La sélection de Lonely Planet

Merrion (p. 206). Le meilleur hôtel de la ville.

Grafton Guesthouse (p. 203). Chambres spacieuses à très bon prix.

Cliff Townhouse (p. 205). Boutique-hôtel de luxe dans une magnifique maison de ville.

Conrad Dublin (p. 206). Magnifique hôtel d'affaires.

Aloft Dublin City (p. 207). Fantastique hôtel récent de catégorie moyenne.

Shelbourne (p. 206). Élégant hôtel historique.

Par prix

€

Grafton Guesthouse (p. 203). Une pension à la déco tendance dans un somptueux bâtiment de brique rouge.

Generator Hostel (p. 208). Auberge de jeunesse branchée au nord de la ville.

Kelly's Hotel (p. 203). Chic minimaliste en plein cœur de l'animation.

€€

Cliff Townhouse (p. 205). Superbe boutique-hôtel où se réfugier.

Brooks Hotel (p. 204). Accueillant et douillet, avec un cinéma sur place.

Aloft Dublin City (p. 207). Vue renversante depuis la terrasse sur le toit.

€€€

Merrion (p. 206). Sophistiqué, élégant et central.

Shelbourne (p. 206). Une institution de Dublin.

Conrad Dublin (p. 206). Des chambres aussi superbes que modernes.

Par catégories

Les plus confortables

Brooks Hotel (p. 204). Pour avoir le luxe de choisir son oreiller.

Merrion (p. 206). Pour se lover dans le luxe.

Westbury Hotel (p. 205). Une literie absolument divine.

Les plus luxueuses

Cliff Townhouse (p. 205). Dix chambres somptueuses.

Devlin (p. 210). Refuge artistique dans Ranelagh.

Number 31 (p. 205). Un petit bijou d'architecture moderne.

Les auberges de jeunesse les plus branchées

Avalon House (p. 203). Animée, avec petit-déjeuner copieux.

Kinlay House (p. 207). Prix imbattables dans un bâtiment sublime.

Isaacs Hostel (p. 208). Les meilleurs lits superposés en ville.

Les meilleurs hôtels historiques

Wilder Townhouse (p. 205). Beau bâtiment victorien en brique rouge.

Shelbourne (p. 206). C'est là que la Constitution irlandaise fut signée.

Schoolhouse Hotel (p. 210). Une école datant de 1861.

Les meilleurs spas

The Merrion (p. 206). Soins parfaits dans un décor serein.

Intercontinental Dublin (p. 210). Hyper luxueux et accueillant.

Marker (p. 209). Fabuleuse piscine à débordement.

L'ESSENTIEL

Fourchettes de prix

Les prix ci-dessous correspondent à une nuit en chambre double standard en haute saison :

€	moins de 150 €
€€	de 150 à 250 €
€€€	plus de 250 €

Tarifs réduits

- Guettez les offres spéciales en ligne.
- Soyez flexible dans les dates.
- Les hôtels accueillant une clientèle d'affaires affichent des tarifs réduits le week-end.

Arrivée et départ

La plupart des établissements imposent de libérer la chambre avant midi, mais certains B&B et pensions plus modestes demandent de partir plus tôt, souvent vers 11h. L'arrivée est généralement possible entre 14h et 15h.

Pourboires

Il est d'usage de donner 1 € de pourboire par bagage aux chasseurs, et jusqu'à 5 € aux concierges pour tout service supplémentaire, comme la réservation d'une table au restaurant, d'un taxi, ou des conseils sur des activités ou des visites.

Choisir son quartier

QUARTIER	AVANTAGES	INCONVÉNIENTS
Grafton Street et St Stephen's Green	Proche des sites touristiques, de la vie nocturne et de presque tout ; bon choix d'hôtels intermédiaires et haut de gamme.	Les tarifs sont généralement plus élevés qu'ailleurs ; le rapport qualité/prix n'est pas toujours optimal et les chambres sont souvent plus petites.
Merrion Square et Georgian Dublin	Quartier agréable, avec des hôtels élégants et des hébergements dans des maisons de ville.	Choix restreint ; quasiment aucun hébergement bon marché. Relativement calme une fois la nuit tombée.
Temple Bar	Central, fréquenté et festif.	Bruyant et touristique ; ne se distingue pas par son rapport qualité/prix ; les chambres sont très petites et la propreté discutable.
Kilmainham et les Liberties	Proche de la vieille ville et des sites touristiques de l'ouest de Dublin. C'est aussi le quartier montant en termes de restauration.	Pour rejoindre les principales curiosités de la ville, il vous faudra marcher davantage depuis/vers le centre.
Nord de la Liffey	Beaucoup de choix ; à une courte marche des sites touristiques et de la vie nocturne.	Hébergements bon marché de qualité variable ; certaines rues sont peu fréquentables la nuit.
Docklands et Grand Canal	Excellents hôtels contemporains avec un service professionnel, et quelques adresses chics.	Isolé et peu animé en soirée ; il faut prendre un taxi ou les transports publics pour rejoindre le centre-ville.
La rive sud	Meilleur choix ; les chambres sont plus spacieuses et les maisons ont des jardins.	Non desservi par le Luas, le trajet en bus pour gagner le centre-ville peut s'avérer très long.

RÉSERVATIONS

La réservation est toujours conseillée, voire impérative en haute saison (de mai à septembre). Vous pouvez réserver en ligne sur le site de Dublin Tourism (www.visitdublin.com). L'anticipation est le maître mot pour obtenir les meilleurs prix en ligne.

Grafton Street et St Stephen's Green

Il n'y a qu'un seul hôtel – un des meilleurs de la ville – dans Grafton St, mais le quartier alentour offre un vaste choix. Sans surprise, la proximité immédiate avec la rue la plus courue a un prix, mais étant donné la forte concurrence, la qualité est au rendez-vous.

GRAFTON GUESTHOUSE BOUTIQUE-HÔTEL €
Plan p. 286 (01-648 0025 ; www.graftonguesthouse.com ; 27 S Great George's St ; s/d à partir de 100/125 € ; ; ts ceux du centre-ville, St Stephen's Green). Depuis de gros travaux de rénovation en 2018, cet établissement petit budget sort du lot. Les briques apparentes, le carrelage style métro des salles de bains et quelques éléments d'époque dans les chambres évoquent Brooklyn. En plein cœur de l'animation, sur George's St. Évitez les chambres sur rue qui sont bruyantes, surtout le week-end.

KELLY'S HOTEL BOUTIQUE-HÔTEL €
Plan p. 286 (01-648 0010 ; www.kellysdublin.com ; 36 S Great George's St ; ch à partir de 130 € ; ; ts ceux du centre-ville). Boutique-hôtel à la mode, aménagé dans une demeure victorienne en brique rouge. L'intérieur est résolument moderne ; les petites chambres sont décorées avec goût avec parquet ciré et d'élégants meubles minimalistes. Cet hôtel fait partie d'un ensemble comprenant le Grafton Guesthouse, deux bars – Hogan's (p. 81), et le No Name Bar (p. 79) – et L'Gueuleton (p. 76) juste à côté. Les chambres donnant sur la rue souffrent parfois du bruit.

AVALON HOUSE AUBERGE DE JEUNESSE €
Plan p. 286 (01-475 0001 ; www.avalon-house.ie ; 55 Aungier St ; dort/s/d à partir de 19/36/72 € ; ; 15, 16, 16A, 16C, 19, 19A, 19C, 65, 65B, 83, 122). Les dortoirs minimalistes avec de hauts plafonds, des lavabos à l'ancienne, des lits superposés en métal et des salles de bains partagées composent un cadre rétro aux antipodes des auberges de jeunesse plus récentes. Avalon est aussi réputée pour son emplacement et son agréable salle commune. Réservez longtemps à l'avance.

TRINITY COLLEGE APPARTEMENT €
Plan p. 286 (01-896 1177 ; www.tcd.ie/summeraccommodation ; Accommodations Office, Trinity College ; s/d à partir de 85/140 € ; mai à mi-sept ; ; tous ceux du centre-ville). Glissez-vous dans la peau d'un étudiant en logeant dans cette superbe université pendant les vacances scolaires. Préférez les bâtiments sur le campus, les anciens avec salle de bains partagée, ou les plus récents, dotés d'appartements à deux lits avec salle de bains privative. Il y a aussi un nouveau bâtiment juste à l'extérieur du campus, sur Westland Row.

RADISSON BLU ROYAL HOTEL HÔTEL €€
Plan p. 290 (01-898 2900 ; www.radissonblu.ie/royalhotel-dublin ; Golden Lane ; ch à partir de 250 € ; ; ts ceux du centre-ville, St Stephen's Green). Cet hôtel d'affaires illustre à merveille l'harmonie entre les lignes épurées, les couleurs sourdes et le luxe, qui vous promet une nuit mémorable. Des espaces communs très impressionnants aux chambres sophistiquées – avec écran plat encastré dans le mur, parmi d'autres petites touches – cet hôtel ne vous décevra pas.

CENTRAL HOTEL HÔTEL €€
Plan p. 286 (01-679 7302 ; www.centralhoteldublin.com ; 1-5 Exchequer St ; ch à partir de 150 € ; ; ts ceux du centre-ville, St Stephen's Green). Les chambres présentent une version moderne – et miniature – du luxe de l'époque édouardienne. Les épais rideaux de velours et les meubles irlandais sur mesure sont presque à l'étroit dans les chambres mais ils apportent une vraie touche d'élégance. Celles donnant sur la rue sont parfois un peu bruyantes. Quant à la localisation, tout est dans le nom.

DEAN HÔTEL €€
Plan p. 290 (01-607 8110 ; www.deandublin.ie ; 33 Harcourt St ; ch/ste à partir de 155/315 € ; ; 10, 11, 13, 14, 15A, St Stephen's Green). Dans cet hôtel récent et branché, toutes les chambres disposent de bouchons d'oreilles, de vodka, de vin et de vitamines – voilà qui plante le décor. Choisissez parmi les Mod Pods bien aménagées (lit simple sur un canapé), les Punk Bunks (lits superposés) ou les doubles deluxe (SupeRooms ou Hi-Fis) et les suites. Les chambres les plus chères ont Netflix et une platine vinyle. Cet hôtel se veut un lieu chic où faire la fête. Coincées entre deux discothèques en vogue, ses chambres sont, sans surprise, parfois très bruyantes, surtout celles du 1er niveau. Le dernier étage accueille le Sophie's (p. 76), une brasserie qui se transforme en un bar après 23h. Tarif réduit pour un parking situé à 5 minutes à pied.

LOGEMENTS UNIVERSITAIRES

En été (et parfois pendant la période scolaire), les logements universitaires sont ouverts aux visiteurs : une solution à la fois pratique et confortable.

Trinity College (p. 203). Les très nombreux logements étudiants comprennent des appartements modernes tout confort ou des chambres plus anciennes (avec davantage de charme) avec salle de bains partagée. Situés sur le campus et juste à côté, dans Pearse St.

Dublin City University (DCU ; 01-700 5736 ; www.dcurooms.com ; Larkfield Apts, Campus Residences, Dublin City University ; s/d à partir de 80/110 € ; P ; 11, 11A, 11B, 13, 13A, 19, 19A depuis le centre-ville). Ces logements sont la preuve que les étudiants vivent dans le confort. Les chambres modernes disposent de nombreux aménagements, y compris une cuisine, une salle commune et un centre de soins. Le campus Glasnevin est à seulement 15 minutes du centre-ville, en bus ou en voiture.

DAWSON
BOUTIQUE-HÔTEL €€

Plan p. 286 (01-612 7900 ; www.thedawson.ie ; 35 Dawson St ; ch à partir de 160 € ; @ ; ts ceux du centre-ville, St Stephen's Green). Boutique-hôtel aux chambres élégantes aménagées dans divers styles, du classicisme français à l'exotisme marocain. Elles bénéficient d'équipements de luxe et de linge de lit d'un blanc éclatant. Un beau spa et un bar branché, le Sam's Bar (p. 81) complètent le tout.

BROOKS HOTEL
HÔTEL €€

Plan p. 286 (01-670 4000 ; www.brookshotel.ie ; 59-62 Drury St ; ch à partir de 210 € ; P @ ; tous ceux du centre-ville, St Stephen's Green). Petite adresse chic à l'ouest de Grafton St, qui met l'accent sur le service. Dans les chambres à l'élégance subtile, vous craquerez pour les lits king size et super king size, la carte des oreillers et le smartphone à disposition incluant Internet et appels locaux illimités.

BUSWELL'S HOTEL
HÔTEL €€

Plan p. 286 (01-614 6500 ; www.buswells.ie ; 23-27 Molesworth St ; s/d à partir de 165/180 € ; P @ ; tous ceux du centre-ville, St Stephen's Green). Ce pilier de Dublin, ouvert depuis 1882, entretient des liens de longue date avec les politiciens de la Dáil Éireann (Assemblée irlandaise) qui n'ont qu'à traverser la rue pour se rafraîchir au bar de l'hôtel. Les 69 chambres ont été rénovées, tout en conservant leur charme georgien d'antan.

IVEAGH GARDEN HOTEL
HÔTEL €€

Plan p. 290 (01-568 5500 ; www.iveaghgardenhotel.ie ; ch à partir de 180 € ; Harcourt). Les adeptes d'Instagram affluent dans cet hôtel hyper stylé de Harcourt St aux canapés Art déco et aux luminaires géométriques. Côté chambres, il propose les douillettes City Pods ou des suites spacieuses, certaines donnant sur les jolis Iveagh Gardens.

TRINITY LODGE
PENSION €€

Plan p. 286 (01-617 0900 ; www.trinitylodge.com ; 12 S Frederick St ; ch à partir de 180 € ; ; ts ceux du centre-ville, St Stephen's Green). En entrant dans cette pension primée, vous serez accueilli par le sourire de Martin Sheen, fidèle client. Il n'est pas le seul : cette adresse est si prisée qu'une deuxième maison a été aménagée de l'autre côté de la rue, offrant des prestations tout aussi haut de gamme. La chambre n°2 de la maison originale possède une très jolie baie vitrée.

Stationnement à tarif réduit (17,50 €) possible dans un parking couvert voisin.

HARRINGTON HALL
PENSION €€

Plan p. 290 (01-475 3497 ; www.harringtonhall.com ; 69-70 Harcourt St ; ch à partir de 180 € ; @ ; Harcourt). Vous voulez essayer les oreillers dans la maison de l'ancien Lord Mayor de Dublin ? Le style classique georgien de la demeure de Timothy Charles Harrington – maire de 1901 à 1903 – a été conservé, et cette pension chic entretient sa discrète élégance. Les chambres des 1er et 2e niveaux possèdent des cheminées d'époque et des plafonds avec moulures.

THE GREEN
HÔTEL €€

Plan p. 290 (01-607 3600 ; www.thegreenhotel.ie ; 1-5 Harcourt St ; ch à partir de 180 € ; P @ ; tous ceux du centre-ville, St Stephen's Green). L'ancien O'Callaghan Hotel a changé de nom et de look. Beaucoup plus branché, doté d'un espace bar ultra-élégant et profitant d'un emplacement idéal sur

St Stephen's Green, il est une excellente base pour partir explorer la ville.

WESTBURY HOTEL
HÔTEL €€€

Plan p. 286 (☎01-679 1122 ; www.doylecollection.com ; Grafton St ; ch/ste à partir de 250/380 € ; P @ ; ts ceux du centre-ville, St Stephen's Green). Niché à l'écart de Grafton St, l'un des plus chics hôtels de la ville. Le salon à l'étage est idéal pour déguster un verre ou une tasse de thé l'après-midi. Balfes et Wilde, les deux restaurants sur place, sont exceptionnels.

CLIFF TOWNHOUSE
BOUTIQUE-HÔTEL €€€

Plan p. 286 (☎01-638 3939 ; www.theclifftownhouse.com ; 22 St Stephen's Green N ; ch à partir de 220 € ; @ ; ts ceux vers le centre-ville, St Stephen's Green). Ce boutique-hôtel saura vous charmer avec ses 10 chambres d'un goût exquis, réparties dans une demeure georgienne avec vue sur St Stephen's Green. Au rez-de-chaussée, le superbe restaurant de Sean Smith vous attend (p. 78).

FITZWILLIAM HOTEL
HÔTEL €€€

Plan p. 286 (☎01-478 7000 ; www.fitzwilliamhoteldublin.com ; St Stephen's Green W ; ch à partir de 350 € ; P ❄ @ ; tous ceux du centre-ville, Stephen's Green). Nulle adresse à Dublin n'est aussi prestigieuse que cet hôtel sobre et élégant dessiné par Terence Conrad, qui surplombe St Stephen's Green. Demandez une chambre d'angle au 5e niveau (la n°502 ou la n°508), avec un agréable balcon et une belle vue. En mezzanine, le restaurant Citron sert une cuisine irlandaise moderne. L'élégance contemporaine par excellence.

WESTIN DUBLIN
HÔTEL €€€

Plan p. 286 (☎01-645 1000 ; www.thewestindublin.com ; Westmoreland St ; ch à partir de 350 € ; P @ ; ts ceux du centre-ville). Cette ancienne agence bancaire a encore gagné en prestance en devenant un hôtel : les chambres sont élégamment décorées avec de l'acajou et des couleurs douces. Vous dormirez sur un matelas incroyablement confortable, le Heavenly Bed, créé spécialement pour – et par – les établissements Westin. Au sous-sol, l'ancienne salle des coffres est désormais occupée par un bar.

Merrion Square et environs

Sans surprise, c'est dans ce quartier, le plus prisé de la ville, que se trouvent les meilleurs hôtels. Certes, le privilège de passer la nuit dans le luxe a un prix, mais il y a d'excellents tarifs à saisir dans nombre de ces établissements idéalement situés, à courte distance à pied des meilleurs restaurants, bars et sites touristiques.

NUMBER 31
PENSION €€

Plan p. 292 (☎01-676 5011 ; www.number31.ie ; 31 Leeson Close ; ch à partir de 220 € ; P ; ts ceux du centre-ville). La propriété la plus remarquable de la ville est l'ancienne demeure de l'architecte moderne irlandais Sam Stephenson, qui maria harmonieusement le style des années 1960 à l'élégance du XVIIIe siècle. Les 21 chambres sont réparties entre l'ancien relais de calèches et ses chambres au charme moderne, et la maison georgienne plus élégante aux chambres meublées avec goût de grands lits confortables et d'antiquités françaises. Le petit-déjeuner gourmand (inclus) est servi dans la véranda, avec des filets de poisson, des petits pains maison et du muesli.

THE ALEX
HÔTEL €€

Plan p. 292 (☎01-607 3700 ; www.thealexhotel.ie ; 41-47 Fenian St ; ch à partir de 229 € ; @ ; Pearse). Premier hôtel de la chaîne O'Callaghan à avoir changé de nom en 2018, Alex est un bel établissement élégant où le confort n'est pas en reste : couvertures à chevrons sur le lit, coussins douillets en velours et téléphones rétro à cadran rotatif. Espace de travail collaboratif dans le hall ; le café s'approvisionne chez l'excellent torréfacteur Cloud Picker.

WILDER TOWNHOUSE
HÔTEL €€

Plan p. 292 (☎01-969 6598 ; www.thewilder.ie ; 22 Adelaide Rd ; ch à partir de 180 € ; P @ ; Harcourt). Installé dans un remarquable bâtiment en brique rouge, le Wilder cultive une atmosphère décalée avec ses petits détails charmants et ses mannequins de couture dans les chambres, aux dimensions très variables. Délicieuse ambiance au bar. Un endroit on ne peut plus paisible.

DAVENPORT
HÔTEL €€

Plan p. 292 (☎01-607 3500 ; www.davenporthotel.ie ; Merrion Sq N ; ch à partir de 240 € ; P @ ; ts ceux du centre-ville). Récemment rénové, le Davenport occupe l'ancien Merrion Hall, bâtisse admirable construite en 1836 pour les Plymouth Brethren (des chrétiens évangéliques irlandais). Les chambres Art déco modernes comportent têtes de lit matelassées et jetés de lit en laine. Les meilleurs musées de Dublin sont à quelques minutes à pied, tout comme Merrion Square.

CONRAD DUBLIN HÔTEL €€€

Plan p. 292 (☎01-602 8900 ; www.conradhotels.com ; Earlsfort Tce ; ch à partir de 350 € ; P @ ; ts ceux du centre-ville). Après une rénovation de 13 millions d'euros, cet hôtel d'affaires classique s'est transformé en un superbe cinq-étoiles. Le choix d'un style chic contemporain – salles de bains en marbre, lits merveilleusement confortables et esthétisme épuré qui ne lésine pas sur les équipements (stations d'accueil pour iPhones à côté des lits, prises USB et écrans plats HD) – fonctionne parfaitement. La Coburg Brasserie (p. 103) est exceptionnelle.

THE MERRION HÔTEL €€€

Plan p. 292 (☎01-603 0600 ; www.merrionhotel.com ; Upper Merrion St ; ch/ste à partir de 410/900 € ; P @ ; ts ceux du centre-ville). Ce magnifique cinq-étoiles, aménagé dans une enfilade de maisons georgiennes, a ouvert en 1988, mais on le croirait bien plus vieux. Demandez une chambre dans l'ancienne maison (qui abrite la plus grande collection privée d'art de la ville) pour goûter à son confort et à son élégance, plutôt que dans la partie plus récente. L'hôtel se trouve en face des bâtiments gouvernementaux, et ses couloirs en marbre sont fréquentés par des politiciens, des dignitaires de passage et, de temps à autre, des célébrités. Même si vous n'y séjournez pas, réservez une table pour l'incroyable *Art Afternoon Tea* (55 €/pers), avec thé à volonté servi dans des théières en argent devant une belle flambée.

SHELBOURNE HÔTEL €€€

Plan p. 292 (☎01-676 6471 ; www.theshelbourne.ie ; 27 St Stephen's Green N ; ch à partir de 385 € ; P @ ; ts ceux du centre-ville, St Stephen's Green). Fondé en 1824, c'est le plus célèbre hôtel de Dublin et de tout temps la halte favorite des riches et des puissants. Après plusieurs propriétaires et rénovations successives, il fait désormais partie de la chaîne Renaissance Marriott's, et s'il compte bien quelques rivaux en termes de luxe, aucun ne peut rivaliser avec son patrimoine. En 1921, la Constitution de la République d'Irlande (Irish Constitution) y fut ébauchée et trente ans plus tard, la célèbre romancière irlandaise Elizabeth Bowen lui a consacré un roman. Ne manquez pas l'*Afternoon tea* dans le salon Lord Mayor.

MERRION MEWS PENSION €€€

Plan p. 292 (Irish Landmark Trust ; www.irishlandmark.com ; Fitzwilliam Lane ; 2 nuits à partir de 860 € ; P ; 7, 46A depuis le centre-ville). C'est l'Irish Landmark Trust qui gère cette *mews* (anciennes écuries dans une ruelle) georgienne de 1792 restaurée avec soin. Elle peut accueillir jusqu'à 6 personnes dans 3 superbes chambres doubles, et comporte une pièce de vie et une cuisine équipée au-dessus des écuries – encore utilisées par la police montée. À l'extérieur, le jardin est un des rares existants encore dans le quartier. Réservation pour 2 nuits au minimum. Les murs épais de cette bâtisse ancienne rendent le Wi-Fi un peu capricieux.

Temple Bar

Si vous êtes venu à Dublin pour un week-end de folie, alors les hôtels et auberges de jeunesse de Temple Bar vous conviendront parfaitement. Dans l'ensemble, les chambres sont petites et les prix élevés, et les rues sont animées jusque tard dans la nuit.

ASHFIELD HOUSE AUBERGE DE JEUNESSE €

Plan p. 284, H3 (☎01-679 7734 ; www.ashfieldhostel.com ; 19-20 D'Olier St ; dort/d à partir de 19/90 € ; @ ; ts ceux du centre-ville). À quelques pas de Temple Bar et du pont O'Connell, cette auberge de jeunesse moderne occupe une ancienne église. Elle propose des chambres bien tenues de 4 et 6 lits, un grand dortoir et 25 chambres avec salle de bains privée. Généreux petit-déjeuner continental compris.

BARNACLES AUBERGE DE JEUNESSE €

Plan p. 284 (☎01-671 6277 ; www.barnacles.ie ; 19 Temple Lane S ; dort/d à partir de 15/120 € ; P ; ts ceux du centre-ville). Si vous êtes venu à Dublin pour vous amuser, cette dynamique auberge de jeunesse de Temple Bar est le lieu idéal. D'abord parce qu'elle permet de rencontrer d'autres fêtards, ensuite pour son personnel bien renseigné sur les endroits où sortir. Les chambres à l'arrière sont plus calmes.

GOGARTY'S TEMPLE BAR HOSTEL AUBERGE DE JEUNESSE €

Plan p. 284, F3 (☎01-671 1822 ; www.gogartys.ie ; 58-59 Fleet St ; dort/d 18/120€ ; P ; ts ceux du centre-ville). Le sommeil est le cadet des soucis de ceux qui séjournent ici. Cette auberge de jeunesse correcte est installée au cœur de Temple Bar, à côté du pub du même nom (p. 117). Elle est souvent victime de son succès, avec notamment les enterrements de vie de jeune fille et de garçon. Six appartements sont aussi loués en gîtes.

KINLAY HOUSE AUBERGE DE JEUNESSE €

Plan p. 284, B5 (☎01-679 6644 ; www.kinlaydublin.ie ; 2-12 Lord Edward St ; dort/lits jum à partir de 25/60 € ; 📶; 🚌ts ceux du centre-ville). Cet ancien pensionnat de garçons comprend de grands dortoirs mixtes (jusqu'à 24 personnes) et des chambres plus petites, y compris des doubles. Souvent bruyant mais le personnel est sympathique. Cuisine commune bien équipée et petit-déjeuner inclus.

CLARENCE HOTEL HÔTEL €€

Plan p. 284, C4 (☎01-407 0800 ; www.theclarence.ie ; 6-8 Wellington Quay ; ch/ste à partir de 200/350 € ; P@📶; 🚌ts ceux du centre-ville). Le beau boutique-hôtel autrefois propriété de Bono et The Edge fut un temps très en vogue, mais aujourd'hui ce n'est qu'un élégant hôtel quatre étoiles de plus à Dublin, à l'allure de club privé, avec des lits classiques en bois, des draps irlandais, un excellent bar et un restaurant raffiné.

DUBLIN CITI HOTEL HÔTEL €€

Plan p. 284, E4 (☎01-679 4455 ; www.dublincitihotel.com ; 46-49 Dame St ; ch à partir de 195 € ; @📶 ; 🚌ts ceux du centre-ville). Ce bâtiment du XIXe siècle qui se démarque par ses tourelles abrite un hôtel de catégorie moyenne, juste à côté de la Central Bank. Les chambres, de taille modeste, sont meublées avec simplicité et arborent des dessus-de-lit d'un blanc éclatant. À quelques pas seulement du cœur de Temple Bar.

♥ **MORGAN HOTEL** BOUTIQUE-HÔTEL €€€

Plan p. 284, F3 (☎01-643 7000 ; www.themorgan.com ; 10 Fleet St ; ch à partir de 280 € ; @📶; 🚌ts ceux du centre-ville). Depuis une rénovation de 15 millions d'euros en 2018 le Morgan est l'une des adresses les plus élégantes de Dublin. Contemporaines et apaisantes, les chambres arborent une décoration gris clair et des salles de bains en marbre. Le restaurant, 10 Fleet Street, est fantastique, tout comme les cocktails relevés de touches originales et pétillantes.

Kilmainham et les Liberties

Cette partie de la ville, qui manquait autrefois d'hébergements, s'est dotée de deux nouveaux hôtels en 2018 et 2019 et deux autres ouvriront bientôt leurs portes. Une bonne nouvelle pour ce quartier, l'un des plus en vogue de Dublin.

♥ **ALOFT DUBLIN CITY** HÔTEL €€

Plan p. 294 (☎01-963 1800 ; www.alofthotels.com ; 1 Mill St ; ch à partir de 180 € ; P📶; 🚌49,

ÊTRE CHEZ SOI PARTOUT

La location d'appartement est une bonne solution pour un séjour de quelques jours, ou encore pour des groupes d'amis ou des familles avec enfants. Dublin compte des centaines de locations de courte durée, dont l'immense majorité figure sur Airbnb. Le choix est vaste, allant du placard à balais transformé en chambre à l'appartement en duplex avec vue.

Sinon, de petites entreprises en centre-ville proposent de nombreux appartements, du studio au F2, avec salon, salle de bains et kitchenette. Comptez 150 € par nuit minimum pour un F3 correct, la plupart coûtant plutôt 200 € (sauf en basse saison). Quelques bonnes adresses centrales :

Premier Suites (plan p. 292 ; ☎01-638 1111 ; www.premiersuitesdublinleesonstreet.com ; 14-17 Lower Leeson St ; ste à partir de 190 € ; P❄@; 🚌ts ceux du centre-ville). Studios et suites deluxe dans un style contemporain.

Latchfords (plan p. 292 ; ☎01-676 0784 ; www.latchfords.ie ; 99-100 Lower Baggot St ; studio/app 2 chambres à partir de 180/210 € ; 🚌ts ceux du centre-ville). Élégante bâtisse georgienne comprenant des studios et des appartements F3.

Oliver St John Gogarty's Penthouse Apartments (plan p. 284 ; ☎01-671 1822 ; www.gogartys.ie ; 18-21 Anglesea St ; app 2 chambres à partir de 99 € ; 🚌ts ceux du centre-ville). Appartements à louer au-dessus du pub du même nom.

54A depuis le centre-ville). Un bel établissement aux immenses baies vitrées et aux chambres modernes, décorées d'œuvres d'art locales. Au 7e étage, on trouve la réception et un bar offrant une vue imprenable sur la ville.

MALDRON KEVIN STREET HÔTEL €€
Plan p. 294 (☎01-906 8900 ; www.maldronhotelkevinstreet.com ; Upper Kevin St ; ch à partir de 200 € ; 📶 ; 🚌49, 54A depuis le centre-ville). Adresse pratique pour visiter les Liberties – St Patrick's Cathedral, la Teeling Distillery et bien sûr la Guinness Storehouse – le petit dernier du groupe Maldron est moderne et propre, mais manque un peu de charme. Propose souvent des réductions de dernière minute.

Nord de la Liffey

Les bonnes adresses de catégorie moyenne ne manquent pas entre O'Connell St et Smithfield, dont un bon nombre d'auberges de jeunesse. Gardiner St était le quartier traditionnel des B&B à Dublin. Cependant, il a souffert de l'installation d'hôtels de chaînes partout ailleurs en ville.

♥ ISAACS HOSTEL AUBERGE DE JEUNESSE €
Plan p. 296 (☎01-855 6215 ; www.isaacs.ie ; 2-5 Frenchman's Lane ; dort/lits jum à partir de 22/99 € ; @📶; 🚌ts ceux du centre-ville, 🚊Connolly). La meilleure auberge de jeunesse de la rive nord – son ambiance seule suffit à lui décerner ce titre – occupe une ancienne cave à vins vieille de 200 ans, proche de la gare routière. Avec ses barbecues estivaux, sa musique live, l'accès Internet, des dortoirs colorés et même un sauna, cette adresse fait l'unanimité auprès des voyageurs.

♥ GENERATOR HOSTEL AUBERGE DE JEUNESSE €
Plan p. 296 (☎01-901 0222 ; www.staygenerator.com ; Smithfield Sq ; dort/lits jum à partir de 18/150 € ; @📶; 🚊Smithfield). Cette chaîne européenne détonne par rapport aux autres auberges dublinoises, avec ses couleurs vives, ses dortoirs confortables (certains exclusivement féminins) et une atmosphère conviviale. Sans oublier la salle de projection vidéo. Bien située en plein sur Smithfield Sq, à côté de Jameson Distillery Bow Street (p. 151).

JACOB'S INN AUBERGE DE JEUNESSE €
Plan p. 296 (☎01-855 5660 ; www.jacobsinn.com ; 21-28 Talbot Pl ; dort/d à partir de 26/139 € ; 📶; 🚌ts ceux du centre-ville, 🚆Connolly). Petite sœur de l'Isaacs au coin de la rue, cette auberge de jeunesse propre et moderne propose des chambres spacieuses bien équipées avec salles de bains privées, et des Pod Beds (lits capsule) flambant neufs dotés de rideaux, de ports USB et de prises.

CLIFDEN GUESTHOUSE GUESTHOUSE €
Plan p. 296 (☎01-874 6364 ; www.clifdenhouse.com ; 32 Gardiner Pl ; ch à partir de 100 € ; P📶; 🚌36, 36A depuis le centre-ville). Le Clifden occupe une bâtisse georgienne superbement rénovée proposant 14 chambres décorées avec goût. Elles ont toutes une salle de bains attenante, sont très propres et extrêmement confortables. Excellentes offres spéciales en ligne.

ABBEY COURT HOSTEL AUBERGE DE JEUNESSE €
Plan p. 296 (☎01-878 0700 ; www.abbey-court.com ; 29 Bachelor's Walk ; dort/d à partir de 13/90 € ; 📶; 🚌ts ceux du centre-ville). Occupant deux bâtiments, cette grande auberge de jeunesse bien tenue compte 33 dortoirs propres et fonctionnels. Les excellents aménagements comprennent une salle à manger, une véranda et un coin barbecue. Les chambres doubles avec salles de bains sont dans le bâtiment plus récent, juste à côté du café où est servi un petit-déjeuner (léger). Réservation fortement conseillée.

ADDRESS AT DUBLIN 1 HÔTEL €€
Hors plan p. 296 (☎01-704 0770 ; www.theaddressatdublin1.ie ; Amiens St ; ch à partir de 200 € ; @📶; 🚊Connolly, 🚆Connolly). Partageant le bâtiment du vieux North Star Hotel, cet établissement loue des chambres étonnamment élégantes, dont certaines donnent sur les rails rejoignant Connolly Station. Le minuscule salon au dernier étage est un plus.

RIU PLAZA GRESHAM HOTEL HÔTEL €€
Plan p. 296 (☎01-874 6881 ; www.gresham-hotels.com ; 23 Upper O'Connell St ; ch à partir de 200 ; P❄@📶; 🚌ts ceux du centre-ville). Le site classé du Gresham accueille des clients depuis 1817. Ses 323 chambres et 10 suites sont spacieuses et bien équipées.

MALDRON HOTEL SMITHFIELD HÔTEL €€
Plan p. 296 (☎01-485 0900 ; www.maldronhotels.com ; Smithfield Village ; ch 189 € ; 📶; 🚌25, 25A, 25B, 66, 66A, 66B, 67, 90, 151 jusqu'à Upper Ormond Quay, 🚊Smithfield). Avec de grandes chambres aux lignes contemporaines, adoucies par des tonalités chaudes, cet

hôtel moderne et fonctionnel ne manquera pas de vous séduire. Les baies vitrées du sol au plafond sont idéales pour observer ce qui se passe sur la place en contrebas.

JURY'S INN PARNELL ST HÔTEL €€

Plan p. 296 (☎01-878 4900 ; www.jurysinns.com ; Moore St Plaza, Parnell St ; ch à partir de 180 € ; ❄@📶 ; 🚌36, 36A depuis le centre-ville). La fiabilité des hôtels Jury's, chaîne la plus réputée du pays, ne fait aucun doute, et celui-ci ne déroge pas à la règle. Qu'importe si les meubles sont en kit et fabriqués en série et la décoration fade. La situation – juste à l'écart d'Upper O'Connell St – est exceptionnelle.

ACADEMY PLAZA HOTEL HÔTEL €€

Plan p. 296 (☎01-878 0666 ; www.academyplazahotel.ie ; Findlater Pl ; ch à partir de 160 € ; P@📶; 🚌ts ceux du centre-ville). À seulement quelques pas d'O'Connell St, cet hôtel aux trois étoiles méritées garantit une nuit de sommeil confortable, à défaut d'être mémorable. Les suites deluxe ont le Wi-Fi gratuit et des écrans plats.

CASTLE HOTEL HÔTEL €€

Plan p. 296 (☎01-874 6949 ; www.castle-hotel.ie ; 3-4 Great Denmark St ; ch à partir de 180 € ; P📶; 🚌ts ceux du centre-ville, 🚋Connolly). Ouvert en 1809, le Castle Hotel est un peu dans son jus, mais c'est l'un des hôtels les plus agréables sur cette rive de la Liffey. Le splendide escalier monumental donne accès à une cinquantaine de chambres confortables, aux meubles traditionnels, voire vieillots, largement compensés par les moulures georgiennes d'époque aux plafonds.

MORRISON HOTEL HÔTEL €€€

Plan p. 296 (☎01-887 2400 ; www.morrisonhotel.ie ; Lower Ormond Quay ; ch 350 € ; P@📶; 🚌ts ceux du centre-ville, 🚋Jervis). Cet hôtel chic, membre du groupe Hilton Doubletree, mise sur un décor futuriste branché. Lits king size (avec des matelas fantaisistes), écrans plats 101 cm, Wi-Fi gratuit, des produits d'accueil luxueux, voici ce qu'offre, entre autres, ce lieu. Sans conteste l'établissement le plus cossu de la rive nord.

Docklands

Si vous séjournez dans le quartier des Docklands, vous serez tributaire des transports publics ou des taxis pour vos trajets depuis et vers le centre-ville.

THE GIBSON HOTEL HÔTEL €€

Plan p. 300 (☎01-618 5000 ; www.thegibsonhotel.ie ; Point Village ; ch à partir de 225 € ; P@📶 ; 🚌151 depuis le centre-ville, 🚋The Point). Conçu pour les voyageurs d'affaires et les spectateurs de la 3 Arena (p. 171), le Gibson est impressionnant : 250 chambres ultramodernes équipées de lits douillets, d'écrans plats et d'un accès Internet. Peut-être verrez-vous l'artiste qui s'est produit la veille prendre le petit-déjeuner dans la salle à manger design.

THE SPENCER HÔTEL €€

Plan p. 300 (☎01-433 8800 ; www.thespencerhotel.com ; Custom House Quay ; ch/ste à partir de 240/330 € ; P@📶🏊 ; 🚋George's Dock). Cet hôtel d'affaires branché situé au cœur de l'Irish Financial Services Centre (IFSC) propose de superbes chambres décorées avec des éléments contemporains en chêne clair, des lits de créateurs et des douches spa. Les clients ont accès au centre de remise en forme. Le week-end, les tarifs sont nettement moins chers.

TRINITY CITY HOTEL HÔTEL €€

Plan p. 300 (☎01-648 1000 ; www.trinitycityhotel.com ; Pearse St ; ch à partir de 220 € ; @📶; 🚋Trinity). Les chambres ont un air d'hôtel d'affaires, mais les espaces communs sont séduisants, surtout la Brunswick Terrace et la cour, où l'on peut prendre un verre en plein air (plaisir rare à Dublin).

CLAYTON HOTEL CARDIFF LANE HÔTEL €€

Plan p. 300 (☎01-643 9500 ; www.claytonhotelcardifflane.com ; Cardiff Lane ; ch à partir de 230 € ; @📶🏊 ; 🚋Grand Canal Dock). Bon hôtel intermédiaire avec d'excellents équipements (2 restaurants, un bar, un centre de fitness et une piscine), dont le seul défaut est sa localisation, dans une rue isolée à l'écart de l'animation du centre-ville. Il se rattrape néanmoins grâce à sa proximité avec Grand Canal Dock, où se trouvent de nombreux bars et restaurants.

♥ **THE MARKER HOTEL** HÔTEL €€€

Plan p. 300 (☎01-687 5100 ; themarkerhoteldublin.com ; Grand Canal Sq ; ch/ste à partir de 350/520 € ; P@📶🏊 ; 🚋Grand Canal Dock). L'attrayante façade à carreaux imaginée par l'architecte portugais Manuel Aires Mateus dissimule 187 chambres et suites chics. Toutes sont dans de douces tonalités hivernales (jaune, orange et bleu) et garnies de meubles sobres, qui leur confèrent une touche sophistiquée mais chaleureuse. Les espaces communs sont un peu plus fantaisistes et le bar sur le toit-terrasse est très prisé en été par une clientèle branchée.

La rive sud

Les banlieues arborées de Southside abritent certains des B&B les plus élégants de Dublin, dont quelques-uns rivalisent avec les meilleurs hôtels de la ville, en termes de confort et de services.

ARIEL HOUSE AUBERGE €

Plan p. 302 (☎01-668 5512 ; www.ariel-house.net ; 52 Lansdowne Rd ; ch à partir de 130 € ; P 📶 ; 🚌4, 7, 8, 84 depuis le centre-ville). Cette magnifique bâtisse de l'époque victorienne est notre adresse favorite à Ballsbridge, à mi-chemin entre le boutique-hôtel et le B&B de luxe. Ses 28 chambres ont chacune une décoration personnalisée avec des meubles d'époque, qui apportent un air de vrai luxe à l'endroit. Une excellente option, comparée à bien des hôtels.

THE DEVLIN BOUTIQUE-HÔTEL €€

Plan p. 302 (☎01-406 6550 ; www.thedevlin.ie ; 117-119 Ranelagh Rd ; ch à partir de 150 € ; P @ 📶 ; 🚌4, 15, 15A, 15B, 65, 83, 140 depuis le centre-ville, 🚊Beechwood). Suivant l'exemple de son grand frère branché, le Dean (p. 203), voici une adresse arty dans Ranelagh, l'un des quartiers en vogue de Dublin. Très petites, les chambres (ou ModPods) sont néanmoins bien conçues, avec leurs murs bleu marine, des œuvres d'art et des petits plus (sèche-cheveux Dyson). Cinéma au sous-sol.

SCHOOLHOUSE HOTEL BOUTIQUE-HÔTEL €€

Plan p. 302 (☎01-667 5014 ; www.schoolhousehotel.com ; 2-8 Northumberland Rd ; ch à partir de 180 € ; P 📶 ; 🚌5, 7, 7A, 8, 18, 27X, 44 depuis le centre-ville). Ancienne école victorienne de 1861, cette superbe bâtisse a été restaurée avec brio en un magnifique boutique-hôtel qui arrive premier de la classe. Ses 31 chambres douillettes, nommées d'après des personnalités irlandaises, ont toutes des lits king size, de grands dessus-de-lit blancs et des têtes de lit décoratives. La Canteen avec bar et patio est très fréquentée en été.

PEMBROKE TOWNHOUSE AUBERGE €€

Plan p. 302 (☎01-660 0277 ; www.pembroketownhouse.ie ; 90 Pembroke Rd ; ch à partir de 150 € ; P 📶 ; 🚌5, 7, 7A, 8, 18, 45 depuis le centre-ville). En 2019, une rénovation nécessaire a rendu tout son cachet à ce boutique-hôtel élégant et très confortable niché dans une maison de ville georgienne. Idéalement situé dans une rue arborée près de la trépidante Baggot St.

WATERLOO HOUSE AUBERGE €€

Plan p. 302 (☎01-660 1888 ; www.waterloohouse.ie ; 8-10 Waterloo Rd ; s/d à partir de 170/200 € ; P 📶 ; 🚌5, 7, 7A, 8, 18, 45 depuis le centre-ville). À distance de marche de St Stephen's Green, cette adorable pension, à l'écart de Baggot St, occupe deux maisons georgiennes. Les chambres sont aménagées avec goût, avec des meubles de grande qualité dans un style georgien authentique. Le petit-déjeuner maison est servi dans la véranda, ou dans le jardin par beau temps.

HERBERT PARK HOTEL HÔTEL €€

Plan p. 302 (☎01-667 2200 ; www.herbertparkhotel.ie ; Merrion Rd ; ch à partir de 160 € ; 🚌5, 7, 7A, 8, 18, 45 depuis Trinity College). Cet hôtel possède un hall moderniste et clair ouvrant sur deux bars animés. Les chambres spacieuses et confortables, à la décoration recherchée évoquant New York, ont d'immenses baies vitrées et balcons dominant les 19 ha de Herbert Park, et des machines Nespresso. Le Royal Dublin Society Showground (p. 177) est à 100 m.

DYLAN HÔTEL €€€

Plan p. 302 (☎01-660 3000 ; www.dylan.ie ; Eastmoreland Pl ; ch à partir de 270 € ; ❄ @ 📶 ; 🚌5, 7, 7A, 8, 18, 27X, 44 depuis le centre-ville). Avec son décor de créateur qui mélange les styles baroque et scandinave, le Dylan est une adresse délicieusement décalée. Une rénovation de 10 millions d'euros a permis d'ajouter 28 nouvelles chambres en 2017. En bas, un bar animé avec terrasse rassemble du beau monde.

INTERCONTINENTAL DUBLIN HÔTEL €€€

Plan p. 302 (☎01-665-4000 ; www.intercontinentaldublin.ie ; Simmonscourt Rd ; ch à partir de 280 € ; P @ 📶 🏊 ; 🚊Sandymount). Remplaçant le Four Seasons, cet hôtel indécemment luxueux ne manque pas de caractère – il possède un spa fabuleux ainsi qu'un bar à cocktails qui attire de nombreuses célébrités. Le centre-ville est accessible rapidement en tramway.

Comprendre Dublin

Dublin aujourd'hui

Dublin est actuellement en plein essor. Les grues de chantier qui ponctuent l'horizon ne sont qu'un des signes visibles d'un renouveau amorcé il y a quelques années. Hôtels, cafés et restaurants ouvrent à un rythme impressionnant, et les infrastructures de la ville sont progressivement améliorées après d'une décennie d'inaction. Mais cette prospérité nouvelle engendre son lot de difficultés, notamment la flambée du coût de la vie et du nombre de sans-abri.

Dublin à l'écran

Sing Street (John Carney ; 2016). Joli récit initiatique sous forme de comédie musicale dans le Dublin des années 1980, où un garçon cherche à former un groupe de musique pour impressionner une fille.

What Richard Did (Lenny Abrahamson, 2012). Ce qui arrive quand un jeune privilégié agresse un rival en amour et que celui-ci succombe à ses blessures ; librement inspiré de faits réels survenus en 2000.

Gens de Dublin (John Huston, 1987). Donald McCann et Anjelica Huston incarnent à merveille les personnages de la nouvelle de Joyce *The Dead*.

Dublin dans les livres

Gens de Dublin (James Joyce, 1914). Quinze histoires saisissantes sur des Dublinois et les moments qui ont marqué leur vie. Un *"must-read"* !

Conversations entre amis (Sally Rooney, 2017). Confusion des sentiments et portraits de milléniaux à Dublin en pleine crise financière.

La Trilogie de Barrytown (Roddy Doyle). *The Commitments* (1987), *The Snapper* (1990) et *The Van* (1991). Les trois œuvres ont été adaptées avec brio au cinéma (avec l'acteur Colm Meaney pour point commun), mais les livres sont encore meilleurs.

Trouver un logement

L'année 2018 a connu une explosion du tourisme, avec un nombre record de visiteurs à Dublin. Pour répondre à la demande, des dizaines d'hôtels vont venir compléter l'offre existante : la construction de 15 hôtels a d'ores et déjà été approuvée par le conseil municipal, tandis que 20 autres attendent le feu vert des autorités, auxquels s'ajoutent 11 projets en phase d'appel d'offres. Les autorités chargées du tourisme prévoient la création de 5 000 emplois et une augmentation des recettes touristiques de 250 millions d'euros.

Mais plus d'hôtels ne signifie pas forcément une baisse des tarifs, d'autant que le gouvernement a rétabli la TVA à 13,5% dans l'hôtellerie, alors que le taux avait été baissé en 2011 à 9% pour stimuler un secteur très affecté par la crise financière mondiale. Une décision que contestent nombre d'hôteliers et de restaurateurs, qui déplorent la réduction de marges déjà rognées par la hausse des coûts salariaux et des loyers.

Les consommateurs eux-mêmes ne seront pas épargnés par la hausse de la TVA. De nombreux cafés et restaurants ont déjà augmenté leurs prix, et les hôtels devront répercuter une hausse de 50% de leurs factures de TVA sur le prix des chambres.

Restrictions sur les locations à court terme

La construction d'hôtels s'accompagne d'une nouvelle réglementation sur les locations, qui interdit aux Dublinois de louer à court terme leurs résidences secondaires du centre-ville et limite toute location à 90 jours par an. La prolifération de ce type de location pose problème depuis des années, les Dublinois estimant que cette pratique, qui permet aux propriétaires de tirer plus de profit de leurs logements que les locations à long terme plus strictement encadrées, a contribué à la pénurie de logements dans la capitale.

Les entreprises de location à court terme, Airbnb en tête, affirment que les nouvelles règles sont impossibles à mettre en œuvre, voire qu'elles ne sont qu'un écran de fumée sans effet sur le problème.

Les sans-abri, un problème visible

Alors que Dublin est en plein essor, la question des SDF se fait de plus en plus pressante. Pendant l'hiver 2018, on dénombrait 156 sans-abri dans le centre-ville, et ce n'était que la partie émergée de l'iceberg. Avec une augmentation du nombre de SDF de 268% depuis 2015, l'Irlande vit une véritable crise – 82 familles ont ainsi perdu leur logement rien qu'en mars 2019.

La plupart des associations concernées s'accordent sur le fait que le problème est d'ordre structurel : pénurie de logements à loyers modérés, chômage, pauvreté et services de santé mentale inadaptés. Ces facteurs s'ajoutent à des causes plus personnelles (addiction, ruptures familiales, troubles mentaux...).

La question préoccupe l'opinion publique et alimente les conversations. Des célébrités s'impliquent, notamment Glen Hansard, musicien et acteur lauréat de l'oscar de la meilleure chanson originale (pour le film *Once*), qui a prêté son nom à des manifestations contre la précarité et organise chaque veille de Noël un spectacle de rue en faveur des sans-abri en haut de Grafton St. Des concerts impromptus au succès grandissant, qui attirent d'autres grands noms de la musique comme Hozier, Damien Rice ou encore Bono.

L'ombre du Brexit

Les efforts du gouvernement pour stimuler le secteur touristique, soutenir la croissance ou gérer les problèmes sociaux pourraient bien être rendus vains par le Brexit, dont le spectre plane au-dessus de l'île. Le Royaume-Uni est en effet un partenaire économique essentiel et sa sortie de l'Union européenne aura immanquablement un impact négatif en Irlande. Dublin se prépare à en tirer le meilleur parti, notamment en se proposant comme une alternative viable à Londres – dont le secteur financier pâtira irrémédiablement du Brexit – pour les entreprises désireuses de conserver une présence dans l'UE. Mais la capitale irlandaise n'est pas la seule sur les rangs, le Luxembourg et plusieurs villes d'Allemagne cherchant également à récupérer une part du gâteau.

Dublin a des atouts à faire valoir, notamment un faible taux d'impôts sur les sociétés qui a déjà attiré des entreprises comme Facebook, Google, Twitter ou LinkedIn. La main-d'œuvre dublinoise, anglophone et hautement qualifiée, est aussi un avantage. Plusieurs entreprises britanniques ont déjà déménagé à Dublin, notamment Somerset Capital (fonds spéculatif basé à Londres et dont l'actionnaire principal est Jacob Rees-Mogg, l'un des plus ardents défenseurs du Brexit), qui a ouvert des bureaux à Dublin en 2018.

Sur 100 personnes à Dublin

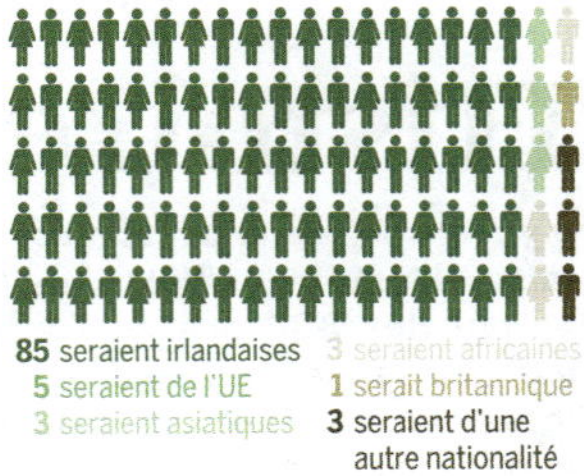

Âge des Dublinois

(% de la population)

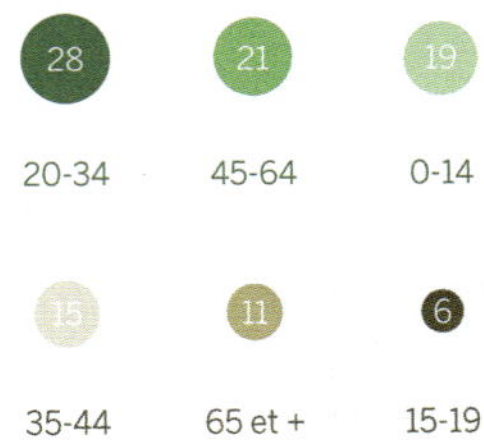

Population au km²

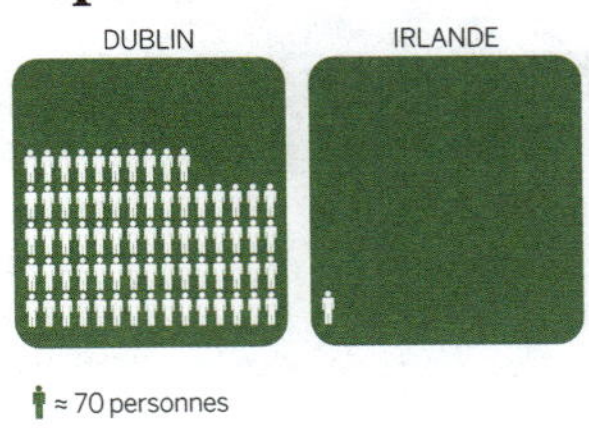

Histoire

Il y a encore deux décennies, si vous aviez demandé à un Dublinois lambda ce qui faisait l'histoire complexe de sa ville, sa réponse se serait probablement articulée autour des 800 ans de l'occupation anglaise (ou britannique). Certes, celle-ci eut une influence majeure sur la capitale irlandaise, mais son histoire riche en invasions, en rébellions et en transformations, entre incursions vikings et période georgienne, est loin de s'y limiter.

Premiers peuplements et routes celtiques

Les agriculteurs de l'âge de la pierre qui arrivèrent en Irlande entre 10000 et 8000 av. J.-C. donnèrent au pays son socle de peuplement et jetèrent les bases agraires de son économie. À l'âge du bronze, ils découvrirent et travaillèrent les métaux (présentés au National Museum), et perfectionnèrent leurs techniques agricoles tout en élevant du bétail.

Aux alentours de 500 av. J.-C., les Celtes, ces guerriers de l'âge de fer venus d'Europe orientale, investirent l'île, qu'ils divisèrent en provinces et en de multiples chefferies. Les routes reliant ces provinces convergeaient vers un gué sur la Liffey appelé Átha Cliath ("gué des haies") – mentionné par Ptolémée en 140 sous le nom d'Eblana Civitas – et la ville qui s'y développa au IXe siècle donna à Dublin son nom irlandais : Baile Átha Cliath ("ville du gué des haies").

Les principes du Senchus Môr (Lois des Brehons, ou juges) qui régissaient la société gaélique sont aujourd'hui encore à la base du code moral de l'Irlande.

Affermissant, au fil des siècles, leur emprise sur l'île, ces Gaëls établirent un code juridique sophistiqué (les Lois des Brehons), lequel resta en vigueur jusqu'au milieu du Moyen Âge, mais se trouva, en dépit d'une survivance semi-officieuse jusqu'à l'ère Tudor, mis au ban par les Normands, puis par les Anglais.

L'introduction du christianisme

Saint Patrick fonda l'évêché de Dublin vers le milieu du Ve siècle et évangélisa les actuels Wicklow et Malahide, avant de baptiser, suivant la légende, Loegaire, le haut roi d'Irlande, avec de l'eau tirée d'un

CHRONOLOGIE

10000 av. J.-C.

Les premiers hommes arrivent en Irlande durant le mésolithique, d'abord par un isthme depuis l'Écosse, puis par la mer, sur des bateaux tendus de peaux.

500 av. J.-C.

Les Celtes, ces guerriers de l'âge du fer venus d'Europe de l'Est, divisent l'Irlande en provinces et en de multiples chefferies.

431-432

Le pape Célestin Ier envoie l'évêque Palladius en Irlande pour s'occuper de ceux "qui croient déjà en Christ" ; saint Patrick arrive l'année suivante pour continuer la mission.

SAINT PATRICK

Saint patron de l'Irlande, fêté le 17 mars, Patrick (env. 385-env. 461) n'était pas irlandais, mais originaire d'une région du sud-est de l'Écosse, où était parlé le gallois à l'époque de sa naissance, alors que la Grande-Bretagne était sous occupation romaine. À 16 ans, Patrick fut enlevé et réduit en esclavage par des pirates irlandais, qui l'emmenèrent dans leur île. C'est là qu'il trouva la foi. Il réussit à s'enfuir et à retourner en Angleterre, où il fit le serment de consacrer sa vie à convertir les Irlandais au christianisme. Une fois ordonné, il fut sacré évêque d'Irlande et repartit dans l'île.

En trente ans, la majeure partie des habitants de l'île avait été baptisée et le pays était divisé en diocèses et paroisses. Il fonda également des monastères dans toute l'Irlande, bases de l'érudition irlandaise pendant de nombreux siècles.

puits voisin de l'actuelle cathédrale qui lui est consacrée. D'un point de vue plus prosaïque, ses moines et lui auraient appuyé leur travail de conversion sur un brillant syncrétisme (mêlant enseignement chrétien et traditions druidiques et païennes), connu sous le nom de christianisme celtique (ou insulaire).

En regard de nouveaux centres majeurs de cet âge d'or, comme Clonmacnoise, dans le comté d'Offaly, et Glendalough, dans celui de Wicklow, où les érudits chrétiens irlandais excellaient en latin, en grec et en théologie, Dublin n'était encore qu'une bourgade rurale ignorée. Les monastères étaient alors de hauts lieux d'enseignement. De magnifiques livres enluminés comme le *Book of Kells* (conservé aujourd'hui à Trinity College), des bijoux ornés et les nombreuses croix en pierre sculptée qui émaillent l'île, datent de cette époque.

Le christianisme d'Irlande, relativement émancipé de celui de Rome, en particulier dans les régions où étaient en usage les règles monastiques et les canons pénitentiels, accordait une grande importance à la confession privée devant un prêtre suivie d'une pénitence, dont l'esprit s'est perpétué jusqu'à nos jours.

> Saint Patrick fit preuve d'une remarquable compréhension des structures du pouvoir celtique en œuvrant à la conversion des chefs plutôt que des Celtes ordinaires, qui suivirent inévitablement leurs dirigeants en adoptant la nouvelle religion.

Les Vikings

Après plusieurs incursions dans la région, les Vikings établirent un premier port d'hivernage (ou *longphort* en irlandais) sur les rives de la Liffey en 837, et s'y établirent de manière plus pérenne en 841. Chassés par une armée de Gaëls aux alentours de 902, ils revinrent en 917 à la tête d'une immense flotte, établirent une forteresse au bord de l'étang noir de Wood Quay (juste derrière la future Christ Church Cathedral) et s'y cantonnèrent, reprenant leur pillage des campagnes. Ils définirent la taille des parcelles et les limites de leur

841
Établissement par les Vikings de ce qui sera un jour la ville de Dublin.

917
Les Vikings pillards établissent un nouveau village à l'embouchure du port, qu'ils appellent "Dyfflin", et qui devient rapidement un centre de pouvoir économique.

988
Le haut roi Mael Seachlainn mène la conquête irlandaise de Dyfflin, donnant au village son nom moderne en irlandais, Baile Átha Cliath, "ville du gué des haies".

1170
Strongbow s'empare de Dublin et épouse Aoife, fille du haut roi Dermot MacMurrough, avant d'être couronné roi du Leinster.

ville de Dyflinn (nom dérivé de *dubh linn*, "étang noir" en irlandais), qui devint d'emblée un important centre de commerce.

En 1014, des clans irlandais s'allièrent, sous l'égide du roi Brian Ború, pour défaire les Vikings (ainsi que les clans gaëls rivaux). Leur victoire à Clontarf brisa à jamais l'emprise scandinave sur la côte est. Des Vikings ne s'en intégrèrent pas moins, par la suite, à la population dublinoise.

Au cours du XIIe siècle, Dublin devint une ville de pèlerinage, notamment en raison du Bacall Íosa (bâton de Jésus), la crosse légendaire de saint Patrick, qu'elle abritait.

Strongbow et les Normands

La vague suivante d'envahisseurs arriva en 1169, lorsqu'une troupe de chevaliers cambro-normands dirigée par Richard de Clare, dit "Strongbow", prit Wexford, après avoir débarqué, deux ans plus tôt, à la demande de Dermot MacMurrough, roi déchu du Leinster désireux de récupérer son trône. En remerciement, MacMurrough fit de Strongbow son héritier et lui donna la main de sa fille Aoife. Strongbow et ses chevaliers s'emparèrent ensuite de Dublin en 1170 et décidèrent d'en faire leur nouvelle capitale.

Le roi Henri II d'Angleterre, inquiet de voir s'installer une puissance rivale en Irlande, organisa sa propre force d'invasion, laquelle débarqua sur l'île en 1171, avec la bénédiction du pape Adrien IV (l'Anglais Nicolas Breakspear), qui désirait que le monarque anglais impose la ligne romaine aux moines rebelles d'Irlande.

Les Normands prêtèrent allégeance au trône d'Angleterre et entreprirent de reconstruire et de fortifier leur nouvelle capitale. En 1172 commença l'édification de la Christ Church Cathedral, et, vingt ans plus tard, celle de la St Patrick's Cathedral, à quelques centaines de mètres au sud.

Malgré leur puissance, les Anglo-Normands n'exerçaient leur autorité que dans les limites de la zone fortifiée alors appelée le "Pale" (du latin *palus* "palissade"), qui correspondait plus ou moins au Grand Dublin d'aujourd'hui. Au-delà du Pale (*beyond the pale* signifie aujourd'hui "dépasser les limites"), l'Irlande restait invaincue et insoumise.

En 1204, le roi Jean, fils d'Henri II Plantagenêt, fit construire le château de Dublin pour "la sécurité de notre trésor… et la défense de la ville". Capitale de la "colonie" anglaise d'Irlande, Dublin se développa. Le commerce s'organisa et des guildes, réservées aux "Anglais de nom et de sang", se formèrent.

Au cours des siècles suivants, misères et tragédies semblèrent se succéder à mesure que grandissait Dublin. En 1317, la pire famine d'Irlande au Moyen Âge fit des milliers de victimes et réduisit certains au cannibalisme. En 1348, la peste noire ravagea le pays ; la résurgence dévastatrice de la maladie au cours du siècle suivant témoigne des rudes conditions de vie dans le Dublin médiéval.

Au XVe siècle, les Anglais étendirent leur influence au-delà du "Pale" (région de Dublin) en apportant tout leur soutien aux lords irlandais les plus puissants. L'atmosphère se fit nettement moins tendue lorsque les occupants anglo-normands se mirent à adopter la culture irlandaise à l'instar des précédents envahisseurs.

1171

Le roi Henri II d'Angleterre envahit l'Irlande, obligeant les chefs de guerre cambro-normands et certains des rois irlandais gaéliques à l'accepter comme suzerain.

1297

Dublin devient le siège du Parlement d'Irlande, composé de marchands et de propriétaires fonciers.

1315

Une armée écossaise, avec à sa tête Edward de Bruce, attaque la ville ; l'intérêt déclinant des Anglais pour la défense de Dublin oblige les comtes de Kildare à devenir les principaux protecteurs de la ville.

1317

La pire famine du Moyen Âge en Irlande tue des milliers de personnes ; d'autres en sont réduites au cannibalisme.

Les Tudors et la domination protestante

L'Irlande, en raison notamment du pouvoir plus ou moins absolu qu'y exerçaient les lords anglo-normands, constituait un défi particulier pour Henri VIII (règne 1509-1547), qui croyait en un pouvoir monarchique fort. Il décréta le pouvoir royal absolu sur l'Irlande, ce que les lords irlandais n'allaient pas accepter sans résistance.

En 1534, Thomas Fitzgerald "le Soyeux", le plus puissant des Anglo-Normands du Leinster, rompit son allégeance au roi, une révolte qui fut matée avec la plus grande fermeté par Henri VIII : moins d'une année après, Fitzgerald était envoyé à la Tour de Londres (où il fut mis à mort en 1537) et toutes ses terres confisquées. Henri VIII ordonna que toutes les terres irlandaises fussent cédées à la couronne anglaise et, trois ans plus tard, après sa rupture avec Rome, il supprima les monastères, et l'Église anglicane nouvellement constituée se vit attribuer toutes les terres de l'Église catholique. Dublin fut déclarée ville anglicane et des reliques comme le Bacall Íosa (bâton de Jésus) furent détruites.

Élisabeth Ire (règne 1558-1603) montra la même intransigeance que son père à l'endroit de l'Irlande. Les Irlandais de l'Ulster, la région la plus hostile à la reine, combattirent les Anglais avec ténacité sous le commandement de Hugh O'Neill, comte de Tyrone, et sont allés jusqu'à s'allier à l'Espagne catholique et à son Armada, mais ils furent vaincus en 1603 à la bataille de Kinsale. (On a donné le nom de guerre de Neuf Ans à ce conflit.)

Cette défaite marqua la fin de l'Irlande gaélique et la poursuite de la colonisation anglaise au moyen d'une politique systématique de "plantations". Les riches terres confisquées de l'Ulster furent ainsi attribuées aux fidèles protestants d'Angleterre et d'Écosse, fondant ainsi l'*ascendancy*, cette aristocratie terrienne des *landlords*, et semant les germes de la division qui empoisonne encore la province aujourd'hui. Contrairement à leurs prédécesseurs, ces nouveaux colons se tinrent complètement à l'écart des Irlandais de souche, privés du droit de vote, sans terre et réduits à la misère.

Dans le même temps, Dublin prospéra comme rempart de la domination anglaise et bastion du protestantisme. Un gouffre se creusa entre la ville "anglaise" et la campagne "irlandaise", où les troubles étaient incessants et le ressentiment croissant. Sorti vainqueur de la guerre civile anglaise (1641-1651), Oliver Cromwell se rendit en Irlande pour réaffirmer personnellement le contrôle anglais sur l'île. Ses troupes furent intransigeantes envers la rébellion le long de la côte est. Dublin, protestante, fut épargnée (mais la St Patrick's Cathedral fut utilisée comme écurie, et l'on y logea des chevaux anglais).

Hugh O'Neill remporta une victoire à la Pyrrhus en 1603 lorsqu'il refusa de se rendre avant d'avoir été informé de la mort d'Élisabeth Ire. Lui et d'autres comtes fuirent ensuite le pays ; l'événement resta dans les mémoires sous le nom de "fuite des comtes".

La fin du XVIIe siècle vit affluer à Dublin des tisserands huguenots ayant fui la France après la révocation de l'édit de Nantes (1685). Ils y établirent une industrie textile florissante, principalement dans les Liberties, ce qui contribua à l'essor de la ville.

1348

Environ la moitié des 30 000 habitants de Dublin succombe à la peste noire ; les victimes sont enterrées dans des fosses communes ("Blackpitts") dans une zone des Liberties.

1350-1530

Les barons anglo-normands établissent des bases de pouvoir indépendantes de la couronne anglaise. La domination anglaise s'étend petit à petit jusqu'au "Pale", zone autour de Dublin.

1487

Gerald Fitzgerald (Garret More), comte de Kildare, occupe Dublin, défiant ouvertement le roi Henri VII.

1487

Fitzgerald soutient le prétendant au trône (et usurpateur) Lambert Simnel, couronné à 10 ans roi Édouard VI à la Christ Church Cathedral.

Époque georgienne et âge d'or de Dublin

En 1745, lorsque James Fitzgerald, comte de Kildare, lança la construction de la Leinster House dans un coin perdu, il fut raillé. "Où que j'aille, la société suivra", assura-t-il. Et il avait raison, puisque la Leinster House est aujourd'hui le siège du Parlement irlandais et le centre du Dublin moderne.

Après la restauration de 1660 et le sacre de Charles II (règne 1660-1685), Dublin s'engagea dans un siècle de développement sans précédent, tandis que le reste de l'Irlande était à genoux. En 1690, les Irlandais prirent les armes pour le roi catholique d'Angleterre, Jacques II (règne 1685-1688), récemment détrôné, mais furent défaits par le protestant Guillaume d'Orange à la bataille de la Boyne, non loin de Dublin. Le souverain déchu, réfugié en France, mourut en 1701 au château de Saint-Germain-en-Laye.

Les "Lois pénales", un minutieux code d'oppression et d'exclusion, furent promulguées après la victoire de Guillaume qui dépouillèrent les catholiques de l'essentiel de leurs droits élémentaires. Une fois encore, le malheur du pays fit le bonheur de la capitale, inondée de réfugiés sans terre prêts à travailler pour un salaire de misère.

Fortunée et désireuse d'habiter une ville à l'image de leur nouvelle richesse, la noblesse protestante refaçonna Dublin pendant les règnes des quatre George (1714-1830). Les spéculateurs achetèrent des terres et engagèrent des projets importants de rénovation urbaine, notamment la création de rues, l'aménagement de parcs urbains et la construction de magnifiques bâtiments et résidences.

Comme il était impossible de construire au cœur de la cité médiévale, les nouveaux riches s'installèrent au nord du fleuve, créant un nouveau Dublin, fort de majestueux squares entourés de beaux hôtels particuliers georgiens. La capitale irlandaise ainsi transformée devint la deuxième ville de l'Empire britannique et la cinquième ville d'Europe.

Lorsque les bas quartiers, majoritairement catholiques, s'étendirent vers le nord, plus opulent, les jeunes fortunes qui l'occupaient regagnèrent le sud pour s'installer dans de nouvelles résidences majestueuses autour de Merrion Square, St Stephen's Green et Fitzwilliam Square.

Déclin de la ville et essor du catholicisme

Leur nombre grossi par un constant exode rural, les catholiques étaient devenus majoritaires dans la capitale à la fin du XVIIIe siècle, vivant pour la plupart dans les conditions épouvantables de quartiers toujours plus insalubres. Inspirées par l'idéologie des Lumières et la Révolution française, maintes grandes figures irlandaises (pour beaucoup protestantes) commencèrent à remettre en question la nature et la légitimité de la domination britannique.

À la fin du siècle, la rébellion couvait. En 1798, les Français envoyèrent un petit corps expéditionnaire en Irlande à la demande du Dublinois Wolfe Tone (1763-1798) et des Irlandais unis (United

1537

Thomas Fitzgerald "le Soyeux", fils du comte de Kildare, attaque Dublin et ses garnisons anglaises. La rébellion est écrasée ; Fitzgerald et ses partisans sont exécutés.

1584

La maire Margaret Ball meurt en prison pour ses sympathies catholiques. L'archevêque Dermot O'Hurley est pendu pour son soutien à une rébellion contre la couronne anglaise.

1592

Trinity College est fondé sur un ancien monastère, sur la base d'une charte accordée par Élisabeth Ire, avec pour vœu d'"arrêter la contamination de l'Irlande par le papisme".

1594-1603

La guerre de Neuf Ans entre les Anglais et les chefs irlandais dirigés par Hugh O'Neill mène les troupes anglaises, qui obligent les citoyens à les héberger, à Dublin.

Irishmen). L'"année des Français" se solda par la défaite des rebelles et la mort de Tone. En 1803, les Irlandais unis, cette fois sous la conduite de Robert Emmet (1778-1803), réitérèrent leur tentative, laquelle aboutit à un nouvel échec et à l'exécution d'Emmet dans Thomas St, près de la brasserie Guinness.

Dublin était au bord de l'explosion et l'Acte d'union de 1801, qui défit le Parlement irlandais (établi à l'origine en 1297) et restaura l'autorité directe de Westminster, fut le détonateur. La fuite vers Londres d'une partie importante de la bourgeoisie de Dublin mit rapidement fin à la croissance spectaculaire qui avait caractérisé la ville au siècle précédent et entraîna son déclin.

Tandis que Dublin pansait ses blessures, un brillant avocat du Kerry, Daniel O'Connell (1775-1847), met son talent au service de la cause nationale et des droits des catholiques. En 1828, alors que les catholiques sont inéligibles (ils ont seulement le droit de vote) O'Connell lance un défi au château de Dublin et au gouvernement de Londres, en se présentant dans le comté de Clare contre un membre du cabinet anglais. Il est triomphalement élu et fait une entrée remarquée à Westminster. En 1829, il fait voter un "Acte d'émancipation" qui accorde aux catholiques le libre accès à toutes les fonctions militaires ou civiles, à l'exception de la vice-royauté d'Irlande et des postes de chancelier d'Angleterre et de chancelier d'Irlande. Le "libérateur", comme il fut surnommé, devint le premier lord-maire catholique de Dublin en 1841.

Le Premier ministre britannique William Gladstone présenta des projets de loi relatifs au Home Rule à la Chambre des communes à trois reprises, entre 1886 et 1895, mais la Chambre des lords les rejeta chaque fois.

La catastrophe de la Grande Famine

L'Irlande rurale était devenue extrêmement dépendante de la pomme de terre, facile à cultiver. Le mildiou (un champignon qui cause la pourriture des tubercules) avait toujours été un problème ponctuel, mais lorsqu'il toucha les récoltes successives de pommes de terre entre 1845 et 1847, il entraîna une catastrophe. Le coût humain fut considérable : un million de personnes succombèrent à la maladie et à la faim et un nombre encore plus important d'Irlandais fuirent leur île pour l'Angleterre et les États-Unis. La politique économique non interventionniste adoptée par le gouvernement britannique (les années 1840 marquent en Grande-Bretagne le triomphe du libre-échange et du laisser-faire) aggrava la situation, en s'opposant à l'aide alimentaire qui aurait permis d'éradiquer la famine qui sévissait au sein de l'Empire. En Irlande, les propriétaires fonciers refusaient toute indulgence sur les fermages et continuaient d'exporter des récoltes à l'étranger. Les débiteurs – affamés ou pas – étaient incarcérés dans des asiles de pauvres ou jetés en prison.

Charles Stewart Parnell tomba rapidement en disgrâce après que sa liaison avec une femme mariée, Kitty O'Shea, eut été révélée. Il fut lâché par son propre parti, l'Irish Parliamentary Party, en 1890 et mourut en homme brisé l'année suivante.

1603

Hugh O'Neill et les Irlandais qui combattent à ses côtés en Ulster sont vaincus par les forces d'Élisabeth Ire. Lui et d'autres comtes fuient le pays, c'est la "fuite des comtes".

1640-1682

Dublin commence à se développer et sa population passe de 10 000 habitants au milieu des années 1640 à près de 60 000 en 1682.

1680

Construction de remarquables édifices de style anglo-néerlandais comme le Royal Hospital Kilmainham, aujourd'hui l'Irish Museum of Modern Art.

1695

Les Lois pénales interdisent aux catholiques de posséder un cheval, de se marier avec des non-catholiques et d'acheter ou d'hériter des terres.

La position inflexible du gouvernement britannique alimenta l'opposition. Les morts et l'exode de masse causés par la famine eurent un impact social et culturel profond et durable sur les Irlandais. Dublin, qui échappa aux pires ravages, fut submergée de migrants désespérés, recherchant de quoi soulager leur faim. Des soupes populaires furent mises en place dans toute la ville, y compris dans le cossu Merrion Square.

En 1910, 20 000 familles de Dublin vivent chacune dans une seule pièce ; la maison du 14 Henrietta St en est un parfait exemple.

Témoins des horreurs de la famine et de ses conséquences sur le centre de Dublin, les riches s'installèrent dans de nouvelles banlieues au sud de la ville, le long de la côte, que rendait désormais accessible la première ligne de chemin de fer d'Irlande, construite en 1834 pour relier la ville à Kingstown (aujourd'hui Dun Laoghaire). La fuite des classes supérieures se poursuivit au cours des soixante-dix années suivantes et maintes belles résidences georgiennes se transformèrent en autant d'habitations insalubres. La profonde misère entraîna de nombreux problèmes sociaux, au premier rang desquels, l'alcoolisme.

L'épanouissement de la fierté nationale

Dans la seconde moitié du XIXe siècle, la ville était résolument divisée entre protestants et catholiques, mais, bien que ces derniers fussent toujours en partie considérés comme des citoyens de seconde zone, une classe moyenne catholique émergea, fournissant l'élan nécessaire pour la marche vers l'indépendance de l'Irlande.

Le propriétaire terrien protestant Charles Stewart Parnell (1846-1991), du comté de Wicklow, fut le premier à mobiliser le soutien du grand public pour l'autonomie (Home Rule). Élu à Westminster en 1875, le "roi d'Irlande sans couronne" fit campagne sans relâche en faveur d'une réforme foncière et d'un Parlement à Dublin.

Il trouva un allié en la personne du Premier ministre britannique William Gladstone, qui allégea le fardeau pesant sur les métayers en faisant adopter les Land Acts, leur permettant d'acheter les terres. Gladstone se rallia également à la cause du Home Rule, tant pour des raisons de principe que d'ordre pratique : l'octroi d'une certaine forme d'autonomie aurait au moins pour effet de réconcilier le nationalisme irlandais avec l'État britannique.

Vers la fin du XIXe siècle, la préservation de la culture irlandaise connut un engouement. La Gaelic Athletic Association (GAA) fut créée en 1884 pour promouvoir les sports irlandais, tandis que Douglas Hyde et Eoin McNeill formèrent la Gaelic League en 1893 pour encourager la langue et les arts irlandais. Le succès de la Gaelic League ouvrit la voie au Celtic Revival (Renaissance celtique), mouvement littéraire mené par William B. Yeats et lady Gregory, qui fondèrent l'Abbey Theatre en 1904.

1757

La Wide Street Commission est constituée pour la conception d'une ville moderne : de nouveaux parcs sont aménagés, les rues élargies et de nouveaux bâtiments publics construits.

1759

Arthur Guinness achète une brasserie désaffectée. Au départ, il produit de l'ale (bière blonde), mais, dans les années 1770, se spécialise dans une nouvelle bière, la porter (bière brune).

1801

L'Acte d'union unit politiquement l'Irlande à la Grande-Bretagne. Le Parlement irlandais vote sa propre dissolution après une campagne intensive de corruption.

1829

Après une vigoureuse campagne menée par Daniel O'Connell, le "libérateur", le Catholic Emancipation Act est adopté, abrogeant les dernières Lois pénales.

La lutte pour l'indépendance

Malgré l'essor de la culture irlandaise au début du XXe siècle, les efforts pacifiques entrepris pour libérer le pays de la domination britannique furent systématiquement déjoués. Les bas quartiers de Dublin étaient les pires d'Europe, et l'émergence d'un syndicalisme militant introduisit un programme socialiste de lutte pour l'autodétermination.

En 1905, Arthur Griffith (1871-1922) fonda un nouveau mouvement politique appelé Sinn Féin ("Nous-mêmes"), qui cherchait à obtenir l'autonomie par la résistance passive plutôt que par pression politique. Il exhorta les Irlandais à refuser de payer les impôts et ses députés à former un gouvernement irlandais à Dublin.

Pendant ce temps, les dirigeants syndicaux Jim Larkin et James Connolly firent campagne contre les bas salaires et l'avidité des entreprises, menant au lock-out de Dublin de 1913, lorsque 300 employeurs, en réaction aux grèves, "verrouillèrent" les postes de 20 000 employés pendant cinq mois, en excluant toute embauche d'un membre de syndicat et en poussant au départ ceux présents dans leurs entreprises. À cette période, Connolly créa l'Irish Citizen Army (ICA) pour défendre les grévistes contre la police. Le conflit se durcit.

Le Home Rule fut finalement adopté par Westminster en 1914, mais son application fut suspendue pour la durée de la Première Guerre mondiale. Sous la pression de l'Ulster, province à majorité protestante où les 140 000 membres de l'Ulster Volunteer Force (UVF) avaient juré de résister à toute tentative d'affaiblir la domination britannique en Irlande, le Nord fut "temporairement" exclu des dispositions de la future loi. Temporaire pour combien de temps, nul ne le savait et ce fut dans ce contexte de fuite en avant politique que furent semés les germes des troubles. Pour contrer la menace potentielle de l'UVF, les nationalistes irlandais formèrent l'Irish Volunteer Force (IVF), mais l'affrontement fut évité lorsque la grande majorité d'entre eux se furent enrôlés dans l'armée britannique : puisque la Grande-Bretagne était en guerre pour la "défense des petites nations", leur loyauté envers la cause des Alliés servirait les aspirations de l'Irlande sur le long terme.

De nombreux Dublinois furent choqués par les peines prononcées à l'encontre des dirigeants de l'insurrection de 1916, en particulier par l'exécution du jeune Willie Pearse (18 ans), dont le principal crime fut d'avoir été le frère de Patrick Pearse. James Connolly, grièvement blessé lors de l'insurrection, fut fusillé attaché sur une chaise.

L'insurrection de Pâques

Voyant dans les difficultés britanniques une chance pour l'Irlande, les factions les plus radicales du Sinn Féin, l'IVF et l'ICA, tramèrent un soulèvement contre la couronne le dimanche de Pâques 1916. Comme souvent, la rhétorique l'emporta sur l'organisation. Lorsque le chef de l'IVF, Eoin McNeill, eut vent du projet, il publia une annonce dans le journal pour annuler les "manœuvres" prévues. Les dirigeants reportèrent la révolution au lendemain, mais l'information ne circula

On estime à 50 000 le nombre d'Irlandais ayant péri durant la Première Guerre mondiale.

1840

Le Corporation Act autorise les catholiques à voter aux élections locales pour la première fois depuis les années 1690, leur donnant une majorité de deux pour un.

1841

Daniel O'Connell devient le premier maire catholique de Dublin en 150 ans ; une de ses premières actions est de créer un cimetière multiconfessionnel à Glasnevin.

1845-1851

Le mildiou ravage les récoltes de pommes de terre. La Grande Famine est la plus grande catastrophe de l'histoire de l'Irlande, avec plus de un million de victimes.

1867

Plusieurs milliers de partisans de l'Irish Republican Brotherhood (IRB) affrontent la police à Tallaght, avant de se disperser ; quelque 200 agitateurs sont arrêtés.

pas au-delà de la capitale, où une bande hétéroclite d'environ un millier de rebelles se réunit et s'empara de bâtiments stratégiques. Le contingent principal occupait la General Post Office (GPO, poste centrale), devant laquelle le poète et enseignant Patrick Pearse lut la "Proclamation de la République".

Éamon De Valera, chef du premier Dáil Éireann (Assemblée irlandaise), échappa au peloton d'exécution en 1916 car il était né aux États-Unis ; l'exécuter aurait été un désastre pour l'image du Royaume-Uni.

Au départ, l'armée britannique ne prit pas l'insurrection au sérieux, mais après la perte de plusieurs soldats, elle envoya une canonnière sur la Liffey pour bombarder les rebelles. Après six jours de combat, le centre-ville était ravagé et le nombre de victimes s'élevait à 300 civils, 130 soldats (dont nombre d'Irlandais) et 60 rebelles.

Les rebelles, poussés par Pearse qui craignait de nouvelles pertes civiles, se rendirent et furent arrêtés. La foule se rassembla pour les conspuer tandis qu'on les emmenait. Si les Dublinois éprouvèrent d'abord du ressentiment à l'égard des insurgés pour leur vaine tentative (alors même que tant des leurs combattaient en France), leur attitude commença à changer après l'exécution, menée dans des conditions discutables, de ses instigateurs dans la prison de Kilmainham Gaol. Ainsi l'hostilité populaire envers les rebelles tourna-t-elle bientôt au soutien ouvert.

La guerre d'Indépendance

Lors des élections générales de 1918, le Sinn Féin, radicalisé, remporta trois quarts des sièges irlandais. En mai 1919, il déclara l'indépendance de l'Irlande et constitua dans la Mansion House de Dublin le premier Dáil Éireann (Assemblée irlandaise), dirigé par Éamon De Valera. Ce fut de fait une déclaration de guerre.

Consciente qu'elle ne pourrait jamais rivaliser avec les Britanniques dans un affrontement conventionnel, l'aile militaire du Sinn Féin – l'IVF

LIVRES SUR L'HISTOIRE DE DUBLIN

- *Il était une fois Dublin,* Pierre Joannon, Perrin, 2013. Portrait d'une ville qui est aussi un des phares de la culture européenne à travers Swift, Yeats, Shaw, O'Casey, Behan ou Beckett.
- *Histoire de l'Irlande, de 1912 à nos jours,* Alexandra Slaby, Tallandier, 2016. De l'insurrection de Pâques en 1916 à l'adoption du mariage gay en 2015, un ouvrage qui fait la part belle à l'histoire politique et sociale du pays.
- *Sept Hivers à Dublin,* Elizabeth Bowen, Payot, 2005. Les souvenirs d'enfance de la romancière, née à Dublin en 1899.
- *L'Irlande,* Que sais-je ?, PUF, Jennifer Heurley, 2003.

1882

Une branche de l'IRB, appelée "les invincibles", assassine le secrétaire en chef et son adjoint dans Phoenix Park.

1905

Le journaliste Arthur Griffith fonde un nouveau mouvement, qu'il nomme Sinn Féin ("Nous-mêmes"), prônant l'indépendance dans le cadre d'une double monarchie.

1913

20 000 emplois de Dublin sont "verrouillés" pendant cinq mois par un cartel d'employeurs ; il s'agit du plus grand conflit ouvrier de l'histoire de l'Irlande.

1916

Les républicains occupent la GPO, poste centrale de Dublin et annoncent la création d'une République irlandaise. Après s'être rendus, les rebelles sont exécutés sommairement.

fut rebaptisée Irish Republican Army (IRA) – engagea des actions de guérilla contre les dépôts d'armes et les casernes. Les Britanniques répondirent par le renforcement de la Royal Irish Constabulary (RIC) et l'introduction d'une force auxiliaire constituée de vétérans de la Première Guerre mondiale : les *Black and Tans* ("noir et kaki", en référence à la couleur de leur uniforme).

Michael Collins, chef de l'IRA et maître de la guérilla, leur donna du fil à retordre. Les Britanniques connaissaient son nom, mais Collins dissimula de manière experte son identité et, tout au long de la guerre, put parcourir la ville à vélo comme si de rien n'était.

Le 10 novembre 1920, Collins apprit l'arrivée à Dublin de 14 agents secrets britanniques, nommés le "Cairo Gang". Le lendemain matin, il envoya sa propre troupe d'élite ("les Apôtres") les assassiner dans leurs lits. L'après-midi même, les troupes britanniques ripostèrent en ouvrant le feu sur la foule réunie à Croke Park pour assister à un match de hurling, tuant 10 spectateurs et un joueur, Michael Hogan, à qui l'on rendit plus tard hommage en donnant son nom à la tribune principale du stade. Les événements de ce "Bloody Sunday" galvanisèrent les deux camps et le conflit se fit de plus en plus brutal.

Malgré leur violence, les combats firent relativement peu de victimes – 2 014 au total – et avaient abouti à une forme d'impasse au milieu de l'année 1921. Les deux camps étaient pressés d'y mettre fin : la communauté internationale exhorta la Grande-Bretagne à résoudre le problème d'une façon ou d'une autre, et l'IRA était sur le point de s'effondrer (ce qu'ignoraient les Britanniques). Une trêve fut signée le 11 juillet 1921.

La guerre civile de 1922 fut déclenchée par l'occupation des Four Courts de Dublin par les forces anti-traité de l'IRA, bombardées par les forces pro-traité menées par Michael Collins. Dublin, qui avait réchappé sans grands dommages à la guerre d'Indépendance, fut le principal théâtre de la guerre civile, qui coûta la vie à 250 Dublinois.

Le traité et la guerre civile

Par ses termes et les circonstances qui l'entourent, le traité qui mit fin à la guerre d'Indépendance est à l'origine de la plus grande division de l'histoire contemporaine irlandaise, une fracture qui, aujourd'hui encore, nourrit les préjugés, déchaîne les passions et façonne le paysage politique dans certaines parties de l'île.

Après des mois de discussions et face à la menace d'une "guerre immédiate et terrible", selon les termes du Premier ministre britannique Lloyd George, l'équipe de négociation irlandaise, menée par Michael Collins, signa le traité anglo-irlandais le 6 décembre 1921. Au lieu d'établir la République d'Irlande pour laquelle l'IRA s'était battue, il créait un État libre d'Irlande (Irish Free State), en réalité un dominion britannique, dans lequel les membres du Parlement nouvellement constitué devaient jurer allégeance à la couronne britannique avant de pouvoir participer aux affaires de l'État. Les six comtés constituant

1919-1921

Début de la guerre d'Indépendance en janvier 1919. Deux ans (et 2 014 morts) plus tard, la guerre se termine par une trêve, le 11 juillet 1921, menant à des pourparlers de paix.

1921-1922

Signature le 6 décembre 1922 du traité anglo-irlandais, qui accorde l'indépendance à 26 comtés d'Irlande et le choix aux six comtés de l'Ulster de demeurer britanniques.

1922-1923

Guerre civile, brève et sanglante, entre forces pro et anti-traité. Les partisans du traité l'emportent.

1948

Le Fine Gael, en coalition avec le nouveau parti républicain Clann na Poblachta, remporte l'élection générale de 1948 et proclame la République d'Irlande.

l'Irlande du Nord, qui avaient le choix de faire partie de l'État libre ou de rester au sein du Royaume-Uni, choisirent cette dernière solution, annonçant la nouvelle série de troubles à venir dans le Nord. Collins n'était pas satisfait de l'accord mais espérait que ce dernier serait le "premier pas concret" vers une République irlandaise. Cependant, il voyait aussi les problèmes arriver : "Je viens, je vous le dis, de signer là mon arrêt de mort", prophétisa-t-il.

Éamon De Valera s'opposa farouchement au traité et les deux anciens camarades rejoignirent chacun son camp, pro-traité et anti-traité. Malgré la ratification dudit traité par le Dáil (à une faible majorité) et son acceptation par une grande partie de l'électorat, l'Irlande sombra dans la guerre civile en juin 1922.

Paradoxalement, celle-ci fut plus violente que le conflit qui l'avait précédée, et ses traces dans les esprits sont encore décelables aujourd'hui. En 11 mois, la guerre fit quelque 3 000 victimes irlandaises, dont 77 périrent exécutées. L'assassinat de Michael Collins à Cork, dans son comté d'origine, le 22 août 1922 secoua le pays ; 500 000 personnes (près d'un cinquième de la population) assistèrent à ses funérailles. Les derniers mois de combats furent particulièrement affreux, les deux camps se livrant à des atrocités. Le 24 mai 1923, De Valera donna l'ordre aux forces anti-traité de déposer les armes.

L'écrivain et négociateur du traité Robert Erskine Childers fut exécuté par les autorités de l'État libre d'Irlande en 1922. Childers, qui avait fini par rejoindre le camp anti-traité pendant la guerre civile, fut arrêté pour possession d'une arme à feu remise par (le désormais pro-traité) Michael Collins et condamné à mort.

La République d'Irlande

L'Irlande entra finalement dans une période de paix. Sans lutte armée à mener (du moins pas souhaitée par la majorité), l'IRA devint une force marginalisée dans l'Irlande indépendante et le Sinn Féin s'effondra. En 1926, De Valera créa un nouveau parti, le Fianna Fáil ("soldats du destin"), resté depuis lors une force dominante de la politique irlandaise. Au cours des décennies suivantes, le Fianna Fáil élimina progressivement la plupart des clauses du traité avec lesquelles il était en désaccord (notamment le serment d'allégeance).

En 1932, un Dublin fraîchement rénové accueillit le 31e congrès eucharistique, auquel affluèrent des visiteurs du monde entier. L'Église catholique commença à exercer un contrôle disproportionné sur les affaires de l'État ; la contraception fut interdite dans les années 1930 et l'âge du consentement sexuel porté de 16 à 17 ans.

En 1936, l'IRA refusant de désarmer, De Valera la fit interdire. L'année suivante, l'"État libre", associé à la guerre civile, prit le nom d'"Eire" dans une Constitution réécrite.

Malgré sa forte contribution, le Fianna Fáil concéda à ses rivaux du Fine Gael, descendants du gouvernement pro-traité de l'État libre, la proclamation de la république de 26 comtés en 1948.

Témoin de la guerre civile qui éclate en 1922, Joseph Kessel écrivit une nouvelle, *Mary de Cork*, inspirée par les divisions qui éclatèrent jusqu'au sein de familles et qui coûtèrent la vie à quelque 3 000 personnes, davantage que lors de la guerre d'Indépendance.

Années 1960

Avec l'essor de la construction, de nouvelles banlieues se développent au nord et au sud de la capitale. Y sont relogés, dans de meilleures conditions, les Dublinois du centre-ville.

1969

Des marches à Derry sont perturbées par des attaques loyalistes et de violentes actions policières, menant à la "bataille du Bogside" (12-14 août). L'événement marque le début des "Troubles".

1972

Des manifestants en colère brûlent l'ambassade britannique à Dublin en réaction à la mort de 13 civils à Derry, sous les balles de parachutistes britanniques.

1974

Le 17 mai, des attentats à la bombe simultanés à Monaghan et à Dublin font 33 morts et 300 blessés. C'est la journée la plus meurtrière de ces temps de "Troubles".

Tramway Luas

Vers la modernisation

Sean Lemass succéda à De Valera comme Taoiseach (Premier ministre) en 1959 et s'attela à redresser l'économie irlandaise. Ses résultats furent tels que le taux d'émigration diminua rapidement de moitié. Tandis que Londres connaissait ses *swinging sixties* (folles années soixante), Dublin, en plein essor, drainait les jeunes des communautés rurales. Les mauvais jours semblaient définitivement révolus. Mais, presque fatalement, l'économie retomba dans la récession.

Lors du 50e anniversaire de l'insurrection de Pâques de 1916, l'IRA fit sauter en partie la colonne Nelson dans O'Connell St et les foules exultèrent lorsque ce souvenir de la domination britannique fut retiré la semaine suivante. Dans le Nord, où le républicanisme était toujours répandu, une nouvelle série de "Troubles" était sur le point d'éclater.

Malgré la neutralité de l'Irlande dans la Seconde Guerre mondiale (afin de promouvoir son indépendance), le North Strand de Dublin fut frappé par une bombe allemande de 227 kg le 31 mai 1941, qui fit plus de 30 morts et 90 blessés.

Années 1990

Faible taux d'imposition des entreprises, investissements dans l'enseignement supérieur, subventions européennes et main-d'œuvre à bas coûts favorisent l'essor du "Tigre celtique".

1993

Quelque 20 000 manifestants appellent l'IRA à mettre fin aux violences après la mort de deux enfants dans l'explosion d'une bombe à Warrington, en Angleterre.

2005

L'IRA met fin à la lutte armée le 28 juillet, ordonnant à ses unités de "développer des programmes purement politiques et démocratiques par des moyens exclusivement pacifiques".

2008

La crise financière mondiale provoque l'effondrement du système bancaire irlandais et des prix de l'immobilier.

L'Irlande intégra la Communauté économique européenne (CEE), prédécesseur de l'Union européenne (UE), en 1973, et tira parti d'un soutien financier important de l'organisation au cours des décennies suivantes. L'instabilité politique et la récession internationale mirent cependant à mal les espoirs de reprise économique, et au début des années 1980, l'émigration devint une fois de plus un problème majeur. Mais l'Irlande – et Dublin en particulier – se libéralisait de plus en plus, secouant les entraves imposées sur ses mœurs sociales et morales par une Église catholique sensiblement conservatrice. Par ailleurs, les affaires récurrentes de corruption et de népotisme mirent à mal l'image des politiques.

Le pape Jean-Paul II se rendit en Irlande en 1979 et plus de un million de personnes affluèrent vers Phoenix Park pour l'entendre dire la messe ; près de 130 000 personnes vinrent y voir le pape François en 2018.

À Dublin, peu touchée par les tensions religieuses qui déchiraient l'Irlande du Nord, 25 personnes trouvèrent toutefois la mort dans l'explosion de trois voitures piégées par les loyalistes en 1974.

Du Tigre celtique...

Au début des années 1990, les subventions européennes contribuèrent à relancer la croissance économique de l'Irlande. D'énormes sommes d'argent furent investies dans l'éducation et les infrastructures, tandis qu'une politique de faible taux d'imposition des sociétés, combinée à d'autres incitations, rendait l'Irlande formidablement attrayante pour les entreprises de haute technologie cherchant à s'implanter sur les marchés européens. En moins d'une décennie, l'île d'Émeraude quitta le cercle des pays les plus pauvres d'Europe pour entrer dans celui des plus riches. De 18%, le taux de chômage chuta à 3,5%. Le salaire moyen dans l'industrie fit un bond jusqu'aux avant-postes européens et le PIB progressa de façon spectaculaire. Le “Tigre celtique”, modèle de réussite économique, faisait l'envie du monde entier.

À Dublin, l'Irish Financial Services lança un vaste programme de construction, lequel s'étendit, de part et d'autre de la Liffey, vers le port ; la population de la ville augmenta considérablement et les banlieues s'agrandirent pour accueillir les nouveaux arrivants en provenance d'autres régions d'Irlande et au-delà.

Leo Varadkar est le huitième Dublinois à devenir Taoiseach (Premier ministre). Il est le plus jeune, et également le premier homosexuel, à occuper la fonction.

... à la pénurie de crédit

À partir de 2002, une explosion de la construction immobilière, totalement déconnectée de toute prévision de croissance raisonnable, maintint l'économie à son plus haut niveau. L'incontrôlable marché des produits dérivés inonda soudain d'argent à faible taux d'intérêt les banques irlandaises, qui ne demandaient pas mieux que de prêter.

La chute de Lehman Brothers marqua le début de la pénurie de crédit. Parties pour faire faillite, les banques irlandaises furent renflouées in

2009

La publication du rapport Murphy révèle que des faits de pédophilie avaient été, des décennies durant, couverts par des évêques irlandais.

2011

La reine Élisabeth II se rend à Dublin dans le cadre de son voyage en Irlande. Il s'agit de la première visite d'un monarque britannique depuis celle de George V en 1911.

2013

Après des débats houleux à travers tout le pays, le Parlement irlandais adopte à une large majorité une loi autorisant l'avortement en cas de “risque réel et substantiel” pour la mère.

2015

L'Irlande devient le premier pays de la zone euro touché par la crise à sortir de l'austérité tout en ayant respecté les termes de son plan de sauvetage.

QUELQUES FILMS RACONTANT DUBLIN ET L'IRLANDE

- *Michael Collins*, de Neil Jordan, 1996. L'artisan de la révolte qui éclate à Dublin en 1916 est un homme de l'ombre voué à son pays : Michael Collins.
- *The Van*, de Stephen Frears, 1996. Dans le sillage de la folie engendrée par le parcours de l'équipe d'Irlande de football lors de la Coupe du monde de 1990, des chômeurs de Dublin se lancent dans un commerce ambulant de sandwichs.
- *Le Général*, de John Boorman, 1998. Le portrait du célèbre patron de la pègre dublinois Martin Cahill, avec toute la brutalité et l'humour puéril attachés au personnage.
- *The Magdalene Sisters*, Peter Mullan, 2003. La région de Dublin, dans les années 1960. Le couvent des sœurs de Marie-Madeleine accueille les jeunes filles reniées par leurs parents pour les avoir déshonorés.
- *Le vent se lève*, de Ken Loach, 2006. En 1920, deux frères très proches s'engagent dans la lutte pour l'indépendance de l'Irlande, qui vire... à la guerre fratricide.

extremis. Avant que l'Irlande ne comprenne ce qui lui arrivait, son avenir économique à moyen terme était aux mains du Fonds monétaire international (FMI) et de l'Union européenne. De nouveau confrontée aux démons familiers du chômage élevé et de l'émigration, le pays amorça une sortie de crise à la fin de 2014 après des mesures d'austérité strictes.

À Dublin, les signes de la reprise furent étayés par une nouvelle série de chantiers, notamment l'ajout d'une ligne de tramway dans le centre-ville reliant deux lignes Luas, ainsi que la construction en cours du plus haut bâtiment de la ville, s'élevant depuis Point Sq, près du 3 Arena.

Mai 2015

Le mariage homosexuel est accepté par référendum à une large majorité. Les résultats sont annoncés au Dublin Castle et l'événement est fêté dans le centre-ville.

2017

Le Dublinois Leo Varadkar, gay et fils d'un immigrant indien, devient Taoiseach (Premier ministre). À 38 ans, c'est le plus jeune à occuper cette fonction.

23 juin 2016

Référendum sur l'Union européenne ; les Brexiters l'emportent au Royaume-Uni.

2018

L'Irlande vote l'abrogation de l'article constitutionnel interdisant l'avortement. À Dublin, le “oui” l'emporte à plus de 73%

Littérature

Les Dublinois s'y entendent en matière de livres. De fait, nulle autre ville de taille comparable ne saurait se targuer d'avoir engendré quatre Prix Nobel de littérature. Or son influence dans le domaine anglo-saxon dépasse largement le glorieux quatuor formé par George Bernard Shaw, William Butler Yeats, Samuel Beckett et Seamus Heaney. Ainsi, James Joyce reste-t-il, pour beaucoup, la référence ultime.

Capitale littéraire

Déjà, avant que Dublin n'éveille l'intérêt des Vikings, l'Irlande était une terre de saints et d'érudits, constellée de monastères. Or, pour le sujet qui nous intéresse, il nous faut faire un bond en avant de 1 000 ans jusqu'au XVIIIe siècle et à la glorieuse époque du Dublin georgien, lorsque les langues anglaise et irlandaise commencèrent à s'entremêler. En manipulant l'anglais, en utilisant des tournures de phrase et des expressions traduites du gaélique et en passant l'ensemble au prisme de leur culture, les écrivains irlandais ont posé les fondements à la fois de leur spécificité et de leur succès pérenne. Le critique de théâtre britannique Kenneth Tynan l'a d'ailleurs résumé dans le journal *The Observer* : "Les Anglais économisent les mots à la manière d'avares, tandis que les Irlandais les dépensent comme des marins en bordée."

Dublin fourmille d'aspirants écrivains, et la ville garde une réputation de pépinière d'auteurs. Dans les librairies, le rayon consacré aux œuvres irlandaises est souvent le plus animé et le mieux fourni, comme en manière de témoignage d'une tradition littéraire à la fois riche et vivante, soutenue par un vivier de lecteurs cultivés, qui assistent avec enthousiasme aux lectures et aux récitals de poésie.

Une histoire littéraire de la ville

La littérature irlandaise moderne commence avec Jonathan Swift (1667-1745), grand satiriste, doyen de la St Patrick's Cathedral et auteur des *Voyages de Gulliver* (écrit en 1721). Deux siècles plus tard, on retrouve,

FESTIVALS LITTÉRAIRES

Les festivals littéraires de Dublin sont d'excellentes occasions de rencontrer des auteurs irlandais et internationaux. Les plus connus sont les suivants :

International Literature Festival Dublin (☎01-969 5259 ; www.ilfdublin.com ; ⊙mai). Le plus grand événement littéraire de la ville est une fabuleuse vitrine de talents locaux et internationaux.

Dublin Book Festival (www.dublinbookfestival.com ; ⊙mi-nov). Trois jours ponctués de lectures et de conférences.

Dalkey Book Festival (www.dalkeybookfestival.org ; ⊙mi-juin). Un petit festival à la programmation impressionnante.

Mountains to the Sea Dlr Book Festival (www.mountainstosea.ie ; ⊙mi-mars). La littérature déferle sur la banlieue sud de Dun Laoghaire.

DUBLIN EN ROMAN

Gens de Dublin (James Joyce, 1914). Dublin est le socle de cet emblématique recueil de 15 nouvelles décrivant les vicissitudes de la capitale et de ses habitants de la classe moyenne au début du XXe siècle.

Dublin 4 (Maeve Binchy, 1982). Bien qu'écrit il y a plus de 30 ans, ce roman abordant les tumultes qui secouent un groupe de résidents d'un des quartiers les plus huppés de Dublin reste tout aussi prenant et pertinent aujourd'hui.

Paddy Clarke Ha Ha Ha (Roddy Doyle, 1993) Un roman d'apprentissage au cœur d'une famille déchirée avec pour toile de fond le Dublin des années 1960.

Vera (Karl Geary, 2017). *Vera* conte la relation tourmentée entre l'adolescent Sonny et Vera, une femme bien plus âgée, et dépeint le Dublin des années 1980 à travers Monkstown, quartier du sud de la ville.

Voir aussi p. 212

entre autres éminents auteurs, Oscar Wilde (1854-1900), acclamé autant qu'il fut décrié, et Bram Stoker (1847-1912), créateur de *Dracula* (1897) – le nom du comte viendrait en fait du valaque *dracul* (diable), et non du gaélique *droch fhola* (mauvais sang) –, ainsi que le dramaturge et essayiste George Bernard Shaw (1856-1950), auteur de la pièce de théâtre *Pygmalion* (1914, adaptée en 1956 en comédie musicale sous le nom de *My Fair Lady*), qui naquit dans Synge St, près du Grand Canal.

Largement au-dessus du lot – en termes de réputation, sinon de popularité – on trouve James Joyce (1882-1941), source de grande fierté en Irlande. Joyce produisit la majeure partie de son œuvre alors qu'il avait quitté son île natale pour s'installer à Paris, véritable vivier artistique à l'époque. Autre grand expérimentateur de la langue et du style, Samuel Beckett (1906-1989) s'installa aussi dans la capitale française. Très influencé par Dante et Descartes, le travail de Beckett se concentre sur les questions existentielles liées à la condition humaine et à la nature profonde de l'individu. Il est surtout connu pour sa pièce *En attendant Godot* (1948-1949), mais sa réputation s'appuie sur un socle plus large de romans et de pièces au réalisme puissant.

Parmi les dizaines d'auteurs irlandais du XXe siècle ayant atteint la renommée, mentionnons le dramaturge et romancier Brendan Behan (1923-1964), dont la vie mouvementée lui inspira des œuvres puissantes caractérisées par un style tragi-comique, parmi lesquelles *Un peuple partisan* (*Borstal Boy*, 1958), *Le Client du matin* (*The Quare Fellow*, 1956), et *Un otage (The Hostage)*. Lorsqu'il meurt à 41 ans à Dublin, détruit par l'alcool, il est déjà une véritable légende dans son pays. Un recueil de ses chroniques de presse a été publié sous le titre *Encore un verre avant de partir* (Gallimard, 1970).

Prix Nobel dublinois

- William Butler Yeats (1923)
- George Bernard Shaw (1925)
- Samuel Beckett (1969)
- Seamus Heaney (1995)

Le monde littéraire aujourd'hui

Le paysage littéraire irlandais est florissant, notamment grâce à la prolifération de petits éditeurs. Ayant davantage de chances de toucher un public, une nouvelle génération d'écrivains a ainsi été encouragée à se lancer.

Indirectement, le mouvement #MeToo a participé à cet essor, les éditeurs étant plus prompts qu'autrefois à faire entendre la voix des femmes. C'est le cas notamment de Sally Rooney, la plus belle révélation de cette scène davantage centrée sur les femmes. Son premier roman, *Conversations entre amis* (*Conversations with Friends*, 2017 ; Éditions de l'Olivier), a révélé son immense talent d'écrivaine, mais c'est son dernier ouvrage, *Normal People* (en anglais, 2018), qui a fait d'elle une véritable

JAMES JOYCE

Le plus important des écrivains dublinois est James Joyce, auteur d'*Ulysse*, un ouvrage majeur, mais d'une lecture particulièrement ardue. Les Dublinois sont désormais fiers de cet écrivain, naguère qualifié de pornographe littéraire, aussi bien par ses concitoyens que par nombre de sommités – même George Bernard Shaw le déclara vulgaire. Incompris, Joyce quitta la ville et n'y résida plus jamais, bien qu'il eût continué d'y vivre à travers son imagination et son œuvre.

Sa vie

Né à Rathgar, dans la banlieue sud de Dublin, en 1882, le jeune Joyce grandit au nord de la Liffey. Il publia trois nouvelles dans un magazine agricole irlandais, sous le nom de plume de Stephen Dedalus, en 1904. La même année, il partit de la ville avec l'amour de sa vie, Nora Barnacle. Il passa la majeure partie des dix années suivantes à Trieste (aujourd'hui rattachée à l'Italie), où il écrivit beaucoup mais eut toutes les peines du monde à être publié. Sa carrière fut entravée par un problème de vue persistant : il dut subir 25 opérations pour un glaucome, la cataracte et d'autres affections.

Sa première grande œuvre en prose publiée fut *Gens de Dublin* (1914), un recueil de nouvelles se déroulant à Dublin, incluant les trois premières qu'il avait écrites en Irlande. Des éditeurs le remarquèrent et son roman autobiographique *Portrait de l'artiste en jeune homme* (1916) suivit dans la foulée. En 1918, le magazine américain *Little Review* commença à publier des extraits d'*Ulysse*, mais une réputation sulfureuse accompagnait déjà Joyce et la censure empêcha la publication d'autres épisodes après 1920.

Passant par Paris lors d'une de ses rares visites à Dublin, Joyce se laissa convaincre par Ezra Pound de rester quelque temps dans la capitale française. Ce qui ne devait être qu'un bref séjour dura 20 ans. Ce fut une bonne chose pour l'écrivain en difficulté, car en 1922, il rencontra Sylvia Beach de la librairie parisienne Shakespeare & Co, qui parvint finalement à faire imprimer *Ulysse* (1922). La publicité causée par son interdiction passée lui assura un succès immédiat.

Remis à flot par ce texte novateur, Joyce liquida ses économies avec *Finnegans Wake* (1939), consacré aux rêveries d'un patron de pub dublinois. Écrit durant 17 ans, cet ouvrage d'une épaisseur intimidante et souvent obscur, sur la répétition éternelle, est encore plus complexe qu'*Ulysse*.

En 1940, la Seconde Guerre mondiale ramena la famille Joyce à Zurich, en Suisse, où l'écrivain mourut l'année suivante.

Ulysse

Ulysse est un extraordinaire portrait de la capitale irlandaise : selon ses propres mots, Joyce souhaitait "donner une image de Dublin tellement complète que si la ville disparaissait un jour de la planète, elle pourrait être reconstruite grâce à [son] livre". L'histoire se déroule le 16 juin 1904 – le jour du premier rendez-vous entre Joyce et Nora Barnacle – et accompagne les personnages dans leurs pérégrinations en ville, en faisant un parallèle avec le voyage d'Homère dans l'*Odyssée*.

Le style expérimental rend la lecture difficile, mais il y a beaucoup à apprécier pour tout lecteur un tant soit peu curieux. Le livre s'achève avec le célèbre monologue intérieur de Molly Bloom, un chapitre de huit longs paragraphes non ponctués. En raison de son caractère sexuel explicite, *Ulysse* fut interdit aux États-Unis et au Royaume-Uni jusqu'en 1933 et 1937, respectivement.

Preuve de sa pertinence intemporelle et de son extraordinaire créativité, ce livre a inspiré des écrivains de toutes les générations depuis sa publication. Chaque année, le 16 juin, des admirateurs de Joyce viennent du monde entier pour célébrer le Bloomsday et marcher dans les pas du personnage principal d'*Ulysse*, Leopold Bloom. Ce phénomène est devenu un peu surfait et touristique, mais il reste une excellente entrée en matière avant de s'attaquer au livre.

star. Décrivant une relation difficile entre deux amis en temps de récession économique, *Normal People* a été primé à plusieurs reprises, remportant le Costa Book Award du meilleur roman et étant élu livre de l'année pour les British Book Awards, et s'est classé dans la liste des best-sellers du *New York Times*. Autre nom à retenir, Emilie Pine a débarqué sur la scène littéraire en 2018 avec une superbe collection d'essais, *Notes à usage personnel (Notes to Self*, Delcourt, 2019), qui jette un regard cru sur l'addiction, l'agression sexuelle et la santé mentale.

Née au Nigeria, Melatu Uche Okorie s'est installée en 2006 en Irlande, où pendant 8 ans et demi elle a suivi le processus administratif des demandeurs d'asile, expérience qu'elle raconte dans les trois nouvelles de *This Hostel Life* (en anglais, 2018), qui mettent en lumière la vie des migrants en Irlande.

Autre voix montante, celle de Sinéad Gleeson et de ses mémoires publiés en 2019 ; *Constellations: Reflections from Life* (en anglais) est un recueil étonnant d'essais sur la relation tendue entre le corps physique et l'identité. Originaire de Dublin, Karl Geary s'est installé à New York à la fin des années 1980, mais c'est dans le sud de Dublin que se déroule son premier roman *Vera* (*Montpelier Parade,* 2017), une histoire d'amour entre un adolescent et une femme plus âgée.

Premier roman de Karl Whitney, *Hidden City: Adventures & Explorations in Dublin* (2015, non traduit en français) est une plongée incroyable dans les recoins les plus secrets de Dublin. Il a été approuvé par Colm Tóibín, selon lequel il s'agit d'un guide de Dublin plus utile qu'*Ulysse* ou n'importe quel guide officiel.

Petites villes et récession

Actuellement, le thème de la vie dans les petites villes est très populaire et beaucoup d'auteurs explorent les effets de la crise économique de 2008. Les écrits empreints de nostalgie et de répression du passé ont cédé la place à un style plus incisif, souvent teinté d'humour noir, reflet d'une nouvelle génération d'écrivains ayant grandi avec la confiance optimiste du Tigre celtique mais souvent contrainte d'affronter la dure réalité de l'austérité post-crise.

Parmi eux, Lisa McInerney, née à Cork, qui a écrit *Hérésies glorieuses* (Joëlle Losfeld, 2017), et Colin Barrett, qui a remporté le Guardian First Book Award pour *Jeunes loups* (2013), publié en français aux éditions Payot et Rivages en 2016. *Ithaca* (2017) d'Alan McMonagle traite du même sujet, en narrant l'histoire d'un garçon solitaire qui recherche son père insaisissable, ou comment nous faire comprendre qu'en poursuivant quelque chose que nous avons perdu, nous risquons de ne plus profiter de ce que nous avons. *Multitudes* (2016), de Lucy Caldwell, est un recueil de nouvelles qui réchauffe le cœur ; les histoires se passent quasiment toutes à Belfast, avec une série de jeunes femmes affrontant les difficultés de la vie. Autre remarquable roman axé sur la récession : *Le cœur qui tourne* (Albin Michel, 2015) de Donal Ryan, dans lequel les conséquences de la crise sur l'Irlande rurale sont explorées à travers 21 voix différentes.

Des succès mondiaux

Rooney, Pine et bien d'autres ont rejoint le panthéon des grands écrivains irlandais. Le Dublinois Colum McCann (né en 1965) a quitté l'Irlande en 1986 et a fini par s'installer à New York, où son sixième roman, *Et que le vaste monde poursuive sa course folle* (Belfond, 2009), sur l'après 11-Septembre, l'a catapulté au sommet de la gloire littéraire et lui a valu de remporter le National Book Award (catégorie fiction) et l'International IMPAC Dublin Literary Award.

Les stars des librairies continuent d'alimenter la production littéraire du pays, à commencer par Roddy Doyle (né en 1958), dont le quatuor de Barrytown – *The Commitments, The Snapper, The Van* et *Paddy Clarke, Ha Ha Ha* –, au succès faramineux, a été quasi intégralement adapté au cinéma.

LITTÉRATURE POUR JEUNES ADULTES

Les écrivains irlandais connaissent un franc succès sur le marché de la littérature pour jeunes adultes. *Le Garçon au pyjama rayé* (2007, Folio Junior) de John Boyne peut être considéré comme un chef-d'œuvre du genre, tandis que *My Brother's Name is Jessica* (en anglais, 2019) aborde la transsexualité dans un roman destiné aux ados.

Eoin Colfer, l'un des auteurs irlandais les plus connus, est le créateur d'Artemis Fowl, une série de huit romans fantasy (publiés chez Folio Junior en France) où l'on voit Artemis Fowl II passer d'antihéros criminel à sauveur de fées.

Née à Dublin, Sarah Crossan est une auteure à grand succès de romans pour jeunes adultes, avec des titres tels que *Swimming Pool* (2011, Rageot Éditeur) et *Inséparables* (2017, Rageot Éditeur), l'histoire touchante de jumelles siamoises. Les jeunes lecteurs se sont délectés de la série *Darkmouth* de Shane Hegarty (né en 1976), qui se déroule dans une ville irlandaise imaginaire (Darkmouth), où le jeune Finn découvre les filles et apprend à combattre des monstres. Le troisième tome, *Chaos Descends*, publié en 2017, n'a pas encore été traduit en français.

Sebastian Barry (né en 1955), publié en France chez Joëlle Losfeld, a été sélectionné deux fois pour le Man Booker Prize : pour son drame sur fond de Première Guerre mondiale, *Un long long chemin* (2005), et pour *Le Testament caché* (2008), l'histoire captivante de Roseanne McNulty, une centenaire internée dans un hôpital psychiatrique qui décide d'écrire son autobiographie. *L'Homme provisoire* (2014) raconte l'histoire du beau-frère de Roseanne, Jack McNulty, ancien officier britannique ayant servi en Afrique pendant la Seconde Guerre mondiale qu'un sentiment de culpabilité empêche de rentrer en Irlande. En 2016, il a publié le quatrième roman consacré à la famille McNulty, *Des jours sans fin*, une épopée qui se déroule en partie durant la guerre de Sécession aux États-Unis.

Anne Enright (née en 1962), publiée en français chez Actes Sud, a quant à elle décroché le Booker Prize pour *Retrouvailles* (2007), une histoire d'alcoolisme et de violence dans l'air du temps – elle décrit son livre comme l'"équivalent intellectuel d'un mélodrame hollywoodien". Son dernier roman, *L'Herbe maudite* (2015), sonde également les eaux troubles de la famille irlandaise.

Autre lauréat du Booker Prize, John Banville (né en 1945) a été récompensé pour son ouvrage *La Mer* (2005) paru en français chez Robert Laffont en 2007. Parmi ses autres œuvres, nous recommandons *Le Livre des aveux* (Actes Sud, 1996), ou le sublime roman à clés *L'Intouchable* (Flammarion, 1998), librement adapté de la vie de l'historien des arts et espion prosoviétique Anthony Blunt (membre, comme Kim Philby, des "Cinq de Cambridge"). Banville est également l'auteur, sous l'alias de Benjamin Black, d'une série de huit romans policiers se déroulant dans les années 1950 et mettant en scène un médecin légiste tourmenté du nom de Quirke – le dernier en date est *Wolf on a String* (2017).

Le téléphone de Beckett, la carte de syndicaliste de Behan et une première édition de *Dracula* sont réunis dans le Dublin Writers Museum, où l'on peut admirer une collection fournie d'objets provenant des plus célèbres écrivains dublinois (décédés).

Autre poids lourd de la littérature, Colm Tóibín (né en 1955 à Wexford) est l'auteur de neuf romans dont *Brooklyn* (2009 ; l'adaptation cinématographique de 2015, avec Saoirse Ronan, a été nommée dans plusieurs catégories aux Oscars), et, plus récemment, *Nora Webster* (10/18, 2014), l'histoire poignante d'une veuve dans les années 1960.

Après le succès de *Room* (Stock, 2011 ; un film a été tiré du roman. Brie Larson a reçu l'oscar de la meilleure actrice en 2016), Emma Donoghue (née en 1969) a enchaîné avec *Frog Music* (2014), sur la vie et le meurtre de Jenny Bonnet, une jeune femme s'habillant en homme dans le San Francisco de la fin du XIXe siècle.

Le Prix Nobel Seamus Heaney

Enfin, mentionnons John Boyne (né en 1971), devenu l'un des auteurs irlandais contemporains les plus connus grâce à son roman *Le Garçon en pyjama rayé* (Gallimard, 2006 ; adapté au cinéma en 2008), traitant de l'Holocauste. En 2011, il a publié l'excellent *Le Secret de Tristan Sadler* (L'Archipel, 2015) ; puis *A History of Loneliness* (2014), qui s'attaque à la question épineuse de la pédophilie dans l'Église catholique, et *Les Fureurs invisibles du cœur* (2018, JC Lattès), sur la vie d'un homosexuel depuis les années 1960 jusqu'au référendum sur le mariage pour tous en 2015.

Poètes contemporains

Le plus grand poète moderne irlandais fut le Prix Nobel Seamus Heaney (1939-2013), qui naquit à Derry mais vécut à Dublin ; son incroyable enthousiasme et son ironie imprègnent chacune de ses œuvres. Prix Nobel 1995, il a été le successeur de Yeats et l'un des plus importants poètes contemporains de langue anglaise. Parmi ses recueils, *Poèmes 1966-1984* (Gallimard, 1988) est notre préféré.

Le Dublinois Paul Durcan (né en 1944) constitue l'un des regards les plus fiables sur l'évolution de Dublin. Cet écrivain drôle, attachant, tendre et sauvage a remporté le prestigieux Whitbread Prize for Poetry en 1990 pour *Daddy, Daddy*. Eavan Boland (née en 1944) est une auteure prolifique et très appréciée, en particulier pour ses vers alliant politique irlandaise et féminisme assumé ; *In a Time of Violence* (1994) et *Une femme sans pays* (1998, au Castor Astral en 2015) sont deux de ses recueils les plus connus. Plus récemment, *Against the Clock* (2018) de Derek Mahon (né en 1941) est une méditation mélancolique sur le passage du temps autant qu'une acceptation joyeuse de celui-ci. Née en 1979 à Galway, Elaine Feeney est l'une des poétesses contemporaines les plus réputées du pays : *Rise* (2017) est son quatrième recueil.

Si vous souhaitez en apprendre plus sur la poésie irlandaise, consultez le site Internet de l'excellente association Poetry Ireland (www.poetryireland.ie ; en anglais), qui présente le travail de plumes reconnues ou émergentes.

Littérature "pour filles"

La littérature pour filles, aussi connue sous le nom de "chick-lit" (littéralement, "littérature pour poulettes"), est un genre que les Irlandaises maîtrisent comme peu d'autres.

La doyenne en est Maeve Binchy (1940-2012), dont le style très maîtrisé lui a permis de vendre plus d'exemplaires que la majorité des géants de la littérature. *Le Lac aux sortilèges* (Pocket, 2015) est son dernier ouvrage traduit.

Marian Keyes (née en 1963) écrit elle aussi best-seller sur best-seller. C'est une conteuse exceptionnelle dotée d'une capacité rare à s'attaquer à des sujets délicats comme l'alcoolisme et la dépression, affection dont elle a souffert et qu'elle aborde avec une honnêteté admirable.

Cathy Kelly (née en 1966), ancienne préposée au courrier des lecteurs, publie quant à elle un roman par an. Son dernier livre traduit, *Les vraies histoires d'amour commencent à Paris* (Pocket, 2017), s'ouvre par une demande en mariage au pied de la tour Eiffel qui n'est que le début des ennuis pour le pauvre couple.

Musique

La vie littéraire de Dublin a de quoi inspirer les intellectuels, mais c'est sa tradition musicale qui fera danser tous les autres. Dire que la musique fait, tout comme les pubs, intrinsèquement partie du mode de vie local, n'a rien d'un cliché. Certaines rues, comme Grafton St et Temple Bar, vivent à son rythme, et il n'est pas exclu que vous croisiez, à la faveur d'une soirée ou d'une promenade, quelque grand nom en devenir.

Musique folk et traditionnelle

La musique irlandaise – souvent qualifiée de "traditionnelle" – a conservé une vitalité peu commune dans l'Europe actuelle. Les mélodies des chansons et morceaux de musique se transmettaient oralement entre musiciens, se perpétuant et évoluant de cette façon. Ce mode de transmission est un élément déterminant dans le dynamisme de la musique traditionnelle.

Sa résistance à l'épreuve de la modernité s'explique aussi sans doute par l'influence que la musique irlandaise a eue sur divers genres musicaux, en particulier le folk et la country en Amérique – une fusion, entre autres, entre le blues du delta du Mississippi et les mélodies traditionnelles irlandaises qui, combinée à d'autres inspirations comme le gospel, est à la base du rock and roll. Son succès actuel tient également à la volonté des artistes de faire évoluer leur jeu (au sein de diverses formations plutôt que dans les *céilidh* – groupes jouant lors de soirée danse et de musique folklorique) et au développement des sessions live dans les pubs.

De fait, découvrir cette musique dans un pub reste le meilleur moyen de l'écouter dans ce qu'elle a de plus authentique, et l'importante demande touristique vaut à des bœufs exceptionnels d'être joués dans des établissements partout en ville. Les meilleurs musiciens n'en ont pas moins également pris le chemin des studios. Voici quelques pistes d'enregistrements inoubliables : le violon de Tommy Peoples dans l'album *The Quiet Glen* (1998), la sublime cornemuse irlandaise de Paddy Keenan dans son album éponyme de 1975 ou l'incroyable guitare d'Andy Irvine dans des albums comme *Compendium: The Best of Patrick Street* (2000).

Le groupe traditionnel le plus connu est The Chieftains, qui désormais joue surtout aux États-Unis, et a fêté son 50e anniversaire en 2012 avec l'ambitieux *Voice of Ages*, une collaboration avec des artistes comme Bon Iver et Paolo Nutini. Plus populaire que traditionnel, The Dubliners fut fondé dans le pub O'Donoghue's, dans Merrion Row, la même année que The Chieftains. Si la plupart de ses membres d'origine, dont le brillant Luke Kelly et le chanteur Ronnie Drew, sont décédés, cette formation continue de donner des concerts empreints de nostalgie. Son talent s'exprime assez bien dans l'album *Live at Vicar St*, sorti en 2006.

Autre groupe dont la carrière a été intimement liée à la vie dublinoise, The Fureys comprend quatre frères issus de la communauté irlandaise des gens du voyage (*Travellers*), ainsi que le guitariste Davey Arthur. Si vous appréciez les interprétations passionnées de chansons rebelles irlandaises, ne passez pas à côté des Wolfe Tones. L'Irlande compte

Albums dublinois

- *Boy* (1980) U2
- *I Do Not Want What I Haven't Got* (1990) Sinéad O'Connor
- *Music in Mouth (2003)* Bell X1
- *Loveless* (1991) My Bloody Valentine
- *Becoming a Jackal* (2010) Villagers

LUKE KELLY : LE PREMIER DUBLINER

Reconnaissable à sa masse de cheveux roux et à sa voix, à la fois douce et puissante, Luke Kelly (1940-1984) fut peut-être le plus grand interprète de folk irlandais du XXe siècle. Il savait poser sa voix à la manière des chanteurs de blues américains qu'il admirait, pour exprimer ses angoisses et son mal de vivre.

Il fut un membre fondateur des Dubliners, aux côtés de Ronnie Drew (1934-2008), Barney McKenna (1939-2012) et Ciarán Bourke (1935-1988), mais tendait à considérer le plus célèbre groupe de folk de Dublin comme relevant d'une coopération temporaire. Il partageait le rôle de chanteur avec Ronnie Drew, sa voix singulière se prêtant très bien aux rengaines à boire classiques comme "Dirty Old Town" et aux textes rebelles comme "A Nation Once Again", mais il se distinguait surtout par son incroyable maîtrise des ballades, plus introspectives. Son interprétation d'"On Raglan Road", d'après un poème de Patrick Kavanagh que l'auteur lui-même voulait absolument qu'il chante, est ainsi la plus belle chanson sur Dublin que nous ayons jamais écoutée. Mais c'est sa version de "Scorn Not His Simplicity", de Phil Coulter, qui lui valut son rang de légende. Phil Coulter écrivit cette chanson après la naissance de son fils trisomique, et même si elle devint l'une des chansons préférées de Kelly, celui-ci tenait ce texte en si grand respect qu'il ne le chanta qu'en de rares occasions.

En janvier 2019, pour le 35e anniversaire de la mort du chanteur, deux sculptures de Kelly ont été dévoilées à Dublin, l'une sur South King St (p. 70), l'autre dans la rue de naissance de l'artiste, Sheriff St (p. 168).

Nous ne pouvons que vous recommander d'écouter *Luke Kelly: The Collection*.

pléthore de musiciens traditionnels de grand talent et nous vous conseillons fortement de passer un peu de temps dans une boutique spécialisée comme Claddagh Records, qui possède des magasins dans Cecilia St, à Temple Bar, et dans Westmoreland St.

Depuis les années 1970, plusieurs groupes ont tenté de mêler la musique traditionnelle à d'autres styles plus modernes, avec des résultats mitigés. Le premier à prendre ce chemin fut Moving Hearts, sous la houlette de Christy Moore, qui devint finalement un chanteur folk réputé.

Musique populaire

À partir des années 1960, Dublin est devenu une pépinière de musiciens rock et pop. La plupart des artistes sont aujourd'hui retombés dans l'anonymat, à l'exception de Thin Lizzy, mené par Phil Lynott (1949-1986), et du groupe de new wave de Bob Geldof, les Boomtown Rats, dont le plus grand succès est le tube *I don't like Mondays*.

Cela dit, ces formations font pâle figure à côté de U2, formé en 1976 dans le nord de Dublin, qui fut l'un des groupes de rock les plus connus au monde dès la fin des années 1980. Que dire qui n'ait déjà été dit ? Après 14 albums en studio, 22 Grammy Awards et 150 millions d'albums vendus, ils n'ont plus rien à prouver. Une maladresse commise en 2014, quand Apple a "donné" des copies de leur album, *Songs of Innocence,* aux abonnés d'iTunes, même à ceux qui ne le souhaitaient pas, n'a pas entaché leur popularité. Le Joshua Tree Tour, mené en 2017 pour commémorer le 30e anniversaire de leur album le plus marquant, a été un immense succès commercial et a fait l'unanimité auprès de la critique.

De toutes les formations irlandaises qui ont émergé dans les années 1980 et au début des années 1990, quelques-unes ont réussi à s'affranchir de la comparaison avec U2. Avec leur mélange de punk et de musique traditionnelle, les Pogues ont ainsi mis tout le monde d'accord pendant un temps, mais la clé de leur succès tenait aux textes et à la gouaille de Shane MacGowan, dont le génie s'est depuis noyé dans l'alcool – il n'en a pas moins écrit la célébrissime "A Fairytale of New

Musique traditionnelle

Compendium: The Best of Patrick Street (2001) Patrick Street

Old Hag You Have Killed Me (1976) The Bothy Band

Paddy Keenan (1975) Paddy Keenan

York", chantée avec ferveur, dans le monde anglo-saxon, à la période de Noël. En plus d'avoir une voix sublime, Sinéad O'Connor a pris le parti d'être à l'exact opposé de U2 ; son album *The Lion and the Cobra* (1987) est empreint d'une émotion qui lui a gagné la faveur pérenne du public, même si l'artiste vit désormais pour le moins en marge. Citons aussi My Bloody Valentine, pionniers du shoegaze (sous-genre du rock caractérisé par des riffs distordus et des guitares saturées) à la fin des années 1980 : *Loveless* (1991) est l'un des meilleurs albums dublinois de tous les temps.

Les années 1990 ont été largement dominées par les DJ, la dance et une nouvelle interprétation d'un genre ancien, le *boys band*. Les groupes irlandais qui ont eu le plus de succès (Boyzone et Westlife) sont des créations du producteur Louis Walsh, dont la sensibilité musicale semble se limiter au pan le plus guimauve du registre des années 1960.

Chansons dublinoises

"Lay Me Down" (2001) The Frames

"One" (1991) U2

"On Raglan Road" (1972) Luke Kelly and The Dubliners

"Molly Malone" (2002) Sinéad O'Connor

"Old Town" (1982) Phil Lynott

Scène contemporaine

La musique alternative ne s'est jamais aussi bien portée en Irlande – et Dublin, en tant que plus grande ville du pays, en est l'épicentre. Parmi les artistes à suivre, il y a Saint Sister, dont l'"atmosfolk" mêle harpe, synthétiseur et harmonies et dont le premier album, *Shape of Silence*, était l'un des meilleurs de 2018.

Le premier album de Wyvern Lingo, au titre éponyme, a également été très bien accueilli, et leurs mélodies R&B présagent de choses encore meilleures à venir. Kojaque, alias Kevin Smith, est l'une des voix les plus intéressantes de ces dernières années, avec un son hip-hop unique que l'on retrouve dans son premier album, *Deli Daydreams*.

Parmi les artistes plus établis qui continuent de faire des vagues, citons Kodaline, groupe qui connaît un succès fou en Irlande en conjuguant rock américain et Brit pop ; leur 3e album, *Politics of Living*, est sorti en 2018. Né à Bray et influencé par le blues, Hozier (Andrew Hozier-Byrne), dont le tube *Take Me to Church*, sorti en 2013, a connu un succès planétaire, a sorti un second album, *Wasteland, Baby!*, en 2019, aussitôt propulsé en tête des ventes aux États-Unis. Glen Hansard (connu pour son rôle dans le film *Once*) passe le plus clair de son temps à New York mais demeure très populaire en Irlande ; il a sorti son 4e album en solo, *The Wild Willing*, en 2019.

Surfant sur son succès fulgurant, le trio dublinois The Script a amené son pop rock mélodieux sur tous les plateaux de télévision, de *90210* à *Made in Chelsea*. Leur 5e album, *Freedom Child*, s'est placé en tête des ventes à sa sortie en 2017. Les Villagers (constitués de Conor O'Brien et de musiciens de son choix) ne vendent peut-être pas autant d'albums, mais sont reconnus dans le monde entier pour leur rock indie folk ; leur album *The Art of Pretending to Swim*, sorti en 2018, a éloigné le groupe de ses influences folk pour s'aventurer dans des sonorités plus électroniques, tout en conservant cette maîtrise de l'écriture qui a fait d'O'Brien l'un des plus grands talents d'Irlande.

Enfin, avec des groupes de noise rock comme Girl Band (formé en 2011, et dont le perturbant deuxième album *The Talkies* est sorti en 2019), Fontaines D.C. (D.C. pour "Dublin City", premier album, *Dogrel*, sorti en 2019) et son rock rageur, ou The Murder Capital, au son à la noirceur envoûtante (*When I Have Fears*, 2019), Dublin est récemment devenu l'épicentre d'un vrai revival punk, témoignant d'une vitalité électrisante et d'une saine colère face au chaos du monde ou du capitalisme sauvage… à mille lieues de la Brit pop.

Architecture

Le paysage urbain dublinois renvoie à l'âge de la ville, avec des pans visibles de son architecture remontant au Moyen Âge. Certes, la capitale est plus ancienne encore, mais nulle trace ne demeure de ses origines vikings et votre exploration architecturale débutera au XIIe siècle, avec la construction du château et des deux cathédrales. Les plus beaux édifices furent toutefois bâtis bien plus tard, durant ce siècle d'or connu désormais sous le nom de période georgienne.

Ci-dessus : National Museum of Ireland - Decorative Arts & History (p. 151)

Le Dublin médiéval

Il ne reste rien du Dublin viking, pour l'essentiel construit en bois. L'empreinte normande est davantage visible, mais même les édifices les plus impressionnants de ce temps ont largement été remaniés depuis. Le Dublin Castle – ou à tout le moins l'ensemble appelé ainsi – n'a gardé que bien peu de la forteresse érigée par les Anglo-Normands au début du XIIIe siècle et évoque davantage le style néoclassique du XVIIe siècle.

Les cathédrales de Christ Church et St Patrick's, bâties au XIIe siècle, furent largement reconstruites à l'époque victorienne, mais il en reste quelques éléments originaux, comme la crypte de Christ Church, avec sa porte romane du XIIe siècle. La plus ancienne des deux églises de St Audœn date de 1190 et arbore aussi quelques touches normandes, notamment une porte de la même période.

Archéire (www.archiseek.com) est un site Internet en anglais très complet couvrant tout ce qui a trait à l'architecture et au design irlandais. Si vous préférez un livre, misez sur le sublime *The Buildings of Ireland: Dublin* (2005 ; Yale University Press ; en anglais uniquement) de Christine Casey, où la capitale est détaillée rue par rue.

Période anglo-néerlandaise

Après la Restauration de Charles II en 1660, Dublin vécut quasi un siècle et demi d'un développement sans précédent et fut en lice pour devenir la deuxième ville la plus importante de l'Empire britannique. Les plus beaux fleurons de cette époque sont le Royal Hospital Kilmainham (1680), conçu par William Robinson et abritant aujourd'hui l'Irish Museum of Modern Art, et les Royal Barracks (désormais appelés Collins Barracks ; 1701) édifiés par Thomas Burgh et dans lesquels est aménagée une annexe du National Museum of Ireland.

Époque georgienne

L'apogée architectural de Dublin correspond aux règnes des quatre George anglais, de l'accession au trône de George Ier en 1714 à la mort de George IV en 1830. Les Wide Street Commission ("commissions des rues larges"), nommés en 1757, ont laissé leur marque à Dublin. Responsables de la conception des espaces publics et du tracé des nouveaux quartiers de la ville, ils jouèrent un grand rôle dans sa configuration actuelle : sans eux, Dublin n'aurait pas de jolies places georgiennes ni de grands boulevards. Aux efforts de cette institution s'ajoutèrent ceux de la petite noblesse anglo-irlandaise protestante de Dublin qui, forte d'une richesse nouvelle, se consacra corps et âme à l'amélioration de la cité.

L'inspiration initiale vint du travail de l'architecte italien Andrea Palladio (1508-1580), qui maîtrisait la symétrie et l'harmonie du style classique. Lorsque le style palladien arriva en Irlande dans les années 1720, les architectes d'alors se l'approprièrent et l'agrémentèrent de quelques "améliorations", notamment des façades en brique et de touches décoratives qui, à l'exemple des portes colorées, des impostes et de la ferronnerie, cassaient l'uniformité parfois austère de cette mode de l'époque. Son "style georgien" gagna un certain renom à Dublin.

Sir Edward Lovett Pearce

L'architecte à qui l'on attribue l'introduction du style georgien à Dublin est sir Edward Lovett Pearce (1699-1733), qui arriva dans la capitale en 1725 et fit sensation avec sa Parliament House (désormais la Bank of

LES STUCATEURS GEORGIENS

Derrière leurs superbes façades, nombre des maisons georgiennes de Dublin dissimulent des moulures en stuc de la plus grande délicatesse. Le travail fantastique de Michael Stapleton (1747-1801) peut être admiré à Trinity College, à Ely House près de St Stephen's Green et à Belvedere House dans le nord de Dublin. Les frères Lafranchini, Paolo (1695-1776) et Filippo (1702-1779), ont réalisé les extraordinaires décorations de la Newman House dans St Stephen's Green. Cependant, les stucs les plus célèbres de Dublin sont ceux de la chapelle située au cœur du Rotunda Hospital, qui mérite un détour pour découvrir les plâtres rococo du stucateur allemand Bartholomew Cramillion.

Leinster House

Sir William Chambers a conçu la salle d'examen (1791) et la chapelle (1798) flanquant l'élégante cour carrée du XVIIIe du Trinity College, appelée Parliament Sq. Mais l'édifice le plus splendide de l'université, l'Old Library Building, avec son incroyable Long Room (1712), est l'œuvre de Thomas Burgh.

Ireland ; 1728-1739). Il s'agissait du premier édifice au monde destiné à accueillir un Parlement bicaméral ; la chambre principale, la House of Commons, est surmontée d'un dôme évoquant celui du Panthéon.

Pearce créa également le prototype de la maison de ville georgienne. À Dublin, il s'agit en général d'un édifice sur 4 niveaux, dont un sous-sol, avec des fenêtres symétriques et une imposante porte d'entrée, souvent peinte d'une couleur vive. Un escalier en granit mène à la porte, habituellement décorée d'une délicate imposte en verre cathédrale. Les exemples les plus célèbres sont situés au sud de la Liffey, en particulier autour de Merrion Sq et Fitzwilliam Sq, mais la rive nord compte aussi quelques rues magnifiques, dont North Great George's St et Henrietta St. Cette dernière, qui reste la plus homogène des rues georgiennes de Dublin, s'enorgueillit de deux réalisations de Pearce (aux nos 9 et 10). Mountjoy Sq, l'adresse la plus huppée de Dublin au XVIIIe siècle, est actuellement en rénovation, après un siècle de négligence.

Richard Cassels

L'architecte allemand Richard Cassels (ou Richard Castle ; 1690-1751) arriva dans la capitale en 1728. Ses travaux les plus impressionnants sont des maisons de campagne situées hors de Dublin, mais on lui doit aussi les nos85 et 86 de St Stephen's Green (1738), lesquels furent solidarisés au XIXe siècle et rebaptisés Newman House, ainsi que le n°80 (1736), auquel fut ajouté ultérieurement le n°81 pour créer l'Iveagh House, qui abrite désormais le Department of Foreign Affairs (ministère des Affaires étrangères) ; on peut encore en visiter les paisibles jardins. En haut d'O'Connell St, le Rotunda Hospital (1748) est une autre réalisation de Cassels. Mais ces splendides demeures font pâle figure à côté de la Leinster House (1745-1748), magnifique résidence édifiée à l'origine en pleine campagne, qui trône désormais au cœur de l'ensemble gouvernemental.

Sir William Chambers

L'essor de Dublin attira d'éminents architectes, comme sir William Chambers (1723-1796), né en Suède, qui imagina certains des édifices les plus remarquables de la capitale, même s'il n'y séjourna pas. C'est la rive nord de la Liffey qui profita le plus de son génie : la sobre et élégante Charlemont House (désormais la Hugh Lane Gallery ; 1763) domine Parnell Sq, tandis que le Casino de Marino (1755-1779) est sa réalisation la plus époustouflante.

James Gandon et Thomas Cooley

Vers la fin du XVIIIe siècle, les promoteurs de Dublin passèrent véritablement à la vitesse supérieure : la puissance et la confiance de l'aristocratie anglo-irlandaise semblaient sans limites. Parmi les grands architectes de l'époque, James Gandon (1743-1823) se démarqua et construisit deux des institutions néoclassiques les plus durables et les plus raffinées de Dublin : la Custom House (1781-1791) et les Four Courts (1786-1802). Toutes deux furent édifiées sur les quais afin de laisser suffisamment d'espace pour qu'on puisse les admirer.

Le plus grand rival de James Gandon fut Thomas Cooley (1740-1784), qui ne put donner toute sa mesure, faute d'être mort trop jeune. Son plus fabuleux projet, le Royal Exchange (désormais le City Hall, hôtel de ville ; 1779), fut endommagé au milieu du XIXe siècle pour accueillir des bureaux, mais les restaurations de 2000 lui ont rendu toute sa splendeur.

Régence et époque victorienne

Avec l'Acte d'union (1801), Dublin perdit son prestige de capitale et fut relégué au rang de coin perdu de l'Empire : on y construisit donc peu pendant la majeure partie du XIXe siècle. Il y eut toutefois quelques exceptions, dont le General Post Office (GPO ; 1814), conçu par Francis Johnston (1760-1829), et les somptueuses serres aux lignes courbes des National Botanic Gardens, créées au milieu du siècle par le maître-ferronnier dublinois Richard Turner (1798-1881).

Après l'émancipation catholique de 1829, les églises poussèrent comme des champignons, et plus tard les deux grandes cathédrales protestantes, Christ Church et St Patrick's, furent reconstruites. Un exemple de toute beauté : l'extravagante Newman University Church (1856), aux sublimes ornementations, fut édifiée dans le style byzantin par John Hungerford Pollen (1820-1902), au motif que le cardinal Newman n'appréciait guère le style néogothique alors en vogue.

Architecture moderne

La ville n'ayant pas subi de destruction massive ou de grand incendie, l'architecture du Dublin moderne a dû s'insérer entre les réalisations d'autres périodes, et les exemples d'édifices avant-gardistes répondant à des mouvements internationaux y sont rares.

Parmi les exceptions se trouvent des édifices modernistes comme la gare routière Busáras (1953) ou le Liberty Hall (1965), qui divisent la critique. Dans les années 1960 et 1970 sont apparus des bâtiments brutalistes comme l'Irish Life Centre (1977), sur Lower Abbey St, l'immeuble de la Central Bank (1970 ; en cours de rénovation), sur Dame St, et la Berkeley Library (1967) de Trinity College, œuvre d'une audace frôlant l'effronterie signée Paul Koralek. Là encore les critiques se déchirent, certains appréciant cette esthétique anguleuse en béton brut, les autres déplorant son manque de finesse et sa laideur. Le nom du mouvement n'aide pas, d'autant qu'en argot dublinois, "brutal" veut dire "horrible".

Il fallut attendre la croissance fulgurante des années 1990 pour que le paysage urbain connaisse une réelle amélioration, même si certaines

Busáras

constructions – comme l'Irish Financial Services Centre (IFSC ; 1987) et le Waterways Visitor Centre (1994) – n'en imposent plus autant aujourd'hui qu'au moment de leur inauguration.

Les réhabilitations les plus remarquables du XXIe siècle ont été réalisées dans les Docklands. Ce secteur naguère quasi en friche est devenu un exemple d'aménagement urbain contemporain. Les plus beaux édifices donnent sur Grand Canal Sq, dominé par l'élégant Bord Gáis Energy Theatre (2010) de Daniel Libeskind et le Marker Hotel (2011) de Manuel Aires Mateus. Tout aussi mémorable, la place elle-même a été imaginée par l'artiste paysagiste américaine Martha Schwartz en 2008.

La crise financière de 2008 mit un coup d'arrêt aux constructions, mais en 2017, le chantier de la tour de bureaux Exo (référence à la structure porteuse externe, ou "exosquelette"), haute de 17 étages, a démarré. La tour culminera à 74 m de hauteur, soit 7 m de plus que l'immeuble Montevetro, le siège de Google sur Barrow St. L'Exo devait être achevé en mars 2020.

PONTS MODERNES

Ces dernières années, de nouveaux ponts ont été jetés sur la Liffey, lesquels sont autant d'exemples d'architecture moderne. Avec le James Joyce Bridge (2003), sur Usher's Island, Santiago Calatrava a offert à la ville une première structure portant la signature d'un "starchitecte" ; il a réitéré en 2009 avec le Samuel Beckett Bridge, en forme de harpe, au niveau de Spencer Dock. Entre ces deux ponts, on découvre une magnifique passerelle piétonne, le Sean O'Casey Bridge (2005), conçu par Cyril O'Neill. Le dernier en date est le Rosie Hackett Bridge, qui relie Hawkins St et Marlborough St. Inauguré en 2014, il s'agit du seul pont de Dublin portant le nom d'une femme ; Rosie Hackett, grande figure du syndicalisme, participa au soulèvement de Pâques 1916.

La vie en Irlande

La réputation d'affabilité des Irlandais, largement méritée, dissimule en réalité un caractère plus profond, complexe et contradictoire. Une dichotomie parfaitement résumée par une citation généralement attribuée au poète William Butler Yeats : "Étant irlandais, il avait un sens inné du tragique, lequel lui permettait de supporter les intermèdes de bonheur."

L'esprit dublinois

Connus pour leur hospitalité et leur gentillesse, les Dublinois ne manquent jamais une occasion de converser, que ce soit entre amis ou avec de parfaits étrangers. Ils vous étonneront par leur sens de l'humour et leur empressement à se lancer dans d'interminables débats, où leur sens de la repartie leur vaut souvent de l'emporter. Le *slagging* (argot irlandais pour "taquineries") est un art en soi, et pourra sembler abrupt aux non-initiés. C'est pourtant un élément indissociable des relations entre Dublinois, et plus généralement entre Irlandais. Ici, vous vous ferez plus facilement des amis en prenant une moquerie avec le sourire qu'à coups de flatteries.

L'agglomération de Dublin compte 1 904 806 habitants, soit 40% de la population du pays.

Mais derrière cette bonhomie volubile et cette autodérision permanente se cache une réalité plus sombre : au fond, les Irlandais ont toujours souffert d'un déficit d'amour-propre, ce qui explique qu'ils se méfient des compliments trop faciles. Pourtant, la prospérité de ces trente dernières années et les espoirs qu'elle engendre tendent à modifier en profondeur le caractère national. Jadis portés à une fausse modestie de tous les instants, les Dublinois ne peuvent désormais s'empêcher d'afficher leur fierté devant l'essor de leur ville.

Si on doit pour bonne part ce changement de personnalité aux aspirations de la génération Y (née après 1980 et avant 2000), il ne fait aucun doute que maints Dublinois plus âgés accueillent cette évolution avec enthousiasme.

Cette révolution culturelle a survécu au traumatisme de la crise financière et à l'austérité qui s'ensuivit, même si nombre d'Irlandais tinrent alors pour source des difficultés du pays une culture matérialiste attachée à l'ostentation, un point de vue résumé de façon mémorable par Brian Lenihan, ministre du gouvernement qui déclara tout penaud à la télévision : *"We all partied!"* ("Nous avons tous été de la fête !") Or maintenant que la croissance est de retour, Dublin clame à nouveau haut et fort ses ambitions, et les ravages de l'austérité semblent déjà loin.

Les Irlandais et l'alcool

Malgré une baisse de la consommation d'alcool de 25% ces dix dernières années (selon un rapport de l'Organisation mondiale de la santé en 2017), les Irlandais conservent une relation tumultueuse avec la boisson, et Dublin ne fait pas exception à la règle. Si le pays prend de plus en plus conscience des ravages de l'alcool sur la société et les individus (notamment les jeunes), boire demeure l'un des passe-temps

Des partisans du mariage gay le 23 mai 2015, jour de la victoire du oui au référendum.

les plus appréciés des Irlandais, et ce n'est pas près de changer. Une simple promenade un soir de week-end suffit à s'en convaincre.

Si l'alcool est de longue date indissociable de la vie irlandaise, l'acceptabilité sociale de l'ébriété en public est un phénomène récent, et les plus âgés aiment à rappeler aux jeunes qu'à leur époque, ils ne se seraient jamais permis de tituber dans la rue.

Mode de vie

Certes, les Dublinois aiment à se plaindre de leur travail, de la météo, du gouvernement ou des émissions de télé-réalité, mais ils vous diront volontiers qu'ils vivent dans la plus belle ville du monde.

L'Irlande d'antan (celle des familles nombreuses étroitement liées à leur paroisse et à la communauté) disparaît à mesure que l'urbanisation galopante continue de défaire le tissu social et l'interdépendance des communautés jadis essentiels pour supporter une relative pauvreté. L'Irlande d'aujourd'hui n'est donc pas si différente du reste de l'Europe, et vous devrez visiter des régions reculées (les îles et les contrées rurales isolées) pour entrevoir celle de jadis.

L'Irlande gay-friendly

Premier au monde à avoir décidé par référendum l'autorisation des mariages entre personnes du même sexe, ce pays, qui n'a décriminalisé l'homosexualité qu'en 1993, a connu une évolution des mœurs incroyable.

L'ascension au pouvoir du Premier ministre (Taoiseach) Leo Varadkar, qui, né et élevé à Dublin, a fait son coming out cinq mois seulement avant le vote en faveur du mariage pour tous de mai 2015, illustre à merveille ce changement de paradigme. Lors du référendum,

RELIGION

D'après le recensement de 2016, quelque 3,7 millions de résidents en République d'Irlande (78% de la population) se considèrent catholiques. Viennent ensuite 2,6% de protestants fidèles à l'Église d'Irlande, 1,3% de musulmans, 1,3% de chrétiens orthodoxes et 3,9% d'adeptes d'autres religions ; 9,8% se disent sans religion, un chiffre en augmentation de 74% depuis 2011.

Le catholicisme demeure un identificateur fort, mais d'ordre plutôt culturel que religieux, de nombreux Irlandais rejetant aujourd'hui certaines positions de l'Église sur les questions sociétales, de la contraception à l'homosexualité en passant par le divorce. Les retentissants scandales qui ont miné l'institution depuis les années 1980 – abus sexuels sur des enfants, adoptions illégales, jeunes filles réduites en esclavage... –ont aussi largement ébranlé la confiance des fidèles. Cette évolution va de pair avec le multiculturalisme croissant d'un pays de plus en plus ouvert sur le monde.

le “oui” au mariage pour tous l'a emporté avec 62,4% des suffrages, et seule une circonscription a voté “non”.

Varadkar est clairement un produit d'une Irlande nouvelle, où l'orientation sexuelle, si elle n'est pas ignorée, n'est pas davantage objet de discriminations. Les gay prides organisées à Dublin, Cork, Galway et ailleurs font partie intégrante du calendrier des festivités annuelles, et les régions rurales avancent rapidement sur la question, dans le sillage des grandes villes.

Multiculturalisme

D'un point de vue ethnique, l'Irlande est longtemps demeurée très homogène, mais avec l'arrivée de milliers d'immigrants du monde entier (17% des résidents sont nés à l'étranger) se sont soudain posées les questions de tolérance raciale et d'intégration. Les Irlandais se sont adaptés sans problème à ces changements, même si des tensions apparaissent.

L'effondrement de l'économie a exacerbé ces tensions, et le slogan *“Irish jobs for Irish people”* (que l'on pourrait traduire par “l'Irlande aux Irlandais”) est scandé avec une véhémence et un écho amplifiés. Enhardis par la montée de l'extrême droite en Europe et aux États-Unis, les ultranationalistes donnent de la voix, mais peinent pour l'instant à étoffer leurs rangs, même si certains groupes ont organisé en 2019 des manifestations contre la décision d'installer des groupes de migrants dans plusieurs villes irlandaises.

Des associations ont signalé une augmentation des incidents à caractère xénophobe, mais les agressions se limitent généralement à des insultes, ce qui explique que 75% d'entre elles ne sont jamais signalées. La plupart des nouveaux arrivants en Irlande ne s'y sentent pas moins en sécurité et bien accueillis, et considèrent le racisme comme loin d'être la norme.

Un peu plus de 21% des résidents de Dublin sont nés hors d'Irlande, faisant de la capitale l'endroit le plus cosmopolite du pays. À titre d'exemple, les deux tiers ou presque des Chinois d'Irlande y vivent.

Symboles irlandais

Différents symboles associés à l'Irlande ont de longue date pris place dans l'imaginaire collectif. Il arrive, notamment à l'étranger, que ces éléments soient exploités jusqu'au paroxysme. C'est ce que les Irlandais appellent l'Oirishness (folklore artificiel).

Le trèfle

Le symbole irlandais le plus solidement ancré est le trèfle à trois feuilles, appelé *seamróg* en gaélique et *shamrock* en anglais. Selon la légende, quand saint Patrick tenta d'instruire au mystère de la Sainte-Trinité les chefs celtes récemment convertis au christianisme, il prit les trois feuilles de cette modeste plante comme illustration de la nature du Père, du Fils et du Saint-Esprit, à la fois séparés mais ne faisant qu'un. Voici pourquoi le trèfle est omniprésent lors des festivités associées au saint patron de l'Irlande.

La croix celtique

Un peu partout où vous irez, vous apercevrez cette croix, inscrite dans un anneau. Ses origines ne répondent pas à une préoccupation esthétique mais relevaient d'une habile association entre les nouveaux enseignements chrétiens (la croix elle-même) et les croyances païennes établies – dans ce cas, le culte du Soleil (représenté par le cercle).

Ci-dessus : Trèfles

LA CHANCE IRLANDAISE ?

Avec près de mille ans d'occupation, une longue histoire d'oppression et d'exploitation, une famine dévastatrice, une émigration de masse... on peine à croire que les Irlandais soient plus chanceux que la moyenne. Ainsi l'expression "Luck of the Irish" ("la chance des Irlandais"), que l'on entend parfois dans les pays anglophones, est-elle fréquemment teintée d'ironie. Apparue aux États-Unis au milieu du XIXᵉ siècle pendant la ruée vers l'or, elle serait à la fois synonyme de malchance et de courage dans l'adversité. De fait, les Irlandais – qui avaient fui la famine et la misère de leur pays – étaient surreprésentés dans les mines, et bien que beaucoup dont les affaires étaient pami les plus fructueuses aient été irlandais ou d'origine irlandaise, l'expression est restée. John Lennon l'a reprise à son compte en 1972, dans une chanson à charge contre la domination britannique en Irlande du Nord ("The Luck of the Irish").

Le leprechaun

L'une des images les plus obstinément associées au pays est celle du *leprechaun*, un lutin chafouin, affairé à jalousement protéger son chaudron d'or des convoitises humaines. En dépit de sa connotation enfantine, cette légende remonterait au mythique peuple de la déesse Danu (Tuatha dé Danann) qui aurait dominé l'Irlande il y a 4 000 ans. Quand ces êtres d'essence divine eurent été vaincus par les ancêtres des premiers Irlandais, leur roi Lug (le père demi-dieu de Cúchulainn) fut exilé sous terre, d'où son nom de Lug Chromain, ou "petit Lug voûté" – l'origine du *leprechaun*.

Si personne, en Irlande, ne croit vraiment en l'existence de farfadets caractériels retranchés dans des forts féeriques, les habitants, en particulier dans les campagnes, n'ont pas spécialement envie de la battre en brèche. Ainsi est-il encore associé aux arbres et aux collines, entre autres éléments du paysage, auxquels nul ne s'aviserait de toucher.

La harpe

Censée représenter l'immortalité de l'âme, la harpe celtique, ou *clársach,* est un symbole de l'Irlande depuis l'époque d'Henri VIII, qui la laissa figurer sur la monnaie locale. À la cour gaélique, elle conférait au musicien un statut à part, de nature honorifique. En temps de guerre, sa musique devait éveiller la bravoure dans le cœur des soldats partant au front.

Elle incarne la résistance irlandaise face au pouvoir anglais. Aussi les harpistes furent-ils un temps persécutés, car représentatifs de la rébellion contre la Couronne, et perpétuèrent-ils leur art dans la clandestinité. Elle n'en marqua pas moins le déclin dans la culture populaire de cet instrument, au profit d'autres, telle la mandoline. Elle a cependant conservé son statut de symbole de l'âme irlandaise.

L'anneau de Claddagh

C'est le plus célèbre de tous les bijoux irlandais. Signe de fidélité, il arbore deux mains (l'amitié) enserrant un cœur (l'amour), lequel est généralement surmonté d'une couronne (la loyauté). Cet anneau est fabriqué depuis le XVIIᵉ siècle dans le village de pêcheurs de Claddagh (qui se fond désormais dans la ville de Galway). Son origine est bien antérieure et remonterait aux bagues dites *mani in fede* (ou "mains en confiance") de l'époque romaine, associées au mariage. Toutefois, la popularité de l'anneau de Claddagh est assez récente et doit beaucoup à la coutume qu'ont les membres de la diaspora d'en porter pour montrer leur attachement à l'Irlande.

Dublin pratique

Transports

ARRIVER À DUBLIN

La capitale de l'Irlande et plus grande ville du pays est le principal point d'accès au pays – presque toutes les compagnies aériennes desservent l'aéroport de Dublin. Des ferrys depuis le Royaume-Uni accostent au terminal du port de Dublin, tout comme certains ferrys depuis la France, qui arrivent également plus au sud, au port de Rosslare. Dublin est également le premier pôle ferroviaire d'Irlande. Vous pouvez réserver vos vols, voitures et circuits en ligne sur www.lonelyplanet.fr.

Avion

Situé à 13 km au nord du centre-ville, l'**aéroport de Dublin** (☎01-814 1111 ; www.dublinairport.com) possède 2 terminaux : les vols internationaux effectués par la compagnie nationale Aer Lingus utilisent le Terminal 2 ; Air France, Swiss Air, Air Canada, Transavia ou bien encore Ryanair utilisent le Terminal 1. Les deux terminaux possèdent tous les services nécessaires : pubs, restaurants, boutiques, DAB et agences de location de véhicules.

Dublin est desservi par des vols directs depuis toutes les grandes villes européennes (y compris un grand nombre de villes du Royaume-Uni) et depuis Toronto au Canada.

La majorité des compagnies aériennes ont des guichets à l'aéroport de Dublin ; pour les autres, les billets sont gérés au guichet d'autres compagnies.

Il n'y a pas de ligne ferroviaire entre l'aéroport et le centre-ville.

Depuis/vers l'aéroport

BUS

Comptez environ 50 minutes pour rejoindre le centre-ville en bus.

Aircoach (☎01-844 7118 ; www.aircoach.ie ; aller simple/aller-retour à partir de 6/10 € ; 🕒 24h/24). Compagnie privée de bus avec 3 itinéraires depuis l'aéroport desservant plus de 20 destinations dans Dublin, y compris les grandes rues du centre-ville. Les bus passent toutes les 10-15 minutes de 3h25 à minuit, puis toutes les heures de minuit à 3h25.

Airlink Express Coach (☎01-873 4222 ; www.dublinbus.ie ; adulte aller simple/aller-retour 7/12 €, enfant aller simple/aller-retour 3/5 €). Le bus n°747 circule toutes les 10-20 minutes de 4h45 à minuit entre l'aéroport, la gare routière centrale (Busáras), l'agence de Dublin Bus dans Upper O'Connell St et la gare ferroviaire de Heuston. Le bus n°757 passe toutes les 15-30 minutes de 5h à minuit et dessert plusieurs arrêts en ville depuis l'aéroport, y compris Grand Canal Dock, Merrion Sq et Camden St. Si vous achetez vos billets en ligne sur le site dodublin.ie/airlink, vous paierez 6 € l'aller simple au lieu de 7 €, et 10 € le billet aller-retour au lieu de 12 €.

Dublin Bus (plan p. 296 ; ☎01-873 4222 ; www.dublinbus.ie ; 59 Upper O'Connell St ; 🕒9h-17h30 mar-ven, 9h-14h sam, 8h30-17h30 lun ; 🚌ts ceux du centre-ville). Plusieurs

AVERTISSEMENT

Les informations contenues dans ce chapitre sont particulièrement susceptibles de changements. Vérifiez directement auprès de la compagnie aérienne ou de l'agence de voyages les modalités d'utilisation de votre billet d'avion. N'hésitez pas à comparer les prestations. Les détails fournis ici doivent être considérés à titre indicatif et ne remplacent en rien une recherche personnelle attentive.

VOYAGES ET CHANGEMENTS CLIMATIQUES

Tous les moyens de transport fonctionnant à l'énergie fossile génèrent du CO_2 – la principale cause du changement climatique induit par l'homme. L'industrie du voyage est aujourd'hui dépendante des avions. Si ceux-ci ne consomment pas nécessairement plus de carburant par kilomètre et par personne que la plupart des voitures, ils parcourent en revanche des distances bien plus grandes et relâchent quantité de particules et de gaz à effet de serre dans les couches supérieures de l'atmosphère. De nombreux sites Internet utilisent des "compteurs de carbone" permettant aux voyageurs de compenser le niveau des gaz à effet de serre dont ils sont responsables par une contribution financière à des projets respectueux de l'environnement. Lonely Planet "compense" les émissions de tout son personnel et de ses auteurs.

bus desservent l'aéroport depuis divers arrêts dans Dublin, notamment les bus n°16 (Ballinteer, Kingston), n°41 (Lower Abbey St) et n°102 (Sutton/Howth) ; tous rejoignent l'aéroport en passant par le centre-ville (3,30 € le trajet entre l'aéroport et le centre-ville si vous payez en espèces, 2,60 € si vous possédez une Leap Card, p. 254).

TAXI

Il y a une station de taxis juste à l'extérieur des deux terminaux. Comptez environ 45 minutes pour vous rendre dans le centre-ville en taxi et environ 25 € dont 3,80 € de prise en charge (4,20 € entre 22h et 8h, le dimanche et les jours fériés). Vérifiez que le compteur est bien allumé.

Depuis/vers la France

La compagnie nationale **Aer Lingus** (☎08 21 23 02 67 ; www.aerlingus.com) propose des vols directs quotidiens au départ de Paris CDG à partir de 38 € l'aller simple (1 heure 45 environ). Elle relie également Dublin à plusieurs villes de province : Bordeaux (à partir de 50 € l'aller simple, 2 heures), Lyon (à partir de 40 € l'aller simple, 2 heures 10) et Nice (vols dès le mois de mars, à partir de 42 € l'aller simple, 2 heures 35). **Air France** (☎36 54 ; www.airfrance.fr) propose plusieurs vols quotidiens directs depuis l'aéroport Paris-Charles-de-Gaulle à partir de 50 € l'aller simple (1 heure 50). Des vols avec escale sont aussi possibles depuis plusieurs villes de province (Nantes, Bordeaux, etc.). Sa compagnie low cost **Transavia** (☎08 92 05 88 88 ; www.transavia.com) dessert quant à elle Dublin au départ de l'aéroport d'Orly, à partir de 30 € l'aller simple (1 heure 55 environ, plus de vols en haute saison).

La compagnie low cost **Ryanair** (☎08 91 46 00 46 ; www.ryanair.com) propose des vols au départ de l'aéroport de Beauvais à partir de 25 € l'aller simple, ainsi que quelques vols depuis Nice (ven, dim et lun en basse saison, tlj en période estivale ; 2 heures 40). **British Airways** (www.britishairways.com) assure également des liaisons Paris-Dublin.

Depuis/vers la Belgique

Aer Lingus (☎070 359901 ; www.aerlingus.com) assure des vols sans escale quotidiens depuis l'aéroport international Zaventem de Bruxelles à partir de 30 € l'aller simple (1 heure 45), tout comme **Ryanair** (☎0902 33 660 ; www.ryanair.com), qui propose également 4 vols par semaine au départ de l'aéroport Bruxelles-Charleroi à partir de 20 € l'aller simple. Des vols **British Airways** (www.britishairways.com) desservent aussi Dublin depuis Bruxelles.

Depuis/vers la Suisse

Aer Lingus (www.aerlingus.com) propose des vols directs au départ de Zurich et de Genève à partir de 116,75 CHF l'aller simple (les tarifs de départ peuvent doubler selon la saison, 2 heures 15 environ). **Swiss Air** (☎0848 700 700 ; www.swiss.com) assure aussi des vols directs depuis Zurich et Genève à partir de 143 CHF l'aller simple (2 heures 05). La compagnie aérienne **British Airways** (www.britishairways.com) dessert également Dublin au départ de Zurich.

Depuis/vers le Canada

Aer Lingus (www.aerlingus.com) et **Air Canada** (☎1 888 247 2262 ; www.aircanada.com) proposent des vols directs depuis Toronto à partir de 500 $C l'A/R (comptez environ 7 à 8 heures de vol).

La compagnie islandaise **WOW Air** (wowair.com) assure aussi des liaisons Toronto-Dublin avec une escale à Reykjavik (à partir de 200 $C l'aller simple).

AGENCES EN LIGNE

Vous pouvez réserver votre vol via une agence en ligne ou vous renseigner auprès d'un comparateur de vols :

- www.ebookers.fr
- www.expedia.fr
- www.govoyages.com
- www.illicotravel.com
- www.kayak.fr
- www.opodo.fr
- www.oui.sncf
- www.partirou.com
- www.skyscanner.fr
- www.trainline.fr
- voyages.kelkoo.fr

Depuis Montréal, **Air Canada** propose des vols avec escale vers Dublin (à partir de 750 $C l'aller simple) et quelques vols directs durant la période estivale. **WOW Air** propose également des vols avec escale (à partir de 200 $C l'aller simple).

Depuis Vancouver, **Air Canada** offre des vols avec une escale à Toronto (à partir de 800 $C l'aller simple).

Avec **Air Canada**, les prix sont plus intéressants en prenant une correspondance aux États-Unis ou en passant par Londres.

Bateau

Plusieurs compagnies de ferry relient directement la France (mais pas la Belgique) à l'Irlande. Les tarifs variant beaucoup d'une saison à l'autre, en fonction du remplissage du bateau ; les promotions sont fréquentes sur leurs sites Internet. Pensez à réserver bien à l'avance cependant. Ce mode de transport peut être intéressant si vous souhaitez vous rendre à Dublin avec votre véhicule et/ou avec votre animal de compagnie qui pourra être laissé dans votre voiture ou dans un chenil, adapté à la taille de l'animal, réservé au préalable. Renseignez-vous auprès des compagnies de ferrys pour plus de détails.

Port de Dublin

Le **terminal du port de Dublin** (☎01-855 2222 ; Alexandra Rd ; 🚌53 depuis Talbot St) se situe à 3 km au nord-est du centre-ville.

Pour vous rendre à Dublin par la mer depuis la France, la compagnie **Irish Ferries** (☎01 607 5519 antenne du port de Dublin, 01 70 72 03 26 pour les réservations depuis la France, 0818 300 400 pour les réservations depuis l'Irlande ; www.irishferries.com ; Ferryport, Terminal Road South) est la seule qui dessert le port de Dublin, depuis/vers le port de Cherbourg. Elle opère 1 liaison par semaine entre les deux ports de janvier à juin, puis 3 à 4 liaisons hebdomadaires de juillet à décembre.

Depuis le port, vous pouvez rejoindre le nord de la ville avec votre voiture en empruntant le Dublin Port Tunnel, un tunnel à péage (prix variable en fonction du jour et de l'heure).

BUS

La compagnie **Morton's Bus** (plan p. 284 ; www.mortonscoaches.ie ; aller simple adulte/enfant 3,50/2 € ; ⏱7h15, 12h30, 14h et 19h) fait la liaison en bus express depuis/vers le port de Dublin, au départ de Westmoreland St, avec des horaires harmonisés avec les départs des ferrys. Sinon, le bus n°53 dessert le port depuis Talbot St. Les arrivées des ferrys coïncident avec les horaires des bus en direction du centre-ville.

TAXI

Des stations de taxi se trouvent à l'extérieur des principaux terminaux. Comptez environ 19 € et 15 minutes pour rejoindre le centre-ville.

VOITURE

Si vous êtes venu en ferry avec votre voiture, vous rejoindrez la ville en 15 minutes environ par East Wall Rd, North Wall Quay ou le Thomas Clarke Bridge.

Autres ports irlandais

Irish Ferries assure également quelques liaisons depuis Cherbourg et Roscoff (en période estivale) vers Rosslare, dans le sud-est du pays.

Deux autres compagnies desservent d'autres ports en Irlande d'où vous pourrez rejoindre Dublin en voiture ou en transports en commun.

Depuis Roscoff, **Brittany Ferries** (www.brittany-ferries.fr) opère de mars à octobre une liaison hebdomadaire vers Cork.

Depuis Cherbourg, **Stena Lines** (www.stenaline.fr) opère une liaison avec Rosslare jusqu'à 3 fois par semaine.

Le site Internet www.ferrybooker.com recense tous les ferrys et les compagnies maritimes à destination de l'Irlande.

Bus

La gare routière centrale de Dublin, **Busáras** (plan p. 296 ; ☎01-836 6111 ; www.buseireann.ie ; Store St ; 🚉Connolly), se trouve juste au nord de la Liffey après la Custom House. Vous y trouverez des consignes pour les bagages (de 6 à 10 € par jour).

Elle sert d'arrêt principal aux bus de la compagnie Bus Éireann (☎1850 836 6111 ; www.buseireann.ie) qui desservent tout le réseau national.

VOYAGER ÉCOLO

Bien que la grande majorité des visiteurs arrivent et partent de Dublin en avion, vous pouvez faire un petit pas pour l'environnement en voyageant par bateau (p. 252) – un moyen de transport avec un goût d'aventure.

Vous pouvez aussi débarquer dans un autre port irlandais. Rosslare dans le comté de Wexford est desservi par des ferrys depuis la France et le sud-ouest de la Grande-Bretagne. Non seulement vous rejoindrez aisément Dublin, mais vous découvrirez aussi un peu du pays en chemin.

Train

Tous les trains du pays sont gérés par **Irish Rail** (Iarnród Éireann ; ☎01-836 6222 ; www.irishrail.ie). Dublin compte deux grandes gares ferroviaires : la **gare de Heuston** (☎01-836 6222 ; Heuston Station), du côté ouest de la ville près de la Liffey, et la **gare de Connolly** (☎01-703 2359 ; Connolly, Connolly Station), non loin à pied au nord-est de Busáras, derrière la Custom House.

La ligne DART dessert la gare de Connolly, tandis que la Luas Red Line dessert les gares de Connolly et de Heuston.

Voiture et moto

Dublin est très facile d'accès par la route. Tout un réseau autoroutier part en étoile depuis la rocade M50 qui entoure Dublin, et rejoint les villes suivantes :

M1 Au nord vers Drogheda, Dundalk et Belfast

M3 Au nord-ouest vers Navan, Cavan et Donegal

M4 À l'ouest vers Galway et Sligo

M7 Au sud-ouest vers Limerick, et aussi (via la M8) vers Cork

M9 Au sud-est vers Kilkenny et Waterford

M11 Au sud-est vers Wexford

Péages autoroutiers

La plupart des autoroutes comportent des sections à péage qui coûtent entre 1,40 € et 2,90 € pour une voiture et entre 0,70 € et 1,50 € pour une moto. La rocade M50 est équipée d'un télépéage sans barrière entre les sorties 6 et 7 (au-dessus de la Liffey) : une facture de 3,10 € est adressée aux véhicules non munis de vignette électronique ; le passage est gratuit pour les motos.

Beaucoup de voitures de location sont munies de vignettes enregistrant directement les péages de la M50 et les répercutant sur la facture finale (c'est indiqué par un autocollant sur la voiture de location) ; sinon, allez sur www.eflow.ie et payez le péage avant 20h le lendemain, faute de quoi le montant sera majoré.

CIRCUITS ORGANISÉS

Akaoka (☎01 83 62 19 68 ; www.compagnie-du-trek.com). Ce spécialiste de la rando propose un circuit "Découverte de Dublin et trek sur la Wicklow Way".

Álainn Tour (☎00 353 71 9150345 ; www.vacancesenirlande.com). Un spécialiste de l'Irlande pour découvrir ses attraits culturels, naturels ou sportifs. Propose même une visite de Dublin avec un guide (4 jours et 3 nuits).

Allibert (www.allibert-trekking.com ; France ☎04 76 45 84 84, 04 76 45 50 50 ; 37 bd Beaumarchais, 75003 Paris ; Belgique ☎02 318 32 02 ; Suisse ☎022 519 03 23). Ce spécialiste de la rando qui compte aussi des agences à Chamonix, Chapareillan, Lyon, Toulouse et Villeneuve-Loubet, fait souvent de Dublin une escale de ses nombreux circuits en Irlande.

Atalante (www.atalante.fr ; Paris ☎01 55 42 81 00, 18 rue Séguier, 75006 Paris ; Lyon ☎04 72 53 24 80, 36 quai Arloing, 69009 Lyon). Spécialiste du trek, propose notamment un circuit "De Belfast à Dublin en liberté".

Celtic Tours (☎01 55 87 82 05 ; www.celtictours.fr). Ce spécialiste de l'Irlande et de l'Écosse permet de découvrir Dublin sous un angle original (le whiskey, la Saint-Patrick...).

Comptoir des Voyages (☎0 892 239 339, 01 53 10 30 15 ; www.comptoir.fr ; 2-18 rue Saint-Victor, 75005 Paris, agences à Bordeaux, Lille, Lyon, Marseille et Toulouse). Plusieurs offres à Dublin et en Irlande.

Gaeland Ashling (☎08 25 12 30 03 ; www.gaeland-ashling.com). Créateur de voyages sur mesure pour les destinations celtiques, ce voyagiste a bien sûr inscrit Dublin à son catalogue.

Intermèdes (☎01 45 61 90 90 ; www.intermedes.com ; 10 rue de Mézières, 75006 Paris). Plusieurs circuits de ce voyagiste culturel comprennent Dublin, tel "Sud-Est de l'Irlande, sur les pas des Vikings et des Normands" (6 jours).

Voyageurs du Monde (☎01 42 86 16 00 ; www.voyageursdumonde.fr). Plusieurs voyages itinérants avec Dublin pour escale de choix.

COMMENT CIRCULER

Bus

Le bureau de **Dublin Bus** (plan p. 296 ; ☎01-873 4222 ; www.dublinbus.ie ; 59 Upper O'Connell St ; ⏰9h-17h30 mar-ven, 9h-14h sam, 8h30-17h30 lun ; 🚌ts ceux du centre-ville) distribue gratuitement les horaires de chaque ligne. Les bus circulent de 6h (quelques-uns partent à 5h30) à 23h30 environ.

Tarifs des bus

Les tarifs sont calculés selon la distance parcourue (le site Internet propose un calculateur) :

ZONES	ESPÈCES (€)	LEAP CARD (€)
Zones 1-3	2,15	1,55
Zones 4-13	3	2,25
Plus de 13 zones	3,30	2,50

La Leap Card (www.leapcard.ie), disponible dans la plupart des kiosques, présente un avantage économique (le tarif est généralement 20% moins cher que si l'on paye en espèces) et pratique, puisqu'elle vous évite de devoir payer l'appoint (requis pour les paiements en espèces, faute de quoi vous obtiendrez un reçu pour vous faire rembourser auprès de l'agence principale de Dublin Bus). Enregistrez votre carte en ligne et créditez-la avec la somme nécessaire. À chaque montée dans un bus, DART, Luas (tramway) ou train de banlieue, il suffit de valider votre carte et le tarif est automatiquement déduit.

Forfaits économiques

Voici les *fare-savers* les plus intéressants :

DoDublin Card (adulte/enfant 35/10 €). Trois jours de trajets illimités sur toutes les lignes de bus (sauf Nitelink), y compris Airlink, circuits Dublin Bus Hop-On, Hop-Off, entrée au Little Museum of Dublin et promenade guidée de Pat Liddy.

Luas Flexi Ticket (à partir de 7/16,50/66 € pour 1/7/30 jours). Trajets illimités sur toutes les lignes de Luas. Le pass à la journée couvre toutes les zones ; les pass plusieurs jours commencent à partir d'une zone.

Rambler Pass (5/30 jours 33/165 €). Trajets illimités sur toutes les lignes Dublin Bus et Airlink, sauf Nitelink.

Visitor Leap Card (1/3/7 jours 10/19,50/40 €). Voyages illimités à bord des bus, Luas et DART, y compris les bus Airlink, Nitelink et Xpresso.

Nitelink

Les bus nocturnes Nitelink circulent depuis le triangle formé par College St, Westmoreland St et D'Olier St. Les vendredis et samedis, départ à 0h30, puis toutes les 20 minutes jusqu'à 4h30 sur les itinéraires les plus fréquentés, et jusqu'à 3h30 sur les moins fréquentés ; pas de bus du dimanche au jeudi. Tarif de 6,60 € (4,50 € avec la Leap Card). Consultez les itinéraires sur www.dublinbus.ie.

Train

Le **Dublin Area Rapid Transport** (DART ; ☎01-836 6222 ; www.irishrail.ie) permet de se rendre rapidement en train sur la côte, jusqu'à Howth au nord (environ 30 minutes) et jusqu'à Greystones au sud, dans le comté de Wicklow. La Pearse Station est pratique pour accéder au centre de Dublin, sur la rive sud de la Liffey, tandis que la gare de Connolly se trouve sur la rive nord. Il y a des trains toutes les 10 à 20 minutes, parfois plus fréquemment, de 6h30 à minuit environ du lundi au samedi. Les trains sont moins fréquents le dimanche. Un aller simple en DART entre Dublin et Dun Laoghaire ou Howth coûte 3,30 € (2,40 € avec la Leap Card).

Des lignes de trains de banlieue desservent également des destinations aussi éloignées que Dundalk au nord, Mullingar dans les terres et au-delà de Bray au sud vers Arklow.

Forfaits de train

Parmi les forfaits DART, il existe notamment :

Adult All Day Rail (1/3 jours 12,15/28,50 €). Permet de voyager en illimité à bord du DART et des trains de banlieue.

Family All Day Rail (20 €). Voyages en train illimités pendant une journée pour une famille de 2 adultes et 2 enfants de moins de 16 ans.

Tramway

Le tramway Luas (www.luas.ie) possède deux lignes : la verte (passage toutes les 5-15 minutes) relie Broombridge dans le nord à Sandyford au sud de Dublin (via Ranelagh et Dundrum) en passant par O'Connell St et St Stephen's Green.

La ligne rouge (toutes les 20 minutes) circule quant à elle entre Point Village à l'est et Tallaght et Saggart au sud-ouest (la ligne se dédouble à la station Belgard) en passant par les quais nord et la gare de Heuston.

Il y a des billetteries automatiques à chaque arrêt, et vous pouvez aussi utiliser votre Leap Card (disponible dans la plupart des kiosques). Un petit trajet (moins de 4 arrêts) coûte généralement 2,30 €. Les tramways circulent de 5h30 à 0h30 du lundi au vendredi, de 6h30 à 0h30 le samedi et de 7h à 23h30 le dimanche.

Vélo

Le vélo est un moyen idéal pour visiter Dublin, ville relativement plate et compacte. Traverser le centre-ville à vélo d'un bout à l'autre se fait sans problème, et les banlieues limitrophes sont facilement accessibles. Le réseau de pistes cyclables s'étoffe peu à peu, mais les gros véhicules tels que les bus et les camions, qui empiètent sur celles-ci, constituent un problème majeur dans le centre. Restez vigilant.

Il y a de nombreux parkings à vélos en ville, mais veillez à bien attacher votre monture car le vol de vélos est monnaie courante – ne laissez jamais votre vélo dans la rue toute la nuit, car même les cadenas les plus solides peuvent être forcés. Dublin City Cycling (www.cycledublin.ie) est un excellent site informatif.

Les vélos sont uniquement autorisés dans les trains de banlieue (mais pas le DART), soit dans la voiture du contrôleur, soit dans un compartiment prévu à cet effet en queue de train.

Dublinbikes

Les vélos bleus de **Dublinbikes** (www.dublinbikes.ie) sont l'un des moyens de transport les plus appréciés pour se déplacer en ville : ce système de vélos publics en location possède plus de 100 stations réparties dans le centre-ville. Pour 5 € (et 150 € de caution par carte bancaire), achetez une carte valable 3 jours, soit sur Internet, soit dans certaines stations acceptant les cartes de crédit. Vous obtiendrez un ticket comportant un identifiant et un code secret qui vous serviront à retirer un vélo que vous pourrez utiliser gratuitement pendant 30 minutes, puis cela vous coûtera 0,50 € pour chaque demi-heure supplémentaire.

Location, achat et réparation

La location de vélos est en perte de vitesse depuis l'avènement des Dublinbikes. Le coût moyen d'un vélo hybride ou de tourisme est d'environ 25 € par jour ou 140 € par semaine.

Cycleways (www.cycleways.com ; 31 Lower Ormond Quay ; ⌚8h30-18h lun-ven, 10h-18h sam ; 🚌ts ceux du centre-ville). Excellent magasin de vélos qui loue VTC et vélos de tourisme de mai à septembre.

2Wheels (www.2wheels.ie ; Sandymount ; ⌚9h-18h30 lun-jeu, 9h-18h ven-sam ; 🚆Sandymount Station ; 🚌Sandymount Green). Des vélos dernier cri, tout l'équipement nécessaire et un bon atelier de réparation ; prenez rendez-vous car il y a souvent du monde.

Voiture et moto

En Irlande, on roule à gauche.

La circulation est un vrai cauchemar à Dublin et se garer est un casse-tête fort onéreux. Le centre-ville ne comporte aucun parking gratuit en journée (de 7h à 19h du lundi au samedi) mais de nombreux stationnements payants selon les zones : de 2,90 € par heure en zone jaune (dans le centre) à 0,60 € par heure en zone bleue (banlieue). Les parkings couverts et surveillés coûtent environ 4 € par heure, et la plupart proposent un tarif plancher avantageux pour la nuit.

La mise en fourrière des véhicules mal stationnés est systématique, avec un coût d'enlèvement de 80 €. Le stationnement est gratuit du lundi au samedi après 19h et le dimanche toute la journée, dans la plupart des zones à parcmètre (sauf indication contraire) et sur les emplacements avec une seule ligne jaune.

Il y a parfois des vols et effractions de voiture ; ne laissez jamais rien de valeur ou de visible dans votre véhicule. La police conseille aux visiteurs d'utiliser les parkings surveillés. Les voitures immatriculées à l'étranger sont particulièrement visées. Au moment de

RÈGLES DE SÉCURITÉ ROUTIÈRE

- Conduisez sur la voie de gauche, doublez par la droite.
- Le port de la ceinture de sécurité est obligatoire pour le conducteur et tous les passagers.
- Les enfants de moins de 12 ans doivent être assis à l'arrière.
- Le port du casque est obligatoire pour les motards et leurs passagers.
- En vous engageant sur les ronds-points, cédez la priorité à droite.
- La vitesse est limitée à 50 km/h en ville, 100 km/h sur toutes les routes hors agglomération et 120 km/h sur autoroute (panneaux bleus).
- L'alcoolémie autorisée est de 0,5 g d'alcool par litre de sang, ou 0,22 g à l'éthylotest (environ 1 unité d'alcool pour un homme et moins pour une femme).

réserver votre hébergement, vérifiez les possibilités de stationnement aux alentours.

Location

Toutes les principales agences de location sont présentes à Dublin. Réservez en amont pour obtenir les tarifs les plus avantageux, surtout pour les week-ends et la période estivale, quand il y a une forte demande.

Il n'y a pas de motos ni de mobylettes à louer. Les conducteurs de moins de 21 ans ne peuvent pas louer de voiture ; la majorité des agences fixent l'âge minimum à 23 ans et un permis de conduire obtenu depuis plus d'un an. Beaucoup d'agences refusent de louer une voiture aux conducteurs âgés de plus de 70 ou 75 ans.

Par ailleurs, sachez que le montant de la caution bloquée à partir de votre carte bancaire pour la durée de la location de la voiture s'élève parfois à plus de 1 000 €. Pensez à vérifier le plafond de votre carte auprès de votre banque avant de partir, et donc à le modifier si besoin.

Les agences ci-après ont plusieurs filiales en ville et à l'aéroport :

Avis Rent-a-Car (☎01-605 7501 ; www.avis.ie ; 35-39 Old Kilmainham Rd ; ⏲8h30-17h45 lun-ven, 8h30-14h30 sam-dim ; 🚌13, 40, 23, 25, 25A, 26, 68 depuis le centre-ville)

Budget Rent-a-Car (☎01-837 9611 ; www.budget.ie ; 151 Lower Drumcondra Rd ; ⏲9h-18h ; 🚌41 depuis O'Connell St)

Europcar (☎01-648 5900 ; www.europcar.ie ; 1 Mark St ; ⏲8h-17h30 lun-ven, 8h30-14h30 sam-dim ; 🚌ts ceux du centre-ville)

Hertz Rent-a-Car (☎01-709 3060 ; www.hertz.com ; 151 S Circular Rd ; ⏲8h30-17h30 lun-ven, 9h-16h30 sam, 9h-15h30 dim ; 🚌9, 16, 77, 79 depuis le centre-ville)

Thrifty (☎01-844 1944 ; www.thrifty.ie ; 26 E Lombard St ; ⏲8h-18h lun-ven, 8h-15h sam-dim ; 🚌ts ceux du centre-ville)

CIRCUITS ORGANISÉS LOCAUX

Dublin n'est pas une ville immense et il n'est pas vraiment nécessaire de suivre un circuit touristique à moins de vouloir tout voir ou de s'épargner des ampoules aux pieds.

En revanche, n'hésitez pas à vous joindre à une visite spécialisée, surtout si vous avez un penchant pour la musique, l'histoire ou la littérature. Les bus touristiques sont nombreux – Dublin Bus, la compagnie de la ville, propose plusieurs circuits qui peuvent être réservés en **agence** (plan p. 296 ; ☎01-844 4265 ; www.dublinsightseeing.ie ; 59 Upper O'Connell St ; adulte 15,20-42 € ; 🚌ts ceux du centre-ville, 🚋Abbey), ou au guichet des Bus Éireann au **Visit Dublin Centre** (plan p. 286 ; www.visitdublin.com ; 25 Suffolk St ; ⏲9h-17h30 lun-sam, 10h30-15h dim ; 🚌ts ceux du centre-ville). Il existe aussi des circuits en bateau, même si c'est encore à pied que la ville se dévoile le mieux, en compagnie d'un guide expert.

Carnet pratique

Ambassades et consulats

Pour des informations concernant les visas, consultez la rubrique *Formalités et visas* p. 259.

À Dublin

France Ambassade (☎353 1 277 50 00 ; ie.ambafrance.org ; 66 Fitzwilliam Lane, Dublin 2) ; Alliance Française (☎353 1 676 17 32 ; www.alliance-francaise.ie ; 1 Kildare St, Dublin 2)

Belgique (☎353 1 631 52 84 ; ireland.diplomatie.belgium.be ; 1 Elgin Road, Ballsbridge, Dublin 4)

Suisse (☎353 1 218 63 82 ; www.eda.admin.ch/countries/ireland/en/home/representations/embassy.html ; 6 Ailesbury Road Ballsbridge, Dublin 4)

Canada (☎353 1 234 4000 ; www.canadainternational.gc.ca/ireland-irlande/ ; 7-8 Wilton Terrace, Dublin 2)

À l'étranger

France (☎01 44 17 67 00 ; www.dfa.ie/irish-embassy/france ; 12 avenue Foch, entrée au 4 rue Rude, 75116 Paris)

Belgique (☎(32) 2 2823 400 ; www.dfa.ie/irish-embassy/belgium ; 50 rue Froissard, 1040 Bruxelles)

Suisse (☎41-31 352 1442 ; www.dfa.ie/irish-embassy/switzerland ; Kirchenfeldstrasse 68, 2e ét., P.O. Box 262, CH-3000 Berne 6)

Canada (☎(1) 613 233 6281 ; www.dfa.ie/irish-embassy/canada ; Suite 1105 (11e ét.), 130 Albert St, Ottawa, Ontario, K1P 5G4)

CONSEILS AUX VOYAGEURS

La plupart des gouvernements possèdent des sites Internet qui recensent les dangers possibles et les régions à éviter. Consultez notamment les sites suivants :

Ministère des Affaires étrangères français (www.diplomatie.gouv.fr)

Ministère des Affaires étrangères de Belgique (diplomatie.belgium.be)

Département fédéral des Affaires étrangères suisse (www.eda.admin.ch/eda/fr/dfae.html)

Ministère des Affaires étrangères du Canada (www.voyage.gc.ca)

Argent

La devise de la République d'Irlande est l'euro (€). Il y a des DAB partout. Les cartes bancaires (avec code secret) sont acceptées dans la plupart des restaurants, hôtels et commerces.

Bureaux de change

C'est dans les banques que les taux de change sont les plus avantageux, mais les bureaux de change restent souvent ouverts plus tard. Plusieurs banques sont regroupées autour de College Green, en face de Trinity College ; toutes assurent les opérations de change.

Cartes bancaires

Les cartes bancaires Visa et MasterCard sont largement acceptées à Dublin. Les petits commerces préfèrent les cartes de débit (et font payer une commission pour les paiements par carte de crédit). Presque toutes les cartes de crédit et de débit fonctionnent avec des puces et un code secret, et un nombre croissant d'établissements n'acceptent pas les cartes si vous n'avez pas le code secret.

Distributeurs automatiques

La plupart des banques disposent de DAB (appelés *cash machines*) compatibles

UN FIL D'ARIANE EN VOYAGE

Le **portail Ariane** (pastel.diplomatie.gouv.fr/fildariane), mis en place par le Centre de crise du ministère des Affaires étrangères, est un service gratuit permettant au voyageur français à l'étranger d'être contacté par le service consulaire, sur son téléphone portable ou par e-mail, au cas où des événements graves (crise politique, catastrophe naturelle, attentat...) se produiraient dans le pays durant son séjour, ou de contacter rapidement sa famille ou ses proches en France en cas de besoin.

La procédure d'inscription se réalise en ligne, où vous donnez des informations sur votre voyage (dates de départ, de retour, numéro de téléphone portable, coordonnées d'éventuels contacts sur place, adresses de séjour et itinéraire prévu, etc.).
Grâce à ce service, vous recevrez en outre, avant votre départ, des recommandations de sécurité par e-mail si la situation dans le pays le justifie.

Il existe une application pour les smartphones et les tablettes, intitulée *Conseils aux voyageurs*.

avec les systèmes internationaux comme Cirrus, Maestro ou Plus. Si vous vous trouvez en centre-ville un vendredi, il est vivement recommandé de retirer votre argent tôt le matin afin d'éviter les longues files d'attente qui se forment parfois après 20h. Méfiez-vous des DAB trafiqués.

Assurances

Il est important d'être assuré : l'assurance peut couvrir les frais médicaux, la perte de bagages, les annulations ou les retards dans votre voyage selon le contrat souscrit.

Les frais médicaux de la plupart des citoyens de l'Union européenne sont couverts par la carte CEAM (carte européenne d'assurance maladie).

Il est conseillé de souscrire à une police d'assurance qui vous couvrira en cas d'annulation de votre voyage, de vol, de perte de vos affaires, de maladie ou encore d'accident. Les assurances internationales pour étudiants sont en général d'un bon rapport qualité/prix. Lisez avec la plus grande attention les clauses en petits caractères : c'est là que se cachent les restrictions.

Vérifiez notamment que les "sports à risques", comme la plongée, la moto ou même la randonnée ne sont pas exclus de votre contrat, ou encore que le rapatriement médical d'urgence, en ambulance ou en avion, est couvert. De même, le fait d'acquérir un véhicule dans un autre pays ne signifie pas nécessairement que vous serez protégé par votre propre assurance.

Tout véhicule circulant sur la voie publique doit être assuré. Si vous venez avec votre propre véhicule, vérifiez que votre assurance vous couvre.

Attention ! Avant de souscrire une police d'assurance, vérifiez bien que vous ne bénéficiez pas déjà d'une assistance par votre carte de crédit, votre mutuelle ou votre assurance automobile. C'est bien souvent le cas.

Cartes de réduction

Les seniors bénéficient de réductions dans les transports publics et les musées. Les étudiants et les moins de 26 ans profitent aussi de réduction sur présentation d'un justificatif.

Dublin Pass (www.dublinpass.fr ; adulte/enfant 1 jour 62/33 €, 3 jours 92/49 €). Si vous comptez multiplier les visites, le Dublin Pass vous fera faire de belles économies. Il donne droit à l'entrée gratuite dans 32 lieux (dont la Guinness Storehouse), à des réductions dans 20 autres, et il permet de limiter l'attente dans les sites très fréquentés. Pour utiliser Aircoach, le transfert gratuit depuis/vers l'aéroport, téléchargez l'application avant votre arrivée. Sinon, il est disponible auprès de toutes les succursales de Discover Ireland Dublin Tourism Centre.

Heritage Card (adulte/enfant/étudiant €40/10/10 €). Accès gratuit à tous les sites gérés par l'Office of Public Works (OPW) dans Dublin et ses alentours. La carte est vendue dans les sites de l'OPW ou les offices du tourisme Dublin Tourism.

Douane

Entrer dans le pays ne pose pas de problème, tant que vous avez les documents nécessaires.

Duty free

Pour les biens achetés en duty free hors de l'UE, les quotas sont les suivants : 200 cigarettes, 1 l de spiritueux ou 2 l de vin, 60 ml de parfum et 250 ml d'eau de toilette.

Produits achetés TTC et droits payés

Les quantités autorisées pour un usage personnel

sont les suivantes : 3 200 cigarettes (ou 400 cigarillos, 200 cigares ou 3 kg de tabac) et 10 l de spiritueux ou 20 l de vin muté ou 60 l de vin mousseux ou 90 l de vin ou 110 l de bière.

Chiens, chats et furets

L'Irlande, comme le Royaume-Uni, applique le dispositif européen "Pet Travel" : les animaux provenant de pays de l'UE et de Suisse doivent être munis d'une puce, vaccinés contre la rage et, pour les chiens, avoir été traités contre le ténia chez le vétérinaire 5 jours à 24 heures avant d'entrer sur le territoire ; sinon ils devront subir une quarantaine. Vous devez également avoir sur vous leurs papiers originaux (passeport, etc.) et non des copies. Consultez la page sur le site du **Department of Agriculture, Food & the Marine** (www.agriculture.gov.ie/pets/) pour plus de détails.

Électricité

Type G
230 V/50 Hz

Formalités et visas

Les citoyens européens n'ont pas besoin de visa pour séjourner ou travailler en République d'Irlande. Les ressortissants du Canada et de la Suisse peuvent rester jusqu'à trois mois sans visa. Ils ne sont pas autorisés à travailler à moins d'avoir un contrat d'embauche. Pour rester plus longtemps en Irlande, contactez le poste local de la *garda* ou le **Garda National Immigration Bureau** (☎01-666 9100 ; www.garda.ie ; 13-14 Burgh Quay, Dublin ; ⏲8h-21h lun-jeu, 8h-18h ven ; 🚌ts ceux du centre-ville).

Dans les aéroports, les services de l'immigration prévoient des files différentes pour les citoyens possédant un passeport de l'UE (simple coup d'œil au passeport) et pour les autres (contrôle un peu plus appuyé). De nouvelles machines ont été mises en place à la douane de l'aéroport, qui scannent votre passeport et vous prennent en photo. Si vous avez une carte d'identité en cours de validité, il vous faudra passer au guichet devant un douanier.

Pour entrer en Irlande, il n'est pas obligatoire de présenter un billet de retour ou justifiant de la suite de votre voyage, mais cela peut aider si vous n'avez pas de preuves de solvabilité assez solides pour votre séjour à Dublin.

Avant le départ, il est impératif de contacter votre ambassade ou votre consulat pour vous assurer que les modalités d'entrée sur le territoire n'ont pas changé. Nous vous conseillons de scanner ou de photocopier tous vos documents importants (pages d'introduction de votre passeport, cartes bancaires, police d'assurance, billets de train/d'avion/de bus, permis de conduire, etc.). Conservez ces copies à part des originaux. Vous remplacerez ainsi plus aisément ces documents en cas de perte ou de vol.

Handicapés

Le centre-ville de Dublin est compact, plutôt plat et bien desservi par les transports publics, avec seulement quelques secteurs pavés, ce qui en fait une destination plaisante pour les voyageurs handicapés. Si la plupart des stations de DART sont adaptées aux voyageurs souffrant de problèmes de mobilité, il faut prévenir 24 heures à l'avance pour monter à bord d'un train avec un fauteuil roulant. Tous les bus de ville sont accessibles en fauteuil roulant, mais c'est le Luas qui est le plus pratique.

Sites Internet utiles

Téléchargez gratuitement les guides Lonely Planet *Accessible Travel* (en anglais) sur lptravel.to/AccessibleTravel.

Accessible Ireland (www.accessibleireland.com). Descriptifs d'établissements et brève introduction aux transports publics.

Ireland.com (www.ireland.com/en-us/accommodation/articles/accessibility). Un article instructif avec des liens vers des renseignements sur l'accessibilité des transports et des sites touristiques.

Irish Wheelchair Association (☎01-818 6400 ; www.iwa.ie ; Áras Chúchulain, Blackheath Dr, Clontarf, Dublin 3 ; ⏲9h-17h30 lun-ven). Association irlandaise des personnes en fauteuil roulant. Utile.

Mobility Mojo (www.mobilitymojo.com). Plus de 500 descriptifs d'établissements dans une base de données, principalement dans les régions de Dublin et Galway mais le réseau s'étend continuellement.

Trip-Ability (www.tripability.net). Présentation d'établissements.

En France, l'**APF** (Association des paralysés de France ; ☎01 40 78 69 00 ; www.apf.asso.fr ; 17 bd Auguste-Blanqui, 75013 Paris) peut fournir des informations utiles sur les voyages accessibles. **Yanous** (www.yanous.com), **Hizy** (hizy.org), **Handicap.fr** (www.handicap.fr) et **Tourisme et handicaps** (www.tourisme-handicaps.org) constituent également de bonnes sources d'information.

Désormais, les principales plateformes d'hébergement que sont **Abritel** (www.abritel.fr), **Airbnb** (www.airbnb.fr), **Booking** (www.booking.com) et **Hotels.com** (https://fr.hotels.com) ont intégré des critères d'accessibilité à leur moteur de recherche. **Mobee Travel** (www.mobeetravel.com) est une start-up qui regroupe des hébergements accessibles et qui propose aussi des séjours sur mesure. Plus modeste, **Wilengo** (www.wilengo.com) fonctionne sur le modèle d'Airbnb. Les agences de voyages **Yoola** (www.yoola.fr) et **Comptoir des Voyages** (www.comptoir.fr) organisent des voyages adaptés aux personnes à mobilité réduite.

Heure locale

En hiver, Dublin (et le reste de l'Irlande) est à l'heure du méridien de Greenwich (GMT, également appelée Universal Time Coordinated,UTC), comme la Grande-Bretagne. En été, les pendules avancent d'une heure (GMT +1) : lorsqu'il est midi à Dublin, il est 13h à Paris.

Horaires d'ouverture

À Dublin, l'activité commence assez tard le matin et les heures d'ouverture classiques sont les suivantes :

Banques 10h-16h lun-mer et ven, 10h-17h jeu.

Administrations 9h-17h lun-ven.

Bureaux de poste 9h-18h lun-ven, 9h-13h sam.

Restaurants 12h-22h (ou minuit) ; le service s'arrête généralement vers 21h. Les restaurants de catégorie supérieure ferment souvent entre 15h et 18h ; les restaurants servant un brunch ouvrent vers 11h.

Commerces 9h30-18h lun-mer, ven et sam, 9h30-20h jeu (9h30-21h pour les grands supermarchés et centres commerciaux), 12h-18h dim.

Homosexualité

Dublin est une ville très tolérante avec la communauté homosexuelle. Être gay ou lesbienne passe complètement inaperçu et ces dernières années, les transsexuels sont de mieux en mieux acceptés. Les Irlandais ont voté massivement en faveur du mariage pour tous lors du référendum de 2015. Toutefois, les personnes LGBTQ peuvent encore être harcelées, voire pire. En cas de problème, contactez le **Crime Victims Helpline** (☎116006 ; 24h/24) ou le **Sexual Assault Investigation Unit** (☎01-666 3430 ; www.garda.ie ; ⏲24h/24).

Voici quelques adresses pratiques :

Gaire (www.gaire.com). Forum et informations.

Gay Men's Health Project (www.hse.ie/go/GMHS). Conseils de santé pratique pour les hommes.

National LGBT Federation (☎01-675 5025 ; www.nxf.ie ; 2 Exchange St Upper, Temple Bar ; 🚌ts ceux du centre-ville). Publie le mensuel *Gay Community News*.

Outhouse (☎01-873 4999 ; www.outhouse.ie ; 105 Capel St ; ⏲10h-18h lun-ven, 12h-17h sam ; 🚌ts ceux du centre-ville). Le principal centre de ressources gay, lesbien et bisexuel de Dublin. L'endroit idéal pour s'informer sur les événements, consulter les petites annonces et rencontrer des gens.

Internet (accès)

Avec l'essor du Wi-Fi et des réseaux 3G/4G, les cybercafés sont devenus inutiles (sauf pour les joueurs en ligne) ; les rares qui ont maintenu leur activité facturent environ 6 €/heure. La plupart des hébergements fournissent la connexion Wi-Fi, gratuitement ou moyennant un forfait journalier (jusqu'à 10 €/jour).

Jours fériés

Le Vendredi saint et Noël sont les deux seuls jours de l'année durant lesquels tous les pubs sont fermés. Pour les autres jours fériés (qui tombent pour la plupart un lundi), les banques et environ la moitié des commerces sont fermés. Si la Saint-Patrick ou la Saint-Stephen (Saint-Étienne) tombent un week-end, le lundi suivant est férié.

Nouvel An 1er janvier

St Patrick's Day 17 mars

Pâques (Vendredi saint et lundi de Pâques inclus) mars/avril

Fête du Travail 1er lundi de mai

June Bank Holiday 1er lundi de juin

PRATIQUE

Journaux *Irish Independent* (www.independent.ie), *Irish Times* (www.irishtimes.com), *Irish Examiner* (www.examiner.ie), *The Herald* (www.herald.ie).

Radios RTE Radio 1 (88-90MHz), RTE Radio 2 (90-92MHz), Today FM (100-103MHz), Newstalk 106-108 (106-108MHz).

Tabac Il est interdit de fumer dans les espaces fermés, sauf dans les résidences privées et les prisons.

Poids et mesures Le système métrique s'applique, à l'exception des alcools, mesurés en pintes.

August Bank Holiday 1er lundi d'août

October Bank Holiday dernier lundi d'octobre

Noël 25 décembre

St Stephen's Day 26 décembre

Offices du tourisme

Visit Dublin Centre (plan p. 286 ; www.visitdublin.com ; 25 Suffolk St ; ⏲9h-17h30 lun-sam, 10h30-15h dim ; 🚌ts ceux du centre-ville) est l'office du tourisme officiel de la ville. Vous y trouverez des informations générales sur Dublin et l'Irlande. Ce centre propose aussi des renseignements sur les hébergements, un service de réservation et d'inscriptions pour des visites guidées de la ville ou des environs. Le personnel parle français.

Poste

Le service postal irlandais, An Post, est fiable, efficace et généralement ponctuel. À Dublin, les boîtes aux lettres sont habituellement vertes et ont deux fentes : une pour "Dublin Only" (Dublin seulement) et l'autre pour "All Other Places" (Autres destinations). Il y a plusieurs bureaux de poste en centre-ville, dont l'**An Post** (plan p. 286 ; ☎01-705 8206 ; www.anpost.ie ; 19-24St Andrew's St ; ⏲9h-18h lun-ven, 9h-13h sam ; 🚌ts ceux du centre-ville) et le **General Post Office** (GPO ; plan p. 280 ; ☎01-705 8833 ; www.anpost.ie ; O'Connell St Lower ; ⏲8h30-18h lun-sam, 12h-16h dim ; 🚌ts ceux du centre-ville, 🚊O'Connell - GPO, Abbey Street).

Problèmes juridiques

Si la possession d'une petite quantité de marijuana est sanctionnée par une amende ou un avertissement, les drogues dures font l'objet de sanctions plus sévères. L'ivresse publique, bien que courante, est illégale. Toutefois, la police laisse souvent les contrevenants tranquilles, sauf s'ils troublent l'ordre public. Si vous avez besoin d'une assistance juridique, contactez le **Legal Aid Board** (☎066-947 1000, 1890 615 200 ; www.legalaidboard.ie ; ⏲9h-17 lun-ven).

Santé

En cas de petits soucis, les pharmaciens vous conseilleront et vous délivreront des remèdes sans ordonnance. Ils peuvent aussi vous orienter vers un médecin si votre état l'exige.

La carte européenne d'assurance maladie (CEAM), nominative et individuelle et valable un an, assure l'aide médicale d'urgence (mais non le rapatriement sanitaire) aux citoyens de l'Union européenne. Vous devez en faire la demande auprès de votre caisse d'assurance maladie ou en ligne sur www.ameli.fr. Comptez un délai de 2 semaines pour la réception.

Vous pouvez contracter une assurance qui réglera directement les hôpitaux et les médecins, vous évitant ainsi d'avancer des sommes qui ne vous seront remboursées qu'à votre retour. Dans ce cas, conservez avec vous tous les documents nécessaires.

Eau du robinet

Inutile de commander de l'eau en bouteille au restaurant : en Irlande, l'eau du robinet est parfaitement sûre, gratuite, et souvent excellente.

Services médicaux

DENTISTES

Les soins dentaires sont coûteux à Dublin. À moins d'avoir une carte médicale (disponible uniquement pour les résidents déclarés), attendez-vous à payer au moins 85 € pour un contrôle, près de 100 € pour un détartrage et 120 € pour une obturation.

MÉDECINS

Si vous n'avez pas de carte médicale, vous devrez payer toutes vos consultations. Les tarifs commencent à 50 € pour un simple examen. Un médecin du service privé **Doctor on Duty** (☎01-420 0880 ; www.mediserve.ie ; ⏲24h/24) peut se déplacer jusqu'à votre hébergement à tout moment.

Le **Health Service Executive** (HSE ; ☎01-679 0700, 1800 520 520 ; www.hse.ie ; Dr Steevens' Hospital, Steevens' Lane ; ⏲9h30-17h30 lun-ven ; 🚌25A, 25B, 26, 66 depuis le centre-ville), la direction des services de santé, peut vous aiguiller vers un généraliste (*general practitioner*, GP) de 9h à 17h du lundi au vendredi. Il fournit aussi des renseignements sur les personnes présentant un handicap physique ou mental.

Votre hôtel ou votre ambassade peut également vous conseiller un médecin. Le **Grafton Medical Centre** (☎01-671 2122 ; www.graftonmedical.ie ; 34 Grafton St ; ⏱8h30-18h lun-jeu, 8h30-17h ven ; 🚌ts ceux du centre-ville) est une bonne clinique. Après 18h ou le week-end, l'excellent **Caredoc** (☎1850 334 999 ; www.caredoc.ie ; ⏱18h-8h lun-ven, 24h/24 sam-dim) propose les services de médecins, généralement dans l'heure.

HÔPITAUX

Il est recommandé aux ressortissants de l'UE de demander leur carte européenne d'assurance maladie (CEAM) avant de partir, pour couvrir leurs frais en cas d'hospitalisation (voir plus haut). Voici les principaux centres hospitaliers de Dublin :

Mater Misericordiae Hospital (☎01-830 1122 ; www.mater.ie ; Eccles St ; 🚌120, 122 depuis le centre-ville)

St James's Hospital (☎01-410 3000 ; www.stjames.ie ; James's St ; 🚊James's)

PHARMACIES

Pour les problèmes de santé mineurs et passagers, les pharmaciens sont de bon conseil et vendent des médicaments sans ordonnance. Ils vous redirigeront vers un spécialiste si nécessaire.

Toutes les pharmacies de Dublin sont clairement identifiables à leur croix verte. Des enseignes de la chaîne anglaise Boots sont disséminées dans le centre-ville. La plupart des pharmacies ouvrent jusqu'à 19h ou 20h, mais celles de la City, de Hickey et de O'Connell ne ferment qu'à 22h.

Sécurité

Dublin est l'une des villes les plus sûres d'Europe mais il faut bien sûr respecter les précautions d'usage.

- ➡ Ne laissez rien de visible dans votre voiture lorsque vous stationnez.
- ➡ Le piratage des DAB est un problème persistant ; prenez soin de couvrir le clavier avec votre main lorsque vous tapez votre code.
- ➡ Soyez prudent à l'extrémité ouest de Thomas St (donnant dans James St), souvent fréquentée par des toxicomanes.
- ➡ Des problèmes de délinquance ont été signalés à l'extrémité nord de Gardiner St et au nord-est de ce secteur.

Commissariats

Les commissariats se situent dans les quartiers suivants :

Docklands (☎01-677 8141 ; Pearse St ; 🚌ts ceux du centre-ville)

Environs de Merrion Sq (☎01-676 3481 ; Harcourt Tce ; ⏱24h/24 ; 🚊Harcourt)

Nord de la Liffey (Store St ; 🚊Connolly). Un autre se trouve **à l'est de Mountjoy Sq** (Fitzgibbon St ; 🚌122 depuis le centre-ville).

Taxes et remboursements

Une TVA standard de 23% s'applique sur tous les biens vendus à Dublin à l'exception des livres, vêtements pour enfants et articles éducatifs. Les voyageurs résidant dans un pays hors UE peuvent se faire rembourser la TVA à condition que le commerce participe au programme Cashback ou Taxback. Dans ce cas, l'acheteur reçoit un coupon qui doit être tamponné au dernier point de sortie de l'UE.

Téléphone

Indicatifs téléphoniques

L'indicatif téléphonique de Dublin est le ☎01, que suit un numéro à 7 chiffres. L'indicatif n'est à composer que si on appelle depuis l'extérieur de la ville ou depuis un portable.

Pour appeler à Dublin depuis l'étranger, composez le code d'accès international (☎00, ou ☎011 depuis le Canada), puis l'indicatif de l'Irlande (☎353) suivi de l'indicatif de Dublin (☎1) sans le 0 et du numéro à 7 chiffres de votre correspondant.

Pour appeler la France, la Belgique ou la Suisse depuis Dublin, composez le ☎00, suivi de l'indicatif du pays (☎33 pour la France, ☎32 pour la Belgique, ☎41 pour la Suisse), suivi du numéro de votre correspondant sans le 0 initial. Pour appeler le Canada depuis Dublin, composez le ☎00, suivi du ☎1 et du numéro de votre correspondant.

Indicatif pays	☎+353
Indicatif ville	☎01
Code d'accès international	☎00
Renseignements	☎11811 ou 11850
Renseignements internationaux	☎11818

Téléphone portable

Tous les téléphones portables européens fonctionnent à Dublin, de même que ceux d'Amérique du Nord non verrouillés sur un réseau local. Vérifiez auprès de votre opérateur. On trouve des cartes SIM prépayées à partir de 20 €. Pour les voyageurs européens, leur forfait fonctionne à Dublin comme dans leur pays d'origine, sans surcoût. Les autres voyageurs doivent se renseigner sur les frais d'itinérance et s'assurer que leur portable est débloqué pour l'Irlande.

Cartes téléphoniques

Tous les débits de presse, ou presque, vendent une gamme de cartes téléphoniques d'une valeur de 7, 15 ou 20 €, pour téléphoner à l'international à bas prix.

Toilettes

À Dublin, il n'y a pas de toilettes publiques dans les rues mais on en trouve dans tous les centres commerciaux. Pour un besoin urgent, rendez-vous dans n'importe quel bar ou hôtel.

Urgences

Ambulance, pompiers, police (gardaí), ou gardes-côtes (Costal Rescue)	☎999 ou 112
Rape Crisis Centre (SOS Viol)	☎1800 778 888
Indicatif de l'Irlande	☎+353
Code d'accès international	☎00

Voyager en solo

Les femmes voyageant seules ne devraient pas rencontrer de difficultés à Dublin.

Les contraceptifs ne sont plus aussi difficiles à trouver qu'autrefois, mais il est conseillé aux voyageuses prenant la pilule d'apporter leurs comprimés.

La pilule du lendemain est disponible sans ordonnance dans les pharmacies.

En cas d'agression sexuelle, contactez la *gardaí* (police) et le **Rape Crisis Centre** (SOS Viol, ☎01-661 4911, 24h/24 1800 778 888 ; www.drcc.ie ; 70 Lower Leeson St ; ⏲8h-17h30 lun-ven, 9h-15h30 sam ; 🚌ts ceux du centre-ville).

Langues

IRLANDAIS

Si le gaélique d'Irlande (Gaeilge) est la langue officielle du pays, il n'est plus parlé que dans des zones rurales isolées appelées *gaeltachtaí* (pluriel de *gaeltacht*), notamment dans les régions de Cork (Corcaigh), Donegal (Dún na nGall), Galway (Gaillimh), Kerry (Ciarraí) et Mayo (Maigh Eo). En dehors de ces zones, demandez à un Irlandais s'il parle gaélique, et neuf fois sur dix, il vous répondra "*ah, cupla focal*" (quelques mots) – et ce n'est généralement pas par modestie. L'apprentissage de l'irlandais est obligatoire dans les écoles pour les élèves de 6 à 15 ans. Toutefois, l'enseignement, théorique et ennuyeux, a surtout conduit à la désaffection de nombreux enfants sur le sujet. Par conséquent, de nombreux adultes regrettent de ne pas mieux maîtriser la langue. Un nouveau programme a été mis en place, avec un nombre d'heures restreint mais des méthodes plus ludiques, pratiques et attrayantes. En 2003, le gouvernement a adopté la loi sur les langues officielles : tous les panneaux de signalisation et documents officiels doivent figurer en gaélique ou dans une version bilingue.

PRONONCIATION

L'irlandais comporte des voyelles longues (accentuées) et courtes (non accentuées), et des voyelles "larges" (**a, á, o, ó** et **u**) et "étroites"(**e, é, i** et **í**). Ces dernières, essentielles, peuvent modifier la prononciation des consonnes qui les précèdent. Bien qu'il existe des associations inhabituelles, **mh** et **bhf** par exemple (toutes deux prononcées "w"), les consonnes se prononcent généralement comme en anglais.

L'irlandais comprend trois dialectes principaux : l'irlandais de Connaught (Galway et nord de Mayo), celui de Munster (Cork, Kerry et Waterford) et celui d'Ulster (Donegal). Les indications de prononciation indiquées ci-après s'appuient sur une version anglicisée de l'irlandais standard moderne, sorte de mélange des trois dialectes. Si vous lisez les mots comme s'il s'agissait d'anglais, vous vous débrouillerez en gaélique sans avoir à vous soucier des règles de prononciation.

POUR ALLER PLUS LOIN

Le guide *Irish Language & Culture* (en anglais) de Lonely Planet vous aidera à maîtriser toutes les subtilités du gaélique.

LES BASES

Bonjour.
Dia duit. — dia gwit

Bonjour (réponse).
Dia is Muire duit. — dias moyra gwit

Bonjour (le matin).
Maidin mhaith. — mawjin wah

Bonne nuit.
Oíche mhaith. — ikheh wah

Au revoir (si vous partez).
Slán leat. — slawn lyat

Au revoir (si vous restez).
Slán agat. — slawn agut

Excusez-moi.
Gabh mo leithscéal. — gamoh lesh scale

Je suis désolé.
Tá brón orm. — taw brohn oruhm

Merci (beaucoup).
Go raibh (míle) maith agat. — goh rev (mila) mah agut

Parlez-vous irlandais ?
An bhfuil Gaeilge agat? — on wil gaylge oguht

Je ne comprends pas.
Ní thuigim. — ni higgim

Qu'est-ce que c'est ?
Cad é seo/sin? — kod ay shoh/shin

J'aimerais aller...
Ba mhaith liom dul go dtí — baw wah lohm dull go di ...

J'aimerais acheter...
Ba mhaith liom ... a cheannach. bah wah lohm ... a kyanukh

S'il vous plaît.
más é do thoil é. ... maws ay do hall ay

Oui.	*Tá.*	taw
Non.	*Níl.*	nil
C'est...	*Sea...*	sheh...
Ce n'est pas...	*Ní hea...*	ni heh...
un autre/encore un	*ceann eile*	kyawn ella
bien/bon	*go deas*	goh dyass

CONVERSATION

Bienvenue.
Ceád míle fáilte. kade mila fawlcha
(littéralement : 100 000 bienvenues)

Comment allez-vous ?
Conas a tá tú? kunas aw taw too

Je vais bien.
Táim go maith. thawm go mah

Comment vous appelez-vous ?
Cad is ainm duit? kod is anim dwit

Je m'appelle (Sean Frayne).
(Sean Frayne) is ainm dom. (shawn frain) is anim dohm

Impossible !
Ní féidir é! ni faydir ay

N'importe quoi !
Ráiméis! rawmaysh

C'est terrible !
Go huafásach! guh hoofawsokh

Calmez-vous.
Tóg é gobogé. tohg ay gobogay

Santé !
Slainte! slawncha

Je ne boirai plus jamais !
Ní ólfaidh mé go brách arís! kni ohlhi mey gu brawkh urishch

Bon voyage !
Go n-éirí an bóthar leat! go nairi on bohhar lat

Joyeux Noël !
Nollaig shona! nuhlig hona

Joyeuses Pâques !
Cáisc shona! kawshk hona

Signalétique

Fir	fear	Hommes
Gardaí	gardi	Police
Leithreas	lehrass	Toilettes
Mna	mnaw	Femmes
Oifig	iffig	Bureau
An Phoist	ohn fwisht	de poste

CUPLA FOCAL

Quelques expressions en gaélique irlandais pour épater la galerie :

Tóg é gobogé.
Relax. tohg ay gobogay

Ní féidir é!
Impossible ! ni faydir ay

Ráiméis!
N'importe quoi ! rawmaysh

Go huafásach!
C'est horrible ! guh hoofawsokh

Ní ólfaidh mé go brách arís!
Je ne boirai plus jamais ! kni ohlhi mey gu brawkh urishch

Slainte!
Tchin !/santé ! slawncha

Táim go maith.
Ça va. thawm go mah

Nollaig shona!
Joyeux Noël ! nuhlig hona

Cáisc shona!
Joyeuses Pâques ! kawshk hona

Go n-éirí an bóthar leat!
Bon voyage ! go nairi on bohhar lat

JOURS DE LA SEMAINE

lundi	*Dé Luaín*	day loon
mardi	*Dé Máirt*	day maart
mercredi	*Dé Ceádaoin*	day kaydin
jeudi	*Déardaoin*	daredin
vendredi	*Dé hAoine*	day hineh
samedi	*Dé Sathairn*	day sahern
dimanche	*Dé Domhnaigh*	day downick

NOMBRES

1	*haon*	hayin
2	*dó*	doe
3	*trí*	tri
4	*ceathaír*	kahirr
5	*cúig*	kooig
6	*sé*	shay
7	*seacht*	shocked
8	*hocht*	hukt
9	*naoi*	nay
10	*deich*	jeh
11	*haon déag*	hayin jague
12	*dó dhéag*	doe yague
20	*fiche*	fikhe

ANGLAIS

L'anglais est la langue dominante en Irlande.

Très présent en anglais, l'accent tonique répond à des règles complexes (assorties de nombreuses exceptions) que nous ne tenterons pas d'expliquer ici ! À écouter vos interlocuteurs, vous remarquerez vite que l'intonation joue un rôle majeur. Dans ce guide, les syllabes accentuées figurent en italique. N'hésitez pas à les marquer particulièrement, même si vous avez l'impression d'exagérer un peu au début.

MOTS ET EXPRESSIONS DE BASE

Oui.	*Yes.*	yès
Non.	*No.*	no
S'il vous plaît.	*Please.*	pliiz
Merci (beaucoup).	*Thank you (very much).*	Sank you (vè·ri meutch)
Je vous en prie.	*You're welcome.*	your wèl·komm
Excusez-moi.	*Excuse me.*	ek·skyouz mi
Pardon.	*Sorry.*	so·ri
Bonjour /Salut	*Hello /Hi*	hè·lo /haï
À bientôt.	*See you later.*	sii you léï·teur
Au revoir.	*Goodbye.*	goud·baï

Comment allez-vous/vas-tu ?
How are you? — hao âr you

Bien, merci. Et vous/toi ?
Fine. And you? — faïn annd you

Comment vous appelez-vous ?
What's your name? — wats your néïm

Je m'appelle...
My name is ... — maï néïm iz ...

Parlez-vous français ?
Do you speak French? — dou you spiik frènch

À TABLE

petit-déjeuner	*breakfast*	brèk·feust
déjeuner	*lunch*	leunnch

POUR ALLER PLUS LOIN

Indispensable pour mieux communiquer sur place : le *Guide de conversation Anglais* de Lonely Planet. Pour réserver une chambre, lire un menu ou simplement faire connaissance, ce manuel permet d'acquérir des rudiments d'anglais. Inclus : un minidictionnaire bilingue.

dîner	*dinner*	di·neur
casse-croûte	*snack*	snak
manger	*eat*	iit
boire	*drink*	drink
Je voudrais...	*I'd like ...*	aïd laïk ...

Je meurs de faim !
I'm starving! — aïm stâr·vinng

Je voudrais réserver une table pour...
I'd like to book a table for ... — aïd laïk tou bouk eu téï·beul for ...

(20h)	*(8) o'clock*	(éït) o·klok
(2) personnes	*(2) people*	(tou) pi·peul

Puis-je voir la carte, s'il vous plaît ?
Can I see the menu, please? — kann aï sii zeu me·nyou pliiz

Que me conseillez-vous ?
What would you recommend? — wat woud you rè·ko·mènnd

Pouvez-vous préparer un repas sans... ?
Could you prepare a meal without ...? — koud you pri·pèr eu miil wiz·aout

beurre	*butter*	beu·teur
bouillon de viande	*meat stock*	miit stok
œufs	*eggs*	ègz
viande	*meat*	miit

ACHATS

Combien ça coûte ?
How much is it? — hao meutch iz it

Je voudrais acheter...
I'd like to buy ... — aïd laïk tou baï ...

Je ne fais que regarder.
I'm just looking. — aïm djeust lou·king

Puis-je le voir ?
Can I look at it? — kann aï louk at it

Acceptez-vous... ?
Do you accept ...? — dou you ak·sèpt

les cartes de crédit
credit cards — krè·dit kârdz

les chèques de voyage
travellers cheques — trav·leurs tchèks

Puis-je avoir..., s'il vous plaît ?
Could I have a ..., please? — koud aï hav eu ..., pliiz

un sac	*bag*	bag
un reçu	*receipt*	ri·siit

DATE ET HEURE

Quelle heure est-il ?
What time is it? — wat täim iz it

Il est 10h.
It's 10 o'clock (am/pm). — its (tènn) ok·lok (èï·èm/pi·èm)

matin	*morning*	mor·ninng
après-midi	*afternoon*	af·teu·noun
soir	*evening*	iv·ninng
hier	*yesterday*	yès·teu·dèï
aujourd'hui	*today*	tou·dèï
demain	*tomorrow*	tou·mo·ro

lundi	*Monday*	monn·dèï
mardi	*Tuesday*	tyous·dèï
mercredi	*Wednesday*	wènns·dèï
jeudi	*Thursday*	Sœurs·dèï
vendredi	*Friday*	fraï·dèï
samedi	*Saturday*	sa·teu·dèï
dimanche	*Sunday*	seunn·dèï

janvier	*January*	dja·nu·ari
février	*February*	fè·bru·ari
mars	*March*	mârtch
avril	*April*	èï·pril
mai	*May*	mèï
juin	*June*	djounn
juillet	*July*	djou·laï
août	*August*	ao·goust
septembre	*September*	sep·tèmm·beur
octobre	*October*	ok·to·beur
novembre	*November*	no·vèmm·beur
décembre	*December*	di·cèmm·beur

HÉBERGEMENT

Où puis-je trouver...?
Where's a ...? wèrz eu

une pension
bed and breakfast bèd ènnd brèk·feust

un hôtel *hotel* ho·tèl

une auberge de jeunesse
youth hostel youss hos·tèl

Pouvez-vous me conseiller un endroit... ?
Can you recommend somewhere ...? kan you rè·ko·mènnd so·meu·wèer ...

bon marché	*cheap*	tchiip
près d'ici	*nearby*	niir·baï

Quelle est l'adresse ?
What's the address? wats zi ad·rès

Je voudrais réserver une chambre, s'il vous plaît.
I'd like to book a room, please. aïd laïk tou bouk eu roum pliiz

Nous sommes (trois).
There are (three) of us. Zèr âr (Srii) of eus

URGENCES

Au secours !	*Help!*	hèlp
Arrêtez !	*Stop!*	stop
Allez-vous-en !	*Go away!*	go eu·wéï
Au voleur !	*Stop thief!*	stop Siif
Au feu !	*Fire!*	faï·eur

Faites attention !
Watch out! watch a·out

Appelez la police !
Call the police! kool Zeu po·liis

C'est urgent !
It's an emergency! its eunn è·meur·djèn·si

Pourriez-vous m'aider, s'il vous plaît ?
Could you help me, please? coud you hèlp mi pliiz

Pourrais-je utiliser le téléphone ?
Could I use the telephone? coud aï youz Zeu tè·lè·fonn

Je suis perdu(e).
I'm lost. aïm lost

Où sont les toilettes ?
Where is the bathroom? wèr iz Zeu ba·Sroum

Je voudrais rester (deux) nuits.
I'd like to stay for (two) nights. aïd laïk tou stéï for (tou) naïts

Avez-vous une chambre... ?
Do you have a ... room? dou you hav eu ... roum

avec un lit double	*double*	deubeul
à un lit	*single*	sinng·eul
avec des lits jumeaux	*twin*	twinn

TRANSPORTS

À quelle heure part... ?
What time does the ... leave? wat taïm daz Zeu ... liiv

le bateau	*boat*	boot
le bus	*bus*	beus
l'avion	*plane*	pléïn
le train	*train*	tréïn

Quel bus va à... ?
Which bus goes to ...? witch beus goz tou ...

Pouvez-vous me dire quand nous arrivons à... ?
Can you tell me when we get to ...? kann you tèl mi wènn wi gèt tou ...

Un billet ... (pour Londres), s'il vous plaît.
One ... ticket (to London), please. wann ... ti·kèt (tou lonn·donn) pliiz

de 1re classe	*1st-class*	fœrst *klas*
de 2e classe	*2nd-class*	sè·konnd *klas*
enfant	*child's*	tchaïldz
aller simple	*one-way*	wann wéï
aller-retour	*return*	ri·*teurn*
étudiant	*student's*	*stu*·dènnts
Je voudrais louer...		
I'd like to hire		aïd laïk tou *haï*·eur

un 4x4		
a jeep		eu *djiip*
une automatique		
an automatic		eun o·to·*ma*·tik
une (petite/ grosse) voiture		
a (small/large) car		eu (smool/lârdj) kâr
une manuelle	*a manual*	eu *ma*·nou·eul
une moto	*a motorbike*	eu *mo*·to·baïk

GLOSSAIRE

12 juillet – jour de défilé de l'*Orange Order* (Ordre d'Orange) en mémoire de la victoire du roi protestant Guillaume III d'Orange sur le roi catholique Jacques II à la bataille de Boyne en 1690.

âge du bronze – première période d'utilisation des métaux en Irlande, entre 2500 et 300 av. J.-C. environ ; se situe entre l'âge de la pierre et l'âge du fer.

âge du fer – période d'utilisation du métal qui s'étendit de la fin de l'âge du bronze (environ 300 av. J.-C. à l'arrivée des Celtes) jusqu'au christianisme, vers le Ve siècle.

An Óige – littéralement "la jeunesse" ; association des auberges de jeunesse de République d'Irlande.

Anglo-Normands – désigne les peuples normands, anglais et gallois qui envahirent l'Irlande au XIIe siècle.

Apprentice Boys – les "garçons apprentis" sont une organisation *loyaliste* fondée en 1814 pour commémorer le siège de Derry chaque année au mois d'août.

ard – littéralement "haut" ; nom de lieu en gaélique d'Irlande.

Ascendancy – ("Ascendance") désigne l'aristocratie protestante descendant des Anglo-Normands et les colons installés en Irlande pendant la *Plantation.*

bailey – mur d'enceinte extérieure d'un château.

bawn – espace entouré d'une enceinte à l'extérieur du château principal, servant de défense et de lieu de stockage du bétail en temps de guerre.

beehive hut – hutte en pierre sèche (voir *clochán*).

Black & Tans – militaires engagés par le gouvernement britannique dans la Royal Irish Constabulary (police royale irlandaise) peu après la Seconde Guerre mondiale, et connus pour leur brutalité.

Blarney Stone – pierre sacrée perchée au sommet du château de Blarney ; embrasser le dessous de la pierre allongé sur le dos conférerait le don de l'éloquence.

bodhrán – percussion en peau de chèvre tenue à la main.

B-Specials – forces auxiliaires de police nord-irlandaises, dissoutes en 1971.

bullaun – pierre présentant un creux, probablement utilisée comme mortier pour broyer les remèdes ou la nourriture, que l'on trouve souvent sur les sites monastiques.

caher – espace circulaire encerclé d'un mur d'enceinte en pierre.

cairn – monticule de pierres placé sur une tombe préhistorique.

cashel – fort circulaire entouré d'une enceinte de pierre ; voir *ráth.*

céilidh – session de musique et de danses traditionnelles ; aussi orthographiée "ceili".

Celtes – Tribus guerrières de l'âge du fer qui arrivèrent en Irlande aux environs de 300 av. J.-C. et dominèrent le pays pendant mille ans.

chipper – argot désignant les établissements de restauration rapide servant des *fish and chips*.

cill – littéralement "église" ; nom de lieu irlandais ; également "kill".

Claddagh, anneau de – anneau porté dans une grande partie du *Connaught* depuis le milieu du XVIIIe siècle, présentant un cœur entouré de deux mains ; si la pointe du cœur est dirigée vers la paume de la main, son porteur est en couple ou marié ; si elle est dirigée vers le bout des doigts, il ou elle cherche un(e) partenaire.

clochán – bâtiment circulaire en pierre à la forme d'une ancienne hutte en pierre, datant du début de l'ère chrétienne.

Connaught – l'une des quatre anciennes provinces d'Irlande, comprenant les comtés de Galway, Leitrim, Mayo, Roscommon et Sligo ; parfois écrit "Connacht" ; voir aussi *Leinster, Munster* et *Ulster.*

craic – conversation, potins, rigolade, bons moments ; se dit aussi "crack".

crannóg – île artificielle réalisée sur un lac pour donner une bonne position défensive à une habitation.

currach – bateau à rames fait d'un cadre de lattes de bois recouvert de toile enduite de goudron ; aussi appelé "cúrach".

Dáil – chambre basse du Parlement de la République d'Irlande ; voir aussi *Oireachtas* et *Seanad*.

DART – Dublin Area Rapid Transport ; ligne de chemin de fer.

demesne – propriété terrienne proche d'une demeure ou d'un château.

diamond – place d'une ville.

dolmen – chambre funéraire ou tombeau portail composé de pierres verticales coiffées d'une gigantesque dalle de couverture ; datent d'environ 2000 av. J.-C.

drumlin – colline arrondie formée lors du retrait des glaciers.

Dúchas – ministère chargé des parcs, monuments et jardins de la République d'Irlande ; anciennement Office of Public Works.

dún – fort, généralement en pierre.

DUP – Democratic Unionist Party (parti unioniste démocratique) ; fondé essentiellement par Ian Paisley en 1971, en totale opposition avec les politiques *unionistes* menées par l'*UUP*.

Éire – Nom irlandais de la République d'Irlande.

esker – butte allongée formée par les glaciers.

Fáilte Ireland – "Comité de bienvenue" ; Comité de tourisme irlandais.

Fianna – groupe mythique de guerriers présents dans de nombreux contes irlandais anciens.

Fianna Fáil – littéralement "guerriers d'Irlande" ; grand parti politique de la République d'Irlande, provenant de la faction du *Sinn Féin* opposée au traité de 1921 avec la Grande-Bretagne.

Fine Gael – littéralement "Tribu du Gaélique" ; grand parti politique de la République d'Irlande, dérivant de la faction du *Sinn Féin* en faveur du traité de 1921 avec la Grande-Bretagne, forma le premier gouvernement de l'Irlande indépendante.

fir – hommes (singulier : "*fear*") ; indique les toilettes des messieurs ; voir aussi *leithreas* et *mná*.

fleadh – festival

GAA – Gaelic Athletic Association (Association athlétique gaélique) ; promeut le football gaélique et le hurling, entre autres sports irlandais.

Gaeltacht – personne parlant le gaélique d'Irlande.

gallóglí – soldats mercenaires entre le XIVe siècle et le XVe siècle ; anglicisé en "gallowglasses".

garda – police de la République d'Irlande ; pluriel : "gardai".

ghillie – guide pour la pêche ou la chasse ; se dit aussi "ghilly".

gort – littéralement "champ" ; nom de lieu irlandais.

hill fort – colline fortifiée dotée de remparts et de douves, datant généralement de l'âge du fer.

HINI – Hostelling International of Northern Ireland (Fédération internationale des auberges de jeunesse d'Irlande du Nord).

Hunger, the – littéralement "la Faim" ; nom désignant couramment la Grande Famine de 1845-1851.

hurling – sport irlandais similaire au hockey.

Iarnród Éireann – Republic of Ireland Railways (Chemins de fer de la République d'Irlande).

INLA – Irish National Liberation Association (Association nationale irlandaise de libération) ; formée en 1975 en tant que groupe dissident de l'*IRA* ; elle respecte un cessez-le-feu depuis 1998.

IRA – Irish Republican Army (Armée républicaine irlandaise) ; la plus grande organisation paramilitaire républicaine, fondée il y a 80 ans dans le but de lutter pour une Irlande unifiée ; en 1969, l'IRA se sépara en deux : l'Official IRA (IRA officielle) et la Provisional IRA (IRA provisoire). L'IRA officielle n'est plus active, et la PIRA est devenue l'IRA.

jarvey – conducteur d'une *jaunting car* (carriole à chevaux).

jaunting car – transport à chevaux traditionnel de Killarney ; voir aussi *jarvey*.

Leinster – l'une des quatre anciennes provinces d'Irlande, comprenant les comtés de Carlow, Dublin, Kildare, Kilkenny, Laois, Longford, Louth, Meath, Offaly, West Meath, Wexford et Wicklow ; voir aussi *Connaught*, *Munster* et *Ulster*.

leithreas – toilettes ; voir aussi *mná* et *fir*.

leprechaun – elfe ou farfadet espiègle du folklore irlandais.

lough – lac ; baie longue et étroite ; bras de mer.

loyaliste – personne, la plupart du temps nord-irlandaise protestante, favorable à la continuité des liens entre l'Irlande du Nord et la Grande-Bretagne.

Luas – réseau de tramway de Dublin ; signifie "vitesse" en gaélique.

marching season – (saison des défilés) défilés de l'*Ordre d'Orange*, qui commencent à Pâques et durent tout l'été pour célébrer la victoire du roi protestant Guillaume III d'Orange sur le roi catholique Jacques II à la bataille de Boyne le 12 juillet 1690, et l'union avec la Grande-Bretagne.

menhirs – pierres plantées verticalement dans le sol, courantes en Irlande et datant de différentes périodes ; certaines marquent l'emplacement de sépultures.

mésolithique – signifie l'âge moyen de la pierre ; période des premiers peuplements humains en Irlande, entre 8000 et 4000 av J.-C.; voir aussi *néolithique*.

mná – femmes ; indique les toilettes dames ; voir aussi *fir* et *leithreas*.

motte – fortification normande précoce consistant en un monticule surélevé et nivelé surmonté d'un donjon ; lorsqu'elle comprend un *bailey* (mur d'enceinte), on parle de motte castrale, dont un grand nombre furent construites en Irlande jusqu'au début du XIIIe siècle.

Munster – l'une des quatre anciennes provinces d'Irlande, comprenant les comtés de Clare, Cork, Kerry, Limerick, Tipperary et Waterford ; voir aussi *Connaught, Leinster* et *Ulster*.

nationalistes – partisans d'une Irlande réunifiée.

néolithique – aussi appelé le nouvel âge de la pierre ; période caractérisée par l'agriculture sédentaire entre 4000 et 2500 av J.-C. en Irlande ; suivi de l'*âge du bronze* ; voir aussi *mésolithique*.

NIR – Northern Ireland Railways (Chemins de fer nord-irlandais).

NITB – Northern Ireland Tourist Board (Comité de tourisme nord-irlandais).

NNR – National Nature Reserves (Réserves naturelles nationales).

North, the – le Nord ; désigne l'entité politique d'Irlande du Nord, et non la partie septentrionale de l'Irlande.

NUI – National University of Ireland (Université nationale d'Irlande) ; possède des annexes à Dublin, Cork, Galway et Limerick.

Ogham stone – pierre gravée de caractères oghamiques, la première forme d'écriture en Irlande, présentant une grande variété d'entailles.

Oireachtas – Parlement de la République d'Irlande, constituée de la *Dáil*, la chambre basse, et de la *Seanad*, la chambre haute.

Orange Order – fondé en 1795, l'Ordre d'Orange, la plus grande organisation protestante d'Irlande du Nord, a compté jusqu'à 100 000 membres. Son nom commémore la victoire du roi Guillaume III d'Orange à la bataille de Boyne.

óstán – hôtel **palladien** – style architectural développé par Andrea Palladio (1508-1580), sur le modèle de l'architecture de la Rome antique.

paramilitaires – organisations armées illégales, *loyalistes* ou *républicaines*, généralement associées au recours à la violence et au crime pour remporter des victoires politiques et économiques.

partition – division de l'Irlande en 1921.

penal laws – (Lois pénales) lois adoptées au XVIIIe siècle interdisant aux catholiques d'acheter des terres et d'accéder à la fonction publique.

Plantation – installation d'immigrants protestants (les planteurs) en Irlande au XVIIe siècle.

poitín – whiskey distillé illégalement, s'écrit aussi "poteen".

provisionals – adeptes de l'IRA provisoire, formée après la scission avec l'*IRA* officielle (désormais tout à fait insignifiante) ; l'organisation doit son nom au gouvernement provisoire formé en 1916, et a été la principale force à combattre l'armée britannique dans le Nord (*North*) ; sont aussi appelés "provos".

PSNI – Police Service of Northern Ireland (Police d'Irlande du Nord).

ráth – fort circulaire doté d'un talus en terre autour d'un mur en bois ; voir *cashel*.

Real IRA – faction dissidente de l'*IRA* ; opposée au soutien du *Sinn Féin* à l'accord du Vendredi saint ; responsable de l'attentat d'Omagh en 1998, dans lequel 29 personnes périrent ; a par la suite appelé à un cessez-le-feu, mais est responsable de plusieurs attentats en Grande-Bretagne et d'autres actes de violence.

Republic of Ireland – République d'Irlande ; rassemble les 26 comtés du *South* (Sud).

Republican – républicain, partisan d'une Irlande unifiée.

ring fort – (fort circulaire) habitation circulaire entourée d'un talus et de douves, utilisée depuis l'âge du bronze jusqu'au Moyen Âge, notamment au début de l'ère chrétienne.

RTE – Radio Telifís Éireann ; service national de radiodiffusion de la République d'Irlande, comptant deux chaînes de télévision et quatre stations de radio.

RUC – Royal Ulster Constabulary (Police royale de l'Ulster), ancien nom de la Police Service of Northern Ireland (*PSNI*, Police d'Irlande du Nord).

Seanad – chambre haute du Parlement de la République d'Irlande ; voir aussi *Oireachtas* et *Dáil*.

shamrock – trèfle à trois feuilles qui aurait été utilisé par saint Patrick pour illustrer la Sainte Trinité.

shebeen – du gaélique "síbín" ; bar clandestin.

sheila-na-gig – littéralement "Sheila les tétés" ; représentation féminine aux organes génitaux surdéveloppés, sculptée dans la pierre à l'extérieur de certaines églises et châteaux ; différentes explications sont avancées, notamment une mise en garde adressée aux hommes d'Église contre les dangers du sexe, ou la représentation des déesses celtes de la guerre.

Sinn Féin – littéralement "Nous-mêmes" ; parti *républicain* visant une Irlande unifiée ; considéré comme la branche politique de l'*IRA*, bien qu'il affirme que les deux organisations sont totalement distinctes.

slí – sentier ou chemin de randonnée.

snug – espace cloisonné dans un pub.

South, the – le Sud ; désigne la République d'Irlande.

Taoiseach – Premier ministre de la République d'Irlande.

teampall – église.

Tigre celtique – désigne l'économie irlandaise durant la croissance des années 1990 à 2002 environ.

tombe à couloir – tombeau celtique comportant une chambre à laquelle on accède par un étroit passage, typiquement enterré sous un tertre.

trá – plage ou rivage.

Treaty – traité anglo-irlandais de 1921, qui divisa l'Irlande et conféra une indépendance relative au Sud ; entraîna la guerre civile de 1922-1923.

tricolore – le drapeau irlandais tricolore vert, blanc et orange symbolise l'union espérée entre le Sud catholique "vert" et le Nord protestant "orange".

turlough – petit lac qui disparaît souvent pendant les étés secs ; vient du gaélique "turlach".

UDA – Ulster Defence Association (Association de défense de l'Ulster) ; le plus grand groupe *loyaliste* paramilitaire ; il respecte un cessez-le-feu depuis 1994.

uillean pipes – cornemuse irlandaise dotée d'un soufflet activé par le bras ; "uillean" signifie "coude" en gaélique.

Ulster – l'une des quatre anciennes provinces d'Irlande ; désigne parfois les six comtés du Nord, bien que l'Ulster comprenne également les comtés de Cavan, Monaghan et Donegal (tous en République d'Irlande) ; voir aussi *Connaught*, *Leinster* et *Munster*.

unioniste – personne désirant maintenir les liens de l'Irlande du Nord avec la Grande-Bretagne.

United Irishmen – (Irlandais unis) organisation fondée en 1791 dans le but d'affaiblir le pouvoir britannique en Irlande ; elle mena une série de soulèvements et d'invasions manqués.

UUP – Ulster Unionist Party (parti unioniste d'Ulster) ; le plus grand parti *unioniste* d'Irlande du Nord et parti majoritaire à l'Assemblée ; fondé en 1905 et dirigé par le héros *unioniste* Edward Carson entre 1910 et 1921 ; seule organisation *unioniste* de 1921 à 1972, elle est aujourd'hui menacée par le *DUP*.

UVF – Ulster Volunteer Force (Force volontaire d'Ulster) ; organisation paramilitaire nord-irlandaise *loyaliste* illégale.

Volunteers – (volontaires) ramification de l'IRB qui se fit connaître sous le nom d'*IRA*.

En coulisses

VOS RÉACTIONS ?

Vos commentaires nous sont très précieux et nous permettent d'améliorer constamment nos guides. Notre équipe lit toutes vos lettres avec la plus grande attention. Nous ne pouvons pas répondre individuellement à tous ceux qui nous écrivent, mais vos commentaires sont transmis aux auteurs concernés. Tous les lecteurs qui prennent la peine de nous communiquer des informations sont remerciés dans l'édition suivante, et ceux qui nous fournissent les renseignements les plus utiles se voient offrir un guide.

Pour nous faire part de vos réactions, prendre connaissance de notre catalogue et vous abonner à notre newsletter, consultez notre site Internet : **www.lonelyplanet.fr**
Nous reprenons parfois des extraits de notre courrier pour les publier dans nos produits, guides ou sites web. Si vous ne souhaitez pas que vos commentaires soient repris ou que votre nom apparaisse, merci de nous le préciser. Notre politique en matière de confidentialité est disponible sur notre site Internet.

UN MOT DE L'AUTEUR

Fionn Davenport

Dublin est une ville qui se réinvente à chaque instant ; mes deux yeux ne suffisent pas à suivre toutes ses évolutions. J'adresse donc un grand merci à tous ceux qui m'ont aidé dans cette aventure. À l'équipe du bureau de Dublin, merci pour vos tuyaux, suggestions et conseils ; à Nicola Brady, pour son aide inestimable sur les bonnes adresses de restaurants ; et à Cliff Wilkinson, éditeur toujours présent pour m'aider et répondre à mes questions.

REMERCIEMENTS

Photo de couverture : Samuel Beckett Bridge
© mady70/Getty Images

Illustrations : p. 58-59, p. 94-95, p. 182-183, p. 188-189 par Javier Zarracina.

À PROPOS DE CET OUVRAGE

Cette 2e édition française du guide *Dublin* est une traduction-adaptation de la 12e édition du guide *Dublin* (en anglais). Elle a été rédigée par Fionn Davenport, qui avait également mis à jour les deux précédentes éditions.

Traduction Christelle Taureau et Antoine Thibault

Direction éditoriale
Didier Férat

Coordination éditoriale
Régis Couturier

Responsable pré-presse
Jean-Noël Doan

Maquette
Marie Dautet

Cartographie
Caroline Sahanouk

Couverture Laure Wilmot

Remerciements à
Angélique Adagio, Jean-Victor Rebuffet et Sylvie Rabuel pour leur précieuse contribution au texte. Merci également à Hugo Gadroy et Olympe Richez pour leur préparation du manuscrit, et à Vahagn Terzian pour son travail de référencement. Un grand merci à Dominique Spaety et à toute l'équipe du bureau parisien. Enfin, merci Clare Mercer et Imogen Harrison du bureau de Londres, et à Glenn van der Knijff, Jacqui Saunders et Brad Smith du bureau australien.

Index

Voir aussi les index des rubriques :

OÙ SE RESTAURER P. 277
OÙ PRENDRE UN VERRE P. 278
OÙ SORTIR P. 278
SHOPPING P. 279
SPORTS ET ACTIVITÉS P. 279
OÙ SE LOGER P. 279

Références des sites
Références des **cartes**
Références des **photos**

Références des sites
Références des **cartes**
Références des **photos**

J

K

L

M

N

O

P

Références des sites
Références des **cartes**
Références des **photos**

OÙ SE RESTAURER

OÙ PRENDRE UN VERRE ET FAIRE LA FÊTE

OÙ SORTIR

Références des sites
Références des **cartes**
Références des **photos**

SHOPPING

SPORTS ET ACTIVITÉS

OÙ SE LOGER

Plans de Dublin

À voir

- Plage
- Réserve ornithologique
- Temple bouddhiste
- Château/palais
- Église/cathédrale
- Temple confucéen
- Temple hindou
- Mosquée
- Temple jaïn
- Synagogue
- Monument
- Musée/galerie/édifice historique
- Ruines
- Sentō (bain public)
- Temple shintoïste
- Temple sikh
- Temple taoïste
- Cave/vignoble
- Zoo
- Autre site

Activités, cours et circuits organisés

- Bodysurfing
- Plongée/snorkeling
- Canoë/kayak
- Cours/circuits organisés
- Ski
- Snorkeling
- Surf
- Piscine/baignade
- Randonnée
- Planche à voile
- Autres activités

Où se loger

- Hébergement
- Camping

Où se restaurer

- Restauration

Où prendre un verre

- Bar
- Café

Où sortir

- Salle de spectacle

Shopping

- Magasin

Renseignements

- Banque
- Ambassade/consulat
- Hôpital/centre médical
- Accès Internet
- Police
- Bureau de poste
- Centre téléphonique
- Toilettes
- Office du tourisme
- Autre adresse pratique

Géographie

- Plage
- Refuge/gîte
- Phare
- Point de vue
- Montagne/volcan
- Oasis
- Parc
- Col
- Aire de pique-nique
- Cascade

Agglomérations

- Capitale (pays)
- Capitale (région/État/province)
- Grande ville
- Petite ville/village

Transports

- Aéroport
- Poste frontière
- Bus
- Téléphérique/funiculaire
- Piste cyclable
- Ferry
- Métro/Tube Station (anglais)
- Monorail
- Parking
- Station-service
- Station de métro
- Taxi
- T-Bane/Station T-Bane (norvégien)
- Gare/chemin de fer
- Tramway
- U-Bahn (allemand)
- Autre moyen de transport

Les symboles recensés ci-dessus ne sont pas tous utilisés dans ce guide

Routes

- Autoroute à péage
- Voie rapide
- Nationale
- Route secondaire
- Petite route
- Chemin
- Route non goudronnée
- Route en construction
- Place/rue piétonne
- Escalier
- Tunnel
- Passerelle
- Promenade à pied
- Promenade à pied (variante)
- Sentier

Limites et frontières

- Pays
- État/province
- Frontière contestée
- Région/banlieue
- Parc maritime
- Falaise
- Rempart

Hydrographie

- Fleuve/rivière
- Rivière intermittente
- Canal
- Étendue d'eau
- Lac asséché/salé/intermittent
- Récif

Topographie

- Aéroport/aérodrome
- Plage/désert
- Cimetière (chrétien)
- Cimetière (autre)
- Glacier
- Marais
- Parc/forêt
- Site (édifice)
- Terrain de sport
- Mangrove

INDEX DES PLANS

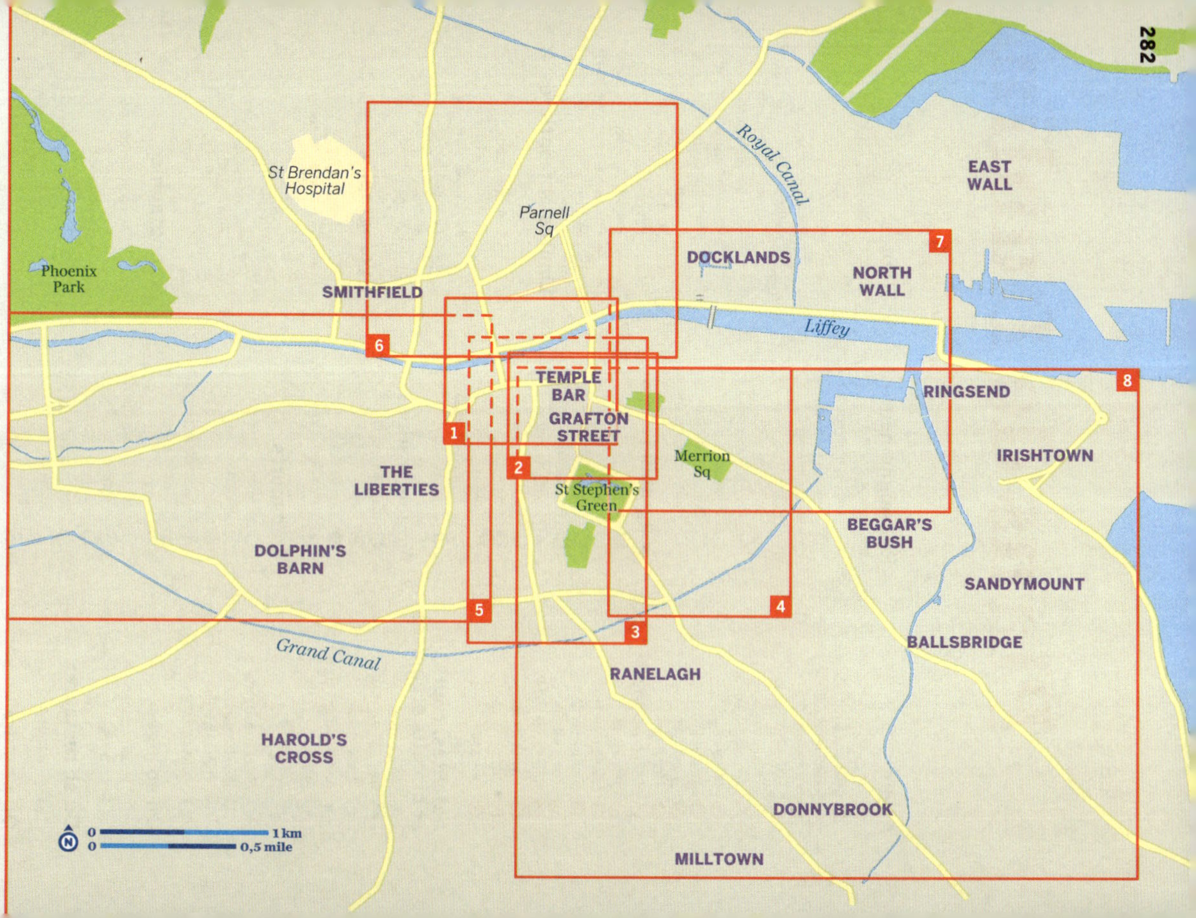

TEMPLE BAR *Plan p. 284*

Légende p. 283

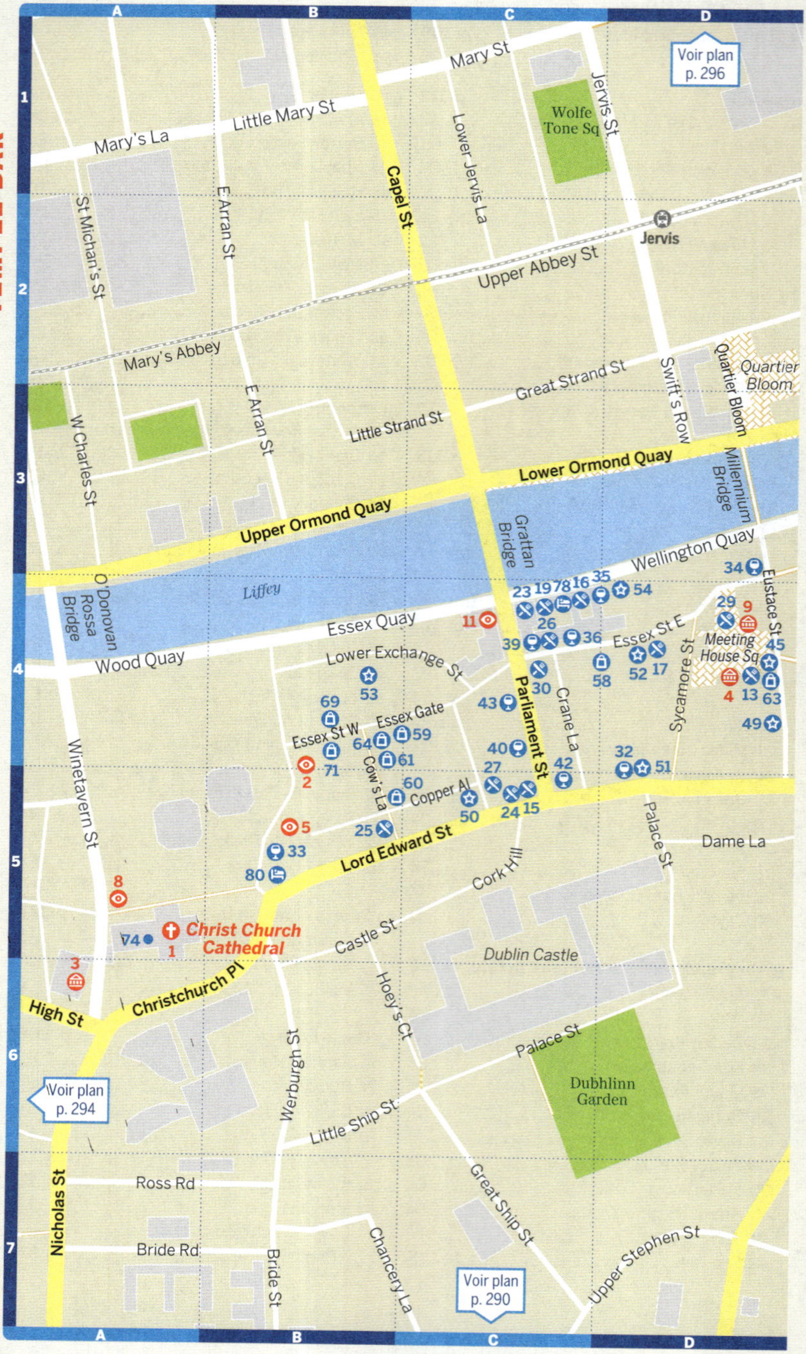

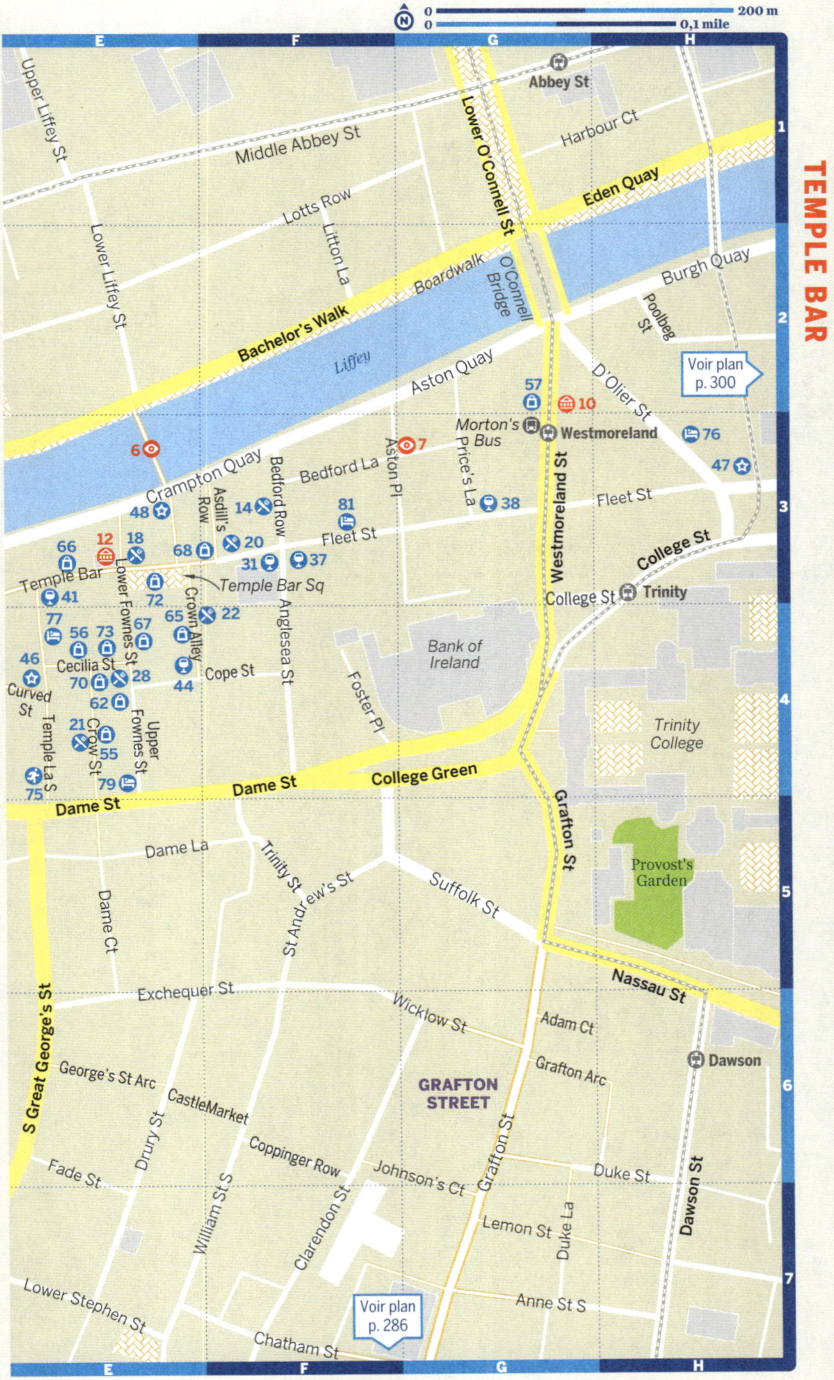
0 200 m
0 0,1 mile
E
F
G
H
1
2
3
4
5
6
7
Abbey St
Upper Liffey St
Middle Abbey St
Harbour Ct
Lower O'Connell St
Eden Quay
Lotts Row
Litton La
Lower Liffey St
Boardwalk
O'Connell Bridge
Burgh Quay
Poolbeg St
Bachelor's Walk
Liffey
Aston Quay
D'Olier St
Voir plan p. 300
Morton's Bus
Westmoreland
Crampton Quay
Bedford La
Aston Pl
Price's La
Bedford Row
Asdill's Row
Fleet St
Westmoreland St
College St
Temple Bar
Temple Bar Sq
Lower Fownes St
Crown Alley
Anglesea St
College St
Trinity
Cecilia St
Cope St
Bank of Ireland
Foster Pl
Curved St
Temple La S
Crow St
Upper Fownes St
Trinity College
Dame St
College Green
Grafton St
Dame La
Trinity St
St Andrew's St
Suffolk St
Provost's Garden
Dame Ct
Exchequer St
Wicklow St
Nassau St
Adam Ct
S Great George's St
Grafton Arc
Dawson
George's St Arc
CastleMarket
GRAFTON STREET
Drury St
Coppinger Row
Johnson's Ct
Fade St
Duke St
William St S
Clarendon St
Lemon St
Duke La
Dawson St
Lower Stephen St
Anne St S
Voir plan p. 286
Chatham St
TEMPLE BAR

Légende p. 288

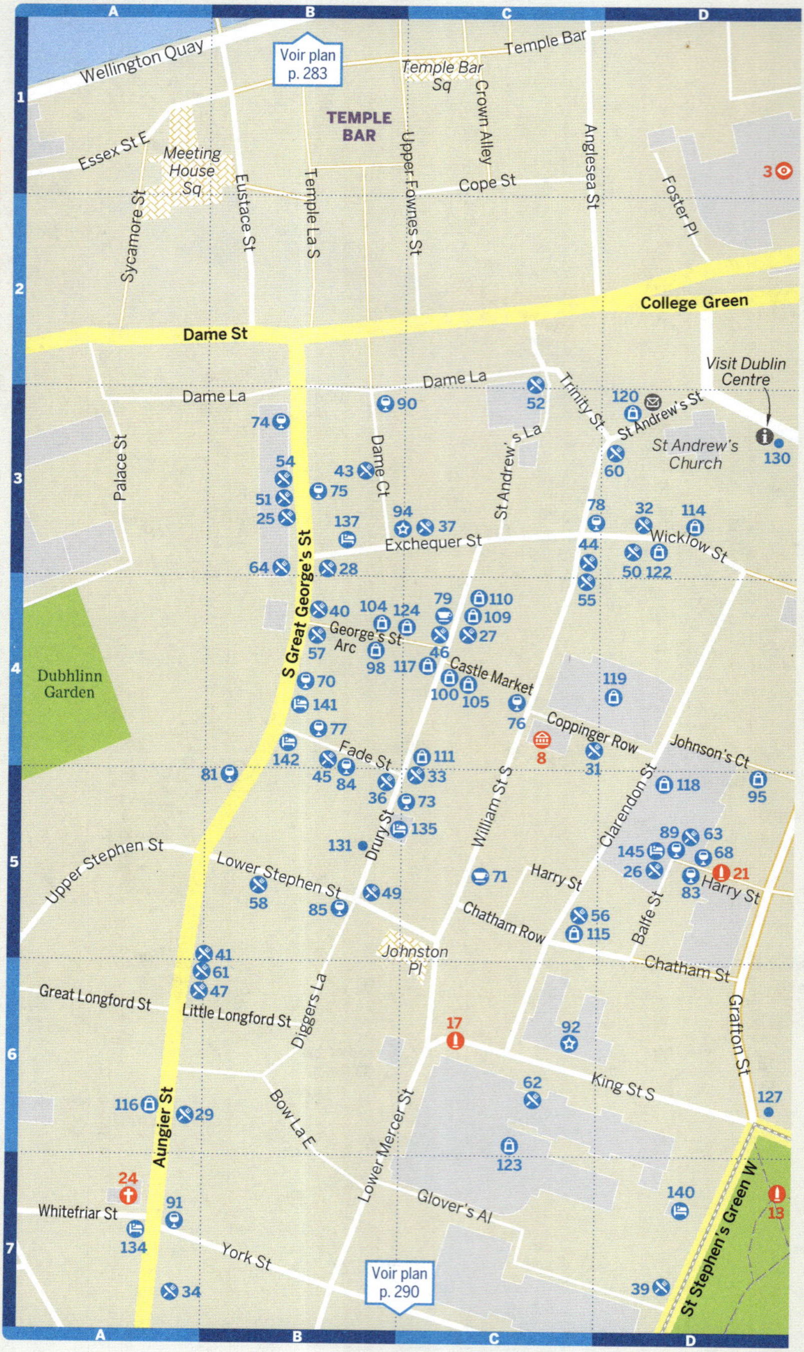

0 200 m
0 0,1 mile
Voir plan p. 300
Science Gallery (250 m)
Pearse St
Trinity
Westmoreland St
College St
Botany Bay
Regent House
Front Sq
Library Sq
Trinity College
New Sq
1937 Reading Room
Fellows' Sq
Provost's House
Provost's Garden
College Park
Suffolk St
Grafton St
Nassau St
Adam Ct
Wicklow St
Grafton Arc
Dawson
Duke St
Setanta Pl
Frederick St S
Duke La
Lemon St
Royal Hibernian Way
Molesworth St
S Anne St
St Ann's Church
Dawson St
Anne's La
Kildare St
Schoolhouse La
St Stephen's Green
St Stephen's Green N
Voir plan p. 292

GRAFTON STREET *Plan p. 286*

76 Grogan's Castle Lounge C4
Hogan's .... (voir 142)
77 Idlewild B4
78 International Bar C3
79 Kaph C4
80 Kehoe's E5
81 Long Hall B5
82 Mary's Bar E3
83 McDaid's D5
84 No Name Bar B4
85 P.Mac's B5
86 Peruke & Periwig E6
Pygmalion .... (voir 119)
88 Sam's Bar E6
89 Sidecar D5
90 Stag's Head B3
91 The Swan Bar A7

Où sortir p. 83

92 Gaiety Theatre C6
93 Samuel Beckett Theatre H1
Ticketmaster .... (voir 123)
94 Ukiyo B3

Shopping p. 84

95 Appleby D5
96 Aran Sweater Market E2
Article .... (voir 119)
97 Avoca Handweavers E3
98 Barry Doyle Design Jewellers B4
99 Brown Thomas E4
Chupi .... (voir 119)
100 Costume C4
101 Danker Antiques E5
Design Centre .... (voir 119)
102 Designyard G4
103 Dubray Books E5
104 George's Street Arcade B4
105 Harlequin C4
106 Heraldic Artists H4
107 Hodges Figgis F4
108 House of Names G4
109 Industry C4
110 Irish Design Shop C4
111 Jenny Vander C4
112 Kilkenny Shop G4
113 Knobs & Knockers F4
114 Louis Copeland D3
115 Loulerie C5
MoMuse .... (voir 119)
116 Nowhere A6
117 Om Diva C4
118 Parfumarija D5
119 Powerscourt Townhouse D4
120 Rhinestones D3
121 Sheridan's Cheesemongers E5
122 Siopaella D3
123 St Stephen's Green Shopping Centre C6
124 Stokes Books C4
125 Ulysses Rare Books E4
126 Weir & Son's E4

Sports et activités p. 87

1916 Rebellion Walking Tour .... (voir 78)
127 Visites en calèche D6
128 Dublin Literary Pub Crawl E4
Green Mile .... (voir 16)
129 Historical Walking Tour E2
130 Pat Liddy Walking Tours D3
131 See Dublin by Bike B5
132 Visite guidée de Trinity College E2
133 Viking Splash Tours E6

Où se loger p. 203

134 Avalon House A7
135 Brooks Hotel B5
136 Buswell's Hotel G5
137 Central Hotel B3
138 Cliff Townhouse F7
139 Dawson E6
140 Fitzwilliam Hotel D7
141 Grafton Guesthouse B4
142 Kelly's Hotel B4
143 Trinity College G2
144 Trinity Lodge F5
145 Westbury Hotel D5
146 Westin Dublin E1

GRAFTON STREET ET ST STEPHEN'S GREEN
0 200 m
0 0,1 mile
Voir plan p. 296
Voir plan p. 300
Voir plan p. 295
Voir plan p. 292
Lower Ormond Quay
Liffey
Crampton Quay
Westmoreland
College St
Fleet St
Trinity
Essex Quay
Lower Exchange St
Parliament St
Essex St E
Eustace St
TEMPLE BAR
Anglesea St
Bank of Ireland
Trinity College
New Sq
Dame St
College Green
Grafton St
Provost's Garden
Lord Edward St
Dublin Castle
Castle St
St Andrew's St
Suffolk St
College Park
Bâtiments municipaux
Exchequer St
Wicklow St
Nassau St
Werburgh St
Hoey's Ct
Dubhlinn Garden
GRAFTON STREET
Dawson
Little Ship St
Chester Beatty Library
S Great George's St
Drury St
William St S
Clarendon St
Duke St
Setanta Pl
Great Ship St
Upper Stephen St
Lower Stephen St
Dawson St
Molesworth St
National Library
Chancery La
Chatham St
Great Longford St
Golden La
Whitefriar St
Mansion House
National Museum
King St S
Wood St
Bow La E
Lower Mercer St
St Stephen's Green W
Kildare St
Bride St
Peter Row
Glover's Al
St Stephen's Green N
Peter St
Aungier St
York St
Archives nationales
Proud's La
St Stephen's Green
Bishop St
Redmonds Hill
Upper Mercer St
Cuffe La
Hume St
Lower Kevin St
Cuffe St
St Stephen's Green E
Montague Ct
St Stephen's Green S
New Bride St
Montague St
Wexford St
Camden Row
Clonmel St
Long La
Leeson La
Camden Pl
Earlsfort Tce
Lower Leeson St
Iveagh Gardens
Pleasants St
Lower Camden St
Harcourt St
Arnott St
Heytesbury St
Upper Hatch St
Lower Hatch St
Grantham St
Charlotte Way
Curzon St
Synge St
Grantham Pl
Upper Camden St
Charlotte St
Emor St
Harcourt
S Circular Rd
Harrington St
Harcourt Rd
Adelaide Rd
Little Bird (175 m)
Kingsland Park Ave
Stamer St
Synge St
S Richmond St
Charlemont St
Harcourt Tce
Walworth Rd
Lennox St
Charlemont Pl
Charlemont
Grand Canal
Victoria St
Kingsland Pde
Martin St
Warren St
Lennox Pl
Portobello Harbour
Charlemont Mall
Dartmouth Square
A
B
C
D
1
2
3
4
5
6
7
1
2
3
4
5
6
7
8
9
10
11
12
13
14
15
16
17
18
19
20
21
22
23
24
25
26
27
28
29
30
31
32
33
34
35
36
37
38
39
40
41
42
43
44
45
46
47
48
49
50
51

GRAFTON STREET ET ST STEPHEN'S GREEN

MERRION SQUARE ET ENVIRONS

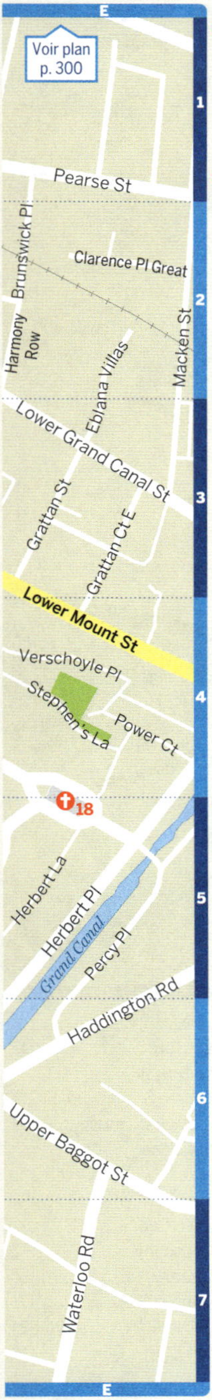

Les incontournables **p. 92**

1 Merrion Square C3
2 National Gallery....................B2
3 National Museum of Ireland – Archaeology.......A3

À voir **p. 99**

4 Marché d'art C3
5 Fitzwilliam Square B5
6 Bâtiments gouvernementaux.............B3
7 Huguenot Cemetery............A4
8 Leinster House B3
9 Museum of Natural History...............................B3
10 National Library of Ireland.............................B2
11 Mémorial national............... C3
12 N° 29 Lower Fitzwilliam Street.............................. D4
13 Origin Gallery........................C5
14 Statue d'Oscar Wilde C3
15 Statue de Patrick Kavanagh.......................... D6
16 Royal Hibernian Academy (RHA) Gallagher Gallery B5
17 Science Gallery C1
18 St Stephen's 'Pepper Canister' Church...............E5

Où se restaurer **p. 103**

19 Bang Café A4
Brambles.......................(voir 3)
Coburg Brasserie....... (voir 37)
20 Dax.................................... B6
21 Ely Wine Bar........................ B4
22 Etto B4
23 House A6
24 La Peniche D6
25 L'Écrivain C5
26 Musashi Hogan Place..........D2
27 Restaurant Patrick Guilbaud..............................B4
28 Unicorn B4
Science Gallery Café .. (voir 17)
29 Xico..B4

Où prendre un verre et faire la fête **p. 105**

30 Doheny & Nesbitt's B4
31 Hartigan's A5
House ....(voir 23)
32 O'Donoghue's B4
33 Square Ball D3
34 Toner's..................................B4

Où sortir **p. 106**

O'Donoghue's ....(voir 32)
35 Sugar Club...........................A5

Sports et activités **p. 106**

Visite guidée De l'Oireachtas ....(voir 8)

Où se loger **p. 205**

36 Alex..C2
37 Conrad Dublin A6
38 Davenport..............................C2
39 Latchfords D5
40 Merrion..................................B4
41 Merrion Mews C4
42 Number 31 ....B6
43 Premier Suites A6
44 Shelbourne A4
45 Wilder Townhouse............... A7

Les incontournables **p. 125**
- 1 Guinness Storehouse... E2
- 2 Irish Museum of Modern Art C2
- 3 Kilmainham Gaol........... A3
- 4 St Patrick's Cathedral .. H3

À voir **p. 135**
- 5 Dublin Liberties Distillery G4
- 6 Kilmainham Gate B2
- 7 Marsh's Library H3
- 8 Pearse Lyons Distillery E2
- 9 Roe & Co Distillery F2
- 10 St Audoen's Catholic Church........................ G2
- 11 St Audoen's Church of Ireland H2
- 12 St Patrick's Tower F2
- 13 Teeling Distillery G4
- 14 War Memorial Gardens...................... A2

Où se restaurer **p. 138**
- 1837 Bar & Brasserie..............(voir 1)
- 15 57 The Headline G5
- 16 Assassination Custard........................H3
- Clanbrassil Coffee Shop ....(voir 17)
- 17 Clanbrassil House......... G5
- Coke Lane Pizza ....(voir 34)
- 18 Container Coffee............F2
- 19 Dublin Cookie Company.......................F2
- 20 Fumbally..........................H4
- 21 Gaillot et Gray................G5
- Itsa@IMMA .... (voir 2)
- 22 Legit Coffee Co..............G3

23 Leo Burdock's H2
24 Little Bird H5
25 Tasty 8 .... G3
26 Two Pups Coffee H3
27 Union8 .... B3
28 Variety Jones G2

Où prendre un verre et faire la fête p. 140

30 Brazen Head G1
31 Drop Dead Twice G2
32 Fallon's H3
33 Fourth Corner H3
34 Lucky's G3
35 Old Royal Oak B3
36 Open Gate Brewery E2

Où sortir p. 142

37 Vaults Live G2
38 Vicar Street G2

Shopping p. 143

39 Dublin Food Co-op G4
Irish Museum of Modern Art Gift Shop .... (voir 2)
40 Marrowbone Books G3
41 Martin Fennelly Antiques H3
42 O'Sullivan Antiques G3
43 Oxfam Home G3
Space Out Sister .... (voir 26)

Sports et activités p. 143

Little Bird .... (voir 24)
44 Secret Street Tours F2

Où se loger p. 207

45 Aloft Dublin City G4
46 Maldron Kevin Street H3

Légende p. 298

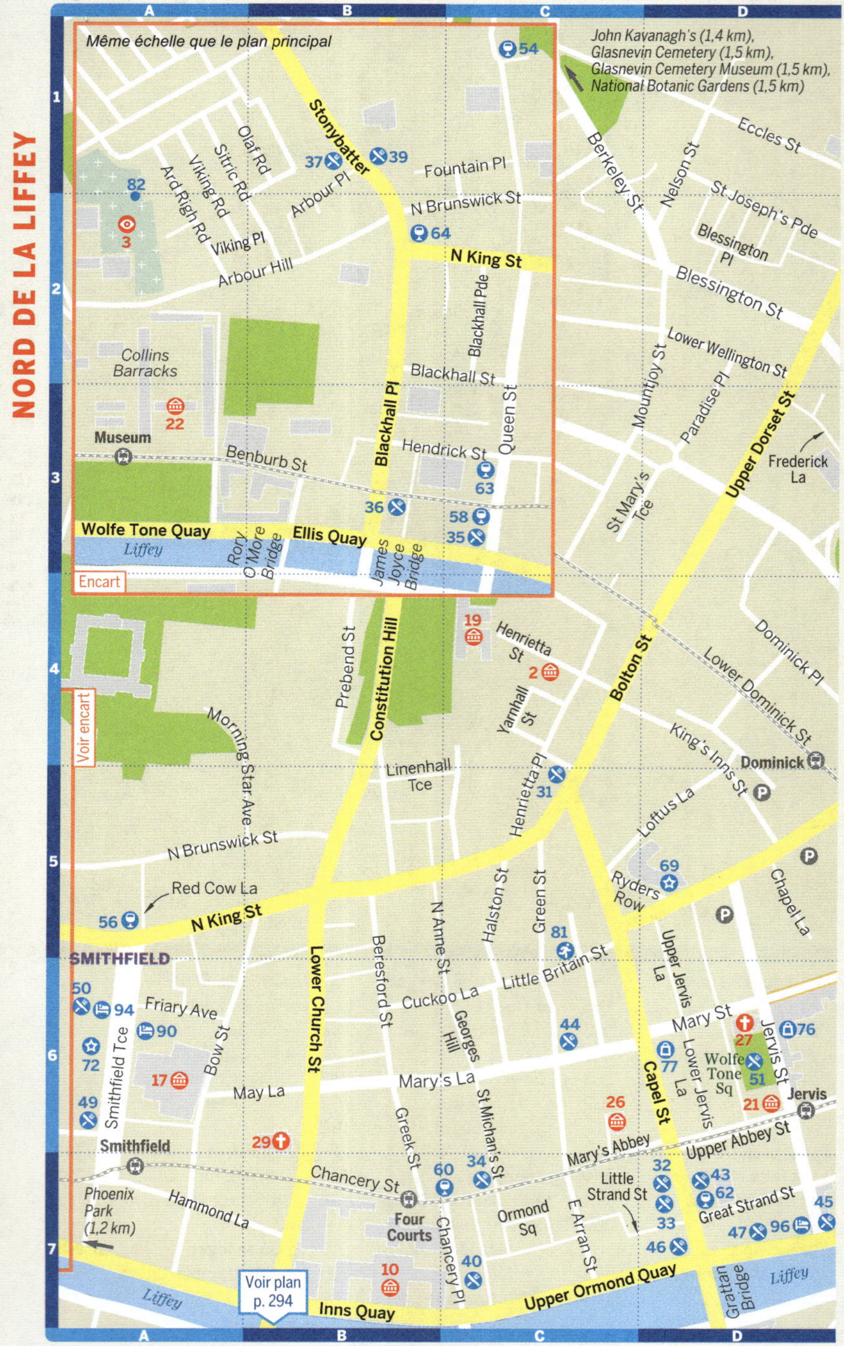

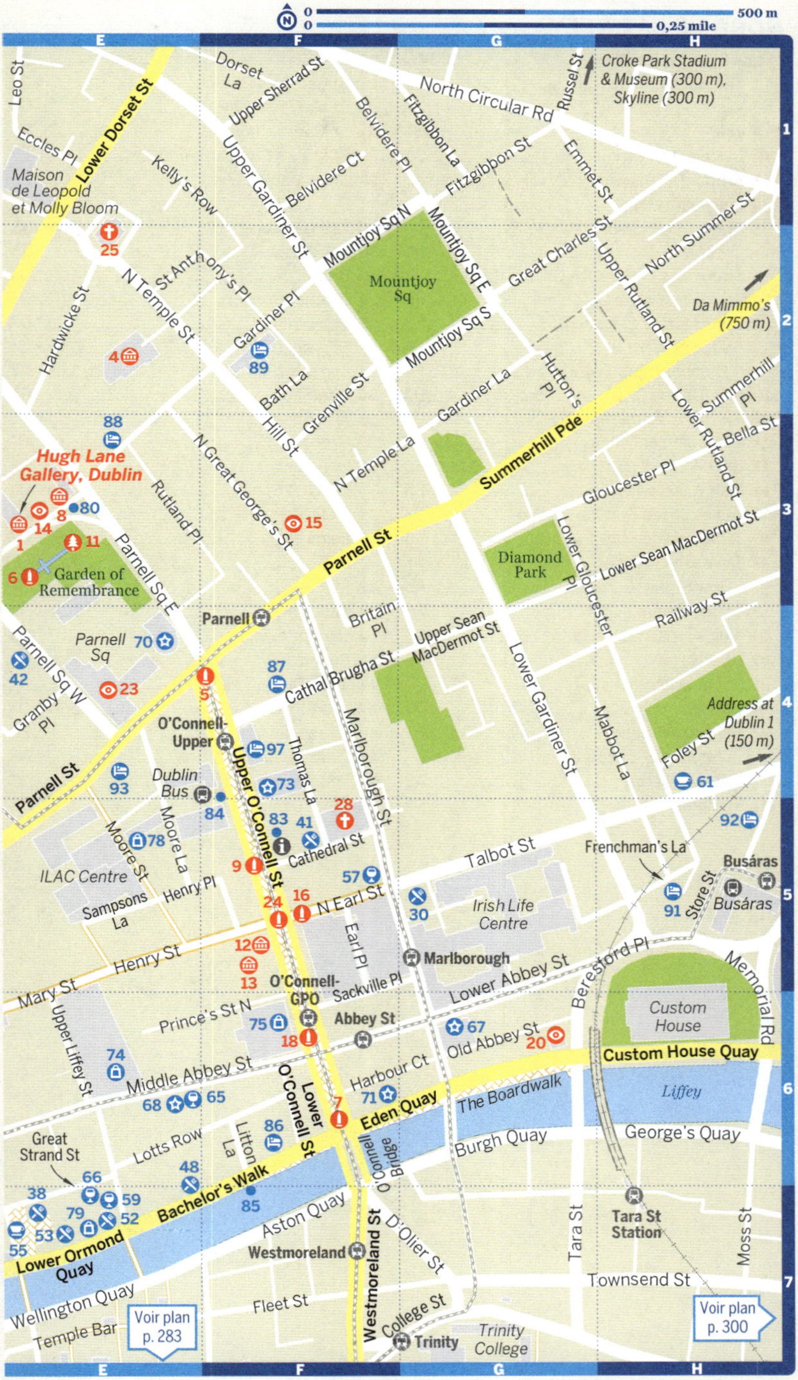

0 500 m
0 0,25 mile
E
F
G
H
1
2
3
4
5
6
7
Croke Park Stadium & Museum (300 m), Skyline (300 m)
Da Mimmo's (750 m)
Address at Dublin 1 (150 m)
Leo St
Dorset La
Upper Sherrad St
North Circular Rd
Russel St
Eccles Pl
Lower Dorset St
Maison de Leopold et Molly Bloom
Kelly's Row
Upper Gardiner St
Belvidere Ct
Belvidere Pl
Fitzgibbon La
Fitzgibbon St
Emmet St
Mountjoy Sq N
Mountjoy Sq E
Mountjoy Sq
Mountjoy Sq S
Great Charles St
Upper Rutland St
North Summer St
St Anthony's Pl
N Temple St
Hardwicke St
Gardiner Pl
Bath La
Grenville St
Hill St
Gardiner La
Hutton's Pl
Summerhill Pl
Bella St
Lower Rutland St
Summerhill Pde
N Temple La
N Great George's St
Rutland Pl
Hugh Lane Gallery, Dublin
Garden of Remembrance
Parnell Sq E
Parnell St
Gloucester Pl
Lower Gloucester Pl
Diamond Park
Lower Sean MacDermot St
Railway St
Britain Pl
Upper Sean MacDermot St
Parnell
Parnell Sq
Parnell Sq W
Granby Pl
Cathal Brugha St
Marlborough St
Lower Gardiner St
Mabbot La
Foley St
O'Connell-Upper
Upper O'Connell St
Thomas La
Dublin Bus
Moore St
Moore La
ILAC Centre
Cathedral St
Talbot St
Frenchman's La
Busáras
Store St
Henry Pl
Sampsons La
N Earl St
Earl Pl
Irish Life Centre
Henry St
Marlborough
Beresford Pl
Memorial Rd
Mary St
O'Connell-GPO
Sackville Pl
Lower Abbey St
Custom House
Upper Liffey St
Prince's St N
Abbey St
Old Abbey St
Custom House Quay
Middle Abbey St
Lower O'Connell St
Harbour Ct
The Boardwalk
Liffey
Eden Quay
Great Strand St
Lotts Row
Litton La
O'Connell Bridge
Burgh Quay
George's Quay
Bachelor's Walk
Aston Quay
Tara St Station
Tara St
Moss St
Lower Ormond Quay
Westmoreland
Westmoreland St
D'Olier St
Townsend St
Wellington Quay
Fleet St
College St
Temple Bar
Voir plan p. 283
Trinity
Trinity College
Voir plan p. 300

NORD DE LA LIFFEY *Plan p. 296*

Où prendre un verre et faire la fête **p. 162**

Où sortir **p. 163**

Shopping **p. 164**

Sports et activités **p. 165**

Où se loger **p. 208**

DOCKLANDS

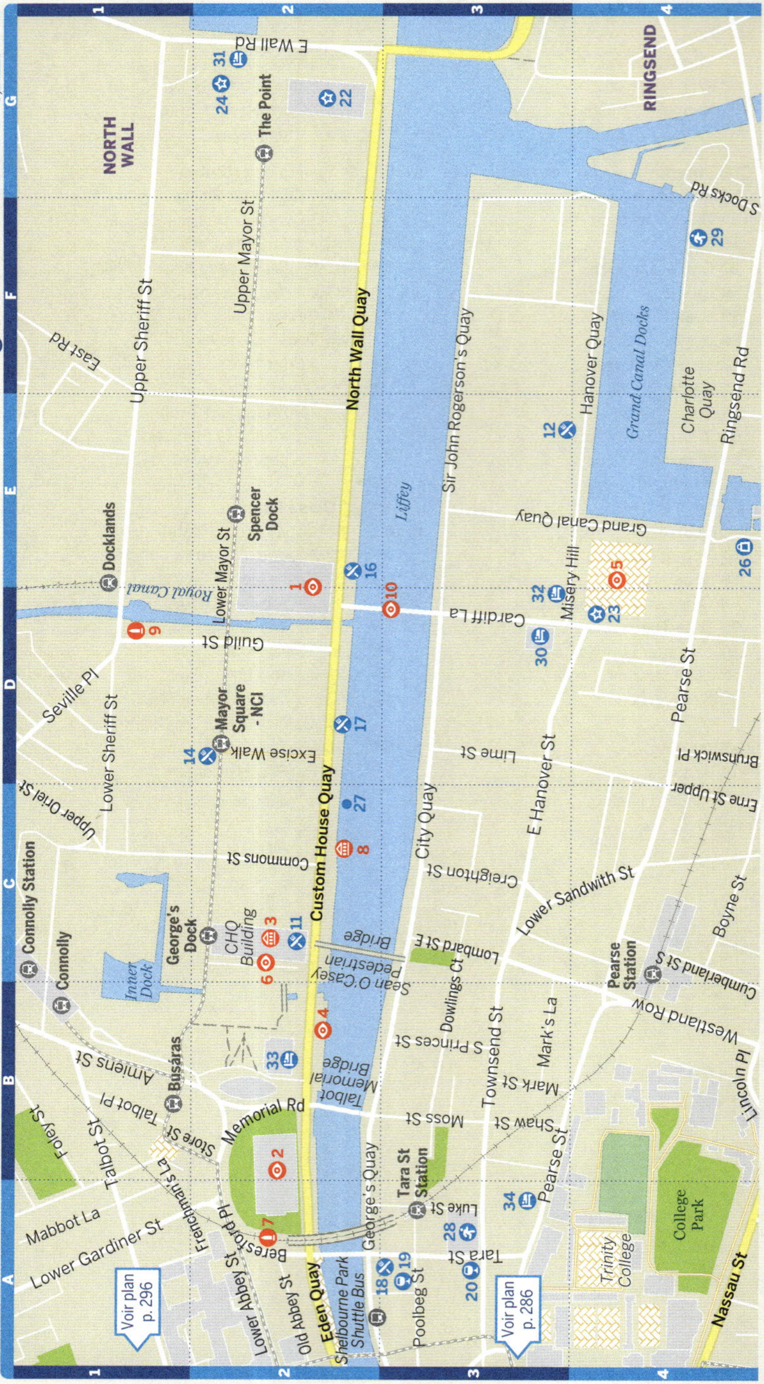

0 — 400 m
0 — 0,2 mile
NORTH WALL
RINGSEND
E Wall Rd
The Point
East Rd
Upper Sheriff St
Upper Mayor St
North Wall Quay
Docklands
Royal Canal
Lower Mayor St
Spencer Dock
Guild St
Seville Pl
Lower Sheriff St
Mayor Square - NCI
Excise Walk
Upper Oriel St
Custom House Quay
Commons St
Connolly Station
Connolly
George's Dock
Inner Dock
CHQ Building
Sean O'Casey Pedestrian Bridge
Busaras
Amiens St
Talbot Pl
Store St
Memorial Rd
Talbot Memorial Bridge
Foley St
Talbot St
Mabbot La
Lower Gardiner St
Frenchman's La
Beresford Pl
Lower Abbey St
Old Abbey St
Eden Quay
Shelbourne Park Shuttle Bus
George's Quay
Tara St Station
Poolbeg St
Luke St
Tara St
Liffey
Sir John Rogerson's Quay
City Quay
Lime St
Creighton St
Lombard St E
Dowlings Ct
S Princes St
Moss St
Townsend St
Shaw St
Mark St
Mark's La
Pearse St
E Hanover St
Lower Sandwith St
Pearse Station
Cumberland St S
Westland Row
Lincoln Pl
Trinity College
College Park
Nassau St
Cardiff La
Misery Hill
Grand Canal Quay
Hanover Quay
Grand Canal Docks
Charlotte Quay
Ringsend Rd
S Docks Rd
Brunswick Pl
Erne St Upper
Boyne St
Voir plan p. 296
Voir plan p. 286
1 2 3 4 5 6 7 8 9 10 11 12 14 16 17 18 19 20 22 23 24 26 27 28 29 30 31 32 33 34
A B C D E F G

À voir — p. 168

1 Convention Centre E2
2 Custom House B2
3 EPIC The Irish Emigration Museum C2
4 Mémorial de la Famine B2
5 Grand Canal Square E4
6 Irish Family History Centre C2
7 Mémorial de James Connolly A2
8 Jeanie Johnston C2
9 Luke Kelly Bust D1
10 Samuel Beckett Bridge D3

Où se restaurer — p. 169

11 Ely Bar & Grill C2
12 Herbstreet E3
13 Juniors Deli & Cafe F6
14 Musashi IFSC D2
15 Paulie's Pizza F6
16 Quay 16 ..... E2
17 Rocket's D2
18 Workshop Gastropub A3

Où prendre un verre et faire la fête — p. 170

19 John Mulligan's A3
20 Ruin A3
21 Slattery's F6

Où sortir — p. 171

22 3 Arena G2
23 Bord Gáis Energy Theatre D4
24 Odeon Cinema G2
25 Shelbourne Park Greyhound Stadium G5

Shopping — p. 171

26 Design Tower E4

Sports et activités — p. 171

27 City Kayaking Dublin C2
28 Sports and Fitness Markievicz A3
29 Wakedock F4

Où se loger — p. 209

30 Clayton Hotel Cardiff Lane D3
31 Gibson Hotel G2
32 Marker D3
33 Spencer Hotel B2
34 Trinity City Hotel A3

LA RIVE SUD

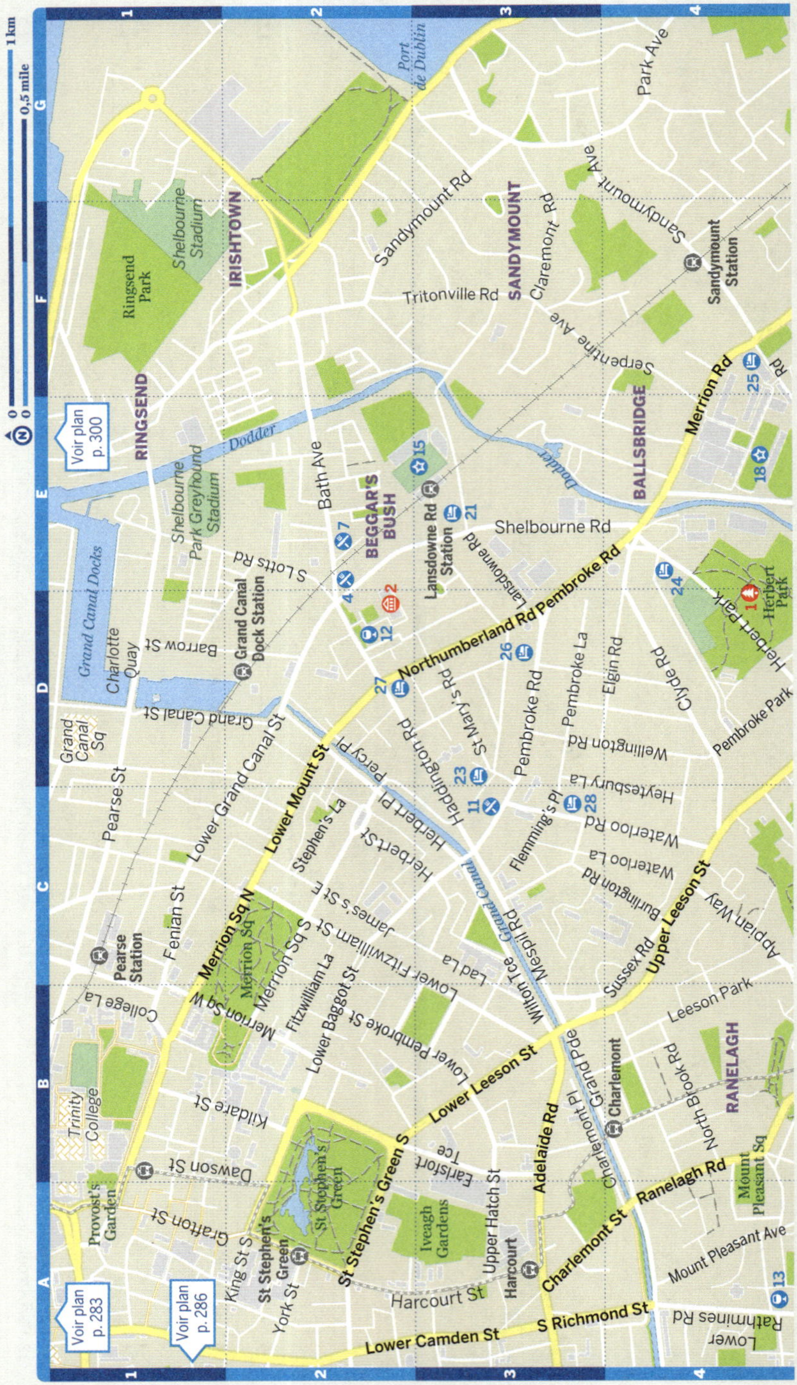
0,5 mile
1 km
Voir plan p. 300
Voir plan p. 283
Voir plan p. 286
Port de Dublin
Ringsend Park
Shelbourne Stadium
IRISHTOWN
RINGSEND
Dodder
Grand Canal Docks
Shelbourne Park Greyhound Stadium
Charlotte Quay
Grand Canal Sq
Pearse St
Barrow St
Grand Canal Dock Station
S Lotts Rd
Bath Ave
BEGGAR'S BUSH
Lansdowne Rd Station
Shelbourne Rd
Lansdowne Rd
Sandymount Rd
Tritonville Rd
SANDYMOUNT
Claremont Rd
Sandymount Ave
Sandymount Station
Park Ave
Serpentine Ave
BALLSBRIDGE
Merrion Rd
Pembroke Rd
Northumberland Rd
Herbert Park
Pembroke Park
Clyde Rd
Elgin Rd
Pembroke La
Wellington Rd
Heytesbury La
Waterloo Rd
Waterloo La
Burlington Rd
Appian Way
Upper Leeson St
Leeson Park
Sussex Rd
RANELAGH
North Brook Rd
Charlemont
Charlemont Pl
Grand Pde
Grand Canal
Adelaide Rd
Mespil Rd
Wilton Tce
Haddington Rd
St Mary's Rd
Pembroke Rd
Flemming's Pl
Herbert Pl
Percy Pl
Herbert St
Lower Mount St
Lower Grand Canal St
Grand Canal St
Stephen's La
Mount St
Fenian St
Pearse Station
College La
Merrion Sq N
Merrion Sq
Merrion Sq W
Merrion Sq S
James's St E
Lower Fitzwilliam St
Fitzwilliam La
Lower Baggot St
S Pembroke St
Lower Pembroke St
Lad La
Lower Leeson St
Kildare St
Trinity College
Dawson St
Grafton St
Provost's Garden
St Stephen's Green
St Stephen's Green S
King St S
York St
Earlsfort Tce
Iveagh Gardens
Upper Hatch St
Harcourt
Harcourt St
Charlemont St
Ranelagh Rd
Mount Pleasant Sq
Mount Pleasant Ave
Lower Rathmines Rd
S Richmond St
Lower Camden St
1 2 3 4
A B C D E F G
1 2 4 7 11 12 13 15 18 21 23 24 25 26 27 28

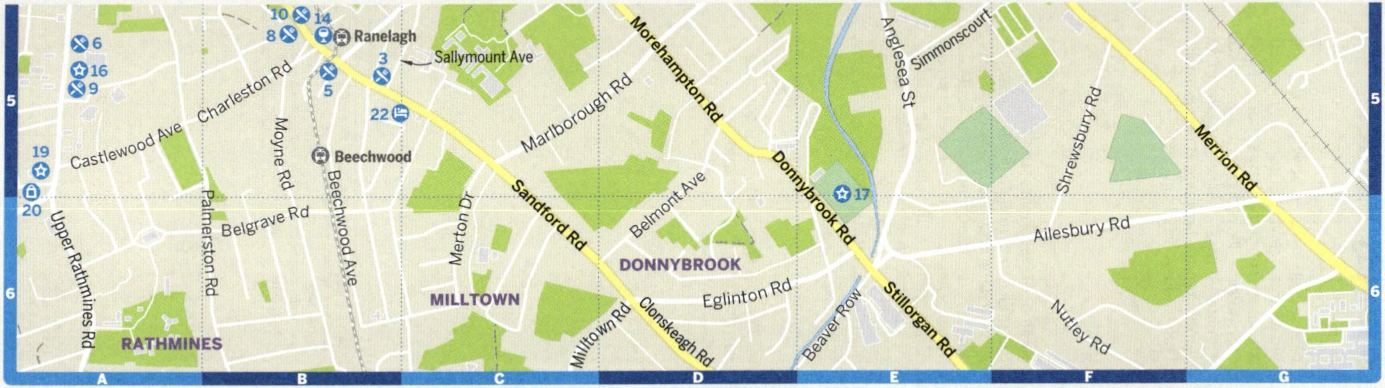

À voir p. 174

1 Herbert Park D4
2 National Print Museum D2

Où se restaurer p. 174

3 Butcher Grill B5
4 Chophouse E2
5 Dillinger's B5
6 Farmer Brown's A5
7 Farmer Brown's E2
8 Kinara B5
9 Manifesto A5
10 Nick's Coffee Company B5
11 Saba C3
Stella Diner .... (voir 19)

Où prendre un verre et faire la fête p. 176

12 Beggar's Bush D2
13 Blackbird A4
14 Taphouse B5

Où sortir p. 177

15 Aviva Stadium E3
16 Bowery A5
17 Donnybrook Stadium E5
18 Royal Dublin Society Showground E4
19 Stella Theatre A5

Shopping p. 177

20 April and the Bear A5

Où se loger p. 210

21 Ariel House E3
22 Devlin B5
23 Dylan D3
24 Herbert Park Hotel E4
25 Intercontinental Dublin F4
26 Pembroke Townhouse D3
27 Schoolhouse Hotel D2
28 Waterloo House C3

Les guides lonely Planet

Une vieille voiture déglinguée, quelques dollars en poche et le goût de l'aventure, c'est tout ce dont Tony et Maureen Wheeler eurent besoin pour réaliser, en 1972, le voyage d'une vie : rallier l'Australie par voie terrestre via l'Europe et l'Asie. De retour après un périple harassant de plusieurs mois, et forts de cette expérience formatrice, ils rédigèrent sur un coin de table leur premier guide, *Across Asia on the Cheap*, qui se vendit à 1 500 exemplaires en l'espace d'une semaine. Ainsi naquit Lonely Planet, dont les guides sont aujourd'hui traduits en 13 langues.

Nos auteurs

Fionn Davenport

Irlandais depuis toujours, Fionn écrit depuis deux décennies sur son pays natal et sur son plus proche voisin, l'Angleterre, qu'il a explorés de fond en comble pour Lonely Planet et d'autres éditeurs. Entre deux voyages, il a vécu à Paris et à New York, où il a travaillé comme éditeur, comédien, barman et toute autre occupation lui permettant de payer son loyer. De retour en Irlande à la fin des années 1990, il s'est essayé à la radio, où il a présenté une série d'émissions ; plus récemment, il a animé le programme Inside Culture et a contribué de manière régulière à la section voyage de l'émission de Sean O'Rourke sur RTE Radio 1. Installé depuis quelques années à Manchester, où il vit avec sa femme Laura, il fait la navette jusqu'à Dublin, qui n'est qu'à 40 minutes. Suivez Fionn en voyage sur Instagram - @fionndavenport.

Autre contribution

Catherine Le Nevez a écrit les sections *Brú na Bóinne, Enniskerry* et *Glendalough* du chapitre *Excursions*. Elle a voyagé dans plus de 60 pays et obtenu un doctorat d'arts créatifs en écriture, un master en écriture professionnelle et plusieurs diplômes dans le domaine de l'édition. Son travail apparaît dans de nombreuses publications papier ou en ligne.

Dublin
2 édition
Traduit et adapté de l'ouvrage *Dublin, 12th edition, February 2020*

92 avenue de France - 75013 Paris
Photographes © comme indiqué 2020
Dépôt légal Avril 2020
ISBN 978-2-81618-564-5
Imprimé par ESTIMPRIM, Baume-les-Dames, France

En Voyage Éditions | un département édi8